中国近代人物文集丛书

叶 昌 炽 集

王立民　徐宏丽 整理

中 华 书 局

图书在版编目(CIP)数据

叶昌炽集/王立民,徐宏丽整理. —北京:中华书局,2019.6
(中国近代人物文集丛书)
ISBN 978-7-101-12590-0

Ⅰ.叶… Ⅱ.①王…②徐… Ⅲ.叶昌炽(1849~1917)-文集
Ⅳ.Z426

中国版本图书馆 CIP 数据核字(2017)第 110573 号

书 名	叶昌炽集	
整 理 者	王立民 徐宏丽	
丛 书 名	中国近代人物文集丛书	
责任编辑	杜艳茹 张玉亮	
出版发行	中华书局	
	(北京市丰台区太平桥西里 38 号 100073)	
	http://www.zhbc.com.cn	
	E-mail:zhbc@zhbc.com.cn	
印 刷	北京瑞古冠中印刷厂	
版 次	2019 年 6 月北京第 1 版	
	2019 年 6 月北京第 1 次印刷	
规 格	开本/850×1168 毫米 1/32	
	印张 19⅝ 插页 2 字数 440 千字	
印 数	1-1500 册	
国际书号	ISBN 978-7-101-12590-0	
定 价	89.00 元	

目　　录

奇觚庼诗集

奇觚庼文集

奇觚庼文集　卷上

奇觚庼文集　卷下

叶昌炽集

整理前言

叶昌炽,字鞠裳,晚号缘督,江苏吴县(今苏州)人。道光二十九年(1849)九月十五日(公历 10 月 30 日)生于江苏苏州府吴县花桥葛百户巷,后移居白塔。据叶氏自撰《先祖竹斋公事略》记载,叶氏先世本浙江绍兴人,自其高祖南发公始迁江苏苏州府长洲县。自其曾祖始以贩丝为业,然获利有限,至其祖父时,方以贩丝起家,并捐资为从九品候选官。其父亲一代,子承父业,勉强维持生计。至叶昌炽这一代,始读书求学问,并按照传统模式一步步走完科举道路。

叶昌炽十六岁通过童子试,十七岁进入苏州正谊书院,受到良好的学术训练,于二十八岁中举。二十九岁参加会试名列一等十一名,复试时为侍郎钱宝廉所弃,从此十馀年间科场不顺。光绪十五年(1889)始中进士,奉旨改庶吉士,散馆后陆续任国史馆编修、国史馆纂修、国史馆总纂官、会典馆纂修、会典馆提调等职。光绪壬寅(1902),五十四岁的叶昌炽被派到甘肃做学政,陆续被授予国子监司业、翰林院侍讲。光绪丙午(1906),上谕"各省学政一律裁撤,均著回京供职",叶昌炽不愿继续做官,决意告老还乡,得恩准。回乡后的叶昌炽曾短期担任过存古学堂总教习,辞退江苏省立第二图书馆长的聘函,过着走亲访友与旧日朋好诗书往来的平淡生活。也曾重操祖上旧业，贴补家用。更多时间则整理自己的收藏，兼为刘承幹校书。

作为清末民初著名文献学家，叶昌炽长于目录、版本、校勘之学，尤擅金石学。著述有《藏书纪事诗》《语石》《邠州石室录》《奇觚庼诗集》《奇觚庼文集》等。其中《藏书纪事诗》仿照《南宋杂事诗》《金源纪事诗》的体例，首次以绝句诗的形式为藏书家和名不见经传的书贾及刻书工匠树碑立传；《语石》则全面叙述石刻典制的各个方面，成为近代中国石刻学建立的标志。《藏书纪事诗》和《语石》问世后，引起学术界的广泛注意，被称为"乃二百数十年间无人荟萃之创作。文字一日不灭，此书必永存天壤"的不朽之作。两书声名之巨大，以至掩盖了叶昌炽的诗文。加之叶氏本人为人低调，不欲以诗文名世，故其诗文为人所知极为有限。

本集共收录叶昌炽诗文集三种：《辛臼簃诗谳》《奇觚庼诗集》《奇觚庼文集》。

《辛臼簃诗谳》三卷，共收诗258首。此诗集原名《春明观物篇》，因用语多有涉及时政及时人之处，故改为现名，作者署名则为"今日烂柯叟，当年鬒髦生"。"诗谳"即谜语诗之意。此集系作者"识变几先，伤时太息，寄韩非之孤愤于蒙叟之喻言"，即有感于光绪甲午至辛丑（1894—1901）间战乱频仍、朝纲废弛、国事弥艰而作。王季烈在《辛臼簃诗谳》序中说："后之览者求其事于诗中，以识有北赞人之界，味其意于言外，知抱'所南心史'之悲，庶几得年丈当日写定此诗之微旨也夫。"此谜语诗自1923年出版后，已知的以笺注的形式为叶诗解谜的就有十馀人。上海图书馆藏本有朱祖谋、夏孙桐、刘承幹、王季烈等十人的笺注，复旦大学图书馆藏有此笺注的王欣夫先生过录本。

《奇觚庼诗集》三卷，附《前集》《补遗》各一卷（《奇觚庼遗词》在《补遗》中），共收诗千馀首。诗集与其文集一道，由门人潘祖年从其日记中辑出，并于1936年刊刻。诗集中友朋交往、学问研讨类占半数以上，馀篇多写个人际遇，充满怀才不遇之感。还有部分诗歌写其往来各地途中的即景诗，语言简古，写景状物惟妙惟肖。叶氏的这些纪游诗为我们留下了一百年前苏州、上海、南京、武汉、广州、台湾、福建、香港和陇地的真实资料，如苏州当地习俗，台湾民谣等，均可宝贵。

《奇觚庼文集》三卷，《外集》一卷，共收文127篇（132则）。潘祖年编定并于1921年刊刻。此文集所收，大致可分为著作序跋、寿序、赠答诗、墓志铭及考释文字五部分（其中代人为序21篇），从中可看到当时的友朋日常交往情况及学人著述之大概。1973年，台北文史哲出版社影印出版昌彼得句读本，收入《近代名家集汇刊》。

叶昌炽是著名的目录版本学家、著名的藏书家、著名的金石学家，其诗其文，是著名学者之诗文，无论内容还是艺术形式，颇有可观之处。叶氏诗名不显，固然与他的散淡低调有关。现代学者袁行云曾说："诗又雅不示人"，且"诗集印数不多，前集今罕见。以内容质实，较《文集》尤珍贵。使陇之诗，如《兰州》……凡山川城镇、方言地纪、职官考试、碑刻梵卷，无不入诗……金石题尾，版刻考证之诗，亦颇渊富……同时学者诗集亦未之逮也。盖本不欲以诗传，门弟子踵事增华，使有价文献晦而复显，宜乎此集为学者宝爱之也"，此可谓的评。

《叶昌炽集》的出版，对于全面深入了解叶氏本人，了解其诗文中记录的那个时代状况，不可或缺。今年是叶昌炽诞辰一百七十周年，其三种诗文集的结集出版，尚属首次，这或许是对他的最好纪念吧。

本集及《缘督庐日记》的点校，过程漫长，经历曲折，感谢业师吴格先生多年来的鞭策鼓励，使我能保有持续的动力。本集点校过程中，陆续得到同门王亮博士、柳向春博士、眭骏博士、乐怡博士以及扬州高鲍磊兄提供的叶昌炽生平资料。东北师范大学文学院王确、李洋、高玉秋三任院长，刘雨、谢玲两任书记，均多次过问、鼓励有加；本集能最终出版，离不开现任院党委书记谢玲、院长高玉秋两位领导的支持，并给予项目资助。东北师范大学文学院胡婉君、林可、林文兵、许哲、张婧五位同学帮助校对了三稿的部分稿件。对诸位领导、师友、学生的鼓励和帮助，在此一并表示感谢。对相濡以沫多年并承担了一部分点校工作，一直对比较拖沓的我不懈督促的妻子徐宏丽，表示我最真挚的谢意。中华书局张玉亮、杜艳茹两任编辑，前后相接，为拙稿费尽心血。他们年纪虽轻，但功底深厚，每一稿都逐字逐句、逐段逐篇核实，不放过任何一个细节，惠我良多，我将永远感激他们两位。

整理过程中，对避讳字如"元""宏"等一律回改为"玄""弘"，不另加说明；对底本中提及皇室、尊亲等处的提行，一律取消，改为正常行文格式；对底本中明显误字如"寒土""净士"，径改为"寒士""净土"，不另加说明，其他误字以（ ）标示，正字以〔 〕标示于后；底本中漫漶难辨及空缺之字，以□标示。

限于水平，此集整理过程中定有陋劣之处，尚祈读者批评指正。

王立民

2019 年 1 月 31 日

辛臼簃诗谳

志在《扬之水》卒章述我闻篇 二十四首

　　从龙远溯入关初，武穆文昭未忽诸。汾上珍符夸宝鼎，河间雅乐饰虚车。寄声座客休谈虎，市宠宫人比贯鱼。鼙鼓渔阳惊骤起，运筹帷幄竟何如。

　　想见奋髯抵几日，是翁矍铄尚当年。孟公𪑙突惊谈座，鲍老郎当困舞筵。无补原难辞袜线，不调犹咎改琴弦。臣家本出辛阳里，试读商巫《咸乂》篇。

　　峨冠雅步傍宫墙，白发趋朝夜未央。旧学委裘资倚畀，新参曳履共回翔。土龙村社喧祈雨，金虎宫邻暗履霜。已上悬崖难驻马，君恩欲去更旁皇。

　　早擅承明著作才，太原公子褐裘来。江陵衣钵传何易，海峤舆图去不回。残局推枰偏洒落，谤书盈箧尚徘徊。平泉草木春如海，将作难言罢露台。

　　绝学仔肩佛亦儒，程门风雪立斯须。歌诗击壤原真率，语录升堂尽暖姝。胶柱自言能鼓瑟，积薪未许滥吹竽。肉糜岁馑犹堪食，弥羡先生味道腴。

　　寒谷春回未觉寒，饮人醇酎喜瞻韩。啬夫捷给倾周勃，小事糊涂戒（李）〔吕〕端。高座谈经何狗曲，逢场作戏沐猴冠。履声橐橐趋朝去，槃辟为容古礼官。

度辽翻筑受降城,东指扶桑割地盟。汉纳金缯非议款,齐输玉甗遽行成。绝秦吕相先麋客,诳楚商於始罢兵。已到神山风引去,但从海客一谈瀛。

曲盖胡床卧老黑,岩疆锁钥控三垂。舍中幸客辉貂珥,帐下材官避马棰。中使两宫灵寿杖,前军百济《纪功碑》。朦胧一夜波涛里,尽絷南冠赋楚累。

苜蓿秋高塞马肥,悠悠旌旆四骖騑。长鲸跋浪还无渡,大鸟冲天暂不飞。投石闲看军士乐,施衿闻馈妇人衣。先声妙得攻心策,未出榆关杀一围。

沈阳子弟起从龙,天作高山间气钟。都尉摸金能敌忾,乡兵制梃半驱农。胡笳马背愁风劲,密箐羊肠待雪封。未觉边衣寒似铁,狐裘毡帐拥蒙茸。

冰霜绝徼走明驼,铜柱威名继伏波。且泼云蓝临画稿,速磨盾墨写铙歌。隍中蕉鹿寻何在,塞上虫沙化已多。记否前言留息壤,封章昨过大凌河。

朱茵华毂碧油幢,铁勒当年九姓降。榆塞千屯开玉帐,椒房二等列金釭。门楣梁窦尊元舅,坛坫邾滕视小邦。一脱戎衣奉朝请,晓来长乐禁钟撞。

凌烟昔日战功标,屡见温纶下紫霄。宿将军中常嚄唶,清人河上且逍遥。荒沙病马眠瓯脱,空幕啼乌上丽谯。直抵王庭清漠北,汉家自有霍票姚。

羌笛声中杨柳攀,移师直下贺兰山。西州袍襗偕行日,南苑旌旗坐镇间。千里明驼群度陇,九阍巨豹猛当关。屹然可作长城恃,稍纾群公(盰)〔盱〕食艰。

考工尽括水衡钱,宵旰忧勤筹海编。槎客常闻持节去,椠郎偶见夺标旋。鸩人即未逢羊祜，报主谁能学鲁连。突兀楼船高似屋，碎如廥粉脆于绵。

孤军深入渡坚冰，幸未生降致李陵。弃甲荒林惊鹤唳，裹毡间道学猱升。僬侥力本非乌获，曲逆围能解白登。重到牙山凭吊处，青磷海上血胔凝。

双轮跳荡疾于梭，辟历砑訇激浪涡。虎豹逡巡皆股栗，猱獢吪呷正牙磨。溺人灭顶难为笑，禳鬼俱头果是傩。闻道海滨风气劲，习流健卒愧先河。

铁骑惊闻逼混同，军心溃比马牛风。旌旗灞上观儿戏，箫管桑中蛊女戎。敌国尚知轻乳臭，元臣犹望奏肤功。槛车西市临刑日，何似靴刀战血红。

天堑重洋弃北门，水仙到处避孙恩。争舟掬指求先济，变服燔须愧数奔。豆粥道旁谁进食，麻鞋海上为招魂。千金本有垂堂戒，难共存亡守土论。

珠崖有诏弃岩疆，慷慨城亡与共亡。黔首共和当璧兆，苍头突起义旗张。田横岛上成孤注，韩信军前请假王。千里封畿黉一叶，闰朝小劫换沧桑。

孤悬绝岛接爪哇，鹿耳风涛一线遮。村社沿门喧露布，峒溪结寨避雷车。犳牙未毕降幡出，瑱耳愁闻战鼓挝。藕孔修罗无遁处，黑云都亦散如鸦。

安乐冰山作婿乡，粉侯两鬓已如霜。东床坦腹新婚序，北阙批鳞旧谏章。白马清流宜此辈，青蝇吊客界何方。升沉公亦华胥梦，但恨金堤溃蚁防。

骨董名家毕良史，木皮谈笑贾凫西。"西"字借。征东别将同英妙，棘下先生善滑稽。快剑蛟鼍扪海碣，断尊牺象洗沟泥。治军所得凯旋日，缥带芸签手自题。

椒山遗宅傍城坳，谏草凄凉哭二崤。太学举旛齐伏阙，大官越俎顿忘庖。甘陵南北人分部，环海东西国有交。咫尺东林殷鉴在，祸延瓜蔓几同抄。

题《甲午顺天乡试年齿录》

自昔中涓有象贤，暗中摸索著鞭先。蟾宫名艳《登科记》，蚕室书成《急就篇》。灶下养皆郎将列，当涂高即孝廉船。先生头脑冬烘甚，未觉终南别有天。

姜　嫄

姜嫄生契契称宗，史阙难详比九共。诞置腓羊嗟失母，发祥吞𪓐代明农。虚堂镜隔千重雾，矮屋囊穷八面锋。学士瀛洲天上侣，捉刀未获后车从。

大考恭纪

殿前珠玉落挥毫，阆苑清班数凤毛。授简终童麟木对，侑觞贵主郁轮袍。似闻司马由杨意，又见樊姬荐叔敖。沈宋新诗楼下进，宫闱玉尺正亲操。

九转丹成鼎已开，刚风相送下蓬莱。霓裳屡顾群仙曲，龙汉潜然旧劫灰。吾党未尝求媚灶，老娘况值倒绷孩。朱弦疏越明堂奏，谁识焦桐爨下材。

风　雷

天遣风雷下取将，去天尺五更旁皇。鼓钟宫内声闻外，贺者门前吊在堂。思过自应常闭户，蒙恩犹许放还乡。上东门畔停车处，萧寺骊歌怅夕阳。

君门虎豹猛当关，况在家人骨肉间。狱案但凭三字定，衙参未散百寮班。属垣所戒惟倾耳，折槛何尝为犯颜。尚胜朝衣西市客，白云无恙卧东山。

门　馆

建牙旧自五羊城，姊妹昭阳尚未行。艳说宫庭充学士，敢将门馆辱先生。授经自昔延张禹，卖赋何缘荐长卿。但是痴蝇挥不去，内家饱啖五侯鲭。

果然空穴自来风，昨夜封章达帝聪。名士下场成画饼，腐儒束阁辄书空。词华无过祖君彦，道广偏师陈仲弓。不意萧君遂至此，退朝马上愧相逢。

轮　台

诏书火速下轮台,怊怅君门首屡回。许史金张原甲第,严徐东马亦清才。椒涂转为承恩误,松漠翻同谪戍哀。欲出国门还惜别,宫中密敕几传催。

钿　盒

钿盒缠绵忆定情,峨眉谣诼未分明。长门欲乞《文园赋》,织室横蒙祸水名。结绮才人袁大舍,披香博士淖方成。潇湘二女同釐降,不及从姑侄娣行。

娥　台

莫向娥台问管彤,韦弦吾亦佩墙东。谓我友蒿隐农部,墓有宿草矣。只因忌器难投鼠,未必乘车肯避骢。二五嬖人原晋耦,九重有母即萧同。苍鹰欲击还徐下,强项沽名未是忠。

濯龙刚听禁钟鸣,威凤朝阳著直声。尚有典型吴侍御,谓吴柳堂先生。更饶妩媚魏元成。李君今日欣为御,高邑东方尚未明。为击大阉真拜疏,豸冠白面一书生。

御　　屏

御屏姓氏孰先容,惊见除书下九重。阁下黄麻争缴进,宫中墨敕误斜封。匠心刻鹄翻成鹜,掉尾神鱼未化龙。袖里并州藏快剪,悄然江水剪吴淞。

弹　　章

姓字弹章问有无,竹林未许著屠沽。牵连文字风流案,谪降《真灵位业图》。愿为执鞭千里驾,请君入瓮一邱狐。莫言香案神仙吏,拜疏苍鹰避郅都。

绣　　衣

绣衣持斧出长安,朝下恩纶夕罢官。玉碗未堪盛狗矢,粪坻相与弄蜣丸。扫除仅隶黄衣贱,沉顿应怜白屋寒。名器假人原可惜,俨然涂炭坐朝冠。

理　财

褒然文学大夫来,桑孔何妨共理财。鼹鼠原同甘口食,烂羊博得告身回。鬻官幸舍重开邸,避债深宫更筑台。一纸千金珍敝箒,铜山已应洛钟摧。

老　夫

屈指庚寅吾以降,老夫七十已眉庞。笑公嚄唶符空握,羡尔侏儒鼎独扛。哲匠引绳方出栔,侲童飞索即缘橦。凤皇池上簪毫客,明日喧传中叠双。

封　疆

沈约车来不敢前,论交况许托忘年。廿年开府惭持节,二妙登场愿执鞭。童子何妨师项橐,考夫尚未到彭篯。徐行长者今非古,敢说乡人酌在先。

未知面皱盍观河,再到平津鬓已皤。握手纪群先自我,赧颜笑骂且由他。巍然坐上冠犹小,长者门前辙更多。幸与孙曾同绕膝,斑衣白发舞婆娑。

象　齿

从来象齿戒焚身，八百胡椒化作尘。结绿夜光珠代烛，珊瑚击碎蜡为薪。未容管库轻堂吏，特地临轩遣阁臣。寄语司农休仰屋，水衡少府有馀缗。

王后卢前

三雍俨对大明宫，蜀郡王褒在选中。山薮莫为藏疾误，殿廷相与嗜痂同。暖姝非一先生说，伉直无双国士风。王后卢前皆一笑，是翁应悔不痴聋。

封　事

封事稀闻出谏垣，清流眉目有陈蕃。强邻荐食难安枕，太学相从竞举幡。贤相引绳持大体，至尊鞱纩贮嘉言。委蛇造膝方前席，何必私蛙鼓吹喧。

丞　相

堂前燕子日呢喃,丞相胡同退省庵。伏枕敢忘忧国计,采薪久未预朝参。滔滔及溺胥天下,耿耿忠心在斗南。一木但思支大厦,亦知空谷有梗楠。

缗　铏

是何年少碧油幢,短簿参军共过江。矿产金银探宝气,库标黄紫识封桩。租庸调法新更令,荆豫扬州旧赋邦。楚尾吴头迎使节,饱看山色坐篷窗。

弧　矢

男儿生即志桑蓬,选士当年在泽宫。庙祭饩羊犹告朔,府兵弨骑总成空。难言弧矢威天下,别有韬钤仗火攻。五石弓原输一字,侯官赍志缵娄东。

师　干

总统师干有重臣，止齐步伐尽更新。棘门霸上仍如戏，猿鹤沙虫化作尘。莫谓高锋长毂少，但闻搜粟摸金频。深宫待奏甘泉捷，六鼓齐鸣告两甄。

醴　酒

东海传诗溇仲翁，樽中醴酒叹俄空。太清书画《宣和谱》，江左文房建业宫。茧纸昭陵侔《快雪》，珠林秘殿畅宗风。几馀玩赏诒谋在，何必危微溯执中。

石谷鱼山与大痴，风流乡里本吾师。归来红叶看吾谷，老去苍松守墓祠。太乙洞霄兼管领，石渠延阁忆论思。鸥波宿草山僧在，重到禅房鬓已丝。

执　法

长缨直欲系呼韩，典属威仪肃汉官。憬彼献琛鞮鞻乐，懔然执法骏螘冠。礼当司马门前下，盟岂卢龙塞上寒。且莫论功先谢过，负薪未为辱敦槃。

细　　腰

细腰如到楚宫非，碧眼胡奴鞚若飞。职贡远方图士女，朝仪内殿列嫔妃。钩辀鸟语烦鞮译，戍削霓裳舞羽衣。底事使臣皆动色，金莲昨夜送将归。

青阳馆书事

优诏田间起重臣，八公山色送蒲轮。焚香夹袋多新士，供帐橐鞬有故人。煨芋未忘纶阁梦，负薪窃虑寝邱贫。明朝伏阙何封事，内举祁奚不避亲。

獬　　豸

我生可恨诞弥初，正则嘉名肇锡余。獬豸何尝能识字，（家）〔豕〕鱼容或误钞胥。金根伏猎等闲事，鼠尾丁头行体书。薄谴天颜还一笑，马当五尾四何如。

舐犊

司空城旦起家馀,廿载郎潜九列除。当暑未闻张盖出,不寒已觉削瓜如。攘羊欲证弓非直,舐犊为怀网少疏。自昔丈夫怜少子,请从薄遣定爰书。

上公

果然好色似登徒,不道罗敷自有夫。彼美何妨超乘视,上公直可折棰驱。属车豹尾勋臣裔,袒帻鹰旗贵主奴。鱼服白龙还自困,爰书诏下大金吾。

宰相家儿

黄瓠肉几镜新磨,宰相家儿奈尔何。鲍老登场原作戏,巴人下里且征歌。传家丝竹青衫子,玩世衣冠春梦婆。臣叔不痴痴更绝,成均未解舞回波。

为　郎

东方执戟共为郎，北里新来挟瑟倡。一部仓曹《人物志》，五都结客少年场。自来刘四呼行辈，更有朱三作帝王。唐宋流风沿未改，朝官耳熟尚能详。

伯　禽

待罪桐宫许自新，酎金何止失侯身。反唇未合伤慈母，没齿何尤作庶人。三百诗谁陈谏草，八千岁盍祝灵椿。伯禽受挞虽因过，顾复天家劝事亲。

觇瘖篇甲

画灰秘策托同舟，国士巢车替运筹。未必秦庭师竟出，但闻曹社鬼同谋。圉人失鹿方争逐，水母随虾且共浮。猛将如云士如雨，急呼将伯噬来游。

渤碣波涛接混茫，未能缩地效长房。同舟吴越张疑帜，变服孙吴显智囊。赤棒探丸行子警，白衣摇橹贾人装。可怜辛苦登前敌，不唱《刀环》赋《国殇》。

利器何妨授太阿，伐柯未易自成柯。剂分药量泥为质，锈涩苔

文铁未磨。芒刃解牛期中綮，庳轮引马笑登陀。千金一掷归虚牝，
犀兕同时弃则那。

公车辇下首频搔，恸哭西台剩谢翱。热客江湖投笭箵，势家门
巷长蓬蒿。都门疏傅停归帐，汉上伶官去播鼗。一曲骊歌送君别，
莫言王事尚贤劳。

扈跸钩陈龙武军，小朝定策弃燕云。长蛇荐食纾吴难，走马来
朝避狄氛。守府空为诸夏主，建都嘉纳奉春君。六飞且莫轻西幸，
九鼎中原未易分。

络绎宫中遣御医，夔怜蚿亦蚿怜夔。长崎驿畔行人节，博浪沙
中力士椎。徐福有方先蓄艾，鲍庄无智不如葵。一人瞑眩三军喜，
百万金缯救国危。

兜离军乐换新腔，蕃将花门启节幢。火势燎原还揖让，道谋筑
室愈纷哤。棋从局外争先著，船到波心议下桩。楚实有材堪晋用，
征车国士迥无双。

乘槎汉使返张骞，蒟酱蒲萄共祝延。长乐千秋天贶节，大酺三
日水衡钱。霓裳天上停韶奏，露布宫中盼凯旋。曼衍鱼龙齐出海，
羽书夜夜达甘泉。

流涕纶音下紫宸，有君其奈国无臣。乘韦十二兵间使，组练三
千劫后尘。国势已成孤注局，将军尽是数奇人。卧薪尝胆期相共，
三户当年尚灭秦。

莫言人作太常斋，既食还教觬觬哇。未必楚弓真楚得，须知狐
掫即狐埋。鹬忘伺后犹争蚌，虎拒当前又进豺。郓欢龟阴虽可返，
南疆已自弃珠崖。

碧 血 吟

渡辽山势压崔巍，一夕星芒陨觖韦。睥睨烟沉黔突冷，辘轳雷转赤熛飞。凯歌未奏长城窟，战血空膏短后衣。待罪生还诸将帅，金鸡岁岁望圜扉。平壤

昔年投笔忆从军，今见楼船熸敌氛。蹈海不遑投箸起，登台早矢积薪焚。黄肠题凑归先轸，白马波涛逐伍员。尚友斩蛟桥下客，孤忠慕蔺共流芬。威海卫

晓日扶桑驾六鳌，艨艟齐驶海天高。礌磌飞电惊山裂，澎湃长风助浪淘。壁上纵观呼退鹢，波心奋掷殉神螯。衣冠鱼腹招魂处，飞蟒天吴导绛旄。大东沟

海 啸

黑风吹海洗连营，挟纩军声贺太平。未必波臣非效顺，恻然疆吏请休兵。室如悬罄难言守，水退荒屯尚可耕。周德已衰天所厌，试看三版晋阳城。

宗　英

绣裳赤舄久居东，为汉宗英地望崇。穆属维城勋在昔，庶僚伏阙论金同。河间凤擅圭璋誉，海外仍资表饵功。司马中朝今再起，殿前几杖对三雍。

却扫键关已十年，俯从人望起亲贤。动摇窃虑威风末，摄养还须近日边。药饵亲调频奉赐，豆其欲泣为相煎。君恩愈渥难图报，温树归来不敢宣。

遗疏哀鸣遽上闻，岁寒晚节绮兰芬。东园秘器非常典，北面绞衾尚见君。夹辅三朝兼懿戚，褒忠一字付司勋。朝堂空矣门庭在，流涕中兴共事勤。

王　气

五陵王气古来钟，松柏交枝欲化龙。郁郁佳城天子宅，丸丸寝庙大夫封。藩垣逼处毋滋蔓，堂密相惊有美枞。莫问葛藟先纵斧，有如此树剪强宗。

海　疆

东起芝罘尽海疆，天吴飞辔共相羊。赤嵌割地沦戎索，黑水滔天控大洋。今日十城明日五，前门拒虎后门狼。三千组练嗟何在，但见波涛接混茫。

哄然利益说均沾，总有重关莫戒严。乞酒得浆原不恶，犹糠及米更何厌。儋崖犀象珠玑贝，海岱铅松丝枲盐。染指竞思尝一脔，从来谋国异鸡廉。

桑　榆

碧瀚长风送节旄，金尊开处宴蒲陶。帐前湩乳颁㺚马，海上钩纶羡钓鳌。汉使乘查迎博望，郑商适馆遇弦高。东隅已失桑榆晚，未必亡羊善补牢。

下策如何得救存，鲜卑万骑已云屯。中西空说俾斯麦，宾主相联可贺敦。亦是求神工媚奥，不虞揖盗别开门。陪都自是龙兴地，欲固藩篱在本根。

宣　房

诏起宣房瓠子渠，老臣奉檄喜登车。曲江羽扇惊寒早，威海飙

轮叹烬馀。忝在卢前惭窦靖，更从觉后梦华胥。霍光一传分明在，
未遣莱公读《汉书》。

东　华

　　手订元公五十凡，旧章泰半夏殷监。马工何若枚求速，向注偏
遭郭窃芟。高阁谁搜鸡次典，长江如助马当帆。汗青幸未嗟头白，
已见舆图弃赤崁。

　　不须菅蒯富丝麻，虹月沧江别有查。异域甲兵归武库，畴人图
算秘专家。康瓠五石难为宝，敝帚千金莫漫夸。章甫岂知刚适越，
一麾长揖去东华。

　　写官给札手胼胝，继晷焚膏十二时。聚讼发（误）〔谋〕惩筑室，
周麾鼓勇独登碑。庙堂本作球图供，藩混都教笔札施。但见燕莺
交刷羽，凤皇未到最高枝。

　　三馆佣书大有钱，度支出纳似流泉。销金到处都成窟，炼石凭
人为补天。不饬尚思胡篡训，无当未易漏卮填。都门款段何时出，
望断江州刺史船。

　　涣汗纶音下紫霄，词臣尽插侍中貂。图画计里师裴秀，志略沿
流溯郑樵。荐剡久闻储夹袋，持衡聊比驾封轺。十年未矢涓埃报，
惟有焚香祝圣朝。

棋　盘　街

　　朝罢尚书散直庐，天街方罫奕枰如。重关柝去逢奸客，博浪椎

来中副车。误矣貌真似阳虎,庞然技止等黔驴。白龙虽出非鱼服,何事援赠有豫且。

昆 明 池

一炬昆明怅劫灰,汉家留得旧池台。岂无绿野娱裴度,不少黄金事郭隗。雉兔乌茏相继往,铜驼荆棘有馀哀。聘钱闻道天孙贳,清俸终年始买来。

制 科

少微星朗制科开,钓老岩徒尽异才。仇不避狐亲举午,辛从赵至衍齐来。先登幸舍纡朱履,自辟名山献玉杯。金尽黑貂裘亦敝,始知不好鸩为媒。

刑 馀

只合黄衣给扫除,本来刀锯是刑馀。寺人孟子难为例,谒者陈农亦解书。载宝来朝函翠羽,置员同正佩金鱼。不虞妖梦充闾践,男女门楣总不如。

融　堂

国耻相期一洒平，三君八顾尽知名。门前却扫平津客，阙下举幡太学生。复社姓名谁点将，融堂经略且谈兵。忽惊火速官符下，丹凤朝阳始一鸣。

撞钟伐鼓正传餐，樱下先生黄散官。岂料逢嗔如屋大，不须承幸入宫难。匹夫怀璧言皆罪，国手推枰局已残。但见门前双柳树，婆娑冷眼向人看。

获　麟

彼此相持一是非，八儒三墨本交讥。荆舒缘饰新经义，岭峤跳梁旧布衣。沮诵佉卢纷著作，阿难迦叶竞皈依。素王崛起千秋后，颜子农山未庶几。

漂煦怀襄可浸山，道家持世百年间。龙蛇突起俄成陆，鸡犬相闻但闭关。一世竞尊老氏学，九州忽现大瀛环。折衡剖斗难为治，转道黄颟是野蛮。

上贤贵义斥无为，五百年来舍我谁。新译名词沿梵象，高谈宪法当蓍龟。《辨奸论》在言终验，钩党书成祸已随。未必绕朝无赠策，瑱惟充耳不为规。

受诏公车著说林，自言洴澼值千金。经方未可医新病，胶柱何能变旧音。载宝幸逢杨得意，立言本出董无心。明珠百琲非箝口，翻使寒蝉不敢喑。

　　岂惟推毂仗曹邱，鱼水遭逢过武侯。钓叟熊彨疑入梦，山人麋鹿尚为裘。但凭羽翼翔千里，窃傅皮毛说五洲。诏下新参齐入直，对敡师说即嘉谋。

　　请剑昌言斩佞臣，狐狸莫问且埋轮。后车传食兼师弟，宣室论思异鬼神。越镈燕函矜利用，冬裘夏葛贵更新。采薪一自逢西狩，拭面沾袍叹获麟。

　　霜下坚冰兆已萌，铜山东应洛钟倾。孔颜微服遭匡厄，绛灌同朝忌贾生。特起苍头终退舍，群蜚赤舌自烧城。山头廷尉遥相望，清夜难言心太平。

　　西市弹琴顾夕阳，海天鸿鹄已高翔。草歌千里空遗恨，艾蓄三年未改方。忍见骑驴临独柳，早闻乘鹤泛搏桑。斯文未丧原天幸，不救池鱼失火殃。

书《校邠庐抗议》后

　　遗书初未动公卿，身后文园问姓名。野老明夷原待访，斯民先觉在阿衡。纵横坚白调停说，甲乙丹黄然否评。谁识校邠老弟子，百年高卧俟河清。

有　诏

　　申明有诏大书亭，对越严于《戒石铭》。急急风雷如律令，昭昭

日月炳丹青。椎椎一喝人初觉，鞶带三褫国有刑。大似打包僧退
院，但看抱牍吏趋庭。

所　　见

　　白藤担子到东华，禁语流传自内家。缇骑满街惊避梃，相臣出
阁喜宣麻。行筹争起迎王母，炼石重闻降女娲。屏后似闻堂吏说，
毳衣如荽已登车。

　　朱雀坊头第几街，申枨夫子燕居斋。馆人业屦还存牖，狱吏爱
书已历阶。蕉荔香销珠海舶，莓苔迹印鲁风鞋。茫茫不见丧家犬，
赐也无须敝盖埋。

　　车驱疾过虎坊桥，痛极巫阳正下招。赤帻夏门呼荷荷，素冠易
水送萧萧。未闻栾布收彭越，安见杨匡守杜乔。何等腐生潜揽涕，
面如瓜削坐皋陶。

所　　闻

　　舜孝刑于逮二妃，足知城颍誓全非。何来密诏藏衣带，别具深
谋伏弩机。买友未堪诬郦寄，拥兵妄欲说陈豨。寒泉难共鸒弁咏，
岂有亲恩不可矶。

　　宗动高高别有天，夜来权火达甘泉。绿章急奏排青琐，绛帻胪
传启翠轩。铜瓯四方容告密，铅刀一割竟摧坚。自来张并牢修狱，
不信先生愿执鞭。

后来此座合推袁，上将钩陈卫帝垣。衣带空烦冲主诏，射钩终仗故人援。未须壮士携朱亥，讵有奸谋伏李园。望散南宫同在列，周家自古颂姜嫄。

世逢尧舜列夔龙，卿辈如何但面从。贾傅洛阳长太息，胡公天下号中庸。模棱苏相诚无状，盘辟徐生妙善容。凤阁鸾台门下过，未知墨敕有斜封。

臣愚息壤早言之，子恶何尝父莫知。郑颢未堪求作相，李峤久已叹无儿。破车快犊难为驾，断尾雄鸡自惮牺。且许还山空抱蔓，黄台不见子离离。

成子冈童谣

跨驴落寞诣王涯，从弟长安事未谐。蕙叹芝焚犹窈恫，桃僵李代况同怀。百身莫赎嗟针虎，四乳皆贤有季骃。太息伯仁为我死，池塘梦断惠连斋。

囚首谈经貌不扬，好人要襋况缝裳。法言守寂终投阁，秘记甄奇作闭房。苦向刀头求饴蜜，窃从鼎耳试探汤。可怜刺篾为钩络，苇席单衣石子冈。

岂甘鼎镬蹈如饴，欲上焦原足屡移。绾到军机骈拇指，捉将官里老头皮。岩墙欲去徘徊日，歧路终迷涕泣时。肠断一棺沽水侧，为君三复白驹诗。

屠龙炙凤尽充庖，到此真成刎颈交。孔入藕丝无可遁，狱如瓜蔓竟同抄。鸰原永叹先归地，燕厦悲鸣几覆巢。身后《太玄》留覆瓿，文章聊解子云嘲。

天马行空起渥洼,风尘昂首向盐车。辨才慎到兼尸佼,利器干将与莫邪。剑树刀轮祈解脱,岑牟单绞急掺挝。悠悠长夜悲恒幹,桂醑椒浆续楚些。

濯发相从到沔盘,湘累有客共南冠。诗成黑狱频弹铗,论定青年已盖棺。邪许草遗千里恨,优昙花耐一时看。孤灯拥髻闺中妇,纸帐梅花守夜寒。

书《后汉书·党锢传》后

夜行不止听钟鸣,万里投荒谴尚轻。琴瑟更张新乐府,衣冠朴遫古先生。三台星坼机先见,六月霜飞狱已成。吏议未加芒在背,妾身但望早分明。

一封韶传八闽旋,上赏何妨受进贤。揽镜徐公还自喜,著鞭祖逖忽争先。伊皋管葛相推奖,水火玄黄遽变迁。车马更惭门下客,酒垆饼肆贳千钱。

第一峰高上祝融,封坼得失楚人弓。渊源自昔师无己,湖海相从过孟公。侠客车来迎广柳,奇材斸下拂焦桐。山林从此开蓝缕,蚡冒前头溯鬻熊。

金鸡赦下槛车回,狱底重然未死灰。者案姓名还夹袋,匡床岁月但衔杯。陈咸左校频输作,张俭清流是党魁。阳羡山中田买否,善卷有约望归来。

未知跕寿与颜夭,流涕修门赋《大招》。道丧应刘悲早世,才难瑜亮枉同朝。昙花影幻真如梦,兰草香多只自烧。不见潇湘持节返,前胥后种汨罗潮。

入宫未到白头吟，何至郎潜叹陆沉。郁郁久居皋氏庑，申申如詈女媭砧。贵游天上张公子，老衲山中支道林。代马溯风南向燕，异苔焉可附同岑。

旧时佳婿是金龟，中谷仳离感有蓷。公冶知非缧绁罪，伏雌空忆燹寮炊。惠文柱后群书府，端礼门前党籍碑。山到九嶷原突兀，洞天何处访甔甀。

耿吾内美重修能，绝业关西此中兴。死后尚期临大鸟，谪归只合吊青蝇。高邱反顾哀无女，天阁来游庆有朋。欧学东渐谁接引，山螯水蛭有师承。

位卑何罪为言高，伐鼓撞钟气不挠。一鹗迅飞凌鸷鸟，六龙待驾策神鳌。叫嚣隳突陈惊座，悠谬荒唐支诺皋。乙夜图书同进御，微臣千载一时遭。

坛坫周旋仗祝鮀，道谋言战复言和。残枰久已输先著，魁柄非关倒太阿。南海装归方物少，中山箧进谤书多。但宽一死蜉蝣梦，万里龙沙且荷戈。

火速铜鞮夜刺闺，多鱼消息过灵犀。海童接引翔群鹄，关吏谯呵候警鸡。奔月只应防后羿，采风大可续吾妻。按图索骥原无误，安隐轮帆已向西。

少年同学数环球，三岛今闻制五洲。霸越定怀文种略，相韩未报子房仇。梦中歌哭皆新鬼，海外逋逃忆旧游。同是千金不龟手，一为洴澼一封侯。

海外桃源便隔凡，珊瑚群岛结层岩。清流白马原钩党，吊客青蝇为避谗。未有郗卿藏复壁，但随估客阅轮帆。一人知己陶贞白，招我家山在赤嵌。

刘更生是汉宗英，家有黄童况早成。止屋瞻乌悲垫溺，临渊骑马悼群盲。太常博士移书告,正月逳人徇铎声。凡伯此诗其敬听,即非先正亦明清。

一尊文字与重论,点将东林录尚存。羚角挂时终有迹,鲗书销尽诟无痕。席间函丈嘤鸣会,网漏吞舟浩荡恩。贵贱交情生死异,传芭未敢为招魂。

偶因文字订交新,奚必论甘便忌辛。藁本未妨渐蜜醴,匏瓜且复喻缁磷。殿前抗论陈同甫,谓陈次亮户部。谷口相逢郑子真。谓郑苏庵京卿。等是鸿飞天外客,沉冥无与蜀庄身。

圣门弟子辙环馀,赐与颜回实启予。百国宝书供笔削,七篇界说示权舆。尚非韩信中行说,亦岂狐庸伍子胥。鲵领廉颇犹未老,问君用赵意何如。

笼纱诗句在江亭,众醉何妨我独醒。岂可椒帏充菜蔌,未须药笼贮参苓。小儿骑屋喧腰鼓,老子跳坑弄哑铃。此是先生羔雁币,臣心如水达天听。

孔子居然拜老聃,岂惟东海问官郯。糊名幸未朱看碧,论学相惊青出蓝。造父昔闻师泰豆,子云今始遇桓谭。袖中束脡长兴记,南面皋比我未堪。

朔风无恙荐春盘,松柏方期葆岁寒。岂料蚊蚊生爱马,偶逢鹨雀误祥鸾。洞庭席上初张乐,神武门前共挂冠。亦似剧场箫鼓散,梦回相与说邯郸。

南丰一疏极论奸,流涕宫闱骨肉间。臣是书生三舍士,家邻荒服五溪蛮。非无李郭人伦鉴,是亦干城我道闲。智叟听然河曲笑,愚公尚在太行山。

教　坊

教坊新曲奏龟兹，曼衍鱼龙善幻时。胡服始能精骑射，汉官无取旧威仪。夙娴檀板黄幡绰，倒插花枝白接䍦。露纷椎头傫休乐，奉常绵蕝属优施。

渐　台

紫光阁下接螭坳，中峙渐台水外包。画地为宫规狴犴，刺闺在户有蟏蛸。上书待复房陵辟，演易频观羑里爻。试问橐馕谁职纳，瑶池珍馔自充庖。

书欧阳公《五代史》宦者一行两传后

正可岩岩愧具瞻，张承业后有斯奄。金刚力士年犹少，曒日秋霜义并严。山绕军都围故宅，宫依王母隔堂廉。庐陵史例归何传，宦者君真一行兼。

自 由 钟

海外腥风染帝江，嚣然事杂更言庞。狰狞跖犬逢尧吠，蜿蜒神龙受佛降。天妹磬原无间指，地球钟竟自由撞。放勋为子尊亲极，热血何烦洒满腔。

储 徽

震象储徽自有真，黄袍未易即加身。渥丹冠制红绒结，幸绿车随绛漆轮。汉有曾孙名病已，晋迎周子逮成人。少阳春陆非常选，特切钟心耀掌珍。

妙选宾僚自不凡，一条冰是好头衔。春坊正字兼新职，《大诰》《金縢》启旧缄。谢范刁羊充四友，郭邻蔡霍放三监。东朝济济虽多士，犹咏周京兔舞夔。

北场南馆好驱车，博簺弹棋乐有馀。周鼎重轻君莫问，楚弓得失子原虚。龙潜邸宅堪归否，驿角山川竟舍诸。日月光轮谁望气，贺兰山下白云居。

末 劫

空轮风火水灾缠，末劫将开动四禅。可惜螭龙成蝘蜓，欲驱燕雀仗鹰鹯。玉皇案下司香吏，西子湖边奉使船。再到蓬莱水清浅，柯亭刘井变腥膻。

望夫化石怅山头，沟水东西各自流。薄幸如郎原不淑，同年有妹信无愁。画船春梦沉罗刹，纨扇秋风怨蹇修。清议寖成文字狱，风流罪过足相酬。

鳞甲胸中苦郁盘，瓯臾未可止流丸。高阳才子难为父，毕卓狂生不耐官。斫市两头逢阿若，移郊千里望长安。三钱秃尽鸡毛笔，冻雀依然在纥干。

射雉如皋贾大夫，拼将颈血溅模糊。失头岂必惊狂走，袒臂何须待疾呼。圭玷难磨惭白璧，斧砧敢冒伏青蒲。三年圜土封章在，击节悲凉碎唾壶。

城东祝延辞

敬祝先生八十筵，内家敕赐大酺钱。青宫世子颁轮帛，绛帐门生侑管弦。优诏特书纶阁考，乞言已到杖朝年。未闻无齿餐人乳，《素女》真方漱玉泉。

灵　　台

汉家三统密弧弦，一夕灵台伐鼓鼛。嘻诎荡然如亳社，羲和钦若自尧天。饩羊犹告青阳月，亥豕仍疑绛县年。莫道中原无正朔，春王书法在麟编。

白 云 观

仙仗崆峒访道勤，轺车吴越再论文。万松高处登黄海，双节归
来叩白云。未几龙蛇俄起陆，自来狐貉不逾汶。郑乡衣钵虽亲授，
未许升堂鼓大昕。

用 少

用少奚堪悔噬脐，芳兰萧艾不同畦。但期清静师黄老，何事浮
华慕阮嵇。英绝漫推金马式，兀然养到木鸡栖。后车钓叟须眉古，
童子无知且佩觿。

白 痴

菽麦能知也白痴，珍馐良酝喜分司。侏儒升斗当官俸，傀儡衣
冠在位尸。各有老牛牵竖子，亦如司马好家儿。池塘蛙是官私否，
脱粟何如食肉糜。

我闻续述

万人如海足浮沉,宣武城西海更深。泄沓衣冠惟伴食,和平笙磬自同音。明珠缄口非无瓮,磁石探怀亦引针。仰屋咨嗟何太息,可怜虚牝掷黄金。

秘阁空然太乙藜,看朱到眼碧先迷。菖邾亦复争坛坫,秦越偏能限畛畦。门外鼓钟停海鸟,瓮中天地乐醯鸡。寺人孟子诗无讳,彼哉彼哉楚子西。

老骥雄心尚慨慷,重来使节过钱塘。印累绶若争先路,漏尽钟鸣未散场。曳足壶头还观战,画眉镜里忆添妆。阿婆三度鸡皮少,可惜黄昏近夕阳。

三旬九沐圣恩浓,问夜何须警晓钟。老病乍差风尚厉,早朝欲出日高春。铭心绝品归佳婿,隆准惊人是素封。退直高轩频过市,酒垆供帐在临邛。

海客谈瀛大可听,异书如读《大荒经》。其言河汉荒唐甚,必变风雷惝恍形。马齿已高还恋栈,雀罗可设待张庭。龙钟舐犊堪娱老,艳说生儿是宁馨。

终南别有洞天佳,衡宇相望十笏斋。睊睅梁间双燕垒,迢遥濠畔五羊街。西涯旧学传衣钵,北里新声易弁钗。珍重紫云词一阕,迦陵老去尚风怀。

语好诙谐色欲飞,曲江风度却全非。通侯致位庄青翟,大贾居奇吕不韦。绛髻拍张容叫动,翠鳞庖炙击鲜肥。臣家难语平津俭,陆贾装从岭外归。

桓生礼服艳充庭,忆否寒毡一片青。驰驿山公求启事,登朝汉吏重明经。深庐灯火儿时味,温室瓶笙老友铭。公既惭卿卿谢长,望云鱼计故乡亭。

左手持杯右手螯,不为毕卓况山涛。国中五羖休张盖,仗下千牛尚带刀。朋党洒然离洛蜀,规随颣若比萧曹。后车何必乘轩鹤,万石家风未弁髦。

优孟衣冠本是俳,先生古道与时乖。方圆凿枘终难入,宫徵笙镛未必谐。五日匆匆京兆篆,一官落落太常斋。劝君鼓瑟休胶柱,象纬天宫有岁差。

三月华林天气新,清光常侍属车尘。省台附托原姻亚,宫掖传宣但主臣。堂上两姑难作妇,座中众偎埶为宾。礼官一旦成虚府,未可邢谭恃密亲。

虽未论交到纪群,太邱长者共推君。楚人未必皆多诈,周勃何妨略少文。千顷汪洋挠不浊,五弦泛越引来薰。致柔专气婴儿守,何用苍头特起军。

桃李新阴喜满门,方言别国使轺轩。一家竞爽三珠树,八座承恩十锦园。昭穆姓名辉帝系,文章声价重词垣。清音雏凤还堪听,芝草有根醴有源。

天壤王郎城北公,相逢头脑笑冬烘。杖乡犹得称前辈,医国何妨厕下工。未见参苓储药笼,但闻姜蒜挂屏风。买书清俸虽无几,何至尘生范甑空。

早知鸲鹆近来巢,从政当今尽斗筲。舒雁登堂随画诺,解牛越俎敢充庖。可憎面目支离叟，欲赠头颅翁热交。郊岛莫嫌寒瘦甚，胜人一字在推敲。

领袖枢曹第一流，对人面似李猫柔。烧城奚止金能铄，下井还防石遽投。安得胸中无芥蒂，可知皮里有阳秋。温如挟纩寒如雪，顷刻炎凉在转眸。

龙岩南去接邕交，三凤锵鸣振九苞。仲雪伯霜兼季徇，中权后劲亦前茅。池塘梦冷空流涕，海岛兵兴莫解嘲。毕竟布帆风不恶，芥舟安稳泛堂坳。

朝罢轻烟散五侯，容台兼领大长秋。妆添一尺原高髻，位至三公尚黑头。跨灶新开行马第，尚衣敕赐紫貂裘。郎君琐琐皆膴仕，一例承恩蹶樆槉。

黑风鬼国疾于帆，姑射仙人谪下凡。老屋斜街春帖子，梅花水部古头衔。祁奚宅近犹邻午，阮籍途穷竟到咸。之子彼汾如玉美，可怜老大泣青衫。

共传衣钵郑公乡，爝火常陪日月光。拱把梓桐先出屋，便娟桃李幸依墙。城中酥酪三分水，台上琉璃七宝装。瘦有精神言呐呐，探怀敝剌热中忙。

朱邸看花不隔帘，此儿柔曼籍闳兼。空群一顾非为马，比翼双飞即是鹣。骆驵乘黄长乐厩，骏骥傅粉侍中奁。三公非独夸年少，蜀道铜山更赐严。

香草荪蒌泛楚艭，冰清玉润世无双。累累若若开朱邸，宛宛婴婴对绮窗。高屟长裙棋子褶，崔哥沙嫂碧油幢。家门鼎贵非叨窃，百战功高忆渡江。

靓瘢篇乙

　　欲将左道作干城,国步蜩螗与沸羹。蚁溃宣房惟一孔,狐鸣篝火正三更。军中踢跶兼抛堉,陇上耰锄尽辍耕。尝胆卧薪非一日,从今制梃挞坚兵。

　　开府旌旗栎下亭,纪功待勒鹊山铭。岂知泽水邻为壑,翻使潢池盗在庭。五斗米真传染教,九宫图出握奇经。寓言莫笑《长春记》,河岳神祇共效灵。

　　银刀小队赤云都,马足蛛丝已在涂。莠到害苗犹未剃,草成滋蔓本难图。栖苴社奉淫昏鬼,镇宅家书度索符。一国中风狂且走,石言神降谓非诬。

　　扫地为坛启道场,炉香结篆纸焚黄。红灯作罩惊空坠,绛帕跳刀善蹶张。煜爚飞光蚕出蛊,咆哮食肉虎为伥。不须骢马人争避,横绝长安卅六坊。

　　烛天光焰忽熊熊,三月阿房一炬红。旧是东林书院地,今为西域化人宫。条衣欲坏呼基督,杯水难施助祝融。犹忆升墟遥望处,南针楚室定方中。

　　嘻出狂风卷屋茅,女何敛怨为枭然。燎原叱咤非钻燧,画壁纵横似系爻。扑灭转增真祸水,号咷无及已焚巢。前朝后市尊严地,野烧几同牧竖敲。

　　车声轹辘走轻雷,荷锸如云忆始裁。聚铁铸成天下错,填金留得劫馀灰。汉中阁道皆烧绝,墨子朝歌且折回。千里须臾刚发轫,如今仆马又虺隤。

十字凌空建国徽，铜墙鬼榜郁崔巍。一丸泥塞偏能固，百道梯冲未易围。虎兕有时排柙出，熊貔空望凯铙归。可怜韦杜城南曲，禾黍荒凉怅夕晖。

宾馆连鸡共戒严，楼台踢倒在靴尖。宵烽举处旗皆赤，朝食歼旟突未黔。绛市谍苏闾巷说，玄都仙去洞门潜。似闻垓下歌声里，儿女鲜花插帽檐。

坛坫交邻远赠环，突如竟至死如还。岂堪刺客侔荆聂，安得封侯望傅班。戈或撄喉长狄毙，弓谁掸臂越人弯。早知鹤化留华表，悔未开笼放白鹇。

县贲父诔大书幢，吊赗临轩遣使䚦。阮瑀能文为记室，韩宣观礼到宗邦。但闻丹旐归神户，未掷金钱卜客窗。似此扬汤求止沸，纤儿能得几回撞。

眈眄刑天起舞干，醢人骨肉脯人肝。东西但斫长安市，大小还分子夏冠。衅鼓牛羊涂栎社，反柶蝇蚋嗒桐棺。炎昆玉石谁能辨，焉得巢倾卵尚完。

疆（場）〔場〕中田更有庐，蹊田衅起夺牛馀。相逢狭巷诛无赦，非种当门势必锄。筑垒隐然成敌国，潴宫荡尽剩遗墟。牵羊肉袒迎师日，莫怪壶箪竭泽渔。

旁门开处别开门，黑白谁能定一尊。林鸟池鱼同浩劫，豆兵纸马尽讹言。毒如乌喙还攻毒，玄到狐禅又有玄。月黑都亭新鬼哭，皋陶淑问讵无冤。

一鼓阗然再鼓衰，曳兵弃甲笑于思。但看绕树惊飞鹊，专待烹桑祸老龟。毁瓦画墁求食耳，投衡拔箷数奔谁。八公草木风声恶，到此汪童怯死绥。

筮从卿士庶人从，星纪将穷易涉冬。假作痴聋皆仗马，自求辛螫叹偋蜂。迎神安有焫蒿气，救火难为揖让容。琐尾流离诸伯叔，狐裘相与咏蒙茸。

鼟鼓声喧可奈何，坚冰天幸合溏沱。长星杯酒先酬汝，寒雨铃当莫怨他。项羽未闻麾钜鹿，郭京早已溃牟驼。地安门外通秦晋，且驾巾车策健骡。

存身何处蛰龙蛇，皇帝曾闻有阿奢。胃脯简微犹浊氏，椎埋轻侻亦朱家。纤纤女手新桑葚，滑滑儿拳嫩蕨牙。食品上方同进御，漫嫌梨味不如楂。

叠翠居庸万仞岩，井陉厄塞似殽函。负簪入卫金城节，采稆从行白柄镵。堕甑已拚营蒯弃，覆车悔未木兰监。奉天定难功臣录，浑氏忠勋又有瑊。

行旅仓皇避敌氛，打包僧似趁闲云。吴公洛下逢循吏，桓氏闺中有少君。加璧壶飧从况瘁，鱼轩重锦馈殷勤。故人信有绨袍谊，驻跸归来第一勋。

战云暮接蓟门秋，表里山河据上游。娘子雄关连左辅，寄公中道次乾侯。茅津欲渡呼苍兕，蒲阪长征驾赤虬。父老旧京还望幸，离宫未可作菟裘。

銮舆且住亦为佳，周览长安左右街。行在小朝权设葩，升中太华特燔柴。重关黾塞难逾海，运道邗沟可达淮。此是神皋天府地，奉春建策早安排。

乱德苗顽与九黎，旧邦新命卜归西。此间乐土休思蜀，王者明堂已毁齐。臣职匪颁凭供笾，将才难得忍听鼙。燂汤洗足朝天子，憔悴征尘面目黧。

故都回首一潸然，即异波兰亦哲鲜。阪涿战馀天尚雾，樵苏爨绝突无烟。飘零琴剑遭肤箧，毁裂冠裳附执鞭。到此高明真鬼瞰，漫漫长夜未曾眠。

一毡地昔界红毛,迤逦东城近市嚣。卧榻岂容人逼处,浮图难说佛坚牢。巢为鸠占空营鹊,木似鼯升孰教猱。始信上清犹有劫,星移斗转列仙曹。

中台赤帝变毡裘,风雨横飞自美欧。麦秀黍油悲故阙,瓜分豆剖视神州。河山忽现新棋局,朝市真成小地球。欲废《周书》王会解,讴歌讼狱集群侯。

好探月窟蹑天根,出入东西两便门。洞见一方穿藏府,凿成七日死混敦。冰床迅逐礣碪影,烟突浓迷坤坲痕。九陌红尘飞不到,雷硠忽叹摆乾坤。

别风柗诣傍嶕峣,帝怒凭陵降赤熛。莲蕊依然清静域,茅茨特启圣明朝。露盘怅下铜仙泪,电矢催投玉女骁。是夜雷雨。御榻狐狸眠不得,岂徒鬼烂与神焦。

閟宫有侐密清筵,秘祝东皇太乙前。薛鼓鲁壶书有间,桃温松漠俗相沿。旧仪开国留绵蕝,新诏行朝挂纸钱。海外未谙《郊祀志》,祠官但奉一神祆。

万间广厦面城开,突兀东邻观象台。举子惊随槐市散,贾人翻到相梁灾。龙华阒寂诸天劫,马矢荒凉故址堆。三百年来科目敝,斧斤纵后望生材。

斗量车载出城南,半已红陈变作甘。千里赢粮资敌国,十方常住化禅庵。津门海上招商运,潞水舟中补客谈。扫地无遗饥雀噪,始知硕鼠未为贪。

榎楚今真上大夫,老拳鸡肋饱还无。株连律竟遭笞背,切近灾应筮剥肤。辱国岂惟羞父老,择邻原合远屠沽。相公席上方行炙,饭后钟鸣日已晡。

等闲奇货笑千金，骏骨频来燕市寻。黑雪狐裘光绰纚，碧霞犀带值璆琳。天青雨过柴窑片，云转雷回秘殿琴。每到宝山空手返，难医墨癖与书淫。

相公宅里费平章，乞得城东选佛场。邻有责言防警卒，僧来说法仗空王。听钟远答贤良寺，携仗闲过履道坊。燕子飞来麾不去，一牛鸣地午桥庄。

峤南万里玺书征，奉命登坛若饮冰。退敌老臣无上策，偾军诸将再中兴。河山已碎难收拾，朝野交讧尚沸腾。免胄望公如望岁，愿闻割地献金缯。

西邻欲问责言无，先取元凶付若卢。拱手一听人约束，汗颜群起鬼揶揄。接连禁苑开操地，隳坏名城返旧都。唯唯相公惟画诺，早知此局满盘输。

片纸怀中证异同，兔爰不少雉罹罦。纷纷簿鬼名终点，快快钱神路莫通。已见槛车征窦武，亦如巫蛊责江充。可怜北海孙宾石，百口难全卖饼翁。

臣民中外喜瞻天，龙武钩陈扈跸旋。少室登封开母庙，离宫小驻贵妃泉。二殽太华经千里，两晋三河复一年。亦有奉春能演策，暂移卧榻等鼾眠。

来朝走马溯迁邠，流涕何追悔过真。黄发询猷秦伯誓，白衣供奉邺侯身。光犹日月何妨食，诏下河山喜再新。自古殷忧能启圣，临朝依旧颂宣仁。

朕舌由来未可扪，关山梦绕故宫魂。勇之应悔巫能祝，区盖难期史不言。黄纸如新还榜户，红绡欲盗执逾垣。被除亦似风雷速，一骑西归报至尊。

特敕看详付史官，王言且作弁髦观。风行海外邮偏速，露布宫中墨未干。晚盖词成矛陷盾，倒持势甚履加冠。本来驷马追何及，反汗无殊拾渖难。

高轩过去疾如飞，敕赐鹅黄短后衣。赭马络头嘶辇道，紫貂带朦值军机。共迎卤簿呼三祝，恍听铙歌杀一围。九陌铜街天上近，龙颜有泪不禁挥。

正阳门外直如绳，五彩高悬十里棚。接翼鹓鸾皆在列，叩头虮虱病无能。雨师风伯清尘路，玉蝀金鳌望阙棱。夹道如雷呼万岁，还朝不日箓中兴。

宣取词臣对直庐，朕躬有罪泪沾裾。从亡居守何分尔，崇后惩前尚弼予。避地感蒙温旨问，瞻天何虑直言疏。京江风度诚难及，读得南阳丞相书。谓支继卿前辈。

汨 罗 咏

鸟啼行不得哥哥，长鬣馀皇唤渡河。妒妇津头风浪恶，柏人城下甲兵多。霸齐未遂先句窦，吊屈何方殡汨罗。月黑关山灵鬼哭，果然魑魅喜人过。

续 童 谣

开箧封章不忍看，相贻况有碧琅玕。于湖风雅新书帕，筹海经纶典属官。无复华亭听鹤唳，不应严濑释渔竿。清高遗象今犹在，相见衔须与纳肝。

七十平头未乞身，朱霞白鹤见精神。杜邮伏剑空归旆，郢匠挥斤老斫轮。白发盖棺终定论，赤眉盗鼎已成尘。可怜口吃韩公子，於越乡音尚逼真。

无盐刻画笑倾城，居易居难是弟兄。译馆相传三疏上，秀州不谓二难并。著书南阁通家学，席藁西郊待罪名。独有平津吾未到，灵床且莫作驴鸣。

戆如汲黯介彭咸，香草当门一例芟。鸡犬不留言岂妄，豕蛇荐食焰方馋。牢修狱急终归党，罗隐书成定号谗。三字沉冤增一字，风波亭畔莫收帆。

舞榭歌楼化作灰，铜山声共洛钟隤。官家到此真儿戏，奴辈无非利我财。帘底未停红豆拍，车前忍听白杨哀。赋诗欲吊还宜贺，党籍他年待史裁。

再续童谣

斧钺何能一死宽，樊将军首负燕丹。罪浮误国王夷甫，祸到弥天释道安。绝命诗成臣有母，攘夷论上匪为团。谬悠众喙原无定，生祭文山一例看。

毳衣如菼槛车收，蒙袂都亭视决囚。天道好还君入瓮，家传良冶学为裘。须知栾黡生怀子，不少元咺讼卫侯。读得尊王《金锁匙》，未能汉律附《春秋》。

橐馈弦外有遗音，枉尺惛然想直寻。和药朱游门下吏，叩盘庄舄《越中吟》。百年论定愚公谥，双泪灰残壮士心。闻道红灯自天降，交民巷作火珠林。

童谣附录

十万樗蒲一喝卢,到头困苦乞为奴。邢谭戚里王侯宅,毛薛游闲市井徒。议贵议亲恩莫逮,使贪使诈计原粗。酎金不绝勋臣裔,可有分封小子胡。

自古求仁竟得仁,登台何异聚燔薪。微臣下报先皇帝,元舅尊为国懿亲。宫掖一门通属籍,河山两界掷陶轮。莲池殉后无遗类,百口《焚椒录》里人。

槁项低垂白发髟,声雌媪相貌瞿昙。椀中狗矢金为饰,瓮里虫天带是甘。骈死方兴瓜蔓狱,悦生已到木绵庵。篮舆度岭瓜方熟,尚许尝新过潭南。

海滨幕府建高牙,大帅登坛拜狭斜。涌出莲花生步障,迎来桃叶说倡家。天魔舞队燕支虎,地煞星官母夜叉。箫鼓开场真院本,曲终人散寂无哗。

火速金牌召北征,将才难得吏才精。晋秦畿辅三河卒,亚美欧洲八国兵。乌合安能当大敌,鸡飞况复效连衡。黄金不第酬君诺,生死交情为巨卿。

同巷经过泪染衣,平津相望一鸡飞。早知塞马难为福,但惜冥鸿未见幾。雀网罗门还揭橥,鸩浆入狱痛牵机。一琴一鹤原廉吏,州郡终身未觉非。

忆随幕府到鸡林,一剑尝怀报国心。南八男儿同日死,大千世界霎时沉。短衣频凿凶门出,长铗高歌蹈海吟。不仅幽并豪士气,文章道义切劘深。

同室偏弯克敌弓,庙谟未契圣人衷。不加铁锁犹天幸,能执干戈是鬼雄。王险都城期雪耻,轵深井里起从戎。权臣在内君如赘,阃外空言大将功。

佚　童　谣

万里龙沙出逊荒,贺兰山下古围场。寄侯不国如流寓,穷子无家为阋墙。庙号底须兴献帝,居停无过左贤王。若登花萼楼中望,塞外参差尽雁行。

秘策帷中运六奇,彭龄八百貌婴儿。心明如镜盲于目,齿落更生鬓已丝。精魅已成能作祟,老牛欲杀莫为尸。坐观君父兼师友,咄咄书空自赋诗。

书空咄咄正无聊,喜见恩纶起废僚。涅背大书忠义字,赤心图报圣明朝。媾和肯附秦长脚,市宠先缠楚细腰。换得替天行道服,乌纱抛却抹红绡。

人心如面本难同,转绿回黄有化工。占地松梢先得月,漫天柳絮但随风。一瓶一钵无忧佛,三起三眠不倒翁。公自健忘人默识,言犹在耳莫痴聋。

百战攻成敢自娱,入关壮士请先驱。于田暴虎诚为勇,缘木求鱼亦至愚。天下岂惟公健者,晋阳转失将安于。我来长揖将军座,不为玺书赐属镂。

地安门外接沙河,但见于思弃甲多。搔首自怜佳子弟,倒头欲睡病维摩。原作"於菟",既而悟为误押虞韵,易"维摩"二字,远不逮矣。早经橐载还胠箧,乍听弓鸣即倒戈。推毂当年诸大帅,淮阴相属我萧何。

　　宰相何缘失此人,王言出袖即丝纶。裨谌创稿原为郑,吕相遗书竟绝秦。三帅孟明先乙丙,百灵童律继庚辰。撞钟伐鼓从天降,遍祷三川上下神。

　　岂惟七十鼓刀屠,国士淮阴天下无。朱亥本为椎狗辈,黄家亦是牧牛奴。江湖寂寞鱼蛮子,关塞跳梁蜀道图。石破天惊荐贤表,正如急就有奇觚。

　　异苔千里结同岑,鸷鸟高翔出翰林。坚忍僧能持苦行,乱离嫠亦作悲吟。挂瓢不酌贪泉水,补衮无忘《大宝箴》。等是诗家寒瘦集,难将袜线度金针。

五城杂咏

商

　　莫嫌虚造改偏旁,吉事为祥古作详。禁体赋江先去水,寓言歧路竟亡羊。居奇故态惟登垄,向若惊心莫望洋。湫隘臣门居近市,小人数典幸无忘。

吏

　　在官莫以夜郎豪,刻木人皆避尔曹。谈海拍浮杯水阔,步天钻仰瓮墙高。腹如瓠大容鳞甲,眼有帘遮挂睫毛。翻道衣冠坐涂炭,可能金石立波涛。

仆

　　计月何须论雇钱,归来占宅更名田。家翁主伯难为地,灶养春

佣尽上天。偾约未堪轻便了，奴官亦许勒燕然。客来且莫谈时政，
将命车前有执鞭。

伶

染人自昔甚丹青，说法登场况现行。欧冶子犹留宝剑，岳家军
更传银瓶。误将盗贼为游侠，直借裨官作典型。曼衍鱼龙真演出，
《长春游记》《大荒经》。

僧

清心空有戒贪嗔，师是龙华会上人。曲盝座中狮子吼，娑婆国
土象王邻。须知万法原无法，莫说多神与一神。愚钝众生同末劫，
难言不坏是金身。

过厂肆有感

十赉谁酬翰墨功，交房色色自精工。戒方玉镇辉湘管，墨汁金
壶蘸海绒。缥带牙钿装本子，广眉高髻出城中。门前车马今寥落，
唐肆来游已不同。

书葛稚川自叙篇后

野老相从薄笨车，过墙送酒话桑麻。垆烟砖影开天事，豆架瓜
棚种地家。秽史莫疑惊蛱蝶，廋词聊比厄龙蛇。永嘉流寓归来日，

再到东京说梦华。

草堂每饭不忘君，剪烛吟诗辄夜分。老去词章惭庾信，虞初小说续殷芸。《西台集》里遗民泪，东郭墦间故鬼群。琴到无弦难索解，刺讥但可出微文。

写定藏之箧衍漫题一首于后

怨李恩牛总不平，一池吹皱恁干卿。固知苦口难为药，莫谓胶牙未有饧。诗体俳优惭射覆，史官梼杌等闲评。苦吟漫作《周秦纪》，饭颗山头太瘦生。

再题一首

一枕游仙梦岂真，可怜无益费精神。莫嫌断烂凭朝报，好捉迷藏作海巡。京师崇文门官役，俗谓之海巡。平水韵成离合体，孟坚表列古今人。小儿若见盱江碣，酋臼分明是受辛。

奇觚庼诗集

序

　　同邑叶鞠裳侍讲，以鸿雅宿儒，晚入词馆。一督陇学，即乞病归里，遭阳九百六之变，忧伤而卒。其著述之自刊者为《藏书记事诗》《语石》二种，诗、文雅不示人。文有稿本，诗则《诗谳》另编成卷外，大都存《日记》中。肖子君宜茂才，劬学早殇，侍讲遗言以一切手稿付及门潘仲午比部及汪星台明经。作古而后，仲午先刻成《文集》《寒山志》《诗谳》三种。旋检《日记》中各诗，手写续刻，起壬寅，至乙巳陇诏中作，定为上卷。中卷起丙午，仅得九叶，仲午遽卒，手稿转归星台。未及赓续，而星台亦卒，手稿复藏仲午从孙博山所。吾同年王君九学部，侍讲执友蒿隐枢部子也，念先世道义文章之谊，慨然自任，从博山检归《日记》，自同治庚午闰十月十三日起，至宣统辛亥后之丁巳九月十五日止，共四十二巨册[①]，乃就仲午所刻残卷，续编归田后作至辛亥为中卷，编壬子至丁巳避世时作为下卷。既成帙矣，又辑壬寅至丁未诸诗为仲午所遗者，成《补遗》一卷，辑辛丑以前《日记》所载与另稿应存之作，汇成《前集》一卷。于是奇觚庼古今体诗粲然秩然，略无散佚。剞劂之费，君九出银币百镪为倡，侍讲旧交刘翰怡京卿出百镪，曹叔彦太史、费子饴观察各

------

　　①　校点者按，日记稿本计四十三册，今藏苏州图书馆。

出五十镪,程觐岳观察之后贤印午昆仲出二百镪助之,辜较大数事可获济。以钰备悉颠末,属书其尚。钰惟侍讲令闻在旧,何待钰言?君九敦崇古处,自完其通家子弟之责,亦何待钰言?特念敬事侍讲者三十年,近又借读《日记》全帙,得窥侍讲为学之要与数十年朝野故事,山海之藏,取资无尽。其尤不可及者,侍讲处家庭骨肉之间,用情肫笃,失子以后,境至不堪,尚能于沉忧积惨之馀,殚心著作。官翰林时,为朝贵引重,直而不倨,曲而不诎,辞受取与尤断断焉。辛壬之交,于变故始末造成万古伤心之局,不记不能,欲记不忍,则又纡回隐轸,自致其忠爱悲悯之怀,小德出入亦未尝自匿,几于古所谓无事不可告人者,芳兰冰雪,襟抱同之,傅人完人,一无愧色。左太冲赋云"蔚若相如,皭若君平",窃谓侍讲之文学,蔚之至也;侍讲之品节,皭之至也。钰于光绪戊子从侍讲应院课,同为贵筑黄子寿师所赏拔,奉手承教,交在师友之间。丁巳正月南归,尚幸一亲颜色,询及北中近事,相对呜咽。未几而人天永隔矣。故乡遗献,矜式无从,辄因君九诿诿,附述及之,敬告天下之读侍讲著述者,勿以训诂、词章、金石、目录之学概其生平可也。丙寅大寒节,章钰谨序。

奇觚庼诗集　卷上

壬　　寅

宿太常镇

南原接北原,秦陇此交会。泾水流其间,潆洄一衣带。昔往今复来,简书敢云瘁。硐雪凌古松,岫云吐深桧。俯视千仞崖,地维忽崩碎。中空若井嶅,低陷极深邃。豁庨境别开,崎嵚势欲坠。一柱凌孤标,森如剑铓锐。土花蚀墙坳,山茅塞蹊介。下有穴居民,炊烟出丛蔚。蚁垤曲可穿,蜂房密如缀。架壑结樏巢,悬崖覆华盖。双双扉可叩,犹在白云外。容膝比凿坏,曲肱且枕块。犹留皇古风,况逢大有岁。使节崆峒来,欢呼望尘拜。聊当田祖祈,年谷无有害。似闻太息声,鬓毛已憔悴。垂老试铅刀,嘅然发深喟。抚兹怀葛民,尘容窃自愧。适馆拂征裘,一室如斗大。明发听鸡鸣,前途行尚迈。

三不同 宁州、安化、董志交界

莫谓华离地不同,寸天尺土尽寰中。若言鼎足三分业,我是吴门旧阿蒙。

癸　卯

发　兰　州

倚郭河如带,登临路不平。流泉穿径出,残雪隔山明。倒屣惊投缟,弹冠喜振缨。出门休惘惘,浩荡一鸥轻。

自岘口子至阿干镇

群山惊一束,蜿蜒若涛奔。削立千层壁,潜通两峡门。悬崖飞鸟绝,怪石怒猊蹲。此是陶家土,瓶罂制尚存。

登关山岭

诘屈羊肠马已隤,三涂太室共崔嵬。雪融岩窦玲珑下,风拂岚扉淡荡开。愧奉简书初度陇,悄携诗句独登台。振衣欲下频回首,满目川原尚草莱。

新店子行馆山水奇秀颇似小李将军画幅叠前韵

焚轮风起陇坻隈，蹴踏边尘出背嵬。牧马临洮窥塞静，蹲鸱沃野面场开。烟销紫翠遥当牖，云涌金银若有台。缥缈仙山楼阁里，手招青鸟下蓬莱。

刘伶沟再叠前韵

铜山东应洛钟隈，青盖凄凉比马嵬。上陇间关三辅远，中原瀍洞一尊开。莫言丹灶能移宅，想见糟丘别筑台。荷锸若寻埋骨地，空烦短碣拨蒿莱。

出狄道东门书所见

昔游江上焦山寺，门外波涛万顷潭。亦似珠宫随地现，飞来一个小茅庵。焦山寺。

大石阳山忆顾家，今来大石有张家。一拳同是门前石，陇上江南天一涯。大石张家。

狄道怀古

大将星沉五丈原,洮河风急阵云昏。出师虽捷犹无补,但少阴平一骑屯。姜维。

拾得哥舒半段枪,英姿如见朔方兵。漫忧牧马窥边未,且听渔阳鼙鼓声。哥舒翰。

千古龙场共谪官,陇氏爨僰识衣冠。登亭恍到松筠宅,字字蛟螭郁律蟠。杨忠愍。

清平道中

涧横一木当枯槎,道苇难行路尚赊。倦矣津梁惭沮溺,穿然阁道入褒斜。乱流啮雪成追蠡,坠石崩云跃怒蛙。绝处山蹊逢间介,徘徊欲渡又停车。

五月八日宿安定驿

五月山城里,围炉待向晨。炎天寒夜瘴,安土劫馀磷。竞渡怀荆楚,重关接巩秦。徘徊桑下宿,三度叹劳薪。

登车道岭

三登车道岭,绝巘上岩峣。四顾皆空阔,天风振沈寥。戍台眠古柳,陇坂隔平椒。缒马危峰顶,双扉敞洞窅。

菩萨楼 通渭道中西石硖口。补作

磐石如狮复如象,或如鸟下倏高骞。云中鸡埘参差屋,雨后龙湫活泼泉。绀阁高悬双峡外,翠畦浓上万峰巅。津梁倦矣我知返,此亦仇池小有天。

自甘草店至清水驿

倭迟车道岭,衺延五十里。高下判地形,阴阳隔天纪。岭南十日雨,击壤田畯喜。岭西无片云,望泽忧甚杞。骄阳正当午,大块号噫气。流沙若山倾,旋风激之驶。天地为变色,白日倏亏翳。辕马噤不骄,涂畛迷尺咫。其细入无间,其深陷无底。解骖拂衣缁,缁深刻肌理。侧闻农叟叹,龙病未良已。蹄涔一勺水,得之如膏醴。新苗难有秋,丰年况云屡。同在百里内,有如邻洽比。雨旸寒燠风,何不同如此。莫以五行传,而信古史氏。灾祥语多诬,暴尫术尤鄙。种树汲山泉,薙草去道茀。稽之古农官,龙见土功始。庶几迳和甘,坦坦道如砥。

宿马莲滩

连城南接马莲滩,杂处民番控驭难。赐姓沙陀留铁券,请盟爰剑列珠槃。千重云栈家何在,五月冰沟气尚寒。自古湟中戎索地,岩疆锁钥一弹丸。

双峰夹峙路纡回,出峡平沙漠漠开。麦浪翻成青稞秠,萝墙削出紫玫瑰。日沉山色昏于墨,夜静河声哄若雷。候吏道傍休问讯,陟冈我马已虺隤。

发老鸦铺闻大通河涨无船可渡

一雨洪流竹箭腾,峰头云起尚鬅鬙。临崖但请公无渡,缩地应知仆未能。三峡倒流倾匹练,四阿悬溜泻银绳。未知湟水交通处,巨浪平添又几层。

大通河涨住村舍待渡

黄头空叹棹郎多,欲渡无从唤奈何。碧海三山求缥缈,银河两岸隔婆娑。荒邮灯话扪虮虱,穿帐铃声送橐驼。番人过河贸易者,皆支毡帐,宿水次。桑下于今三日宿,聊将田舍当行窝。

褰裳欲济苦无航,向若徒劳叹望洋。缚筏浑如农叱犊,传递文
书皆以牛鞟吹气为桴,乘之以渡。传芭先筮士刲羊。村人以一羊祷于河
神,祈水退。虚舟虽设难施楫,有渡船两艘系岸侧,无篙楫不能渡。兼味
无多幸赍粮。揭浅厉深良不易,舠舟何日可为梁。

平番道中

淡云笼树杂阴晴,迢递枝阳半日程。雨后滩声流不断,又从青
寺到红城。

宛似芙渠出绿池,米囊如锦正开时。鬻蔬种秫无馀地,漏脯家
家说疗饥。

胡体斋观察潘锡九大令招游小西湖
受轩方伯有诗报谢即次其韵并呈锡侯制帅

未到仇池小有天,乡心亦系五湖船。青山乍别湟中后,白社遥
追洛下前。击壤歌声听喜雨,兼圻勋业迈凌烟。暂抛簿领逢高会,
来与山灵证夙缘。

天涯同是宦游人,倾盖何尝论故新。觞政漫依金谷例,节麾远
被玉关春。逍遥濠上观鱼乐,埤堄墙边策马驯。莫道秋风鲈鲙美,
谢公霖雨为斯民。

叠前韵

旧游尚忆海南天,到处西湖不系船。樽酒重开观稼日,使车已届及瓜前。芦中浦溆明秋水,柳外亭台淡暮烟。难得西园逢雅集,好将文字忏尘缘。

不注虫鱼磊落人,阴铿诗句一时新。桐阴绕屋堪销夏,茶具烹泉出供春。山色推窗招鹤下,河流到砌喜龙驯。巨川幸托同舟济,漫向槃薖作幸民。

七月七日李伯珍观察招饮卧龙阁
次受轩丈韵

恍到无怀与葛天,且斟绿蚁泛觥船。隆中千古长吟日,河上双星未渡前。鸤鹊桥填留驾月,蟏蛸塞静息传烟。自侪管乐良无愧,想见君臣鱼水缘。

亭边髡柳立如人,翦有秋凉一味新。筹笔归从铃下夜,接䍠醉到瓮头春。卧龙自见投纶起,老骥空悲伏枥驯。差喜丰年人语乐,共安耕凿作尧民。

叠前韵答受轩方伯

袖中封事忆朝天,度陇欣同李郭船。簪笔侧闻冠柱后,负书且喜拜车前。筍杯香溢莲房露,石鼎诗联茗榻烟。小阮竹林原旧侣,剩从翰墨缔新缘。

风雨秋寒欲中人,开缄庾鲍共清新。诗坛敢附敦槃后,酒国遥瞻杖履春。霄汉正随黄鹄举,烟波漫共白鸥驯。等身自有名山藏,愿请先生付手民。

又叠前韵

老去风情似乐天,朝来觊我一珠船。唾壶击缺衔杯后,刻烛吟成判牍前。塞上旌幢葱岭雪,图中笠屐柳桥烟。锦囊收拾皆诗料,心月身云到处缘。

不惜鸳针度与人,锦机组绣巧翻新。小山桂树丛生夜,官阁梅花本自春。待诏忆从金马出,谈诗养到木鸡驯。觐光会建崆峒节,侠毂欢腾陇上民。

次受丈雨窗见寄韵

牛耳骚坛夙主盟,河梁苏李敢齐名。白头作宦同羁客,青眼论交得步兵。度陇非才惭报称,筹边无警乐升平。题糕未到重阳节,秋雨秋风已满城。

苦雨二首次韵

帚禅谁与证参寥,十日寻诗闷未销。扫径苔纹迷屐齿,登楼草色湿帘腰。焚香无事键关日,绚索相从补屋宵。若忆轺轩双节使,冲泥正渡灞陵桥。

山城风雨入秋寥,髀肉于今叹尽销。暝馆孤灯挑雁足,长堤三阪浸虹腰。阑珊棋局忘清昼,凄切铃声警彻宵。闻道门前车辙少,横经多士负圜桥。求古书院课期,阻雨不克亲临试士。

再叠前韵

凉气长空振沈寥,湿云笼岫未全销。登畴放水禾生耳,排闼看山笋挂腰。梦短鹈鸪啼彻晓,光沉熠耀断行宵。溪流到处添三尺,清籁潺湲过石桥。

甲　辰

二月十六日赴巩昌按试出兰州郭门作

绁马兰皋趁午晴，三年又展使车程。离亭山隔鞭丝影，绕郭河喧水碓声。羽扇障尘逢款段，纸钱挂冢近清明。怀中夹袋嗟磨灭，愧负临歧送别情。

溟渤吞舟斗巨鱼，泮宫思乐就删馀。残枰一局神空运，广厦千间愿已虚。横海飞符罗刹警，闭关卧治葛天初。盖公黄老聊藏拙，岂读司空城旦书。

关　山　岭

恍建鼓旗出井陉，瓮天一碧豁重冥。劫馀山壁苔还赤，春到边庭草未青。绝壁深如谟盖井，危峰高处削平硎。班生孰是封侯相，瀚海燕然待勒铭。

宿狄道州廨登碑亭
览杨忠愍公遗迹书此志感

履霜冰坚先集霰，雨雪瀌瀌未见睍。明纲颓自孝庙初，相嵩窃权比恭显。但闻马市绝边开，未有乌台攀槛谏。先生崛起郎潜中，气作山河笔如电。应知龙比非俊人，岂仅山王作好掾。明星晲晲草谏书，仿佛东方未明砚。一疏论边臣，再疏劾京下。阃外何尝输赤心，座中相戒避蓝面。青词昨进步虚坛，白简先抨谨身殿。革心虽冀木从绳，充耳其如规为瑱。九阍高高不可闻，万里孤臣竟远谴。荷戈远戍陇水西，从此天涯悲谪宦。祥麟威凤世所稀，矧在边隅岂易见。平生本不卑小官，讲学何妨召群彦。乡亭斗食亦儒官，柱后惠文今佐县。判牒衙斋杖履间，弹丸郊舍弦歌遍。莫谓下方虮虱臣，椒山胆是蚺蛇练。清风劲节百世师，薇蕨首阳接邻甸。侧闻恩诏下金鸡，难得寓言侪木雁。西市琴声日影斜，耿耿孤忠死不变。即今肮脏风尘中，一命岂无作吏选。枳棘难言鸾凤栖，刍豆但为驽马恋。抱关击柝纵为贫，折枝呫呭亦云贱。执鞭琐琐何所求，拥盖扬扬奚足羡。微禄争为五斗营，粗官本可一钱办。清宵风月谁可谈，宦海津梁我云倦。须知簿领有司存，莫效脂韦啬夫便。古今人岂不相及，舜跖鸡鸣争一间。庶几砥柱屹中流，敬为先生后来殿。瓣香昔祷松筠庵，贞石三疏留簏衍。今来度陇谒公亭，芰舍甘棠访民谚。犹有龙场驿吏祠，千古边荒涧芼荐。

出狄道东门

出郭焦山寺，弦歌尚乐郊。山麓有超然书院。风铃沉塔顶，雪白陷峰腰。折戟洮河戍，谟觞渭水交。图经寻禹迹，鸟鼠说同巢。

清平道中

鸣沙石峡细弹筝,略彴山溪历乱横。茅店村鸡啼过午,下清平至上清平。

登小关山

升降坡陀三十里,纵横畦畛万重山。风高野戍呼鹰急,日落荒原放马还。汧渭附庸先大骆,巩秦通道控群蛮。丸泥可塞原天险,南出临洮第一关。

首阳山夷齐墓

坏土何如蒲子津,拂衣下马辨贞珉。一官度陇同迁客,千古争墩为逸民。薇蕨不随朝市改,松楸犹傍驿垣新。逃名尚有柴桑叟,洞口渔舟记避秦。

巩昌谒文庙礼成赋此示学官诸生

圣教清时记大同,使臣秉节出崆峒。炳然车服昭悬象,乇矣辖轩愧采风。吉月饩羊留告朔,先生羔雁莫冬烘。斯文一线忧将坠,欲作干城在变通。

生童应试不准犯前贤名讳此定例也巩昌岁试童子唱名有王维李泌米元章以古人为戏不敬莫大焉作诗戒之

竞从两宋溯三唐,即此难言是互乡。宝晋恍登虹月舫,过秦如到辋川庄。白衣岂羡游仙乐,丹管真同点鬼忙。尚友古人无不可,莫将名姓当羹墙。

童年令甲未分明,佩韘芄兰敢盗名。朴僿固知皆学究,暖姝各奉一先生。相如又见逢司马,窃比居然到老彭。走笔吾诗亦游戏,聊将觵挞勖经籯。

又有杨姓名秀清者呵之愕眙盖不知其为贼酋也士也而等于乡愚矣作此悯之

儒生发冢异探丸,难与潢池一例看。轻重未知衡雀燕,妖祥几不辨鸮鸾。韩非老子原同传,盗跖颜回付达观。谈虎至今还色变,先生休矣莫更端。

再作一首解嘲

共工台下讵能神,京观鲸鲵事尚新。抛却蓝衫求利市,拍张绛幨说前因。亦如庄叟能齐物,未必曾参竟杀人。狐貉一邱原不异,何妨一笑等微尘。

三月三日将发巩昌感赋

国工诏怅一枰残,袖手应知胜算难。鬓雪飘萧惭使节,世风弟靡溺儒冠。群贤谁负隆中业,当局翻从壁上观。广厦千间何地起,盘中苜蓿尚阑干。

浴兰湔禊忆清游,策马将行古渭州。束阁已成骈拇指,过江谁访大航头。一封轺传星驰急,百里岩疆日蹙忧。海警未平西顾亟,辅车辅户望绸缪。

舆中见篱边垣下桃花盛放与峰头积雪相辉映钱蒙叟有《雪里桃花》诗效颦作两律

水晶屏里折枝横,烂漫河阳一县城。冷艳尚留春禊节,秾香亦证岁寒盟。红颜揽镜疑迟暮,粉颊添毫妙写生。狡狯天工谁试手,绛云仙子下瑶京。

漫言春事已将阑,荙尾花开尚峭寒。清节忽逢绯赐宠,冶容还作白描看。香泥到处鸿留印,玉屑翻疑蝶舞团。恍读畸人霞外集,淡思浓想拂毫端。

陇 西 行

渭州古名城,幅员带戎服。李唐昔肇基,中原起逐鹿。绉发改氐羌,攀鳞陟卿牧。天府列上腴,民风沿太朴。我下劫后车,人鲜耕馀蓄。三家附郭村,半亩面城屋。钟悬辍蒿莱,甑炊甘藜藿。遗黎数百家,盖茆事卜筑。寥落叹晨星,阑干射朝旭。芒屦掩鹑衣,麦竿驱鸡粥。士从田间来,大都半耕读。春粮赍蹲鸱,一编挂牛角。汪锜虽童殇,旌闾在所录。至今国门外,杞檕犹野哭。若药起瞑眩,元气岂易复。抚循逾十年,流亡尚满目。父老前致词,彼哉匪我族。拔帜起天方,鸣鼓出地轴。著书各火传,伏腊异正朔。犬羊本难驯,蜂虿亦有毒。小忿挟睚眦,隐患酿心腹。其始一星火,燎原不可扑。强者膏原野,弱者缢沟渎。杀人既如麻,此邦曷云谷。是以荆棘生,无须蓍蔡卜。切近剥床凶,剽迅置邮速。丸泥苟可封,适郊即云乐。一或陷名城,不啻沉大陆。封豨极睒睗,谈虎犹觳觫。承平十万户,衢市相连属。孑遗无二三,所遭逾百六。枕戈敢忘仇,挺刃待发伏。吁嗟天生人,卢牟皆在育。譬如同产子,宜敦孔怀睦。方今海禁通,万里地可缩。中夏神圣裔,不耻事基督。蹊田甚牵牛,谋国类刻鹄。猶糠将及米,百里国日蹙。无皮毛焉傅,进退怅维谷。殷鉴良不远,西方有捐笃。无衣赋同仇,御侮尚不足。岂可同种人,阋墙先骨肉。尚其释诈虞,相与安耕凿。戒哉后车辙,毋效前车覆。

自磨石峪至鸳鸯嘴为漳渭二水合流处

驱车上陇坂,温风冰始泮。隘巷开土门,短崖蔽村闬。一涧中潺湲,人家隔两岸。鸡犬声相闻,樵苏影方爨。隔河一牛鸣,往来笑乘传。累累涧边石,璘编色可玩。仿佛支机馀,烂焉在云汉。莫谓浅可揭,渐裳仅没骭。巨流正前横,津梁未应倦。平冈削如砥,高陇登可断。渭水径其西,东临漳水畔。双流分路歧,一柱矗天半。直下相淙潺,横流各澔汗。矫如挟两龙,长空游汗漫。遇如敌交绥,组练习水战。衣带风交萦,春轮雪奔窜。滔滔共朝宗,有若淄渑判。到此如会同,原分条则贯。巾箱出桑郳,图经可覆纂。向若君莫惊,卬须人盍唤。舆纤若荡舟,桥衡如奉案。踏浪声不哗,习流技颇善。迤逦通河梁,盘纡逼井干。揵石填一卷,枯查支半段。马首瞻屡回,雁齿锲无算。几欲自崖返,竟成涉渭乱。川途历已艰,舍馆望仍远。前登光禄坡,岩嶤耸楼观。

出宁远东门至乐善镇

雨后山光出郭青,水田漠漠雾冥冥。桑麻接畔分虞芮,桃李连村斗尹邢。引客远烦峰顶塔,候人时憩道旁亭。艳阳颇似江乡景,两度盘安驿马经。过乐门二十里,至磐安镇尖。

朱圉岭

鸟鼠自西来，群峰带井络。强台屹未倾，当亭此焉托。朱圉三十里，迤逦若屏幕。一线裂岩缝，飞桥绹铁索。云气通往来，造物有秘钥。窈窱青未了，直到古冀郭。溯自禹迹开，更遭秦火灼。灵质铸胚胎，神光流煜爚。遗烬尚未收，燎原焰犹虐。至今千百年，不啻涂丹臒。在陇位正南，火维亦灊霍。渭水流其根，龙湫古不涸。上有千仞崖，不使寸土著。蛇穴小如盏，涓涓流一勺。淬出青芙蓉，森然罗剑锷。凿空架悬甍，临虚飞杰阁。远望若樯巢，觚棱绚金爵。旁行逼厜㕒，俯窥生错愕。只应列仙居，或招天帝博。下界倘来游，山灵未应诺。我闻石季龙，摩崖颇不恶。长啸上东门，雄气犹旁礴。马上得天下，文字视糟粕。安能擩淋漓，到此题岝崿。或者张宾辈，来践孟嘉约。登高笔如椽，藉抒王霸略。西倾与因桓，山川邈如昨。遗迹空云烟，古人不可作。伟哉神禹功，千载留疏凿。

自伏羌登山冒雨至关子镇入秦州界

厜㕒欲上雨如丝，滑滑泥深拾级迟。村舍开从山尽处，驿亭到值市喧时。载驰百里刚行半，不看三台为数奇。按部重来今一岁，胎禽迓客若先知。伯南在野田中见白鹤翔于寥廓。

秦州晤张瑶圃刺史言英国马教士欲于
试日进贡院门以彼教书普送士子赋诗谢之

　　昨宿伏羌城，今税天水驾。人生一蜉蝣，本来如传舍。嗟余矧晼晚，早思乞休假。长为沮溺耕，不谈桓文霸。秦州张刺史，殷勤出郊迓。愀然前致词，为言远人诈。欲持摩西文，来宣遒铎化。未敢求升堂，不乐寄檐下。得门傥可入，鸡林倍赠价。庶同《景教碑》，或可登插架。责言自西邻，气已吞东夏。国维既不张，断断讵能罢。尺蠖有屈申，好官由笑骂。不见淮阴侯，犹出少年胯。使者无町畦，颇不弃欧亚。但兹棘院墙，观礼如观蜡。苟为破觚圜，即招丛矢射。冲风起苹末，蚁防溃一罅。孔墨辨本歧，邹鲁哄可诧。无事鸣鼓攻，亦难曲县借。正如漆室忧，耿耿苦长夜。兹事匪约章，烦君善为谢。

自秦州至秦安八十里南北
两山颇高峻渭水流其间

　　渭水南头与北头，前山高与后山侔。悬崖路转因纾险，歧路泉飞不辨流。两峡中藏溪上屋，一峰侧出树间楼。弹丸黑子曾何著，岂但齐烟点九州。

伯南赠西藏小橄榄干如腊小如丁香而无核其色黑其味涩而甘赋七律一首

不须弹事说芭蕉,舌本香生鄙吝销。畏友如逢黄叔度,净人乃有盖宽饶。梵箧欲断殊方贡,谏草还从缩本描。咀到回甘犹未尽,不嫌些子味清寥。

秦安道中

近接葱茏尺五天,良苗雨露得来偏。长桥架壑初无水,绝阪开畦尽作田。马到悬崖须紧勒,鸟从旷野得高骞。弯环一发微云里,即是来时驿路边。

过吊坪梁山风砭骨舆中口号

寒风薄日日无色,兀兀舆如一叶舟。梨杏虽开春未逗,艳阳三月尚披裘。

秦州杂诗

岩壑参差架栋楣，佛公桥畔雨如丝。车前芳草迎来客，老去劳薪说向谁。桃似华清新浴后，柳如年少沓拖时。葱茏各有生机在，大好风光画里诗。

庖牺渺矣剩高墉，佚荡扉开第一重。岂止关门横四扇，自伏羲城进东关至大城，共五里。更饶家量贷千钟。遗民释耒谈书契，老妇先炊祀瞽宗。咫尺卦台还突兀，负图何处有龟龙。

漫将莒恶与同论，击柝重关日已昏。颇似敖仓输甬道，俨从广里到防门。秦州城狭而长，两山绕之。蹲鸱沃野篝篓祝，养马遗墟带砺存。既庶自宜加富教，抚绥端在长官恩。

轩窗四面足盘桓，墙外青山更饱看。啄木鸟能施敕勒，眠花蝶亦梦邯郸。竹如佳士难常见，松比儒官却耐寒。陇上无竹，惟秦州使院有数竿。锁院靓深非却扫，焚香摊卷一凭栏。

暂抛簿领挈壶觞，遍访城南选佛场。拂藓题名皆旧雨，浴兰天气近新霜。甘南天气亦晚寒，三月犹披裘。豸衣行部犹前日，鸡酒临歧况异乡。天水本为君本郡，甘棠遗爱未能忘。观察王晋卿同年、谢葆林太守、张瑶圃刺史、蒋荫庭游戎，皆旧识。回溯去岁按临时，惟前巩秦阶道赵蔼臣观察已作古人矣，不胜人琴之感。

纪侯祠在郡衙西，腐史焚身事可稽。绛灌亦应羞作伍，黥彭毋乃惜为醢。功基灭项终与汉，祸异烹郦未下齐。海内至今思将帅，朝廷侧席正听鼙。土人祀汉纪将军为城隍神，其庙在贡院之东、州廨之西，相距不数武。

拄杖欲寻南郭寺,蒲团好证北宗禅。闭车新妇逾三日,面壁老僧已十年。驿路皇华频凤驾,山门古柏尚参天。云中壶峤终难即,两度停轺只惘然。出东门望南郭寺,欲游未果。

陇上翘翘此错薪,论文重与溯椎轮。非无奇士如终贾,安得人师有孟荀。衣薜言时原凿空,种蕉劝学喻知新。谈天未可凭窥管,荒古难言贵雅驯。

铁老鸹峡 亦名何家坡

土崖忽破碎,隔涧开峡门。土石相附丽,土肤石挂跟。逶迤壁渐削,石滑不可扪。涧流漱齿齿,迸作戈矛痕。巨刃相摩戛,各各前其鐏。一石太突兀,张口如巨鼋。驯如狮象伏,猛如熊虎蹲。嘉名庶肇锡,再拜石丈尊。鸹为物之贱,琐琐无足论。彼嘻嘻呫呫,与疆疆奔奔。或惊妖鸟恶,或喻狡童昏。不祥世所弃,难语鸾与鹓。以此审厥象,毋乃拟不伦。唐突到郑旦,滑稽真齐髡。颇疑村夫子,错改同金根。"鸹"疑是"鹳"字之讹。空山无薇蕨,本非首阳墩。胡为长槁饿,蒙此不洁冤。我诗如老吏,奋笔为平反。石兮似有省,点头默无言。

牛 营 山 一名银条梁

马营廿里接牛营,但见参差陇不平。村落疏疏半瓯脱,荒寒已似极边城。

草色青迷白碱滩，若开渤泽尽盐官。涓涓沟水凝如雪，齾缺山墙笑画缦。

宿安定城追悼王鸿斋安乙垣两同年_{鸿斋去年摄邑篆，殁于任}

叶令双凫有政声，罗浮仙吏亦知名。麻衣如雪遗孤子，葛帔当风愧友生。华表适闻骑鹤返，灵床难禁作驴鸣。下车腹痛还深省，莫到钟残尚夜行。

登青岚山至西巩驿宿

叠嶂鱼鳞绣紫逻，青岚高处怯风多。悬梯策马常旋折，绝涧驱羊或寝讹。头痛已临寒瘴阪，_{去岁宿此，从者皆感瘴，头痛甚，有眩仆者。}尾闾难泄浊泥河。山泉味恶休供饮，_{自安定至青家驿，水味苦恶难饮。}且酌村醪倒巨罗。

野旷风高气沉寥，依岩筑寨郁嶕峣。荒崖日落藏幽魅，古戍星寒涴丽谯。勇士已分仍壮县，_{安定，汉天水郡；勇士县，獂道地。}使君谁嗣但题桥。_{驿西十里永定桥，乾隆时巩昌府王廷瓒所建，亦名王公桥。}玉关万里通乘传，赠策前途有绕朝。_{闻新疆藩司同乡吴福茨方伯西来，已过平凉。}

啄 木 鸟

有鸟鸣高树,一枝寄鹪鹩。桑土墐牖户,架木为橧巢。颇类蛙阁阁,亦似蚕车缲。得毋鼓两耳,清越持播鼗。又似渐离筑,一击悲风号。厥名曰啄木,厥木高维乔。穴中有蝼子,细等蒲蠃腰。可以果我腹,有若取其膋。歼兹总小丑,毋乃讥老饕。谚传有秘箓,诘屈神所教。利喙逾句践,灵怪岂诸皋。画木如画锥,胸篆有六爻。拾针如拾芥,不啻拔一毛。悬知造物巧,瑟柱难可胶。少见多所怪,反常即为妖。迁垤观蝼蚁,结网悬蟏蛸。微物有机械,亦若人劳劳。持竿见童子,仰树求升猱。将如痀偻翁,冥心去承蜩。何苦恋饮啄,天空任翔翱。

蒋公度新构青家峡驿舍甫告成
下车之日喜见鸮飞诗以落之

鸟飞正择一枝安,前路崔巍近六盘。倦矣津梁欣驻马,美哉轮奂愧栖鸾。寒林翠巘遥环列,青家峡古为寒林关地。废垒丹塘好转般。土木之材皆取诸旧防营。我是羊求三径客,小诗窃比颂《斯干》。

东山李家店宋新安王吴璘命其子挺筑堡拒金处 距静宁三里

岩关锁钥控邠泾，老将中原百战经。想见西平新壁垒，可怜南渡小朝廷。筹边气已吞河陇，背水军疑出井陉。闻道贺兰新奏凯，铙歌朱鹭喜重听。宁夏窜匪，晋军与甘军合剿，闻已就抚。潢池盗弄由榆林来，非东边之马贼也。

兀然卧道老王黑，未许连城下折箠。秦汉旧疆恢北地，范韩幕府共西陲。君臣策误和金议，父子勋高《保蜀碑》。去岁试阶，在成县访得吴挺《保蜀功德铭》，丰碑巍然，文字完好。东去萧关更天险，都卢山顶万峰卑。

登六盘山放歌

天风诀荡吹我衣，手挥白云登翠微。天梯百尺不可上，混茫一白开岚霏。山麓三家自成市，绝壑两岸聊通碕。不知辘轳径千转，但见栲栳峰四围。一峰一曲若相引，悬崖侧足空所依。第十九曲到峰顶，每于曲处开岩扉。丛林阴晦日色淡，晓来磴滑露未晞。赭马流汗作牛喘，苍隼到退如鹇飞。道旁奇石发頳紫，黯如褐色浓如绯。苯蕁萝葛挂绝壁，阴崖不见升朝晖。广坪一亩削如掌，刹竿驳落凌飞翚。开门陇东浮一粟，极目惟见高崔嵬。溯自不窋窜荒谷，筚簬蓝缕开庶几。夕阳在巘适郐馆，率西水浒爱厥妃。至今山下半陶穴，日高依旧牛羊腓。惜哉杂处遍羌索，通人千载来者稀。崆峒访道虽咫尺，未闻玉检登坛祈。广德已沦吐蕃域，唐萧关县，广德初没于吐蕃。镇戎亦隶金源畿。固原州，宋建镇戎军，金为镇戎州。北江尚讹乐蟠字，六盘山，洪稚存《伊犁日记》误作"六蟠"。自邠以下原无讥。班言都卢郦苦水，乐史《寰宇》毋乃非。清水即为乌水转，他楼一例援妃豨。图经荒率难可据，谁疗空腹如疗饥。我来亦复愧边笥，文人何处求龙威。清暑楼荒剩瓴甋，《元史》屡称元主避暑六盘山，当时必多深林，今则无树。唐六盘关及元安西王清暑楼，皆无遗址。弹筝峡响空珠玑。瓦亭峡即古弹筝峡，唐德宗时与吐蕃分界处，《寰宇记》引《水经注》云"泾水经都卢山，内有弹筝之声也"。空山无人独凭吊，抱琴欲鼓知音希。惟有沿山万枝柳，送人四牡骖䯄䯄。前路笑指瓦亭驿，驻营不见牛邯旗。《后汉·郡国志》："乌枝县有瓦亭，牛邯军处。"汉军长驱已直下，惟有新息能见机。丸泥函谷亦未塞，食言却笑游翁肥。陇干门户虽第一，筹笔未可忘葑菲。毋令后来贾太傅，过秦作论重歔欷。

萧关亦名金佛峡俗名三关口

安得杨郎渡陇来，萧关不是单于台。径如蕉叶千重卷，峰似莲花十丈开。金佛层龛犹涌出，瓦亭清水正流回。关东十里为清水沟。苍茫战垒今安在，但听悬河瀑似雷。

王晋卿同年张瑶圃刺史招同谢葆林太守蒋荫庭参戎游水月寺赋长句奉酬

远公辟精蓝,净土植莲藕。我来甫戋春,莲叶尚未有。远山列如屏,方池广盈亩。面水开轩窗,濯缨息尘垢。偏反四照花,略彴两行柳。叩关集簪裾,扫径布罍卣。感时或沉冥,论学互咨扣。良会宜真率,忘形到某某。鼎来足解颐,觞行无掣肘。车中闭新妇,已逾三日久。到此快邀睸,豁若脱莑杻。爱人及嘉树,尚想柴桑叟。斯干方落成,尸祝遍陇右。观察公上客,为政继公后。昔为幕下掾,斧柯今在手。经论恢八表,只手握纲纽。公所未竟志,一一补户牖。谢君康乐裔,流风永嘉守。夙耽山水癖,好诗兼好酒。亦不废史事,嘉禾去稂莠。左手算缗绍,右手捉谈帚。吏人雁行立,新诗已脱口。张君古循吏,庞然已鲐耇。精强如少年,腰悬若若绶。所至有政声,岂弟民父母。蒋君蕴藉人,雅歌乐虚受。宾筵更投壶,治军警刁斗。我从三径来,忝附羊求友。嗟余已衰鬓,此官况骈拇。度陇倏三载,徒为牛马走。斯文尚榛芜,歌诗愧薪樏。诸君过不弃,盛意逾琼玖。空濛烟水乡,招邀童冠耦。陶然共一觞,明发瞻马首。相期岁寒盟,寄诗聊覆瓿。

玉泉观和仙人洞壁间石刻元达玄子韵

乡里吾怀马少游,故园草色满长洲。十年作客匏难系,三月轻

寒麦未秋。饭颗相逢仍戴笠，瓜牛聊寄悟藏舟。道人倘有蒲团在，
欲乞邯郸旧枕头。

叠前韵寄赠王晋卿观察

扶摇志在北溟游，典记搜罗到五洲。属国已嗟虞不腊，残枰须
仗奕如秋。楚秦未可轻三户，吴越于今共一舟。侧席莫虚明主意，
恩纶即日下词头。

天开石镜歌 在石峡关，一名由夫子山，距秦安十里

石壁平莹滑如镜，摩崖径尺笔力劲。镜中照见素衣缁，到此尫
隤马亦病。此山灵秀如削成，四面丹青画图映。一峰斜抱莲花城，
千叠高悬萝蔓磴。虚坛窅寮列仙居，空谷谽谺灵气孕。荒崖古迹
读且扪，绝壑飞泉清可听。迷津莫问客频回，奇石无言僧入定。朗
然万象在镜旁，朝旭初升夕烟暝。微尘芥子摄无馀，终古不磨常自
净。著书谁是河上公，题字倘逢谷口郑。逍遥犹带鹿皮冠，寂寞共
挥麈尾柄。负薪率尔且行歌，戴笠逢君即下乘。柳间拾橡贮筥笼，
松下劚苓烧药瓶。竹杖青鞋望若仙，长镵白木依为命。樵夫不觉
烂柯归，孺子相从濯缨咏。果然仙境隔人寰，别有田家新月令。山
中白云良自多，世外不堪来持赠。我来两度重徘徊，人到半生益蹭
蹬。置身台阁匪所思，稽首山阿窃有请。故乡虽有好湖山，如此湖
山亦殊胜。先从涧壑架长桥，再筑池台辟幽径。诛茅结个小团焦，

种菊忝为大中正。何必更赋归兮篇，即此无惭拙者政。山灵听然忽腾笑，吾子栖栖毋乃佞。只缘泉石成膏肓，坐使文章落饾饤。五湖烟水芰荷香，三径霜寒松菊剩。花桥旧梦倘可寻，柏社前因亦堪证。巾车岂必事远游，樽酒何妨乐中圣。草堂猿鹤有移文，枳橘逾淮非本性。当思息壤能践言，且勿登山遽乘兴。

泾州杂诗

泾汭分流穆满宫，山南山北隔回中。井参分野通秦陇，珌马专征自阮共。蕞尔城移安定驿，泾州新城即旧安定驿。狁焉疆启义渠戎。隗刘战垒空陈迹，安必河西愧窦融。

上有高原下有溪，重关清晏息征鼙。一犁穤稗仍陶穴，百雉崔巍倚石梯。人似蛰虫坏户出，地非老马易途迷。自陇以西，重山鳞次，径路纷歧，往往小路不通车辆，视官路不过半程。亦如七圣襄城野，咫尺空桐斗极齐。

但闻虎齿兼蓬发，火枣冰桃尽子虚。只与东方增辨囿，本偕北户列戎墟。少翁五利犹前日，侍女双成载后车。剩有上官碑篆在，盘蟠突过梦英书。其山上有王母宫，宋上官佖篆书碑记尚存。山下道旁有石碣曰"瑶池降王母处"。

罕开部落控先零，老上单于亦入边。塞外毡裘皆杂种，回中烽火达甘泉。营平吏士屯田后，江统华戎著论年。岂第汉家终始患，至今犹虑死灰然。

泾原千里总师干，争说军中有范韩。史笔但为经略讳，谓任福好水川之败。将才自古折冲难。空闻连弩输将作，未见长缨系可汗。

何异江南恢复策,小朝毕竟驻临安。

白杨花似木棉柔,颇讶功堪挟纩收。白杨花颇坚韧,其白如雪,莹洁有光。穗长二寸许,与柳絮绝不同,若其性暖御寒,当不减木棉。或可造纸,惜陇士无考求之者,弃之如遗。寒谷最先温律改,陇土早寒,惟泾州视他处为和煦。清泉讵可浊流投。泾、渭两水前贤皆清浊倒置。古碑恨未携毡蜡,访得高显寺魏碑、王母宫大安钟。新政纷如置弈楸。改策论为二场,自泾属始。束阁六经还未读,何烦海客话瀛洲。

自泾州至平凉二百里夹道皆白杨树浓阴如幕奚啻万株人行其下清风徐来皆左文襄西征时军士所手植也赋此以寄甘棠之思焉

忆到城南万柳堂,广渠门外剩荒庄。迢遥持节登全陇,恻怆攀条尚异乡。西去极边惟苜蓿,南行芳舍比甘棠。我来亦荫公乔木,嘉植韩宣赋断章。

浓阴绿缛晓烟凝,长路清风得未曾。拂拂鞭丝牵作障,幢幢舆盖翠为棚。黄鹂斗酒通双陌,白马轻裘赛五陵。羡煞道旁行李客,青鞋布袜息行縢。

苍茫上有蔚蓝天,碧草铺茵玉作田。暝色沉沉浓欲雨,曙光濯濯淡含烟。鬋髻蔽日宜群立,旖旎临风不解眠。夹道两行森列处,俨如何邓扫门前。

分将眉妩远山娇,错莫文园手自描。听到陇头呜咽水,折来陌上短长条。闲情陶令删犹在,别恨江郎怅未销。却笑采蓝成底事,不盈一掬已终朝。

赫如渥赭四山童，但少秾阴此一丛。土脉渐苏频得雨，涛声突起适因风。织成离绪千条翠，隔断游丝十丈红。阙处疏疏还待补，莫将表道废前功。

恍结罘罳敞绮窗，交枝树树自成双。荷樵欲憩休寻斧，放牧频来偶系桩。蘸水倒开青玉镜，穿林低拥碧油幢。江潭凄怆缘何事，生意葱茏正满腔。

宾筵正好唱骊驹，谡谡凉风与子俱。广厦庇人何异尔，离亭送客立斯须。门前月色分乌桕，天上星纹错白榆。碧树槎枒行不断，最宜款段勿车驱。

摇落金城已不堪，风光到此盍停骖。婆娑乐意欣先得，洋溢生机可静参。迁地何妨同枳橘，干霄良不异楩楠。土膏上吸天空气，灌圃原凭物理谙。

登六盘山四度经此矣

直上崔嵬坂，长风浩荡征。万山朝正朔，百里隔阴晴。鹤迓重来客，骑屯番上兵。苍茫云树合，何处是归程？

十八盘高处，嵚崎阻二崤。惊泉沙碛路，古戍瓦亭郊。城址寻羊牧，隆德，宋天禧初置羊牧隆城，后改隆德寨。山庵构鸟巢。弹筝诸峡水，俯视等杯坳。

避雨村舍 距神岭铺十五里

漫言陋室止高轩，避雨仓皇筮触藩。风急须弥皆拍碎，云垂大陆忽倾翻。声如夔峡泉源倒，势比昆阳屋瓦掀。下榻窃惭徐孺子，主人安必异陈蕃。

会宁行馆戏作俳体一律

碧梧眼看凤鸾栖，欲上缑台未有梯。骄子投怀频索乳，农夫祝岁但操蹄。须知尸祝难谋俎，愧向邻翁转乞醯。亦是来风空穴里，蜎孤几辈毕登陴。

青家峡题壁叠前韵

自怜高髻学长安，巧样宫妆倭髻盘。东去岂知皆白豕，西来无信递青鸾。汪洋漫搅波千顷，蹭蹬须知路一般。吹皱一池春水未，到头甚事与卿干。

容膝轩窗亦易安，眼看雕鹗入云盘。饥来驱我皆臣朔，热不因人只伯鸾。山到空桐齐斗极，河从碣石下钩般。登峰纵窆谈何易，且自逾垣学段干。

辕驹局促苦难安，巧极弯弓逞马盘。未可大鹏讥斥鷃，莫将鹔雀误祥鸾。庄言齐物超悬解，佛说无生证涅般。若悟观空清净理，可无饶舌到丰干。

报书吾欲寄任安，鳞甲胸中久郁盘。不信处堂皆燕雀，偏言巢阁有鹓鸾。论才西徽思韩范，讲武东邻颂赉般。圣世形天犹在野，睒睒乳目舞朱干。

避雨宿青岚山顶

一白冥濛湿雾迷，驱车不辨径高低。荒邮扫榻三间屋，绝壁冲泥万仞梯。阶下正当峰绝顶，墙匡喜见水翻畦。夜深凉月穿云出，万壑无声听晓鸡。

秤钩驿题壁 驿距安定城六十里，下崖越涧即为车道岭之麓。行馆在崖鼐，负阳面阴，房宇深邃，日光不到，盛夏如严冬焉。闻居者辄病，三度憩此未敢驻宿

扫除尘甑设尊壶，暂拂征衣憩马痡。风自空来工射蝛，日当炎候避踆乌。光如漆室微穿牖，冻比凌阴未释涂。恍到八寒阴狱地，呵罗罗亦粟生肤。

山邮行尽古朝那，客馆重峨结四阿。炉热不增炎月暑，帘垂为怕瘴风多。轩窗湫隘防衰病，崖洞幽深出秘魔。清昼即无夒罔两，姑悬桃苅仿行傩。

甘草店喜晤杨慎之太史

芝草无根醴出泉，临风玉树致翩翩。山童水恶前经地，剑气珠光上烛天。万里转蓬同作客，三春新柳想当年。柯亭刘井难重问，

清浅蓬瀛已作田。

按部凉州出镇远门度沙沟至朱家井

十里邮亭送客程，一年一度赋西征。山连白塔崔巍势，河挟黄流澎湃声。系缆巨舟横铁柱，建瓴高屋下金城。望羊未息冰螭怒，犹听飞鸿泽畔鸣。六月大雨，上游山水涨发，河流骤溢，沿河牲畜、庐舍漂没无算。

日照金银海上台，沙沟一出即蓬莱。比肩洞壑参差列，弹指轩窗诀荡开。幢节除非仙从下，斧斤真觉鬼工猜。欲知七宝装成果，龙汉何年旧劫灰。出沙沟口，群峰突起，上圆下方，甋棱秀出，金碧陆离，宛如飞仙楼阁。

废　　堡

门巷销沉曩突烟，但馀马矢尚平填。空存楼橹难为戍，待把粗犁垦作田。鸡犬上升遗宅在，牛羊下括破垣眠。凭车触目疮痍象，回首沧桑已卅年。

渡庄浪河至岔口遇雨

驿路青迷苺苺丛，庄浪河水隔西东。轻雷远度千峰雪，急雨长

驱万里风。村馆寒来筋政作,边墙缺处柝声通。重衾不寐肤生粟,
未到胡天八月中。

柔 远 驿 —名沙河堡

晓起霜华陨节旄,俨然月黑渡临洮。山融雪下渠如带,野旷风
旋地不毛。废堡空存馀壁垒,流沙狂走若波涛。云川自昔番禾地,
卫霍勋名想建纛。

水 磨 关 明为大黄山番民互市所,今废

地控毡裘昔往还,穹庐直到大黄山。牛宫荒草空残堵,东五里
为牛王宫。马市沧桑罢设关。石似蹲鸱堆崒嵂,水从鸳鸟出淙潺。
水磨河出永昌西南鸳鸟山,一名云川。登陟莫道车生耳,迁客轮台盼
赐环。

古 城 洼 汉日勒县遗址也

东去骊靬接允街,苍烟十里古城洼。青羊南出通沙漠,北山青
羊口循边墙西行,达嘉峪关外。赭马西来贡渥洼。昨日途遇回王入觐,贡
马数十匹,舆从甚盛。山碛本为瓯脱地,水泉遥属合黎涯。距水泉驿二
十里。边墙如带峰如笏,但少胡笳动客怀。

定 羌 庙

山色祁连望杳冥,幕南何处有王庭。数家破屋难成聚,四字岩墙当勒铭。边墙门乾隆十九年西宁道朱某题"神功永赖"四字。太古雪山常戴白,至今霜冢未回青。将军不战功高日,赢得铙歌塞上听。康熙四年,王进宝破青海番寇于此,其实马惊而溃,非真能胜之也。

宿山丹县城

山丹汉本作删丹,删字分明映日残。汉治在今治南百二十里燕支山,晓日初升,丹碧相间如删字。渠水穿城潴近市,边墙负郭碱为滩。清泉瀊瀊喧堤柳,古县峨峨溯屋兰。汉删丹、氐池、屋兰、日勒四邑地。惊喜沙州都督字,神钟光怪出雷坛。

风高大斗暮云愁,战骨隋宫未首丘。东南扁都口,即古大斗拔谷,隋炀帝西征经此,冻死士卒大半。地控紫台连朔漠,河从黑水导西流。围场猎罢先捆马,下泽车来并驾牛。未到授衣寒已到,雪深逾尺稑无收。前月二十三日,大雪一尺馀,罂粟、青稞收成减色。

宿东乐县城 分防县丞驻此

张掖武威际,俨然百里封。敦煌原小邑,楼橹亦崇墉。柳谷分邻索,棠疆等附庸。折腰羞五斗,盖禄过千钟。

大　佛　寺 在山丹城西十里

　　持节昔游龙藏寺,初向沙门访宝志。金人疑自休屠来,石交得证开皇字。渡河未登太华峰,涉泾已到陇秦际。巍然大像古邠州,云是鄂公布金地。一吹芥子见须弥,十丈莲台坐势至。题名遍访壁间珉,说法未参洞中偈。朅来弱水重问津,更向祇园一修禊。凿山为窟自何年,竖拂登堂甚深义。摩崖丈六见真容,沧桑阅尽人间世。果然鼎足峙成三,岂惟法身参不二。后来居上等积薪,初地登高若覆篑。七层架阁何嵯峨,百级循梯更迢遰。(焚)〔梵〕宫突兀出翠鬟,藻井辉煌露绀髻。普诸含识尽瞻依,大放光明出舍利。最上一层仅及肩,自肩以下阁鳞次。堂高数仞未齐腰,室翼两箱但舒臂。布肘难将尺寸量,广轮未可由旬计。云霞顶上絫圆光,日月眉间走羲辔。岂徒胯下出侯王,真可胸中吞芥蒂。若从世外论敦煨,一切恒沙造象识。不啻齐楚视邾滕,自郐无讥仰难企。陶轮世界只手持,巨骨专车何足比。郑瞒长狄尽侏儒,仙掌巨灵共颣颣。窈窕禅房缔构新,峥嵘画壁涂茨塈。国工但少陆探微,座客幸非韦执谊。浮图九级良足侘,露台百金谈何易。不知功德几高深,但见庄严极巨丽。穷边十室本九空,竭作三旬乃一试。树幢即云精进多,量鼓窃忧悉索敝。好山徒被俗僧居,广厦何如寒士庇。即今颇深东顾忧,到此欲问西来意。环球鼛鼓动边尘,款塞金缯输岁币。艨艟百丈海上来,渤碣三韩波鼎沸。脱巾邑管起骄兵,蒿目封圻皆俗吏。风刀水火已当头,猿鹤沙虫同雪涕。莲花九品孰往生,藕孔千丝何处避。人间孰是干净土,五印度亦沦戎裔。灵文纵复遍支那,浩劫未闻销弥戾。稽首问佛佛不言,割肉喂人人何济。可知色相本俱空,那有神通能绝异。一粒粟真无尽藏,五石瓠讵不才弃。亦犹扪腹负将军,却笑舍身到梁帝。幸哉岩壑善敛藏,倦矣津梁托休憩。得偕社栎保天年,好向栴檀添逸事。金刚不坏石不磷,河流如带山如砺。五凉是亦大因缘,三昧等诸小游戏。游客登临问屋兰,宰官护法焚都荔。小诗聊当《删丹行》,轶闻请补《伽蓝记》。

高台县中秋曹煦初大令留宿一日赋此志谢

荒沙漠漠走平芜,忽见青畴万顷铺。弱水直趋星宿海,孤城斜枕月牙湖。五凉战斗皆陈迹,两字清平尚旧图。壁间有《清平如意图》,长白音德布书,以"清"字写作瓶形,"如"字末一笔曳长作如意形。后题一绝云:"戏写清平四十年,公馀遣兴半逃禅。只因吉语人争索,薄俸难偿笔墨钱。"尾押朱印,即用首一句。犹忆韶龀时避地巂水,居停客舍亦张此幅,但有署款而无题句。今观此诗,颇非俗笔,不知此老四十年所书几什伯本,而余得见其二。然追溯初见时,亦逾四十年矣,对此今昔之感交集。回首故乡归未得,秋风起处忆莼鲈。

月到边庭不耐看,霜华如水夜天寒。骊驹欲唱逢佳节,龙吷无惊识好官。嫠妇忧深遑恤纬,主人情重为加餐。回翔暂作栖鸾地,表是分疆半乐涫。高台,汉表是、乐涫、会水三县地。

月 牙 湖

　　双潭如镜隔濠梁，十亩烟波负郭庄。添个荷亭窗四面，画船恍到耪去声。溪塘。

　　萧瑟菰芦水一湾，遥峰正对合黎山。画图如此江乡景，不信西行近玉关。

渡弱水作 水色深青，土人名黑水河

　　弱水汤汤西向流，不浮纤翮况载舟。阆风元圃共吊诡，仙人御气乘苍虬。我今两度到西极，使车已在祁连侧。但闻竹箭驶有声，安见芥航负无力。《山经》荒古溯结绳，事非目验俱无征。汉初怪迂方士说，《禹贡》踳驳经师承。郲书赝鼎等举烛，何处图经有实录。八骏原未到流沙，四狼仅得羁荒服。即如凡水东流多，西行出塞惟此河。只因水性但就下，岂关挥日鲁阳戈。愚者牖下矜耳食，不见西流终不怿。意如日月有常度，终古双丸不差忒。是诚一孔拘井蛙，凿空未上张骞槎。《虞初》九百作枕秘，恶知世界如恒沙。或云弱为六极首，《洪范》五行当敝帚。不知溺字本从水，借为沈休义则否。葱岭西来到玉门，大河曲折始昆仑。一从塞入一出塞，到头仍合黄流浑。前度来时值秋涨，送客自崖施祖帐。汪洋蛟窟望皆惊，叱咤牛车祝无恙。水深时以牛车度。难得中流借一壶，凌波泛泛如鹥凫。东西源头一片接，山丹河为东源，此为西源。上下崖子双轮瘀。登彼岸为下崖子。又西三里上崖子。天空蔚蓝染波色，近视深青远视黑。环山开帧渥如丹，急浪渐帷淄不涅。秋水年年万壑溇，混茫十里冰蟠宫。临河欲唱公无渡，并入阳关玉笛中。今年水高不逾尺，鞭拂浪花才马膝。方行奚啻召蒲轮，徒涉无须烦桂楫。津吏相逢又一年，蓬瀛今已变桑田。沙滩清浅石荦确，涧涂绮绣波沦涟。莫谓盈盈一衣带，未见稽天巨浸害。水源齐发雪山时，村舍都在烟波外。筑石曾闻架巨鳌，鱼龙啮处沦波涛。有如黄金掷虚牝，但见白马驰素袍。可见渐靡能断绠，万弩齐施力逾猛。负重何由怯羽毛，齐东不觉堪齿冷。乃知谰语本无稽，桑郦从来辙未西。五洲今已若堂奥，古人遗说皆筌蹄。弱水经流尚未改，仙山楼阁今安在？通津惟傍合黎山，馀波远入居延海。胡氏《锥指》果未详，次风水道粗提纲。诸家无讥更自郐，导江初未穷谟觞。横览舆图快订误，千古疑如抉云雾。诗成又到响山河，渡黑水四十馀里，有响山河，又名沙河。更驾轻车就熟路。

蚊子草 产花墙子，结实如球，蚊出其中，行旅苦之

昔闻吐蚊鸟，今见产蚊草。结实大如球，累累盈枝头。花墙沮洳地，客至不敢留。驱车驱车客且去，哄则成雷集如雨。么麽是何物，乃在草中出。脱颖比米囊，盈升逾椒实。如鸡栖粥渐将雏，若蚕出蛹纷鼓翼。蚊出自成群，蚊来当夜分。亦如秦邮庙，谈者艳露筋。客子中宵不得寐，荒店土炕芒在背。一茎草化百亿身，阎提世界原微尘。疆埸千里蜗国土，楼台一寸蜂君臣。始知佛所度，一切众生故。久竹与青宁，神奇出臭腐。试观河畔草青青，宵来化作隋

宫萤。

盐 池 驿

一线波光绕合黎,天空滉漾白玻璨。垩墙土色辉龙甲,绝漠边声起马蹄。塞外均输频置驿,河滨生计胜扶犁。他乡忽漫逢焦叟,来自于阗葱岭西。

登临水驿至肃州

行尽沙滩与碱田,绿阴如荠草如烟。冈原泱漭中盐泽,城阙嵯峨古酒泉。竹箭黄流金塔外,柳枝青到玉关前。昆仑尚在天西极,莫向瑶池访列仙。

八月二十一日夜地震时在肃州试院作歌纪事

太岁甲辰月在酉,廿一日夜时加丑。酒泉相与论文时,锁院适当佳节后。啼乌呃呃横舍邻,学宫在西,仅隔一墙。化蝶蘧蘧漆园叟。问夜何其夜未央,忽觉巨声撼窗牖。殷雷突出南山阳,大风横决土囊口。初如鼙鼓动渔阳,旋若冲车攻墨守。燎原如发陆浑火,火烈具扬惊在薮。又如吕梁百丈洪,大鱼尾击波涛陡。鲸呿鳌掷皆等闲,据地竟闻狮子吼。屋梁岌岌势欲倾,沙石簸扬不胫走。不啻作力驱万牛,丘山重处刚回首。是时群动亦已寂,梦中惊呼各谁某。隔墙问讯嗫不言,拔关脱扃如掣肘。不知颠倒几衣裳,窃笑仓黄衔娑簸。著屐不觉已折齿,觅冠未知仍在手。暨相告语声渐息,邻巷犹闻吠群狗。回视东方欲晓天,云影依然净无垢。月华如水照庭除,黑影幢幢立人柳。先生闭户欲再眠,候吏门前已持帚。是何灾异问宰官,睡眼朦胧答否否。不如海外击蒙书,能识地心热力厚。火山近处剥肤多,劫运非关值阳九。

凉州杂诗

　　巷绩宵闻溯卜邻,十年尘海未相亲。简书使命同千里,荼火军容喜一新。袍泽期门皆子弟,橐鞬绝域识王臣。悬知良将无羸卒,莫谓风痹竟不仁。副都统玉恒字石宣,京城与余同巷居,未相见也。去年奉命驻凉,以新法练兵,皆成劲旅。余入境,先命材官以橐键来迓,复列队郊迎,军容甚盛。旗营与绿营皆为言者所诟病,不知亦视整顿何如耳。

　　嚄唶浮云付太虚,天于廉吏竟何如。荐樽未列中牟考,遗橐空存下辨书。陈蔺芬大令易奇,廉吏也。今檄至凉州榷厘,病殁,几无以为敛。大令曾署成县,为余拓《李翕颂》,故及之。升屋三号皋复某,还乡万里越无诸。君为闽人。秋风葛陂应怜汝,将伯何人尚助余。

　　尚论乾嘉诸老师,河西二澍昔同时。亡书已自迷三箧,绝学空烦借一瓻。汲冢纵携《皇览》本,郑乡孰赋瞽宗诗。下车先作刍荛献,欲绣平原盉买丝。访张二酉后裔及其遗书,无知者。

　　一鹤寥天去已遥,十年我始驾封轺。双轮不止惭生耳,五斗长辞肯折腰。栾社旧民还鼓舞，莳溪新筑傍渔樵。芰荷倘遂归田服，近局鸡豚许共招。彭颂田刺史由京曹改官陇外，一令武威，再令秦安，皆有政声。宦成勇退，归已十年矣。如余之钟鸣漏尽尚不知止，视君有馀愧焉。

蒙古女真及吐蕃，国书绝域入辒轩。浑邪名遇留孤证，刹利婆罗异左言。使者如求邛竹杖，学僮未肄拭觚幡。巍然双塔犹无恙，好访城南祇树园。西夏书《感通塔寺碑》，海内只此一本，欧洲人屡向译署征拓。

人间何世但高眠，日月壶中别有天。九庙身横无量寿，一蒭梦稳不知年。刹那界相刚容膝，倦矣津梁且息肩。睡足拈花微笑候，听然殇子视彭篯。卧佛寺大象，自首及足丈室九间。

谁言雪泽等廉纤，毋乃崔生误撒盐。本自椎轮由朔漠，可知车辙未西渐。决渠万顷齐施锸，悬瀑千岩比卷帘。不见四河龙吐水，来从阿耨达峰尖。南山积雪终古不化，夏秋融释，建瓴而下，灌田万顷。北魏崔浩谓"雪泽仅资微润，不足溉田"，真一孔之见也。

自平番度汉属郎坡至武胜驿

山行喜平远，溪流漱鸣玉。枝阳古壮县，泉甘土且沃。环城山为屏，山外隔番族。岩壑竞雄奇，川原极绵邈。沟底穿柳矼，坡头结茅屋。汉家开河西，四郡同荒服。或者使车来，争迎汉典属。东山忽北趋，蜿蜒接西麓。奔流出其中，两山势一束。隔岸峰渐回，循溪路更麓。两行列松槲，千里迷苜蓿。文石已斑斓，浓阴况绿缛。凭轼溯旧游，川途已改躅。昔行河之滫，断梁尚崖腹。今秋水时至，灌输盈百谷。淇澳可渐帷，沧浪且濯足。山径通蹊间，泥涂历村曲。觅路辟榛翳,边墙断复续。仄磴时猱升,颓垣见马牧。山回路转穷,驿亭面水绿。绝流笑方舟,拂尘卸行橐。土室俨凌阴,栗阶肤生粟。清昼尚沉寥,悬知夜难卜。停杯戒仆夫,前途坌口宿。

乌梢岭

嶕峚无百仞,乃与天地隔。逶迤无百里,亦似间秦越。终朝有飘风,炎天即飞雪。咫尺阴晴迷,俄顷凉燠易。冰山倏嵯峨,雾海时漫溢。传闻六月寒,层冰足茧栗。前途病夏畦,到此即凌室。废堡断炊烟,阴崖积立铁。马牛噤不鸣,道有冻死骨。窜窜逢训狐,含沙避射蜮。潜出夔罔两,清昼舞磷屑。脐饮目以乳,头痛身或热。如登共工台,或饮长城窟。恼侻难具论,暌车应纪实。灵宇自经始,轮奂尚新葺。岭下有湘子庙,杨石泉制军所建也,土人云自有此庙,气候稍变,无冻毙者。神栖已有蓛,仙游此焉宅。肹蠁果潜通,攘熙皆愿出。我来正早秋,渡河日未昳。片云随风来,雷雨雹交集。再拜谒祠下,登堂瓣香爇。蒲牢甫一鸣,茗瓯瀹未毕。天宇遽开朗,沉霾忽若失。赤日映层岩,岩花灿五色。如披云汉图,或吹黍谷律。毡帐舞番童,旗亭逻戍卒。婆婆乐神弦,粉粉迎使节。蚕丛尽坦途,龙沟指前驿。昔读昌黎诗,衡岳纪游迹。一祷祝融峰,晦冥扫顷刻。冥感若符契,在今犹视昔。未敢附前贤,神贶自宜述。聊用歌短章,淋漓愧擩笔。

龙沟驿

寒风吹白日，日落溪壑冥。度岭忽开朗，倒景何峥嵘。朱霞起天半，烂然如赤城。有如佛生日，夜明匿恒星。初疑陆浑火，烈焰昆冈腾。又如赤壁下，组练方交兵。沿溪行十里，陡崖开两扃。土膏抟坟埴，石骨留琼瑛。草木作五色，想曾赭鞭经。始知瑰丽景，绚染溪山晴。溪旁屋如艇，却无投鱼罾。但闻鸣机碓，亦可濯尘缨。微风结涟漪，荇藻时交萦。波浪一荡漾，恍带鱼鳞赪。山居有村市，带经还躬耕。靓居若绀宇，高揭皆丹甍。取土近即是，焕若云霞蒸。想见筑室时，捄削声登冯。我闻祝融峰，离方位丙丁。赤文与绿字，岳图留真形。此山有洞天，奚必惭朱明。

古　浪　峡

荒漠绝龙堆，岩关经鹿塞。自登香蔺坡，上土下石戴。鬼户瞰铜墙，神峰围铁柜。厜㕒劈为门，潺湲激成濑。峭壁森两崖，鸿沟涧为界。巨石摆雷硠，何年从空坠。当路狮豹蹲，分垒鹳鹅会。方圆肖盘盂，纵横杂觿璲。阵图鱼腹中，水曲蚁封内。舞獶马不前，触藩羝无奈。一枰半差龋，十步九遭碍。异哉波涛中，超然岩壑外。若坊若堂斧，可惊可愕怪。雁碛驾飞梁，鼍矶激鸣濑。岂但一卷多，炳焉五色备。有时搏过颡，终古洗出髓。遂使云霞姿，淡然色不媚。途穷见异境，危峰蠹车盖。壁立无寸土，奔流出其背。渐帷足泥濡,停车问津逮。俯窥更仰援,浅揭亦深厉。水同之字旋,山正翼然对。凌空见雉堞,孤城如斗大。是为古苍松,昌松改晋代。三涂与孟门,在昔称要害。弹丸虽蕞尔,河西实襟带。勇夫贵重闭,敢告凡有位。

肃州使院回酉旧宅也同治初
左文襄督师筑长围困之飞炮入城
听事墙壁犹有洞穿劫痕感而赋此

灵台偃革已为轩,回首当年劫火燔。盗弄橐街终伏锧,受降坚垒已悬幡。靴刀想见群攀蝶,纸陌犹闻哭祭墦。本是一家异吴越,角弓莫再怨翩反。

子章碧血尚模糊,月黑深宵出训狐。裹革曾闻悲薏苡,是役也,统领徐占彪之功为多,遭谗不得叙。洗兵差喜靖萑苻。汉回未必非兄弟,孔墨何容有主奴。况是环球竞吞噬,可无垂涕告弯弧。

酒 泉 行

鲰生不嗜饮,今乃至酒泉。千古湻不涸,一勺清且涟。翳维湘阴公,中兴总戎旃。顿兵坚城下,苦战逾十年。卒收蒲坂绩,遂扼葱岭咽。芒刃曾不顿,目已无牛全。长驱下天山,南北皆凯旋。峨峨泉上楼,百尺城东偏。大书励清节,饮者宜投钱。想见出山志,皎如云在天。歌壶乐清晏,冠盖喧骈填。即今迓使节,到此开宾筵。尚想郑公筊，同赠绕朝鞭。莫谓枹鼓息，无复忧控弦。此州实绾毂，西出通居延。汉家无营平，孰与筹防边。同时卫霍辈，亦复图凌烟。此楼即岘首，堕泪碑未镌。羊公不可作，瓣香聊致虔。

肃州城东过徐坤山总戎战处赋诗凭吊

中兴成都有猛将，束发从戎冀一当。立功其奈数奇何，吊古战场犹恻怆。酒泉陷虏逾十年，荆尸乘车分两厂。是时连营九节度，元老师干兼将相。鹰扬尚父起投纶，凫藻诸军呼挟纩。楚歌垓下尽乡音，梁父隆中负物望。犁庭扫穴集祁连，织薄吹箫起芒砀。令公喜怒视参军，灶下中郎皆厮养。将军独自蜀中来，不省容头逐时尚。平生奋迹自行间，诸将观兵只壁上。遍师北府辄先登，老子南楼空雅量。岂能下道避廉颇，那肯望尘拜庾亮。棘门霸上皆儿戏，师老何堪久糜饷。清人河上但逍遥，黠虏潢池尚跳荡。长围百道布梯冲，制械空烦将作匠。但闻墨守与输攻，谁复捣虚更批亢。谍知巢穴在南山，独建鼓旗决西向。刁斗咸知部勒严，螫弧先作周庼倡。振臂登埤誓一呼，前者死绥后裹创。三百虫沙化国殇，想见靸刀气犹王。坚城从兹下折箠，绝域未几歌脱鞚。捷书夜奏未论功，对簿朝参偏责状。但闻牍背示条侯，几见玺书褒耿况。百战勋名竟寂寥，九阍高远徒惆怅。高鸟未尽良弓藏，国有鸱鸣贤士放。事平雍齿竟不封，年老师丹非善忘。只缘洛蜀有町畦，束缊当前为灶炀。燕函越铸风马牛，射影含沙矗罔两。逢蒙如屋谁见怜，使气当筵肯相让。未免恩牛怨李多，可知白璧青蝇妄。不分生还入玉门，横草衣冠委荒瘴。豹皮死后虽留名，马革裹馀未归葬。沉冤入地视不含，部曲呼天士安仰。不如射虎故将军，夜猎蓝田尚无恙。吁嗟乎，角巾私第且莫言，自古功高有谁谅。明珠薏苡叹菱菲，香草荃荪泪流浪。鄐生无补钟室诛，乐羊尚负中山谤。青史悠悠未足征，白头幸有残黎访。当时巷哭聚边民，过客车驱叩亭长。酒泉太守老戎幕，谓符辑五刺史。一介书生昔乘障。尊前流涕说孤忠，指点枭鸣旧牙帐。甘陈奇烈共凄凉，褒鄂英姿还跌宕。我闻抚髀起长叹，且呼觥船倒春酿。变徵萧萧易水吟，大书奕奕名山藏。白骨九京泣且歌，丹心千载忠还壮。云车风马傥来游，直笔须知出英簜。

重阳日肃州途次

窅窱南山隔翠微，流沙马首拂征衣。故园霜冷茱萸梦，荒碛风高苜蓿肥。当路豺狼嗟莫问，自盐池至里泉驿，斥碱流沙，一望空旷。夜狼出为害，小儿、牛马皆被噬，村民以为神，无敢捕者，驱禳而已。长空鸿雁羡高飞。严寒塞上芳菲晚，开到黄花节已非。

宿抚彝厅赠周谱琴别驾

抚彝周别驾，明季太仓人。老作耦耕客，归来劫后身。我今临塞下，君适继娄滨。但愧非东涧，空言种种因。明太仓周履时，号娄滨，与程孟阳、林古度为友。崇祯中，官抚彝通判。桑海后不出。见《牧斋有学集》。谱琴，崇明人，亦隶太仓州属，又与娄滨同姓，遥遥三百年，适同官一地，故援以为况。耦耕堂，牧斋与程孟阳偕隐处。

　　圣世无边警，丰年况降康。循良单父邑，清静盖公堂。横海承先阀，君以荫起家，其尊人用武功为总兵官。临池溯旧疆。抚彝北凉之临池郡。正须汲长孺，高卧治淮阳。

甘凉兵备道白午斋前辈属题鞠花长幅

　　我亦爱花如性命，自署东篱大中正。五十年前揽撰初，正值黄花秋节映。锡名略似傅延年，高节敢侪彭泽令。自从持节来五凉，无复衔杯对三径。玉堂种竹有先型，试院煎茶共清兴。长筵布处已将离，结习深时逾不佞。临歧示我《九秋图》，载道闻公六察政。绣衣缤缡出展輈，灌圃逍遥归抱甀。傲霜骨格霖雨资，并作香山池上咏。为公手持金叵罗，即以此花为持赠。岂徒郦水祝延龄，老圃秋容开益劲。赪颜鹤发不计年，常如此花烂漫盛。太华峰头重九日，昼锦堂前红紫竞。泾渭之间厮二渠，一是君家一为郑。本来灵宅集伣乔，世载清芬诵韦孟。莼鲙秋风系我思，五湖烟水澄如镜。水村浩渺蟹正肥，陇坂岖隙马已病。他年相约芰荷衣，晚节共葆姜桂性。邮筒商榷种花书，窃幸治臛非孤证。贱子以重阳后六日生，以鞠为号，别字治臛。

乙　巳

登关山绝顶

使车三度出皋兰，陇坂何殊蜀道难。历尽崎岖登绝顶，莫将高处等闲看。

揽辔澄清志未酬，侧身东望怅神州。纵登绝顶非空阔，四面群峰在上头。

下关山岭践冰十里至白崖驿

双崖一束古龙湫，上有飞湍百道流。陷淖幸非乘小驷，渐波几等狎群鸥。蚁封水曲盘旋巧，雪窖冰天浩荡愁。三刻逾沟刚出险，恍登彼岸一回头。

新店子行馆

门外寒溪溪畔山，山如渥赭水潺潺。金光幻作莲华想，石髓黏馀松树斑。雪后琉璃铺世界，日斜碌碡卧场间。停车已到临洮驿，拾得哥舒断镞还。

宿洮阳书院赠潘绍庭刺史

《斯干》才赋落成诗，正值缁衣适馆宜。开径羊求先迓客，本为蒋进士故宅，割以课士。升堂游夏待从师。宾兴自昔崇三物，官守于今在四夷。敬告洮阳诸父老，商量旧学养新知。

自笑鸠居向鹊巢，次宗精舍乍诛茅。鸣琴入境闻新政，倾盖论心胜故交。梨在春盘原钉座，豆如夏屋好充庖。鲜鱼炰鳖纷行炙，愧此韩侯出祖殽。

自首阳城行十馀里有一少年擎两梨
跪献道左知其为应试之童子也
戏拈七绝三首以答之

送梨何事等朱樱，欲乞先题榜上名。拥篲门前拜车下，儒冠不少可怜生。

太谷张公持赠君，但承筐筥莫论文。泮宫薄采期他日，先向驹前学献芹。

奚必乘韦十二牛，操豚大可祝篝篓。亦如榛栗棋羔雁，敬致先生当束脩。

丙　午

移居漘上四首

简书倦矣盍怀归，井邑虽存景物非。白发座中怀橘客，苍髯别后种松扉。滔滔沧海横流急，落落晨星旧侣稀。何处泉甘山可撷，请从詹尹问先几。

绿涨胥江雨后潮，乡居近市不嫌嚣。小人学圃门常闭，佳客挐舟路未遥。扫径移床堆石笋，坐窗拂砚肆书蕉。安排家具无长物，清禄犹惭窃洞霄。

故人已作九京游，太上忘情到爽鸠。携杖林皋寻息壤，赁春庑下算菟裘。唯心寂悟真归佛，削迹深居等避仇。岂谓槃薖惟独寐，自开三径迓羊求。赁庐在遂园之东偏，居停柳质卿大令，童年事之，在师友之间。尝相约宦成购此园以佚老。今一为地主，一为赁庑之客，不可谓非践言，但质丈已归道山，不及一证旧盟耳。

哄然被发与吹唇，林下章缝著一人。谈海畏闻新界说，藏山但数旧家珍。归田得遂休言晚，插架无多足馈贫。咫尺松楸瞻望近，梦中骨肉傥来亲。紫石山先茔距此仅三里而近。

述怀即留别城中诸子

岂必桃源爱避秦,斫雕非复旧椎轮。谈天稷下驰游客,击壤衢中聚幸民。官吏违心尊宪法,屠沽骧首作贤人。古风梦到华胥日,二十年前席帽身。

盛髻丰容结客场,倾城士女信丰昌。旁行文字桃仓雅,决算经纶陋孔桑。国狗噬人群畏瘦,乡傩逐鬼不禁狂。斯文倦倦终何补,空有书岩硕果堂。

同人岂在出门馀,空谷跫然慰索居。倒著接䍦先已醉,踏穿铁限不因书。会非真率惭君实,语类荒唐近子虚。卮出无当宁有瑱,朝歌到此好回车。

亦知鸟兽莫同群,泾渭由来忌太分。何必踽凉矜壹行,岂无直谅与多闻。键关只合焚香坐,伏案难忘炳烛勤。未践草堂偕隐约,北山旦暮有移文。

读《樊山集》敬书两律寄怀

政术文章并我师,平生低首到恩施。卿材降岳仲山甫,将略传家来护儿。经武神机参北府,论文高宴忆南皮。会昌一品公馀事,微管襟怀在济时。君曾参荣相国武卫军事,又为南皮制军高弟。

忆从陇上使车旋,列坐嘉宾主更贤。麈柄清谈霏玉屑,娑尊宝气溢珠船。身云出阁寰中雨,君宰渭南时,晏坐处署曰"身云阁"。鬓雪临歧渭北天。开府旌旗望南下,灞桥离绪话灯前。

读《午阴精舍诗集》寄怀何寿蓲前辈

两度林峦望郁葱,君世居灵石县两渡镇。青阳何妥好家风。唱酬
陇上推诗伯,邂逅关中作寓公。罢官后卜居长安之湘子庙街。老骥暮
途千里骋,卧龙高阁一尊同。岁闲未许东山卧,愿保清时柱石躬。

丁　未

烈按:以下四题据日记作于丙午九、十两月,《寄佩鹤前辈都门》以下始是丁未
年作。

九月十五日初度感赋

词赋雕虫慕景纯,余十七岁始学为赋,李文忠师督两江,书院课士以
"拟郭景纯《江赋》"命题,禁用水旁,第一次拈笔。廿年席帽未离身。名
成不幸逾强仕,己丑通籍四十一岁。禄养何能逮事亲。老圃自伤篱菊
晚,荒邮遥寄陇梅春。朝衫脱却将周甲,珍重馀生作幸民。

夕阳虽好近黄昏,风雨空山况闭门。襁褓成行游地下,袈裟不
著息尘根。梦中往事堪歌哭,身后遗编当子孙。堂构岂惟惭负荷,
投簪未报是君恩。

自渎上至苏城主妹婿王康吉广文斋
风雨闭门又叠前韵

　　吴下清嘉水土纯,贞元朝士退闲身。溪边画舸招题隐,市上书林访睦亲。行稿待编蚕尾集,新笤聊试瓮头春。我归西自酒泉郡,茗艼君真部下民。主人善饮,而余不胜,户尝特设醴酒。

　　寒灯无焰夜初昏,风雨居邻古匠门。看剑雄谈倾玉斝,借瓻误字订金根。钓徒泛宅惟童婢,愚叟移山到子孙。嗟我童乌今宿草,生天还仗法王恩。

谒筱石中丞请代奏开缺归途赋此解嘲

　　幸际唐虞至德纯,可容箕颍乞闲身。熙丰朝局颁新政,周召屏藩仗懿亲。鹓鹙何须一双下,蟪蛄难语八千春。不如归作浮休子,画墁且师张舜民。

　　湛湛枫林千里昏,魂兮归路入修门。且从吴市寻梅尉,莫向宜城问杜根。经局已裁中庶子,礼堂但少小同孙。封轺未有涓埃报,辜负深宫浩荡恩。

藏书四十馀笥自都门辇归渎上
整理签滕五叠前韵

獭祭丛残苦未纯，十年人海此藏身。鬻琴典褐胸成癖，插架题
签手自亲。晚岁乡园聊伏老，新年厂甸记游春。可怜清俸原无几，
一粒驮来笑黍民。

摩挲老眼洗重昏，此是儒家不二门。期考山潜搜冢秘，好探月
窟蹑天根。拜经愿学臧荣绪，著录犹惭陈振孙。但恨纳楹无付托，
馈贫仅比豆区恩。

寄佩鹤前辈都门

一封轺传后先还，君去京华我故山。色目完颜耶律部，功名定
远伏波间。君入都即授蒙古副都统，故以汉都护为况。蓬池斫鲙神仙
吏，松漠从龙子弟班。不见吕侯起东海，同舟好共济时艰。谓吕镜宇
尚书以都统入长外部。

鸡鸣风雨系人思，良友书来喜不迟。猿鹤山中无恙否，豺狼辇
下正横时。长途欲赠惭无策，温室难言盍赋诗。想见江亭旧游处，
绿阴如幄倒金卮。

新秋暑夜

　　仙露香浓白藕花,柠檬水可当烹茶。萤为温海不然焰,蚊是恒河无算沙。檠影自摇蚖烛蕊,井华初沦马铃瓜。新凉一味谁持赠,望断空山处士家。

　　年来退院似孤僧,乞得闲身避郁蒸。挥扇纵谈非白马,触帘生怕是青蝇。梧桐疏箪常疑雨,菱藕钉盘但少冰。都门鲜果皆浸以冰,其凉振齿,南中无此风味。好与邻翁话农圃,先开北牖拓松棚。

七 夕 词

　　检校邠诗是本师,金风七月火流时。衣冠优孟沾沾喜,乞得孙郎笔一枝。拟孙可之《乞巧文》,儿时弄笔,受知于林一先生。

　　纳楹空有暴书亭,说与山妻忍泪听。二十年前小女儿,阿娘怀里话双星。

　　话到牵牛本子虚,非熊入梦竟何如。人间更有谁穿鼻,欲向青天寄尺书。

苦 热 行

　　当暑六月节,凉风已先至。一雨即如秋,相戒善摄卫。岂知入

秋来,炎炎弥可畏。从来秋后热,持比老健态。世有矍铄翁,神王
到百岁。天运岂有常,凉燠忽易位。岑楼高百尺,楼下深且邃。寒
泉汲井华,疏牖挂帘穗。尚如困瓮中,有人鼓炉籋。头大须弥山,
汗下珠百琲。呼噏吻结津,抑搔肤生疥。燂汤虽可浴,不偿振衣
领。冰瓜甘如饴,还虑胸芥蒂。躁如蟹待烹,僵如蚕未蜕。绕室蚁
旋磨,喘道牛负载。酣似酒人眠,苛于酷吏税。茫茫转热中,咄咄
现天外。火云疾于帆,一片起嵚崟。瞬作赤乌飞,两翼车轮大。得
无山雨来,触石生泰岱。云散天仍空,郁蒸益不耐。寂然万籁息,
树头蝉嘒嘒。开牖招北风,风亦太狡狯。若与主龃龉,或嫌客襘
襘。坐盼大王雄,不占少女兑。但闻戽水声,明动继以晦。辘轳转
终宵,尚未盈沟浍。老农尚云乐,聊胜日炙背。吾侪坐摇扇,不耕
不冠带。高卧即羲皇,清谈到汉魏。即此心太平,清凉佛世界。暖
燠孰为多,起作董生对。《春秋繁露》有《暖燠孰多》篇。

中元节叠前韵

九莲灯照月圆时,绀髻毫光放陆离。咒到粲花原有舌,祭非释
菜诅先牌。胜前福德云何是,歇后诗篇请问其。身似蠹鱼嗟已老,
出山何似在山宜。

新闻纸鼓吹新政言非实行立宪无以平
革命风潮其言甚辨诗以讽之叠前韵

正是艰难共济时，督师薪胆为符离。毋滋他族徒牵肘，欲王中州贵治脾。稽古放勋先粤若，在今固始有吴其。道、咸间故家乔木，海内推钱唐许乃、固始吴其，见梁苣林《劝戒录》。流风善政故家尽，惟道西来学说宜。

唐虞天下一家时，不谓心离德更离。睒睗视人如视肉，逡巡医国但医脾。吴谚"庸医"谓之"医脾"。我闻有命扬之水，或立诸监土耳其。偷撅邻墙新笛谱，胡卢依样画来宜。

山荆六十诞辰悍独馀生闭门
谢客赋诗三首为叠前韵

相庄喜到白头时，同话灯前感黍离。室人幼遭粤匪之难，转徙沪上；甲午海上之役，避兵南下；庚子拳祸，又间关至昌平。历劫已经三洗髓，养生无过雨归脾。中年后幽忧多病，未尝离药。房中乐本从周始，坐上宾休召魏其。不堕然脂文字障，女郎词早薄咸宜。

梁孟同归赁庑时，结庐何必傍要离。田家气候鸡桴粥，内则羹汤兔宛脾。香烛晨参观自在，佩声夜警问何其。借押。高风林下卿无愧，但愧山人非雅宜。

黄昏莫道夕阳时，婴姹调和象坎离。闲坐松阴拈麈尾，老来蔗境胜蜂脾。湖山清福聊偿尔,土地嘉名是祝其。京相璠有《春秋土地名》,祝其即夹谷。一卷《金经无量寿》,比之富贵吉祥宜。

斋居即事叠前韵

篱角新凉乍到时,云房面壁似钟离。藕船沃雪粗围臂,茗碗生风快沁脾。松立苍髯充隐者,花卉侧面受偏其。登楼排闷看山色,不独晴宜雨亦宜。

午后摊饭辄闻隔墙鼓洋琴清越可听此康侯之声也九十叠前韵

异哉踞转鼓琴时,乐府如闻古别离。康侯将赴东瀛。舞蹈从容兼手足,琴以足踏。志微噍杀入心脾。越中何处吟庄舄,吴下重来有侍其。侍其为吴中宋时著姓,如夷晦先生侍其沔。且送成连浮海去,我归还操土音宜。

弹到声如击筑时,曲终哀怨似渐离。浮雪碧落频挥手,长日黄庭适在脾。《云笈七签》"脾神名黄庭"。狂士孔门惟点也,嗣贤袁氏得重其。国初袁骏字重其,征贤士大夫诗张其先世。今康侯亦以其祖庭也鲁先生遗象来乞诗,故举以相况。旧弦专壹难为听,学得新声改亦宜。

武都好

南归后，故乡风土转非所谙，离群索居。为世长物，虽塞聪蔽明，不能无闻见。欲避无地，追忆阶州山水之胜，真世外桃源。卜居有志，息壤未践，愧何如矣。作诗十章，以志向往。

记得武都好，岩疆古武州。羌巢遗白马，巫峡隔黄牛。迭嶂环为扇，荒城蠡似瓯。估帆停碧口，前路问江油。碧口镇在文县之南，为入蜀通津，估帆云集。

记得武都好，先登泰石山。断崖蛇倒蜕，出谷鸟绵蛮。蛇倒退，地名，极言其险，阶州不止一处。雪自洪荒积，云从下界还。三台葱倩树，只在有无间。泰石山，阶州之镇，山顶与成县分界，其高无际。三台山在左，更出其上，树林葱蔚，远望如茅。

记得武都好，如如崖两层。飞来双燕子，入定一孤僧。离平乐镇一站，宿佛如崖。又十里为燕如崖，林壑最胜处。洞口呼猿梵，峰尖断雁绳。我来似行脚，欲住又担簦。

记得武都好，吾宗聚族居。石林开筚路，玉涧访楹书。又一站为叶家坝，行馆临溪，飞濑泻壑，水石奇秀。七里泷前濑，三间屋后渠。磐陀皆可钓，清极但无鱼。

记得武都好，地形觚不觚。半空悬禁扁，山中栈道左扪峭壁，右瞰深溪，倾斜蠡缺，劣仅容趾，土人通谓之扁。三角割斜弧。邓艾军从入，王尊驭可驱。凿开铫子峪，阁道尚鱼凫。铫子谷当夏秋涨发，溪水奔腾，绝壁无路。同乡张铸江刺史于山腰修阁道以通舆驮，行李便之。

记得武都好，囊鞬郭外逢。蔡家碑上敕，萧寺饭时钟。安化镇距州一日程，古弘化城也，郡中官吏迓使节于此。二里外祥源庙，有宋建寺，敕书三碑。候吏聊充驿，地僻无驿马，往来文报皆走递。诸生半力农。殷阗弘化镇，士女信昌丰。

记得武都好，山墙铁索桥。柳牵苍耳蔓，参长紫团苗。地产参枝，视上党为良。仙去仍留药，僧归自荷樵。两峰云外见，挥手讶佺乔。

记得武都好，山倾尽向西。自巩昌以南，群峰逦迤不断，皆《禹贡》西倾山脉。猿供狨一饱，鮻与鷃双栖。陇南鸟鼠皆同穴，不独导渭之山为然。村屋溪为碓，山田磴作梯。岩居无甲子，耕凿咏扶犁。

记得武都好，天然似画屏。避秦真洞府，宝晋好丹青。岩窦中悬乳，溪桥上有亭。逶迤三百里，泉石极珑玲。自平乐镇至阶州三百徐里，如行园亭之中，目不给赏。

记得武都好，长堤控巨鳌。觚棱飞栋宇，砥柱立波涛。州城滨白龙江，筑长堤以御水，堤上琳宫点缀，金碧烂然。楼堞窥如井，城在万山之中，绝壁四围，如处凿井。山梁乐在濠。泽宫谁选士，童子有王褒。

香 溪 好 叠前韵

前诗十章，望陇云而西，笑蝉蜕氛浊，情异首丘，视钟仪之操土音，殆有愧矣，作此以解嘲。

卜宅香溪好，居停得柳州。赁庑为亡友柳质卿大令之屋。门休题凤鸟，庐可拓蜗牛。佛手乌皮几，君眉白定瓯。蕉窗书室庭中有芭蕉一本，甚盛。将过雨，小幕障青油。

卜宅香溪好，何家大小山。九能惭度陇，三让溯封蛮。门与尧峰对，潮从胥口还。巉岏千万笏，北望白云间。登楼开北牖，天平、临硎诸山时露一角，何山在其东，晋何求、何点栖隐处。

卜宅香溪好，山深更一层。首阳两畸士，桑海几高僧。谓徐昭法、元叹兄弟及中峰苍雪诸公。塔语喧铃索，村居杂瓮绳。此间无热客，可息打头簦。簦即今之雨伞，《急就篇》王氏注："簦、笠，皆所以御雨。大而有把，手执以行，谓之簦；小而首戴，为笠。"

卜宅香溪好，当年尺蠖居。红闱搜逸乘，绛帐问奇书。沂水春风座，潜园夏屋渠。学僮今老矣，头白一蟫鱼。冯林一先生修《苏州府志》，昌炽年甫弱冠，奉手受教，亲侍笔削。中间一载自校邻庐移居潜园，今园已废为墟矣。

卜宅香溪好，归装剩谪觚。谓《辛壬簏诗谳》。残诗藏盛杲，盛杲，号青嵝，镇人也。诗集不传，昌炽在都门访得钞本，仅三册，已不全。伪易削张弧。炉篆帘波驻，几尘拂子驱。莫教三长物，断鹤续成凫。

卜宅香溪好，夔蚿一笑逢。忆听燕市筑，同访鹫林钟。谓圣恩寺邾酄钟，铜井方伯自台湾归，先卜居于此。溯自都门订交，三十年矣。己丑见于里中，邓尉、林屋诸山同游殆遍。论学顾千里，传经惠半农。昌炽童时尝从惠氏后人润之翁见红豆《四世传经图》，今其后人尚有居渎上者。后来公健者，僧耳避三丰。

卜宅香溪好，西沿宛转桥。在灵岩山麓毕园故址。纬萧编蟹籪，烘箔出蚕苗。湖口帆为市，山肤石可樵。金山人皆以石为业，斧斤之声当当不绝。如披上林簿，园圃尽天乔。

卜宅香溪好，荒阡近在西。生金镌短碣，埋玉筮幽栖。在陇未归，即卜地于天池山麓。归后为亡儿营葬，并自营墓域，距渎十里而遥。寂鉴三朝寺，天池山寂鉴寺接引佛龛及山门，外石室有元碑二，至正中释道在立。登高九日梯。左枕贺九岭，相传为吴王登高贺重九处。度岭即华山初地，盖天池在华山之阴也。童乌先地下，驿角我惭犁。

卜宅香溪好，《会真记》在屏。所居柳质翁得之徐氏，最先为诗人吴竹屿之遂初园，林泉幽旷，土木精工。听事楼下长窗十六扇，刻《西厢记》全部，雕镂人物，栩栩如生。篠篸三径绿，园中篠篸径琅玕如故，《竹屿集》中有诗。苜蓿一毡青。竹屿曾为皖中一广文。地近吴娃馆，园邻杨子亭。与沈归愚尚书密迹，《竹屿集》中有诗唱和。双文犹在否，环佩想玎玲。

卜宅香溪好，雄心罢钓鳌。垫巾邀郭泰，启事答山涛。地接兰舟渡，兰舟渡在跨塘之西，自苏至澂为适中地。城围荈水濠。门神双白板，云是鄂兼褒。郭泰、山涛，亦谓铜井两家相隔一牛鸣地，奚奴函筒相望，往往同舟出游。

谢铜井馈蒲陶

凉州驿畔三日程，蒲陶青紫开晚晴。牟尼一串垂络索，艳于火齐莹水晶。十里五里球路锦，打头欲压鞭丝擎。饤盘聊可入梨座，解渴不烦携茶枪。后车载归即兼两，薏苡岂必明珠惊。筠篮郑重付园叟，移根欲续期抽萌。泸壖剽砂各有别，枳橘迁地功难成。但见鸡头及莲子，辈行未可论弟兄。华阳仙吏我老友，一鸡飞地今望衡。绀珠贻我三百颗，光可径寸倾筐盛。即非西域大宛产，亦复乘遽来上京。藐姑神人肤冰雪，碧霞为佩琼为缨。承盘尚带仙露湿，开牖正射朝曦赪。流膏沁齿过崖蜜，弹丸脱手疑含莺。即此色香味三绝，合付唐沈为写生。我闻海外草木状，园林如绣巴黎城。以此制酒胜曲蘖，汰其糟粕留菁英。郫筒远致酒人喜，一壶可醉千金轻。机杼尽夺织室利，车航难与飙轮争。方今朝廷布新政，朝下一令暮已更。即此漏卮仅一孔，涓涓不塞堤将倾。忆昔在陇效忠告，以瑱塞耳黈蔽明。后令尹来非旧尹,由来画饼徒啖名。似闻楚材晋将用,百年俟河河未清。坐令流沙自然利,弃如石田不可耕。远物难致等蒟酱,新法不用犹枫旸。拈珠在手三叹息,鼎食奚必五侯鲭。安得陇头寄新酿,与君开瓮倾百觫。

斋中三桂盛开松柏交映丹翠可爱

　　画栏丛桂树,上有老松盘。林下苍髯客,花中黄散官。酸宜梅共捣,桂性喜酸,盐藏蜜渍,与梅同贮,则色香味不变。秀与鞠同餐。留得贞柯在,相期葆岁寒。

　　金粟前生果,如来共一龛。方先花蠹辟,禅待木犀参。瑰色堪充裓,浓香亦上簪。小山原可隐,身似寄淮南。

墙角秋海棠一丛三五小花别饶冷艳
叠前韵二首

　　一捻燕支粉,妆楼泻颊盘。茜纱颦浣女,绛绶谪仙官。瘦蝶迎风颤,饥蛩挹露餐。自离西府后,翠袖不禁寒。

　　倩女亭亭影,霜红尚一龛。丰神遗世立,色相绮禅参。寂寞烧银烛,娉婷倚玉簪。前生思妇泪,狼藉在香南。

又题秋海棠一首

秋色红如此，猩屏缀折枝。离魂身外影，写意画中诗。纨扇将捐后，珠帘乍上时。休歌妾薄命，雨露眷恩私。

三妹饷新鸡头再叠寒覃韵二首

蜗臝水乡产，晓市在葑盘。《文选·东京赋》"供蜗臝与菱芡"，薛综注"芡，鸡头"，今吴中鸡头皆产于葑、盘二门之间湖荡。湖目先收子，溪毛共税官。杨妃新剥乳，左妹劝加餐。待煮糖霜粥，泉香汲井寒。

与藕论兄弟，池神香火龛。品殊龙眼贵，说可雁头参。《吕览》高诱注："鸡头，一名雁头，生水中。"荷叶青铜镜，莼丝碧玉簪。陂塘如买到，风味饱江南。

都门买鸡头者皆集于东华门外乡民
三五檐榼成群每逢中使及堂吏出
咸取给焉三叠前韵

给札东华日，阗干苜蓿盘。乌菟雄兔往，胞辉运翟阍官。南荡移佳植，吾吴鸡头以南荡产为上。西池进御餐。白藤新担子，宫阙傍高寒。

自结菰芦屋，归来绣佛龛。长斋奉苏晋，醇酒代曹参。僮约呼敦匕，朋觞佐盍簪。觚棱还梦到，下笔说宣南。

甘州产杏仁亚京师一等陇轺携归一巨簏制酪食之岁馀未尽四叠前韵

自陇趋张掖，层峰度六盘。醍醐充牧女，叭哒掌园官。累累皆丹实，戈戈亦素餐。倾囊千百颗，一颗一孤寒。

笔公头共锐，圆相证莲龛。一岁三冬蓄，二陈半夏参。杏仁主疗肺。药供上池用，花忆曲江簪。巨者如鸡卵，天山路以南。关外所产包杏，其大如卵，更在京师之上。

心葵饷鲜果两种五叠前韵奉谢

苹婆果

亦如花富贵，鬟几水晶盘。崔嫂沙哥眷，家丞庶子官。帝乡西域种，婿水北堂餐。略似水梨脆，哀家骨相寒。

佛手柑

非鼻闻香说，西来祇树龛。坚拳钩弋启，合掌首楞参。果证菩提镜，香分末利簪。天龙拈一指，月正到窗南。

潘仲午比部寄贻宋拓《李思训碑》石印本
答谢二律六叠前韵

摄得江都魄,蛟螭势郁盘。元文非酱瓿,精鉴亦盐官。张叔未云此碑有"并序"二字者,宋拓也,有"夫人窦氏者",元拓也。迹可安罗证,羹真骨董餐。青箱王氏学,来伴一毡寒。明王元美所藏有一跋,又有天壤阁王氏藏印。

李书出登善,伊阙有三龛。颜柳徐碑外,真行草体参。液分馀柱础,谓国学柱础本《李秀碑》。津逮在胎簪。有汝南吴氏藏印,盖桐城吴挚甫刺史物也。胎簪,即桐柏山,淮水所出。三百年藏弄,暌东谓王弇州。到汝南。

铜井出示苏书《金刚经》墨迹七叠前韵

金刚无上义,了了转珠盘。青壁追前梦,东坡《与苏伯固唱和》诗:"我梦扁舟浮震泽,雪浪横江千顷白。觉来满眼是庐山,倚天无数开青壁。"黄州值左官。后跋自题"责授黄州团练副使"。鸠摩罗什译,祇树给孤餐。太息王文敏,苌弘碧血寒。亡友王文敏公正孺有跋在后。

岁岁坡生日,与诗祭一龛。鲁齐岑鼎讼,唐宋石幢参。铜井属以石刻参校异同。新试鸡毛笔,同抽鹤发簪。相期修净土,归隐嵊村南。一作"临江真本子,今在豫章南",疑于题破此帖,故易之。

八叠前韵再题苏书《金刚经》后

　　昔镇延陵库,邵钟共散盘。旧为吴愙斋中丞所藏。《云烟》归老友,霜露怆都官。文忠原跋为“亡考都官远,忌施僧看转”。《伊阙》摩崖本,洛阳龙门有王知敬、常才两本,皆唐咸亨中刻。《平津》适馆餐。《筠清金石录》,息壤愧盟寒。丁亥在岭峤,愙斋中丞以关陇视学时所得拓本属为校释,欲续毕氏《金石记》,未卒业而归。

　　我闻一切义,手鉴有龙龛。能秀宗相授,熙丰政孰参。濡头频拂纸,散发亦斜簪。若以坡诗论,我宁师剑南。陆放翁不敢注苏诗,见所作《施注苏诗序》,亦载《渭南集》。

三题《金刚经》后九叠前韵

　　手泽千秋在,心香一寸盘。金籯贻叔党,谓令子聪生茂才。玉局亦祠官。慧业唯心颂,贫粮空腹餐。如披元祐籍,五纬尚芒寒。

　　我到金山寺,江门接赭龛。题名扪壁读,画象上堂参。舍卫留衣钵,端明继笏簪。施僧看转日,公已去儋南。

善业泥造象一龛潘文勤师旧物也岁壬寅
从介弟仲午乞得顷自都门携归
欢喜供养十叠前韵

压得真如相,宗门证涅盘。塔砖伴敬客,帐秘出宜官。鹫现双林象,蚁驮一粒餐。树幢精进意,一暴十忧寒。

雁塔慈恩寺,开元善业龛。法书超薛稷,高咏忆岑参。杯渡谁飞锡,檀施竞脱簪。郑乡衣钵在,顶礼一和南。

再题善业泥造象十一叠前韵

八万四千塔,累初有塔盘。隋开皇累初塔盘,今佚,惟吴江王氏有旧拓本。魏齐标九级,北朝石浮图记自三级以至九级,非一刻。吴越列千官。武林有吴越千官塔,在湖上。石刻蟠螭负,金涂馂虎餐。张燕堂《金石契》载吴越金涂塔残刻一片,有如来割肉馂虎象。胜前此福德,圆月髻珠寒。

菩萨两旁侍,中间佛一龛。百千逾万劫,五十有三参。草岂张颠圣,花如卫女簪。瘦金铜筒体,神似褚河南。

王叔抚厅丞旭庄同年之侄也以自临钟元常《宣示帖》纨扇见贻赋诗奉谢十二叠前韵

　　我友君从父，邪蒿撤馔盘。可庄前辈以词臣直上书房有声，在京过从，时陪文酒之宴。青箱仍世学，墨绶古农官。《禊帖》千金比，廉泉一勺餐。仁风今在手，部屋莫咨寒。

　　元常《宣示帖》，江表记虔龛。《广雅》"龛，取也"。同戡。又谢灵运诗"龛暴资神理"。骐骥才名驾，龙蛇笔势参。琴堂分判牒，香水集朋簪。典午风流在，琅邪大道南。

及门秦介侯大令自兰州书来询起居十三叠前韵却寄

　　自李官桥别，去年由陇使旋，泛襄河南下，介侯适将母西来，相遇于李官桥，篷窗剪烛，惘惘话别。篮舆过络盘。寓庐臣有母，幕府客兼官。煤豆评烟味，冰梨沃雪餐。围炉谈夜永，忆共一尊寒。

　　五泉山顶寺，佛阁架层龛。载酒招张翰，牵丝忆窦参。谓张铸江、窦殿珍两大令，尝同游五泉山修禊。踏青同拄笏，蹑白各盈簪。侊践莼鲈约，烟波淞水南。

再寄介侯十四叠前韵

金鸡明岁诏,元日颂椒盘。黄竹迎王母,青莲现宰官。一夔资坐啸,双鲤慎眠餐。铃下闻多瘴,幽诗戒早寒。陇上多寒瘴,兰州督辕地最空旷,黎明听鼓,晓寒为厉,往往中人。

访古瓜沙域,李君有旧龛。《莫高窟李氏旧龛碑》,敦煌汪栗庵大令拓寄。珠遗孙赵补,两《访碑录》皆未载。鼎峙索杨参。敦煌学宫有唐《索王裕碑》,其阴为《杨公碑》,即世所讹传为《索靖碑》也。渤泽莹如镜,回山锐若簪。回山在泾州,一名鸡头山,即轩辕访广成子处,亦曰笄山,言其形似簪也。贞珉助搜讨,心逐陇云南。

松花蕈十五叠前韵 雨后丛生山中松柳下,大者如盂,小者仅如钱。乡民采以入市,可熬油,鲜煮亦甚美

雨后蒸成菌,松根累砢盘。弹丸堆墨子,穿盖荫苍官。久竹青宁理,伊蒲白足餐。地卑岚雾湿,多恐胃家寒。

忆宿三峰寺,高僧访药龛。樵苏谈不爨,蔬笋味同参。虞山三峰寺僧药龛,藏书画,能鉴别。山中产松菌、竹笋甚美,三十年前偕张纯卿丈及蒿隐同年往游,香积厨中出以供客,曾领略山中滋味。拾野童携榼,垂堂妇置簪。菌性寒,间有毒,烹时投以银簪,色黑者不可食。吴生篱下产,塞北傲江南。谓吴汉槎宁古塔戍所篱下所产之鲜麻菇。

挽刘振青同年启端

　　宝应三刘子，君为后来秀。公幹不永年，惜哉仅中寿。溯自叔俯翁，经术缔堂构。张侯二十篇，大师非句读。一门列四科，群从互师授。虽未至大官，郎垣如列宿。卓哉农部公，谓佛青。豪气轹纮宙。我山名奉璋，亦己丑同年，与君为族昆季，由庶常改官户部。与同曹，译署出行走。惟君为史官，小颜如得籀。中秘校异文，正俗先匡谬。一持汉江节，过家昼衣绣。君才虽英特，君体极疏瘦。望之不胜衣，忠信有甲胄。期期臣不可，论学必志彀。忆昔通籍时，金门士辐辏。行卷出新论，交口誉刘昼。文字相讨论，庚辛以迄戊。当余度陇初，在君奉讳后。中更天步艰，河阳嗟出狩。相期勖令名，还朝再邂逅。大厦正需材，巫阳下何骤。得无倦津梁，弃世犹赘瘤。侧闻邗江滨，丹旐已归枢。空山寂无人，寒灯小于豆。人琴不可作，怆然赋怀旧。

挽彭诵田太守福孙

　　陇南昔校士，道自秦安旋。我到凡三宿，君归逾十年。犹闻里父老，歌咏令君贤。令君我同里，榮戟门蝉嫣。筮仕得壮县，乘障临居延。再调古天水，井邑号殷阗。下车首文教，十室皆诵弦。至今横舍本，犹出公库钱。政成解组去，翩然归耕田。僚吏出祖道，望之如神仙。金谓去官者，十不得一焉。我来问宾馆，县斋内西偏。轩窗明且静，一石复一泉。吏言君所葺，往来此息肩。君书犹在牖，小印兰苕鲜。文曰彭伯子，家住鲜溪边。室迩人则遐，怅望各一天。归来喜良觌，初服相后先。为致吏民颂，思君意缠绵。重来望召父，嘉树思韩宣。遥祝令君寿，寿如古彭篯。岂知未逾载，沉疴遂不痊。悬想栾社祭，苹醴纷告虔。天道难可论，三复《甘棠》篇。

过竺坞吊文文肃公墓

竺坞书堂付雕印，昔读蒙庄《齐物论》。今来下马明公坟，益信浮休是天运。蓬蒿三尺部娄堆，薇蕨千秋亡国恨。石阙凄凉自胜朝，打头非复旧岩崣。流沙无际下坟起，生金未渗中成坳。一十二字可扪读，将三百载悬斗杓。大书湘南文公墓，想见青瑶旧门祚。易名两字再摩挲，封树四围孰防护。可怜来饭竟馁而，但听松涛尚如故。相公门第冠清嘉，文采风流本世家。归田不异范文穆，趋庭及见周公瑕。黄阁归来筑艺圃，金闾劫后留文衙。所惜明纲已解纽，三月丝纶非袖手。适丁板荡忧沸羹，独宿槃薖饮醇酒。虞渊逐日际时艰，仙馆停云还世守。百六飙回转劫轮，桑田海上几扬尘。烹葵岁时仍汉腊，负薪编户齿齐民。坐令沦落寝丘裔，无复清明上冢人。片碣幽宫枕荒草，谁识先朝旧阁老。瘗鱼虽未出人间，归鹤已难认华表。抠衣欲拜更踟蹰，遗迹图经怅莫考。我来凭吊到九京，随会逝矣留佳城。诗礼发冢固无虑，漂摇防墓犹未崩。此乡风俗信纯厚，还我初服期躬耕。咫尺况今营兆域，胜在要离古墓侧。小诗聊当志山栖，大吉已书买地莂。岂徒尚友平生心，地下结邻高士宅。

游天池寂鉴寺拓至正石刻

　　门外石屋中,陷壁共四石,其二寂鉴禅庵题名,记"岁次癸卯,至正二十三年六月十一戊申吉辰,住山沙门道在谨识"。其一续添圣象、造屋施主名目,无年月,即踵前碑而立者;其一剥泐,似大字佛号,未拓。对崖龛中塑接应佛立象,有一石乃是造阿弥陀佛弥勒尊佛象,至正十八年三月道在抽资庄饰,题名碑小楷颇似赵文敏,元人书之佳者。《郡志》及金石家皆未著录。

　　泐潭古道场,天池院旧与华山寺为一,康熙十五年巡抚慕天颜题"泐潭禅院"额。泐潭,江西马祖道场也。精蓝境幽寂。昔为高士居,嘉名就隐锡。宋秘监张廷杰居此,改名就隐山。松栝藏寺门,藤萝冒崖壁。突兀青莲华,中有清净域。文殊不可见,空山但一碧。后来道在师,上接支公席。遗迹犹未沫,苔藓可剟剔。石屋气阴森,俯视不敢即。龙象下诸天,中龛供弥勒。开山何岁年,助缘善知识。一一记贞珉,修广仅逾尺。囊中有毡椎,纸薄等蝉翼。曲肱踞磐陀,细意出波磔。当当拓石声,山僧惊迓客。谓此山中人,未见好古癖。松风谡谡来,四山催冥色。归去亟著录,淋漓墨犹滴。明发登翠岩,再蜡阮公屐。

篮舆度贺九岭游翠岩禅寺登华山绝顶

　　华山天池旧有一院,今山北为天池寂鉴寺,其阳即为华山寺。

康熙三十八年,圣祖仁皇帝南巡,御书"翠岩寺"额以赐。《郡志》引《老子枕中记》"吴西界有华山,可以度难",《图经续记》"此山独秀,望之如屏"。其颠有莲华峰,泉壑幽邃,林木葱蔚,徒以僻在城西,士大夫游躅罕至。余营生圹于兹山之阴,两度来游,窃有结庐之志。

好从初地陟山阿,铁壁何人得径过。文文肃公与赵凡夫共兴复之,山下一亭"华山初地"四字额,文肃分书。山门外岩上有"铁壁门"三字。又前一石,"透关者径过"五字皆分书。华藏大千空世界,寒山第二小行窝。石幢无字仍尊胜,丈室如心即达摩。五十三参皆幻相,到头只有一坡陀。

凌虚十丈碧崔嵬,十劫莲华尚未开。度难曾为居士宅,逃禅原少谪仙才。相传寺僧高云奉敕制《梅花诗》四十首,一夕才尽,遽证涅槃。流泉泻地终归壑,绝巘通天傥有台。闻道山中元鹤语,尧年曾见六飞来。

冬至述怀

闭户书成炳烛编,光阴迅似箭离弦。浮生晚岁逢佳节,长日今朝到小年。阅世阳秋皮里史,在家诗句口头禅。入山除却游城市,门外印须有钓船。

两《云麾》吟

《北海云麾碑》,一为李秀,一为李思训,李秀仅得两础本及覆本。前过西安,得旧拓《李思训碑》,今复得元拓《李秀碑》全本,方喜两美可合,适客来索阅两本。前所得者已如金杯之羽化,故纸堆中大索不获。得一《云麾》,失一《云麾》,亦异日墨池谈助也,作此诗以解嘲。

得一碑,失一碑,得失两碑皆《云麾》。异哉此碑有两通,夷考撰人书人皆李邕。建碑岁月亦大同,有唐开元天宝中。岂惟作者李,将军亦李氏。一名思训一元秀,一在关中一燕市,小小不同仅如此。譬诸两故人,元秀订交始壬辰。柴市信国祠,菜圃悯忠寺。巍然两础悬日月,想见鸾翔凤翥势。其馀四础无一存,不见中郎见虎贲。千五百字摹贞珉,谁其作者朱椒堂侍郎。与陈,万璋。前人不必如后人。董思白,莫云卿,卑无高论如邾滕。要之其本皆不如,迹象可到神难摹。今所得者真璠玙,一缣一字良非诬。我识李思训,长安市上本,窦氏夫人字已损。拓手亦逾三百年,但视宋元时较近。前者导,后者随,弹冠于于,联袂而来。后者来,前者逝,又如二女不同居,尹邢相逢各相避。吁嗟乎,我佩子觿,两贤相厄,逊而下之遂居乙。纨扇秋风怕愁绝,色斯举矣不终日。我抨巫阳使下招,横览八纮兮上穷九霄。其词曰:盍归乎来,此读书堆耦具可无猜。安得如楚弓、如鲁鼎,青毡还我奇觚庼。余藏书处曰硕果堂,藏碑处曰奇觚庼,藏梵笑处曰五百经幢馆,著书处曰辛白簃,燕居处曰缘督庐,迎宾处曰仁频馆。过屠门而大嚼,皋庑赁春,实无一橼。

过明月寺感赋

　　香溪明月寺，太息古招提。官柳河干店，女桑门外畦。大难清泰日，寺建于后唐清泰间。小筑释迦栖。若问灵岩席，幡竿尚在西。

　　月色明如旧，宗风阒已遥。三间马鸣社，十步鹭飞桥。山意藏禅寂，湖声洗市嚣。我惭长公至，何处得参寥。

戊　申

陆春江师七十寿诗 五言五十韵

　　泰上成鸠族，卷阿翙凤辰。攻车逢吉戊，补衮庆生申。岁近涒滩夏，天开浩荡春。青阳姑洗月，绛县古稀人。翼世占隆栋，论年记大椿。桃倾将进爵，松健不雕身。赐履遵无棣，投竿继有莘。耄期勤抑戒，摈介撰成均。风雨歌如晦，云雷筮得屯。用贤毋弃旧，资政为维新。望重吴中顾，名齐邺下荀。宵衣长讽谕，宙合待经纶。琴瑟改弦治，辎轩载笔询。伐柯柯有则，殷鉴鉴于民。溯自通朝籍，恭闻起席珍。龚黄初出宰，吴越本比邻。强项非沽直，虚心但率真。帝舒淮海顾，吏课汉京循。霜斧临松沪，云帆指析津。客谈潞河畔，舆颂浦江滨。异族毋滋蔓，先机辄徙薪。六条房吏静，五饵岛人驯。作牧藩方觐，提刑皋事陈。两持开府节，三到阖庐闉。瀛里鸣珂接，沅皋秉钺巡。东郊申命毕，南土往劳郇。方召师干寄,萧曹颛若因。崔苻奸宄息,桑梓郅隆臻。勇退心无竞,坚磨节不磷。呼猿三竺梵,斫脍五湖莼。广内虚前席,空同拜下尘。嘉谟需造膝,异说值吹唇。中国庸司马,斯民借寇恂。几陈灵寿杖,冠制远游巾。洪范畴同衍,修龄道可纫。番番黄发礼,奕奕碧瞳神。山斗宗为岱,谟觞导自岷。九经逮三传,一线等千钧。布宪昭悬象,甄微订获麟。素王非僭鲁,黔首莫愚秦。卣瓒黄中协,圭璋白下抡。小才惭脱颖,大雅仗扶轮。皓首今师弟,丹心共主臣。祝鸠三老列,相马九方歅。自有简书畏,常思杖履亲。宦情虽解组,师训敬书绅。喜起赓歌盛,康疆锡祜纯。达尊先尚德,上寿在行仁。弼亮登三事,期颐到百旬。一词游夏赞,喤引附嘉宾。

及门秦介侯大令自陇皋寄贻七律两首即和其韵奉答

老去师丹渐善忘,神明非为苦吟伤。世如浑噩无文字,天与侏儒论短长。谈海惟闻操鸱舌,垂堂不戒即羊肠。贞元朝士吾常见,但羡一翁钱少阳。

兰皋忆共登车日,喜为诸生得导师。万里刀环家不远,一封诏传驿同驰。斗牛难阏丰城气,匠石终需大厦资。君自翩翩建安侣,老夫荐士愧陈思。

再叠前韵

冥鸿身世久相忘,矰缴何须怨中伤。客里最难慈母健,儿怀喜见稚孙长。杜陵男子原强项,淮海词人有侠肠。梦到方山骑虎处,桃花依旧满河阳。

一饭礼先应愧我,侯芭车至自京师。困鳞呴沫相为乐,病马登陁不敢驰。居士闲从莲社约,写官分与草堂资。蜀庄未见湛冥客,咫尺空山千里思。谓严紫卿廉访。

汪子星台以潘文勤师尺牍装册征题皆致其先人眉伯州倅函也敬赋五绝

不作杨风《韭花帖》,遑论《停云》与《墨池》。元度元长两贤外,田园更有石湖诗。文勤师自言行草学二蔡,尤酷爱范至能。《四时田园杂兴》诗刻石在石湖祠内,尝为师命工椎拓。

不随世眼讼《兰亭》,羊薄薪传在过庭。铁砚磨穿千百本,退毫成冢腕通灵。师日临孙虔礼《书谱》,晚年精诣入神,可乱真迹。尝以两本见赐,至今犹宝藏箧衍。

墨癖书淫日几回,奚奴排闼送笺来。装池欲付还惆怅,箧有蛟龙不敢开。昌炽得师手札最多,馆平津日,考释金石,商榷文字,长笺短札日三四通。

下笔千秋两巨公,枚生输速马输工。虞山我亦窥东阁,剩稿难寻败箧中。常熟翁相国师作书矜慎，每削一牍，至三四易稿，其孙曾僮、奴辈俟其定稿后，辄于字篓中检残纸藏之，顾不轻与人。昌炽虽辱附门墙，未拜一字之赐。

著墨无多语率真，弦韦字字可书绅。廿年前忆桥南梦，师友山阳笛里人。庚寅散馆入都，寓滂喜斋，与眉伯同下榻漱玉桥南，相处最久。

寓五亩园即事

恒沙等是一微尘，何必园林问主人。自宋梅宣义、章庄简至元明以后，屡经易姓。丙舍草书新旧帖，廊下有湖州丙舍碣，皆国初诸老题，今又为漏泽园。午阑花态浅深鬟。悠然濠濮从庄叟，安得神仙起子真。我亦蜉蝣聊寄客，隔墙笛韵可为邻。书室墙外即厝棺之所。

池台萧瑟隐菰芦，山色登楼望有无。广夏本宜弦诵地，暮春如泛羽觞湖。翟泉出地馀苍鸟，梵塔摩穹自赤乌。报恩寺浮图在东。燕语空梁人不见，谢公别墅吊黄垆。谓亡友谢绥之学正。

叠前韵题儒孤学堂壁 即在五亩园内

峥嵘头角出风尘，祖父当年半故人。西学总为披发祭，东家莫效捧心颦。遂初又见梅宣义，佚老吾惭贺季真。岁晏但期文史足，不嫌冬学闹比邻。

腰鼓泥牛笛是芦，佩觿不害识之无。读书要食千鸡跖，梦墨还寻九鲤湖。唐子畏梦墨亭故址去此不远，乞梦仙游九鲤湖事，见《涌幢小品》。识路人应求老马,过庭我已失童乌。树人树木原非异,五色先宜别墙垆。

度门再叠前韵

衣缁五载陇头尘,又作焚香却扫人。里有公沙谁遣读,座惟子野枉工鞶。养生聊可师中散,行酒何堪使太真。若问东头何妥宅,青杨巷与白杨邻。谓铜井方伯。

十亩荒池四面芦,小园日涉几回无。和陶所志惟彭泽,访戴何人到剡湖。杂树碍眉蕉更绿,飞蓬疢首药难乌。北窗且作羲皇卧,懒赍千钱问饼垆。

闻蔼人将军赀縠督办蒙古垦务
以墨败感赋二首三叠前韵

胡椒八百化成尘,天水冰山录里人。熊掌岂容兼海错,蛾眉原忌人宫鞶。山头欲望悲廷尉,辇下无家及女真。君吉林人,原籍及京中纱帽胡同寓皆已籍没。夺我祁连君过矣,即非同室亦乡邻。满蒙唇齿。

忽非依样画葫芦,水至清时鱼则无。尺寸华离登禹甸,机宜文字出樊湖。樊山方伯在定兴相国幕,覆奏疏稿,一望即知出其手笔。覆巢到此难为燕,蔼人之子系吏部考功司实缺郎中,已呈请开缺。爱屋谁能施及乌。穿幕荒凉瓯脱地,岂知下土异刚垆。

喜严紫卿廉访枉过寄赠三十韵

　　蜀庄高尚士,漆园汗漫游。江乡百里近,欲从嗟末由。度陇瞻颜色,始识韩荆州。尊酒论雅故,倾盖逾白头。各有遂初愿,我归公暂留。临歧指息壤,亦欲归首丘。阳羡好山水,傥有茅庵不。非然焦先庐,小小营瓜牛。公起自戎幕,长揖从左侯。投笔到西域,志与班生侔。六龙昔西幸,万乘河阳搜。关中有方召,侧席公运筹。埋轮治三辅,抚剑摇五洲。荐士虽有表,膴仕皆蹶聚。披帷充菜杀,誓墓栖松楸。岂因忘醴酒,亦未愆干糇。色斯患不早,肉食难与谋。坐令富春渚,垂钓披羊裘。我庐亦空谷,离索增烦忧。陇云与渭树,望远常登楼。忽闻剡溪曲,访戴来扁舟。山阿无热客,河曲逢智叟。执手认眉宇,皓然园绮俦。自言津梁倦,富贵非我求。微尚在岩壑,躬耕事田畴。良玉终韫椟,精刚宁为钩。滔滔世不返,一壶当中流。晚节过姜桂,俗士殊熏莸。藜床坐即破,苇杭家可浮。扬帆径来去,翛然王子猷。

六十初度感赋

　　六十平头弹指过,香灯禅榻病维摩。两光引处交明镜,一局残时说烂柯。画地自囚真怪物,问天不应即高歌。腐儒勋业从头记,惟有书淫墨癖多。

　　叶叶何尝各一根,孤根摇落雪霜痕。纸鸢楼畔思偕弟,玉燕堂前说抱孙。宝志似闻摩顶事,瘠生未报属毛恩。不肖生时难产。黄花晚节香何在,那有高车驷马门。吴中同姓皆洞庭东山籍,惟寒舍系出浙西,人呼为"独枝叶"。先祖中宪公幼以家难废读,贸迁起家,营新第于西白塔里。外家张氏以"玉燕堂"旧额为贺,人曰:"此燕公佳话也,可为生孙之瑞。"庚申发匪之劫,家中落,先大夫自如皋避地归,又得"晚香堂"旧额,诏不肖曰:"汝以九月生,且字鞠,今为汝悬之,勉旃。"及不肖通籍,先大夫已不及见。一官不达,抱恨终天,门祚雕零,楹书无托。每一念及,辄为呜咽。

酬潘仲午比部

岩电闪从迷路处,幡风吹动法门中。闻根拈出圆通义,顿觉楞严性相融。

《广陵散》尚在人间,莫谓无弦索解难。若论耐人寻味处,一重肺腑一重山。

几希野人引 并序

余今年六十矣,悼独馀生,屏居山野,长为农夫以没世矣。孟子曰:"舜之居深山之中,与木石居,与鹿豕游,异于深山之野人者几希。"今之世竞进于文明,野所讳也,岂知舜亦尝为野人哉!子舆氏又曰:"人之所以异于禽兽者几希。"人禽之界何去何从,几希乎,几希乎,不为人将为禽乎?跫然空谷之中,庶几有似人者乎?爰于初度之后,自署曰"几希野人",作诗以自警云。

天运不我待，循环若转毂。俯仰愧焘载，履冰陨深谷。忧乐筮行违，祸福觇倚伏。襟裾饰马牛，升斗逐鸡鹜。滔滔病如狂，炎炎恶未熟。可怜逝者川，往过来即续。不见杨朱子，旁皇歧路哭。人生邈中处，太仓等一粟。灵台湛虚明，方寸起五岳。夜气不足存，持之在反覆。当其发生时，譬如拱把木。斧斤纵未已，牛羊从而牧。所冀清夜思，晨钟发深觉。舜跖之所分，在此一间速。嗟余闻道晚，炳烛志耄学。流光似隙驹，飞鞚不可捉。不睹不闻中，十手与十目。慎独毋自欺，先贤有忠告。及今见天心，庶几不远复。坐如颜子忘，居从詹尹卜。面壁即深山，考槃有新筑。寡过愧未能，知足期不辱。吁嗟此野人，今始返初服。

旧畜一猿陇产也携归苦南中卑湿性尤不耐寒去岁涉冬病一足今年新霜既下遂示疾怛化葬之村外隙地并赋诗悼之

苦雨盲风总不宜，江南何似陇皋时。若言此地寒逾甚，尚有兰成赋里龟。

登场同是沐猴身，偃蹇山林性未驯。缰锁如今真解脱，人间世本一微尘。

蜕却皮毛即是仙，空桑甲子不知年。浮生输与辽东鹤，沧海归来变作田。

荷锸刘伶身后奴，主人帷盖未应无。可怜万壑千岩里，何处家山问武都。

祝尔生天般若经,青山埋骨对支硎。捧心莫效陶贞白,至等哥舒葬马铭。

己 酉

惠经畬以重摹家藏《四世传经图》征题
敬赋五言二十韵

先师校邠庐,童冠从舞雩。得见五经裔,万梅花下居。东渚近可即,水乡耕且渔。礼堂有遗象,奉持修璠玙。惠润之丈,林一师老友也,尝携原图至校邠庐敬观。其所居在光福,临湖筑水阁,为元徐良夫耕渔轩旧址。荏苒四十载,披图重欷歔。吾乡论经学,惠氏为权舆。治《易》先古义,发明郑苟虞。何取辅嗣易,捉麈设元虚。后来郑堂补,旁甄皋文书。不啻三隅反,松崖举一隅。相见过庭日,爰溯祭海初。先河研溪叟,其流导仲儒。儒林有祭酒,一堂三世俱。杖履虽云邈,遗书尚诏予。绝业今一线,所系千钧如。汉人重家学,雅言为亲娱。欧阳《尚书》说,传高至地馀。济南且藏壁,郑乡还表间。世泽苟未艾,相继论石渠。红豆不终萎,喜今见经畬。

题林云槎封翁遗照

林类分明是后身,朱霞白鹤见精神。庄生齐物先忘我,陶令闲情但付人。尚有典型行看子,相安耕凿太平民。岂惟吴市耕烟客,古度由来自八闽。

　　婪尾春风第一枝，龙华会上笑拈时。子孙看到还眉寿，富贵相忘但手持。宿草载陈嗟逝者，好花常在祝延之。园亭无恙人琴杳，未过襄阳访习池。林翁癖爱牡丹，辟小圃种花，图中犹手携牡丹一枝。

天池扫亡儿墓途中大雪

　　痛尔长眠十六年，青山埋骨在吾先。昙华早谢空回首，宰树新栽未及肩。白发顿增元日后，黄肠近接故家阡。高峰菡萏清凉域，墓在天池莲花峰下，与文文肃公墓为邻。但少梅花种墓田。

　　朔风催客出岩扉，欲上篮舆更拂衣。云絮忽堆茸帽软，雪花俄挟纸钱飞。去年有鹤方重语，再世非熊倘可祈。杯酒仁浇还惜别，荒庵佛火愿相依。

瞿良士雪中过访叠前韵奉赠

　　峥嵘头角忆当年，握手惭居一饭先。佳士如君真刮目，难兄于我尚齐肩。哲兄苇卿、棣卿与不佞年相若，皆作古矣。秋风桂栗维摩寺，春雪梅花邓尉阡。君此行至光福，省祖茔。百里江乡风雨夕，轩然有鹤下青田。

　　风雪归舟夜叩扉，登堂岚翠尚沾衣。飘零琴剑身犹在，君家藏书处曰"铁琴铜剑楼"。闻剑已化龙飞去，琴尚无恙。评泊图书色欲飞。柳下絮刚今夕舞，携赠新刻《素兰集》，翁太常女作。《明诗综》讳其姓名曰

羽孺。其人可不论,其诗实道韫清才也。花朝谷已上元祈。春明宅子曾
三宿,除却虞东孰可依。

再叠前韵示良士

藏书忆访隐湖年,喜见遵王与敕先。观海惊开寒士眼,识途诓
拍瞽人肩。艺芸插架分精舍,艺芸书舍宋元椠巨编归海源阁,君家得其
畸零,然精品亦不少。宿草停车感旧阡。张纯卿丈瑛与蒿隐农部、操养明
经,先后皆作古,同在君家校书者无一人存矣,怆念人琴,潸然涕下。虹月沧
江无恙在,君家世世有祊田。

陌宋楼高锁两扉,莓苔寂寞上垣衣。观空梵网如泡幻,镇库金
杯不翼飞。净土翻来风鹤警,雩坛不少土龙祈。楹书尚有聊城录,
文献中原晋郑依。

宣统元年述怀三叠前韵

春王正月纪元年,首出青阳左个先。频对镜中看白发,载橐弓
后说黄肩。一鸥犹忆游琳宇,琉厂正月庙集尚萦梦寐。五马何尝到石
阡。在都门时,京察引见,蒙恩记名简放。退后同人谐谑,辄以石阡府相祝,
盖边远著名瘠郡也。三径岂惟松菊晚,有人二十已归田。谓潘仲午
比部。

纠缦卿云诙荡扉,贺正箧有旧朝衣。天津桥畔鹃催别,香水溪
头鹬退飞。微尚难为师友告,残生无待祝宗祈。出门莫问人间世,

一个蒲团面壁依。

桥山词四叠前韵

通籍承明二十年,攀髯无及鼎湖先。麻衣望阙悲徒跣,卉服还山许息肩。泾驿论文前度陇,泷冈锡类大书阡。宣仁朝士馀坡在,阳羡归来未置田。

垂帘勤政迈黄扉,玉殿犹陈再浣衣。桥下凄凉双鹤语,海隅光被六龙飞。宾天圣孝从亲驭,践土愚忠为国祈。长乐宫中冯几命,不忘清问恤民依。

紫石山展先墓五叠前韵

麦饭清明又一年,壶尊聊比乘韦先。槿疏篱落新穿眼,松矮篮舆不碍肩。誓墓未遑营谢墅,争墩无虑辟秦阡。郁葱得似佳城未,四面青山万顷田。

面对尧峰古寺扉,负暄僧补旧条衣。雪封涧断龙方蛰,云过巢空凤已飞。山中有凤巢,吴巢松先生读书处。临济宗风生起信,导淮禹迹说支祈。至今免水洪荒院,犹有遗民结屋依。绝顶有免水院,相传洪荒时民于此避水。

宣统元年二月廿四日祭范文正公祠
长沙中丞亲临行礼官绅咸集陪祀
甚盛典也敬赋七律四首

又是嬴燔道丧时，鲁宫孔宅闷金丝。野人有祭方披发，海客能谈但傅皮。后进师心雕混沌，左言充耳效侏偶。秀才忧乐关天下，百世闻风是我师。

神弦曲奏集冠裳，邈矣山高与水长。绩著筹边平庆固，名齐开府宋张汤。沧浪佳处开精舍，沅澧同时有道乡。此事由芸巢创议。侨寄喜逢香案吏，景行共上岁寒堂。谓褚伯约前辈。

异地重瞻高义园，忆持使节到邠原。荁茶不改沿陶穴，苹藻毋忘报水源。良相同朝惟富弼，霸才今日尽张元。裂冠毁冕嗟何有，礼教无逾视短垣。壬寅度陇后，两次行部至庆阳谒范文正公祠，与润溥太守庆霖议捐俸修葺，未果，但缮外垣，至今以为愧。

齑粥家风有象贤，箕裘趾美得忠宣。治当皇祐至和日，文在庐陵子固先。精椠访求昭德第，谠言启沃迩英筵。即看公库新雕本，留与诸生肄诵弦。朱竹石方伯议重刻文正、忠宣两集，以岁寒堂本付雕，并从藏书故家访得元天历本参校。

访唐解元桃花庵故址今之准提庵也
壁间有杨忠节公象石刻

不受屦王诏，佯狂非果狂。桃花依旧雨，松柏共凌霜。梦墨亭前寺,藏书阁下堂。津梁吾倦矣,稽首问慈航。殿壁后有子畏绘观音象,亦石刻。

异代谁同调,狂犹可庶几。放怀生本寄,授命死如归。复社遗编在,祇园片石依。千秋嵇绍节,碧血溅深衣。

游虞山自渎川戒涂作

坐窗意不遨,驾言理游屐。吾本湖海人,岂惟爱山癖。隐湖清可航,剑门削成壁。下有古精蓝,在昔常尉宅。百里汙漫游,三峰清凉域。吾闻药龛师,僧腊逾八十。腰脚老愈健,凌空挂飞锡。又闻拂水庄,重来耦耕客。甘盘自遁荒,维摩旋示寂。至今三间屋,花药尚在城。旧游三十年,山川想非昔。譬如忆良朋,天涯邈咫尺。扁舟风雨声,明发慰良觌。

泊陆墓镇

相传为陆宣公墓。居民多以陶为业,两岸累累皆瓦当,铸蟋蟀盆甚精。

传芭何处为招魂,目断浮云蔽日昏。钟簴神京终奠宅,衣冠故国漫争墩。陶家烧土还成市,齐女思乡别有门。今日虫天正安隐,秋风看制半间盆。

泊舟常熟南门外

百里壮哉县，襟江带海堧。弦歌言子里，灯火网师船。客问还山宅，民耕负郭田。潮来呜咽水，穿破七条弦。

未到破山寺，先吟常尉诗。禅房花木句，空谷薜萝思。夜雨催残梦，晨星数旧知。待寻王录事，不为草堂赀。访王翰存孝廉不遇，戏及之。

采 菱 曲

移舟泊菱塘堰，其地在海虞北关外，清溪一曲，前枕女墙，茅屋数间负山临水。秋雨新晴，采菱者群集于此，刳圆木为箭，深可及肩，人立其中，以两版为桨，左右拍水，水佩风裳，往来如织。篷窗凭眺，作歌记之。

荡舟采菱去，侬家在何许？得无苎萝村畔女。荡舟采菱还，乍过银塘湾，又在沧茫烟水间。凉风起兮蓼汀，绿叶兮紫茎。菱角三，芰角四，两头纤纤中有刺。有刺莫伤手，嫣然忽回首。侬家生小住同地，相见尹邢莫相避。迢遥兮双桨，方不盈尺兮平如掌。水粼粼兮拍浮响，一壶中流兮无恙。花南兮花北，溯遛回兮无极。钏交鸣兮玉条脱，采采盈担兮不得息。菱花白，菱叶青，戏水飞下双鸂鶒。澄波持作镜，顾影怜倾城。江上芙蓉若有诉，渡头桃叶谁相迎。折芳馨兮欲赠，凭骞修以为证。秋风羡煞采菱人，纨扇宫中妾薄命。

孙氏祠堂 今为茶寮

花木平泉怅劫灰，旗亭正对广场开。三间蓬藋当年屋，九日茱萸故国台。折足铛边茶具说，曲肱枕罢笋舆来。登高何地为初地，欲到清晖发轫才。

自维摩寺至破山兴福寺观白龙池登救虎阁放歌

十日苦雨一日晴，山涧瀺灂悬瀑鸣。松杉夹道如拱列，藤薜绣壁逾织成。有石如砺海东际，自昔四禅清净地。避世谁从田子耕，振衣直到维摩寺。维摩寺与兴福邻，苍崖乔木藏寺门。一牛鸣地刹竿接，诸天钟磬时相闻。云中鸡犬疑拔宅，座间龙象来朝真。出门放眼众山小，四面林峦若环抱。乱烟曲径走修蛇，落日遥峰出飞鸟。磊磊落落山石多，大者如屋当涧阿，小亦触足跳斗科。慎莫回车如朝歌，满坑满谷奈我何。我闻龙在涧中蛰，化作老人听经出。讲坛法雨正缤纷，绝壑惊雷飞礔礰。兆如龟裂不成蹊，高掌巨灵削为埒。至今百丈寒潭深，下有珠宫与贝阙。我来揽衣最上头，茱萸高会当九秋。池上三间高阁启，天边一线长江流。此阁峥嵘自千古，老衲相传说救虎。未知龙去几多年，毕竟虎来在何处。挂瓢且酌廉饮堂，插架难寻策书府。穆生醴酒尊已空，宅子春明鞠为圃。

平津再到怅无期,尚友徒思晁公武。救虎阁有陈子准藏书,燼于庚申发
匪之劫,或云归瓶笙师。即今世界真大千,毗岚劫起风轮旋。高岸为
谷海为田,地脉凿碎无瓦全。山中道场六时课,虽号破山山未破。
瓜分豆剖大九州,静坐蒲团僧一个。山光潭影依然在,常尉诗情今
不改。试语门前两石幢,石傥能言亦唯唯。

三峰清凉寺访药龛上人不遇

　　虞山古兰若,清凉在下方。诸天涌宫阙,四阿循回廊。忆偕操
养子,管明经礼耕。更约墙东王。蒿隐农部。校书昭德里,听经赞公
房。是时药龛师,年逾五十强。观河面欲皱,两鬓甫著霜。同登闻
思阁,继参宗镜堂。渡河论三豕,排闷望五狼。安禅视瓶钵,论画
开巾箱。松下紫蕈脆,茶馀红稻香。蔬笋有真味,一饭今不忘。流
光若转毂,头白新还乡。逝者嗟宿草,喟然感沧桑。重来叩岩户,
不改旧道场。上人振锡出,童子等案长。问师健在否,上座谁都
纲?童子辗然笑,为客移胡床。得无开天际,一翁李少阳。螟蛄迷
晦朔,鸢鸠抢榆枋。岂知吾师寿,佛日如初旸。讵见流水腐,未可
恒沙量。神观正伉爽,履候甚吉祥。八十健于虎,九十行举觞。六
时梵诵罢,百里行脚忙。不见岩下树,岁寒枝叶常。世上几甲子,
山中一黄粱。弹指三十载,再来参瀡囊。

桂　　粟

　　谁与犀禅证宿因,诸天分得月中轮。胸中垒块偏增我,皮里阳

秋善刺人。金粟香来真沁骨,褐衣脱处莫容身。可怜一握如腰鼓,未被吴郎斧作薪。

松　　蕈

盐豉新调末下亭,登筵风味谢膻腥。花如一现开薝葡,根到千年长茯苓。晚节最宜开士宅,清斋不异太常厅。疏篱昨夜添秋雨,好共园官订食经。

题诸暨傅江峰《梅岭课子图》

未到双溪旧草堂,但从画里认垂杨。钓鱼谁解知鱼乐,一笑筌蹄付两忘。《行述》:"君性喜游钓,暇则持竿理丝,往来双溪垂柳间,谓不在鱼之得不得,临流小坐可以怡情养性。"

荷阪躬耕喜有秋,高歌且放镜湖舟。老农未谙齐民术,争似书生抱本头。《行述》:"君于荷阪、蓝田间躬耕十亩以自给,老农皆自愧不逮。又性好音律,尝于镜湖舟中高歌一曲。"

耕钓何尝为读书,读书三昧得真如。可怜囚首谈经者,泥古苍生转误渠。

绕屋梅花忆过庭,蓼莪开卷泪先零。儿时灯味从头记,课本巾箱有五经。

高宗纯皇帝御制诗赐钱文端公_{陈群}其裔孙伯英太守_{振声}装卷征题敬赋两律

相说君臣乐，虞招徵角论。皇华元会奏，乔木故家存。盘谷还初服，容台锡上尊。金鳌同退食，恩遇傲江村。

还乡鱼计长，小筑有菟裘。镫火南斋梦，烟波西塞舟。帖摹青李赐，诏许赤松游。世世奎章守，星芒射斗牛。

题钱文端公_{陈群}《直庐问寝图》

文端原图，画师王肇基绘，旧在子密年丈处，光绪己亥毁于京邸，惟存副本，嘉庆庚辰警石先生属陈乾所摹也。今此图乃文端六世孙伯英太守名振声，新甫同年之侄，怡甫观察之子。以陈本再摹画者，长洲蒋洽并自录嘉庆诸先辈题诗于后。

华镫百枝光焰烂，高阁宣文开绛幔。循陔谈罢早朝诗，升平乐事披图见。升平想见我生前，尚在雍乾全盛年。宫中圣人迈尧舜，海内诗老称沈钱。钱公恩遇尤莫比，百世本支颂丰芑。郑君通德夙标门，荀氏高阳亦名里。家学青箱旧赐书，皇华绛节新承旨。诸郎羯末与封胡，后起苍舒及陨歒叶。堆床牙笏衬绯衣，列坐羽觞挥麈尾。回首经庐夜纺时，月华一样明如水。此时膝下侍夔龙，月照银台邸舍中。老母七旬三代乐，词臣千载一时逢。柏梁待应承明制，华黍依然洁白衷。爱日新开行马第，因风还听濯龙钟。朱幡畅毂道旁候，绿鞴结束骑奴袖。门吏传筹夜未央，圉人捉鞚街如绣。隐囊棋褥各随身，茗碗熏炉送待漏。温室原知树不言，寒窗还忆经初授。双行莲炬送将归，五秩莱衣为亲寿。百有馀年世泽长，汉貂七叶语儿乡。大礼河间有述作，中书门下同平章。谓子密年丈。即今饮马桥边宅，不减当年履道坊。高庙奎章永宝守，深庐作记重褫装。试看引首鹅溪绢，犹带濡毫燕寝香。我捧球图重太息，此是传家魏公笏。自惭禄养不逮亲，老去长斋惟绣佛。严徐旧侣我同官，韦孟祖芬述今日。谓新甫同年。江左清门数永嘉，君家兰锜比琅邪。锦衣本是婆留物，笺后人夸越世家。

墙角一蜘蛛黑质白斑八足如螯腹圆凸起左右黄纹绕之喙下有双须尻作深红烂然可玩颇似晴蜓去其足又似绿头蝇前半月白丝光亮如银从足下蜕出约宽一黍许诘曲成文画然齐截如以通草剪成极细之条既而又化整为散起伏飞舞俨然有波磔痕蜕故生新日出不穷獬卿来言在五亩园亦见此从前所未睹也据通英文者云其一字竟是英文草书某字母一笔不苟天地构造无物不有气化所感物类先觉岂腊丁后起之文字果将祧颉诵而代之耶悚然有作

仓雅文字始，其制在中古。权舆溯结绳，畋渔共网罟。岂惟观蹄远,皿虫取诸蛊。蠕动与蝝飞,却行鸣以股。化工有机杼,一一为织组。炎风屋角晴,蟏蛸挂在户。黑质而白章,纤颈腹如鼓。八跪下有文,纵横势交午。一缕自织成,丝如蛹所吐。纷若倒薤披,嫣然插花舞。累累比贯珠,两己背为斧。璇玑制回文,栲栳转相诂。髣髴有形声,字字可画肚。有客元亭来,一见色有怃。此为域外书,腊丁縻其祖。革书皆右行,载在属国府。譬诸华严音,喉唇逮舌辅。二十六为母,无穷字孳乳。方今变于夷,风行五洲普。不须重译通,翻似故物谱。此豸胡为来,前此目未睹。不作科斗形,别出蛛蜘部。天意示箸龟,么么何足数。不见官文移,下逮市廛簿。举国走如狂,拍肩集群瞽。学僮未胜衣,尉律弃如土。钩辀格磔鸣,能言等鹦鹉。得无梵佉罗,果将祧邹鲁。六经非异书,菽粟化臭腐。燔秦却未遥,诅楚究何补。始一而终亥,吁嗟叔重父。

虾　酱
产广州香山县,其商帖曰"翠微虾酱",未详其名义

会稽有鲑酱,其地即今甬。琐琐寄生虫,细甚等蟂蟑。充类以至虾,粤人始作俑。言从濠镜来,名以翠微重。腥风吹登俎,昨宵食指动。袭以玻璃瓶,缄固无一孔。即非蜗醯调,颇似马乳挏。洁白捣如齑,空青泻为汞。俊味论江珧,寒辉夺溪蚌。我生淡滋味,薄物聊自奉。酸咸与俗殊,见者鼻辄拥。劝客皆蜇喉,出哇不旋踵。举箸不敢下,十指加栝拱。忆昔航海南,鲍肆偶登垄。片鲨帆自张,双螯剑如捧。鳄鱼腹彭亨,一鼓作气勇。巨口与修鳞,眈眙非一种。汝曹见橐驼,相惊马背肿。岂知南食诗,昌黎语非冗。侮

食为海蛤,吾征诸汲冢。膳膏宜腥臊,礼经未俄空。比傅汉律文,此羹亦骨董。

蚝　油 <small>羊城亦有制者,以香山为胜</small>

蚝豉三寸强,堆盘宛皂荚。藐焉小竹蛏,烂然偕石蜐。海山吹天风,巨声若鞺鞳。一拳石之多,千尺壁以立。突然涌蚝山,相粘累百十。其室为蛎房,伏处虫在蛰。或云如马蹄,难熟等羊胛。聂切制为油,淳熬滤其汁。黄流当在中,葱渫或处末。花猪与竹鼬,一如大苏集。以之齐五味,沉潈无不合。不啻钉座梨,饷客常在楮。茗芋酒益狂,沾濡浒还拾。但耻瓶罍空,遑戒羹絮嘤。山中锄菜翁,倦游息脂辖。何以治寒具,笋奴与菌妾。膏为百和煎,色如五组杂。对此海物错,风味谢弗及。但闻本经言,介族蜗蛎蛤。润下并作咸,沉寒易助湿。火齐始有功,水懦防易狎。姜桂通神明,微生宜自摄。

独游戒幢寺感赋

法师渡江来,弹指见楼阁。祇园布金地,荒榛昔负郭。栋宇忽凌云,旃檀发丛薄。云岩一牛鸣,远峰瞰岑崿。东邻卫公第,平泉莳花药。百城据烟水,十步一丘壑。西为流水院,长者邈如昨。山梁雌雉驯,濠上儵鱼乐。于此开道场,本为古兰若。尊者五百躯,一一傅丹腹。踟跦隐支颐,条衣或袒膊。环绕说法台,一龛一莲萼。菩萨无量身,身身有璎珞。千手与千眼,四面天花落。如登雪山顶,亲承佛付托。法筵诸清众,天亲偕无著。落成何岁年,界相极寥廓。但闻朴斫声,斧斤尚救度。檀施倘有人,千金待一诺。侧闻司农嗟,露台罢将作。

寒 山 寺

寒山拾得子,宗风渺何许。我来访古刹,扁舟溯遥溆。诛茅屋数椽,送迎有僧侣。不谈清净理,周旋姑尔汝。庑下青琅玕,神似褉帖叙。娟娟月不完,轩轩霞自举。两贤遇文唐,千载接虞褚。钝帚亟放下,趣与片石语。我闻张继诗,流传日出处。到此证闻根,彼都集士女。此土见笪根,夜游缚麻炬。持诧海东头,震旦噌一杵。不令狩谷惊,宁为西田拒。岂知年月日,纪元书光绪。一笑扬帆东,浩歌出烟屿。金石虽不朽,天地一逆旅。追蠡非禹声,销锋自秦镞。安得阅沧桑,无恙古栒簴。我亦乘兴来,兴尽嗒然去。夜半吼蒲牢,梦回香溪墅。

游凤巢僧舍在尧峰之东偕铜井方伯妻弟王獬卿茂才

洪荒免水院,两峰界皋尧。沉灾今已淡,终古青嶕峣。松杉最深处,悬崖一团瓢。烟帆出湖尾,云树迷山腰。虽未绝人境,聊可远市嚣。不知何岁月,有凤翩来巢。凤去不复返,空谷仍沉寥。但闻狮子吼,据地如虎跑。飞泉滴乳窦,石髓青琼瑶。门外有狮乳泉,一巨石蹲地如狮状,泉出其腹,味甚甘冽。西岸四五里,村陌三两条。笋舆命俦侣,问津逢渔樵。双扉仅空设,门巷长藜蒿。问师禅定否,云水行打包。香积爨烟冷,羹尽嗟釜鬵。面壁虽云寂,坐窗殊不遨。不见弥勒龛,尘网悬蟏蛸。我闻长太息,斯世诚滔滔。如此好林壑,敝屣如一毛。安禅随地足,何必方外交。我师巢松子,青松誓久要。吴巢松先生尝读书于此。

题张叔朋孝廉《邓尉纪游诗》后

老去论文愧子瞻,山中忽漫遇文潜。手携谢朓惊人句,落日扁舟过两崦。叔朋来游,与余遇于圣恩寺山门外,日将暮矣,执手数语而别。

为我登山谢汉公,还元高阁有宗风。一年一度看花客,袖有新诗便不同。

万峰台顶旧题诗,笑倒山公白接䍦。此是世间文字障,烦师刊落付沙弥。弹山寺壁,童时有诗纪游,十馀年前尚有见者,今不知所在矣。

庚　　戌

新居鼠耗汪子星台许以健狸见赠作二绝聘之

甑底馀粮鬵釜羹,残书插架更纵横。裹盐青箬无多事,为聘乌圆无百城。

汉吏当年磔鼠多,老来但为谒居摩。氍毹虽稳难安睡,慎莫花间醉薄荷。

移居后豢二猫大者阴鸷善捕鼠吻黑而尖鼻下一绳如墨越王句践之亚也名之曰乌喙小者驯扰眸子淡碧莹然可鉴初来即以青眼向人此阮仲宣也名之曰青睛戏题二绝

一举浮江已沼吴,英风突过楚於菟。悬知乌喙非常表,相士吾犹范大夫。乌喙。

莹如秋水剪双瞳,寒士青毡一笑同。莫谓兵厨狂醉易,自然乐静比仙童。青睛。

题《邓州兴国寺舍利塔铭》拓本
为曹叔彦太史赋

仁寿昔纪元,诏建舍利塔。诸道遣沙门,分送州凡卅。吾见六七本,实推首山甲。其次即邓州,地介古宛叶。伟哉平阳侯,中州化行捷。治河告成功,怡情到毡蜡。公库三百本,新硎胜旧拓。持比青胜福寺。歧凤泉寺。铭,各有汉魏法。典午昔板荡,随始混六合。皇帝敬三宝,率土崇善业。辛酉十月朔,午时纪僧腊。诸州下石函,刹幢起畚锸。虚空上下界,一切芥子摄。谓仗佛慈悲,迷津

庶可涉。达摩自西来,麟后又一劫。岂知千祀邈,革书踵相接。中
国有蹄远,这道在白氎。不见景教碑,祸更烈梵夹。秦燔道将亡,
楚咻语益杂。学僮短后衣,尉律问不答。儒释非一家,行皆禁书
挟。长鲸掉沧溟,虎兕方出柙。空山抱遗经,吾亦如老衲。临池勿
复言,举觞且食蛤。

过徐元叹先生落木庵故址
在天池山下龙冈里,今荡为桑畴,荒池眢井,遗迹尚存

　　墙桑未剪肄,涧松后雕节。荒村十亩田,昔为高士宅。蝉蜕绝
尘表,鸿冥何可弋。眢井寒不波,泉味至今冽。胜朝有夷齐,周粟
誓不食。脱屣贵公子,肯为白马客。深巷掩藜蒿,空山饱薇蕨。龙
胡不可攀,黄农忽焉没。即今三百年,埙篪响未寂。涧上有飨堂,
天池相接迹。高冈枕逶迤,龙卧未起蛰。萧萧落木声,铧铧常棣
色。天运信靡常,不徒黍离戚。即此一界相,望古亦遥集。精蓝在
何许,但凭樵父说。此亦商容闾,庶几过者式。

辛　　亥

仲午比部以谢萬舫世丈馈岁诗见示
敬和原韵两律并呈萬老

　忆作平津客,两逢吉亥期。己丑在都下客旁喜斋,今二十三年矣。

黄羊涂月祭,青蚓寿星诗。中楹悬崔青蚓寿星象,文勤师有题词。运集松堂卉,香分竺国枝。所馈为千年运佛手柑盆景。归田兄弟早,我愧遂初迟。

履端当晚节,抑戒儆旃期。旧侣惟同学,新年共赋诗。坞篦元日咏,瓶拂故园枝。第一椒盘颂,仓山有阿迟。

过天池山谒莱阳二姜先生墓

其地邻许家场,南接竺坞,土人呼为姜家山。翁仲、羊、虎已断裂,石马尚无恙,一卧地。虽无碑碣可征,双峨列峙,堂斧崒如,遗老传闻,皆知为忠魂所宅也。

流涕龙髯未可攀,此身敢望荷戈还。吴为逆旅原如寄,殷有遗民岂是顽。乡土难忘莱子国,君门即在敬亭山。云车风马朝天去,何必生前定赐环。

天池涧上共逃名,老去宣州有戍兵。游乎九京两国士,巍然双冢一佳城。苍鹅又见前朝谶,石马如闻列仗鸣。尚友幽明原不隔,披榛墓下即班荆。

天池石屋自筑一丘于兹三度来游矣

悬崖有精舍,架壑为层楼。楼下大方广,掌地平如畴。巍然一盘石,刳腹中为舟。铃檐出墙角,斗栱当柱头。莲宫尚旧设,藻井如新髹。窗檐列交午,一一穷雕锼。岂知非土木,但驱北山叟。摩

崖迹未泐,陶穴风已悠。得无化人幻,来与开士谋。结此一界相,
蟪蛄几春秋。我从华岳返,此峰诚部娄。一览虽云小,洞府清且
幽。空青荡层宇,石质如琳璆。岩窦倒垂乳,涧瀑还飞流。忽闻蛟
龙啸,下有百丈湫。寒气砭毛骨,凛冽不可留。仙灵傥来往,云中
下浮邱。安得弃尘鞅,一庐卜瓜牛。道师不可作,元季释道在开山。
且继清湘游。谓文文起相国。浮休视生死,愿言从爽鸠。

仲午同学赠红梅两株赋谢二律仍用前韵

送到春消息,先春一日期。明日立春。喜神原有谱,寒友只宜
诗。鹤守开前蕾,鸠营去后枝。花桥老屋去岁五月祊田来,复非始愿所
及。未须三月暮,花发报邱迟。

嵇吕山阳笛,凄凉向子期。还山铜井约,度陇玉关诗。自陇上
归,侨居香溪,早春铜井方伯辄约赴山中探梅,追溯旧游,怆然人琴之感。鞠
为新年瑞,松馀老圃枝。《岁朝赏菊图》及松鳞义庄,皆君家故事。岁寒
开共早,顿觉众芳迟。

辛亥正月十一日亡弟六十诞辰
能仁寺设道场感赋

天上人间揽撨辰,营斋今为荐盘辛。到头儿女谁真幻,弟结褵
十年未有子,不佞三子一女先后殇,不祀馁而可悲也。偻指彭殇一屈伸。
法座如闻龙祝嘏,旧巢空说雁来宾。花桥老屋五年之间去而复归,弟皆

不及见。慰君惟有闺中妇,头白旌闾下紫纶。

客腊为室人营葬今同日设斋以妥幽宅
用前韵志感

腊鼓山中饯岁辰,土功毕后始逢辛。形家言山向辛、壬,两年皆不利,故于去腊大寒并日程功,适届小除而毕。傥游兜率神先返,自嫁黔娄志未伸。辀传陇头归已老,馌耕庑下敬如宾。佳城一闭悲终古,独茧空缫莫作纶。

家豢两猫客冬乌喙亡去新春青睛又示微
疾恒化健狸难得不无悼惜再叠前韵

亦似金台得士辰,齐来为衍赵为辛。但知虎视兼鹰击,未解熊经与鸟伸。灶下诵经都养妾,田间迎祭引年宾。穴中鼠子群相贺,布阆如逢肆赦纶。

程雪楼中丞植园公宴赋诗代柬以
辞之三叠前韵

天行错连值丁辰,世事论甘更忌辛。鸥鹭虽驯难遽狎,龙蛇已蛰不求伸。操挝急鼓谁为吏,晨起即有柬速客。缝掖深衣愧作宾。

此是商丘舩咏地，旧时图史想青纶。谓宋牧仲中丞，其藏书画有"青纶馆"印。

元宵叠期字韵

圣孝逢佳节，春王月再期。国除谅暗礼，去腊有诏，于明日行孝钦显皇后、德宗景皇帝释服礼。家咏娄丰诗。映月金莲炬，堆霜粉荔枝。玉堂天上梦，衡泌得栖迟。

闺箴示刘姬四叠前韵

莫怨衾裯命不辰，桃虫多半自来辛。肤如能受方容诉，指本无名讵可伸。净土皈心宜绣佛，寒庖截髢好留宾。平生未解连波悔，织锦空烦五色纶。

刘姬幼失学性不喜文翰见余苦吟
颇以为怼赋此解嘲五叠前韵

蹉跎识字未筓辰，商臼安能解受辛。镫盏双声赓复唱，镜刀一体屈还伸。青衣难得泥中婢，红袖谁充幕下宾。捧砚添香岂无事，文房小小有经纶。

在昔篇闵韩亡也六七叠前韵

在昔三韩马弁辰，遁荒有客避商辛。地兼濊貊分罗丽，位列躬桓逮谷信。即伸字。汉置玄菟关外郡，周歌白马庙中宾。茫茫禹迹虞思杳，一旅中兴未有纶。

不如死矣我生辰，哀此鲜民久苦辛。割地势同瓯脱弃，普天义待带方伸。强邻岂但忧罗刹，塞种何能抗屬宾。莫谓虎狼秦易餍，侵边飞角正纷纶。

闻英人进窥片马滇边告警俄人亦自
西伯里亚马首东向惧大厦之将倾
鉴覆车以不远怃然恤纬八叠前韵

运际飙回百六辰，繁霜日食又逢辛。棘门吏士如儿戏，卧榻君臣尚欠伸。奇计但闻师魏绛，霸才未敢起张宾。巨鱼海上风涛恶，桂饵空投况翠纶。

花朝前五日与芸巢前辈萬舫仲午昆仲子饴同学同集怡园公燕元和相国用辰字韵即席赋呈三律共十一叠韵矣

瑞石鱣堂诞降辰,平原才子迈高辛。公生于京江校舍,学中有宋四灵石刻,惟凤一石尚存,幼取以为字。三朝鱼水君恩重,四海龙门士气伸。吴下朱辒名世裔,山公夹袋后车宾。贞元朝士归来日,盛事还应纪世纶。

春明同病忆萧辰,麻杏为君佐细辛。昌炽在京,夏秋间与公辄皆病喘,投麻杏石甘汤而愈。医国功原良相匹,还乡情为故交伸。黄扉今日身亲到,"本朝四十三龙首,身到黄扉有几人",宋人诗也。白发当年隅坐宾。昌炽订交在四十年前,师友追随,小冠隅坐,今二毛斑矣。柱下愿闻燕许笔,记言如絺更如纶。公方奉诏纂《德宗景皇帝实录》。

词客名园觞咏辰,天衣无缝补苏辛。园中楹帖皆艮盦先生集,倚声为之。霜松鳞甲槎枒蜕,烟柳腰支婑婳伸。衮阙邪蒿期悟主,醲馀苦莽更留宾。还朝宣室苍生对,巾扇从容想羽纶。

元和相国贻先德九芝先生《世补斋医书》正续两编赋谢一首十二叠前韵

灵兰秘奥阐爻辰,岂仅弁阳识癸辛。济世有方偏不谢,《前集》有《不谢方》一卷。事亲此义待重伸。仓公传合登《迁史》,绮石书原异介宾。《后集》有《重订绮石理虚元鉴》,清金建中,异于景岳之言补也。《素问·天元》惭未读,始知运气尺弥纶。

再题《世补斋医书》一首十三叠前韵

阴阳风雨晦明辰,五味甘咸酸苦辛。良相功先贤子建,圣师谊赖下工伸。先生医学歉然不自足,尝自署"江左下工"。商山采药呼园叟,吴社传芭祀洞宾。《理虚元鉴》先生自序作于仙诞日。欲补《神农经》著录,海东草似嵇夫纶。

英兵自片马进规登埂尚未退西北两边又告俄警慨然有作十四叠前韵

带砺屏藩诵富辰,非如策士效庄辛。混江北去千屯接,辽海东垂一股伸。缔约溯从尼布楚,讹言叠至哈儿宾。河山松杏依然在,束手偏同貉缩纶。

边警迭乘四郊多垒卿士大夫之辱无可讳也
然亦知甲午关外之役庚子城下之盟虽有
善者无能为国日蹙百里不自今日始矣曲恕
亡羊而惟补牢之是问岂得为事理之平乎
十五叠前韵

天象参旗示大辰，金行从革本为辛。六州铸铁谋先错，一柱镌
铜界已伸。葱岭道原通卫藏，柳边记忍续杨宾。深宫痛定还思痛，
涣汗关中大告纶。

宣统辛亥高等审判检察两厅开庭治事
守土者谢听讼之责乡民牒诉罔知适从
先圣有言矣刑罚不中则民无所措手足
十六叠前韵

鬼薪白粲不逾辰，杂事何容讳秘辛。诇密情当钩距得，亭疑冤
可剥肤伸。堂皇吏即瀛谈客，阶下因为座上宾。亭长啬夫游徼外，
未知青绀是何纶。

妻弟王介臣游学比利时国在冈城
校舍六年环游英德法诸国一年
业成而归赋此奉赠十七叠前韵

一日双轮十二辰，未经豹变自艰辛。李白诗："英豪未豹变，自古多艰辛。"山川风土详能说，轩誉云仍郁极伸。铁冶年来趋丙氏，君所肄业者为铁路、桥梁、河工诸学。铜钲日出指寅宾。考工待诏金门籍，纠缦云中五色纶。

介臣赠摄影《柏灵胜景图》三十六帧
赋谢十八叠前韵

电光楼阁刹那辰，画笥珍同笪在辛。徙海鲲鹏程一息，登堂羔雁礼先伸。仙灵图像三神岛，职贡衣冠九译宾。万户千门君莫羡，尚方有诏罢吹纶。

沈退庵观察以所临《定武兰亭》
《怀仁圣教序》石刻见贻索诗赋长句赠之

《兰亭》昔见定武本，五字精神殊未损。欧肥褚瘦各有真，神龙颖上同可珍。羊薄不作后谁继，退庵先生文节裔。早传八法能名家,历相九州行作史。绣衣直指徐方来,揽辔直上戏马台。不如卜宅寄吴下,临池妙选贞珉开。右军家法传子敬,过庭草书亦称圣。山阴嫡乳到鸥波,上溯永和下皇庆。即如此帖模者多,不放无法同一病。东坡论"真书患不放,草书患无法"。先生七十喜从心,游刃于虚和益劲。纵横不逾绳与规,笔下如有风雨随。仙露明珠光四映,序言即堪为持赠。人间非复过江时,宇宙依然可觞咏。宣统三年上巳日,又值水滨修禊节。羊欣练裙迭在箧,持请先生续《禊帖》,后来更烦《怀仁集》。

题兰石轩藏帖

　　虞山庞君华、君亮昆仲,家塘桥镇,访得乾隆间江阴孔瑶山广居所刻法帖十三种。庞、孔先世本石交,君华之曾祖晴岚先生与瑶山曾孙卿远名庆齉。同受业于李申耆先生之门。既得此帖,追念先泽,并泐晴岚翁遗象,遍征题咏,刻石同度兰石轩,介张茂才仲履以拓本见贻,为赋三章。

　　昔余发未燥,避地至海虞。鹿门高士宅,流水长者居。有池有场圃,可耕可畋渔。塘桥市不远,约可三里馀。荏苒五十载,过隙如奔驹。城郭虽犹昔,人民当非初。未知二庞子,族属当何如。世事以蜃喻,是蜃原非珠。宋人过乡井,一一堪欷嘘。桑下不三宿,释言良非虚。赭寇之变,昌炽仅十二岁,从先大夫避地,但知居停氏庞,其地距塘桥二三里许,门外广场,绕舍清池一泓,其名号不能详矣。

　　红榈有集帖,出自微波榭。暨阳亦圣裔,嗜古足方驾。采石选贞珉,偏旁审假借。《黄庭》与《乐毅》,海内所脍炙。得者什袭珍,不在《渤海》下。溯自魏晋来，许书暗长夜。幸藉摹印存，藏家犹插架。卓哉千秋翁，功与严段亚。瑶山精篆刻，攻许学，著《说文疑疑》。尝得汉铜印一方，文曰"孔千秋"，喜甚，即以为字。敬客盈尺砖，丰碑若嵩华。不经野火焚，即逢萧翼诈。好事或重开，王降则为霸。惟兹名山藏，不与世代谢。一字值一缣，岂惟千金价。

今归庞居士，列庋兰石轩。四十有八石，尊之若玙璠。《大雅》慨不作，《诗》《书》际秦燔。《凡将》《急就》字，灭裂书儿幡。刓自王侍书，宋初迄大观。《泉》《绛》《潭》诸本，公库无一完。此石江左劫，幸未黶且刓。开卷见《苍籀》，奇古《散氏盘》。中惟赵承旨，双璧今补刊。一临逸少帖，一记桃花源。高曾缅规矩，师友托篝坝。至今尚湖畔，上有卿云蟠。童时嬉戏地，老忘惭师丹。旧梦倘可拾，会当叩硕磐。小诗乘韦先，一觌青琅玕。

海虞孙师郑吏部_雄辑道咸同光四朝诗史介佩鹤都护来征诗赋此谢之十九叠前韵

赓歌世际道咸辰，元祀恭逢两纪辛。道光元年辛巳，咸丰元年辛亥。吾炙新编钱氏续，粤稽古训郑君伸。孙君私淑高密，故其原名为"同康"，以"师郑"自号。文如任昉追缘起，图谢邱为列主宾。突兀天真高阁畔，翔风敢附纸鸢纶。孙君为孙子潇后裔。

与叔彦太史论学怃然有述二十叠前韵

百家爝火僭三辰，鸺舌何论相弟辛。出位毋思安艮止，著书有象取蒙伸。唐林慎思占梦，得伸蒙入观之象，著书自号"伸蒙子"。问津涉否卬须友，闭阁愀然敬谢宾。众说抽刀齐斩断，乱丝未可纠为纶。

再赠叔彦二十一叠前韵

六经长夜大明辰，商鼎尊同率父辛。钻孔道如颜苦卓，抑王案在郑终伸。君服膺高密，昌炽亦欲为《郑王学案》，汗青无日。为君汉学刊商兑，赠我隋碑比巩宾。去年以隋《邓州兴国寺舍利塔铭》见贻，方严遒正，不减《巩宾墓志铭》。莫以成亏论琴理，昭文毕竟未忘纶。

题《邓州兴国寺舍利塔》后二十二叠前韵

隋为列肉播迁辰，亳社衰于帝小辛。引镜理原生不灭，拨镫法以缩为伸。浮图未至涂金造，善业空言率土宾。铭云"思与率土共崇善业"。比似舍身同泰寺，家儿输与邵陵纶。

再题一律二十三叠前韵

鸡鸣风雨晤言辰,馈岁春盘侑五辛。客岁之暮,邃盦方伯招同芸巢前辈馈腊,各赠一本。破体羊从白下著,裂文蜥作紫芝伸。北书亦具云峰体,东道无忘雪苑宾。石在大梁藩库。莫谓偏旁多假借,经论义可释同纶。

清明后八日偕十弟上冢由紫石山赴楞伽舟中作二十四叠前韵

春郊雨后馌耕辰,祈谷农家过上辛。灌地礼从黄目祭,终天恨未白头伸。鹤为华表重来客,燕是篷窗不速宾。窃比泷冈我何敢,南阳阡字纪恩纶。《汉书·原涉传》:"武帝时,京兆尹曹氏葬茂陵,民谓其道为京兆阡。涉慕之,买地立表,署曰'南阳阡'。"寒家郡望亦南阳,前年自陇归,植短碣,题曰"南阳阡"。

重刊《藏书纪事诗》手自编校辛亥暮春杀青斯竟既幸及身写定又悲亡儿之不及见也泣然有述二十五六叠前韵

悔读《南华》到此辰,自知姜桂老逾辛。初通籍时,朝贵索观,触其所忌,沉滞十年不调。别淮讹字从刊落,急就奇觚待引伸。著录西斋为鼻祖,访书东观得霄宾。昙花痛极成诗谶,一日肠回十二纶。"黄庭戊己无流源,彻通五藏十二纶",道经语。

头白重逢写定辰,《中州》续集次居辛。此诗不录生存,今续入九家皆山阳之笛韵也。墙隅剩稿兵间拾,庚子拳祸,自昌平避地归,长物荡然,此稿于地下检得之。樊曲幽光没后伸。并及龙丘丧后佩,惜无马岭绣君宾。自宋至本朝,藏家无凉州人士,借用《史记·游侠传》。黄垆开卷如相见,王谢风流尚白纶。谓江建霞太史。

再题简末二十七叠前韵

聊贤博弈比丛辰,菜果偏甘蜜酪辛。我似《班书》述《刘略》,人将汪藻例胡伸。甑无残粟还传本,座有饤梨共享宾。樊榭诗为思适补,选家慎莫例卢纶。此稿本涧苹先生之说,初欲为藏书家人立一传,既读厉太鸿《南宋杂事诗》,仿其体为之。至《语石》,虽谈碑版,亦从钱警石先生《暴书杂记》出。世有桓谭,其莫逆余言夫。

题陆静山遗象二首

把酒问天图

天胡苍苍然,终古不变日月旋。洪荒到今不知几千亿年。我诵《天问》词,尚在先秦时。其时骀衍子,老为棘下师。环瀛乃有大九州,裨海云说非谬悠。何以谈天者,智出挈瓶下。论盖与论浑,礼失转求野。谓天盖高天德卑,天倾已见西北亏,可怜坐井犹管窥。陆生崛起千载后,又值钧天剪鹑首。谓天梦梦天何有,元会从未有阳九。湛身愤欲从三闾,濡首狂更倾一斗。披图恍见屈左徒,精灵欲出如可呼。我今代为碧翁答,真宰苍茫难具说。一治一乱有循环,百世可知惟损益。大道仍在六经述,天不言,圣为译。

移情海上图

风萧萧,云冥冥,浪花一白鱼龙腥。上有鸾鹄吟,下有冰蠁之宫。不测波涛深,藐然一身太仓粟。海天无际望极目,抱琴磐石坐空山。我忘我,空山在何许? 翠然思太古,天风沉寥人迹无,琪花瑶草仙所都。一弹《折杨》再《皇荂》,人生操缦能几时,曲高况复听者稀。听者稀,此高蹈,赋就《怀沙》人未老。乐府新声竞改弦,高山流水谁同调。人间已绝《广陵散》,海上成连去不返,长夜漫漫何时旦。我非惠施子,据梧起三叹。

题《梅花灯影卷》并序

宋杨补之《四梅花卷》,旧藏陆谨庭松下清斋,后归同郡程氏。吾师潘西圃先生,陆氏甥也,从程心柏得此卷,庋于邓尉别业,题曰"四梅阁"。钱唐戴文节公绘图以张之。茶磨山人诗云"一貂裘换四梅花",亦为此卷作也。其后又归李香严廉访。惟先生缩临绢本并录《逃禅词》及柯敬仲和作,先生亦各追和一阕,书画相间,制为镫片,尚在香雪草堂。萬舫丈追念先泽,掇拾丛残,装为长卷,出示征题,敬赋五言二十韵。

《传灯》释氏宗,灯与灯相续。南朝萧寺火,渡江至今绿。吾谓灯明义,无灯义始足。即此四梅花,如礼古尊宿。一花放一镫,灯圆如转毂。薪尽火乃传,不须将缊束。我师西圃翁,逃禅企高躅。既为花写真,丹丘词并录。中郎虽迥然,虎贲迹未邈。譬之夜未央,跋见继以烛。照见华藏界,犹在西山麓。邓尉一草堂,香雪绕满屋。是真无色相,无声香味触。梵网可贮风,水中月在掬。如梦幻泡影,可作金经读。影为最后义,摄受一切幅。笑指短短檠,筌蹄弃墙角。苏门有迈过,惜我非端叔。欲传影外影,姜牙十指秃。钝帚在宗门,一灯愧先觉。

淡云和上《云自在图》
为费仲深树蔚题 并序

淡云,吴江钱氏子,出家住京师松筠庵。晚岁南还,绘此图。前有张船山引首,并题诗一律。嘉道间作者二十馀家,费给事振勋在焉,即为仲深之先德。贵筑黄再同太史得此图,张幼樵副宪为介绍,归于芸舫前辈,即仲深之尊甫也。庚子拳祸,又失之,今仲深从厂肆展转赎还。幼公跋有"毋使兕觥归赵,独有千古",此语遂成预谶。昌炽戊子入都,主再同邸,纵谈书画,尝及此卷。今三公墓有宿草矣,泚笔赋此,不胜怀旧之思云。

一条担子放行滕,笠泽宗风最上乘。若论儒门迦叶派,信传忍亦忍传能。

墨沈淋漓已廿年,苏门师友半寒烟。涪翁不作柯山继,谁共镫前论画禅。

萝蔓峰图三十六，难寻昔梦到船庵。小浮山人《三十六梦图》，潘文勤师屡命访求未得。此卷由仲午比部属题，故及之。兕觥毕竟重归赵，云自在今又一盒。缪艺风前辈藏金石图书之所，亦曰"云自在盒"。

题贝哉安《艺鞠图》

揽揆嘉名忆锡余，黄花晚节愧何如。青杨巷里比邻学，菉竹堂前问字车。释草治墙仍旧说，疏苗壅土有新书。年年陇上秋霜早，陇上早寒，不见鞠。老圃归来自荷锄。

青红高下列成丘，金带飞龙第一流。金流、苏飞、龙带，皆花中无上品。淮海种分从远道，佳种远自邮致，有自广陵来者。清江派在即先畴。陶篱又见新中正，许凫舟先生善艺鞠，著《东篱中正》一书，视石湖《鞠圃谱》为详。香国居然小彻侯。待约州来贤令尹，同开三径作羊求。哉安客吴次竹大令幕，宾主甚相得。

仲午比部饷惠山泉赋谢二首

不到梁溪已卅年，出山何似在山泉。午窗一枕瓶笙响，恍倚听松石上眠。

碧螺春茗雪花瓷，漱齿清芬饮上池。正是丹黄雠勘日，不须斯破四唐诗。毛子晋孙得玉蟹泉，无薪，劈四唐人诗板煮之，今校刊《藏书纪事》甫毕，故拈以为戏。

迎 猫 词

迎驴儿

双耳削崿嵘，白毫光四射。疑自霸桥来，犹带太华雪。且莫引吭鸣，裹盐作刍秣。

迎豹儿

磥鼠乃似鼠，昼伏夜睒睗。深山有不若，驱彼夔罔两。但惊蒙有苑，尚以目皮相。

题成竹山太守《香雪寻诗图》

燕南垂、赵北际，终古徐无山下地。昔闻田子泰，躬耕出人外。又闻医无闾，绝顶万卷书。珣玗琪非世所有，渤碣东去趋归墟。风烟渺何极，一麾去乡国。白山黑水今已非，柳边牧马草不肥。虫沙猿鹤且莫问，海天寥廓冥鸿飞。陇头消息春来早，一枝岂独江南好。但羡神仙梅子真，徜徉吏隐吴门老。五湖深处白鸥驯，六浮阁畔沧螺小。我亦年年忆旧游，湖光两崦荡扁舟。始知一样孤山梦，赢得逋仙十日留。苍烟薄暝林峦影，画师为谁今墨井。披图好约放翁来，两字摩崖署诗境。剑南"诗境"二字，桂林、章门皆有刻石。

伊阙佛龛歌

　　龙门夹水高有闶，平通始自晋永康。岂惟炼金斩石有奇迹，峥嵘文字石淙淙，东西两崖相颉颃。绝壁削千仞，浊流奔中央。一龛一佛一世界，百千万亿恒沙量。岩峣飞来自鹫岭，嵌空突出如蜂房。中天法轮日正午，其东一洞名宾旸。小者不盈尺，大逾丈六强。巍然一龛如云表，白毫涌现莲台光。一佛二菩萨，夹侍左右箱。有唐贞观十五载，《集古》著录岁月详。魏王上为先后造，臣文本撰书遂良。泗上亭长后谁继，太原公子起晋阳。戎衣一脱颉利缚，但嫌作法先于凉。庆园亦兴巫蛊狱，宫中已歌武媚娘。青宫预教既寂寞，黄台再摘空仿徨。风枝巨痛虽云尔，间平竟先章怀亡。垂拱以后此覆辙，燕涎祸水流萧墙。只遗大象照岩窦，耆阇在目花隆祥。笔势奇伟分隶出，墨采腾奋毡椎忙。《雁塔》《倅厅》两圣教，沓拖子弟犹膏粱。《孟法师碑》剩孤本，世间买者王得羊。唯此摩崖寻丈字，一字未可兼金偿。锐如昆吾切玉剑，翩然劲翮当风翔。鸡彝黄目共典重，良由著作登庙堂。河南真面聊可识，娟娟缺月庸何伤。苍鹅出地川洛竭，儒墨到今真秕糠。敝帚难与俗同享，什袭且付巾箱藏。

清孙殁二十七日矣此子奇慧异常童
老怀惨怛不能自释歌以当哭

亦如寓木长宛童，吴下生成有阿蒙。慰我衰迟开口笑，爱儿明慧属毛同。灵椿雕后难为荫，香草移来不记丛。拚作马牛修未到，昙花开落两番风。儿妇先抚其侄东海为子，四龄化去。去年得乃赓，令再抚之。寒门逢戌辄添丁，摩顶人来羡宁馨。亡儿生于同治甲戌，东海戊戌，今清孙又于庚戌生。纵有嘉禾能迈种，恨无大药可延龄。惜哉褓褓非常物，误矣颅颥未有经。岂但废医同一论，曲园先生有《废医论》，吾子吾孙亦皆为庸医所误，言之痛心。断章更欲废螟蛉。

潘文勤师遗墨介弟仲午同学
装册属题敬赋五言四章

吾师擅草圣，龙蛇势飞动。焚香当罢朝，退笔已成冢。平生无常师，论书随一孔。蜩翼未必轻，骥足贵毋霎。元度与元长，自言瓣香奉。上追虔礼翁，平视赵与董。游艺虽小道，得者以人重。公自言草书学二蔡，而人不知也。临《书谱》已数百本。喜收古刻，而于宋以后所摹二王法帖未尝著录。

岂惟书绝伦，朝野惮风节。当公奉讳时，龙门始修谒。每谓今夕谈，只可及风月。鼎彝载兼两，百宋寄廛一。公出京时，以书籍百馀箱寄王文敏家。三世号长者，归装无长物。今观戒弟书，知非虚车饰。春庑岂寝邱，垩庐即藏室。莱公旋马厅，对此有愧色。

陶堂吾故人，治邑称郑阿。名高转为累，侧身撄网罗。当时长安市，初未逢常何。浩然即脱屣，论者还操戈。谁与讼白璧，奈此青蝇多。北面当师事，公言不可磨。岂惟逝者感，我闻涕滂沱。中二札与平愉丈论高碧眉刺史，推挹甚至。

城南网师园，林壑讨幽靓。主客犹弟兄，一瓻日将命。清谈托优俳，考古戒饾饤。吾时尚小冠，坛坫从季孟。俯仰贞元间，衣冠及全盛。沧海倏扬尘，名园旋易姓。严霜未下零，元鹤已交警。庶几座右铭，明清两先正。自论胡文良公藏书一通以下，皆与李苏邻先生。苏邻殁后，所藏书画云烟尽散，并园亭亦归他姓，可悲也。

《双忽雷歌》为刘聚卿世珩参议作

《南部新书》："韩晋公奉使入蜀，至骆谷，山椒巨树，耸茂可爱。取其干坚致如紫石，金色线交结，遂为二琴，曰大小忽雷。"段安节《乐府杂录》："文宗朝有内人郑中丞，善小忽雷，偶以匙头脱，送崇仁坊南赵家修理。时有权相旧吏梁厚本别墅，临河垂钓，见一物浮过，以锦绮缠之，开视，乃一女郎，罗巾系颈。伺之，口鼻有馀息，云是内弟子郑中丞，即纳为妻，琵琶在南赵家购得。后遇良夜，不觉朗弹数曲。有黄门放鹞子过墙外，听之，曰'郑中丞琵琶声也'。达上听，文宗方追悔，即命宣召，仍加锡赐焉。"

刘君示我本事诗，前有东武今贵池。龙首凤臆珠在颔，流传云自建中时。臣滉手制宫中献，紫玉匙头金色线。曲项玲珑二尺长，缠头络绎千金贱。内家弟子郑中丞，乐府双弦擅曼声。赵崇仁家制第一,胡怀智后有师承。从来入宫先见妒,小劫罘罳又甘露。鹍股空言捻拨工,蛾眉偏为娉婷误。羊车昨夜出宫门,河满尊前双泪痕。不意玉箫真再世,白绫重返马嵬魂。御沟锦段非红叶,一样人间未有婚。花下停筝弹一曲,宫墙耳有黄门属。吏家安得段师弦,劫后谁遗教坊乐。不分重开日月明,至今犹入云烟录。桃花扇底劫灰多,燕市先闻得宝歌。北里新声挝鞠部,东塘上客剩花坡。雌拨雄吟共流转,千秋未蚀两行款。挑镫玉箸尚分明,裂白金徽浑未断。曾伴慈恩善业泥,只馀拓本平安馆。即今申米已成尘,玉海堂中希世珍。从此锦囊登秘阁,岂惟宝剑合延津。乐工虽非兴庆部,主人犹是开元民。我在凉州弹濩索,蕃乐龟兹马上作。度陇归来鬓已霜,青衫亦复嗟沦落。安得畏庐第二图,更添一老双雷阁。

题元和相国《比翼南旋图》和芸巢前辈韵

一双鸂鶒下晴湖,尧母当年际庆都。试控青鸾朝戴胜,同驱紫凤策天吴。归来故旧平生乐,修到《真灵位业图》。王事贤劳仍矍铄,养生主与德充符。

忆同讲舍列鸡笼,昌炽童年与公同受业于冯林一师,肄业正谊书院。医国经方本上工。门下平章唐两制,省中休沐汉三公。南齐旧是瀛洲客,东海今师濆中读如"伯仲"之"仲"。翁。公值南书房最久,今与陈伯潜侍郎宝琛同授皇帝读。上冢过家原异数,非因莼鲙感秋风。

天有三台地四瀛,朱辂门业重韦平。堂前珠履延宾从,殿上金瓯覆姓名。一个臣为真宰相,十年前是旧司成。还朝黄发询猷日,年少何须问贾生。

亨衢先著祖生鞭，霄汉回思发轫年。吉语襴衫抛白纻，温纶袄子被黄绵。枢衡望重仍虚受，翰墨勋高亦凯旋。晚节寒花共珍重，斗南一柱要擎天。

寿刘永诗师七十和《述怀》原韵

蓬莱清浅际扬尘，只手能扶日月轮。庚子拳祸，畿畺糜烂，吾师境内晏然。害马先除真健吏，成鸠泰上即仙人。兕觥介寿迎田父，燕寝焚香养谷神。此是长生微妙义，参同丹诀阐爻辰。

云亭回首望衡年，今日灵光尚岿然。高密传经如指掌，永嘉流寓忆摩肩。避兵童子仍操缦，习礼诸生等蕞绵。窃幸霓裳同咏日，与闻《韶》乐侍钧天。昌炽十二岁避地如皋，与吾师结邻而居，兄弟同往受业，流离琐尾之中不废弦诵，皆吾师之教也。至光绪丙子，师、弟同举江南乡试。

河流如镜道逶迟，茇舍甘棠戒斧斯。政有宽严因济变，学无新旧贵酬知。循良诏自黄扉下，矍铄年从绛县疑。千佛经名《无量寿》，雷音洞有《祝延碑》。

宾客淮南大小山，华堂觞祝舞衣斑。降生榴艾天中近，师生辰在五月十二日。劝课桑麻劫后还。邑有丹砂比句漏，地为赤紧溯完颜。师自霸州移任良乡。师门自有耆英会，明道伊川伯仲间。谓雅宾先生，今年亦六十七矣。

申甫同年拜巡抚山西之命诣阙之日
赋诗留别敬依原韵奉和

上苑春风律转温，题名忆共到慈恩。文章价重增华省，节度威宣过蓟门。旧部重来吴有豸，神京右辅晋为尊。银涛白马相从去，蹈海还招烈士魂。谓公子羿庵。

寒山寺畔放舟迟，落日篷窗雪藕丝。玉带乞留萧寺镇，金尊听唱阮亭诗。江村夜火渔人梦，汾水秋风帝子辞。羽葆牙幢愧初服，玉堂天上共回思。公重建寒山寺，精蓝胜地，焕然一新，宴都人士于此以落成之。

汉策非关演奉春，虎牢东下接蒲津。才为社稷安危系，势更河山表里因。开府邹枚皆上客，筹边韩范是元臣。太原吏士壶关老，喜见临淮壁垒新。

岂惟寒拾契宗风，霄汉回翔篯渐鸿。所憩士犹思召伯，不冤民自信于公。公陈苏臬，亭疑决滞，诘暴安良，惠政最著。家依韦杜当城曲，公旧宅在东城羊肉胡同。峰绕皋尧自崦东。香雪梅花重到日，愿携笠屐侍坡翁。公诗结句云："他年邓尉如重到，应有梅花识放翁。"

题沈幼卿太史《井梧怀旧图》
即用邵子湘《吴门官舍》韵

尚论《毗陵集》，荆川是一家。同时推北地，高咏忆西涯。沧海波流急,清池日荫斜。贞元朝士在,珍重上阳花。翌日为重九日。

高柳屏颜趣,清秋尚宛然。太史自撰记云:"青门《井梧集序》谓所居寓斋高柳清池,池上假山屏颜,翛然野趣与同芳。"今日下榻处,光景髣髴。双江樽酒日,见宋漫堂中丞《井梧集序》。四海枕戈年。琐蛣原如寄,夔蚿各自怜。纬萧堂上客,名在大云前。谓恽子居先生。

江表诸名士,东南此大州。运筹皆管葛,移节自沃沮挹娄。雪楼中丞自龙江调抚吴下。金井秋光到,铜鞮夜未休。酬知忠不小,"束缚酬知己,蹉跎效小忠",杜工部幕府诗也,《井梧集序》引之。府主是商丘。

奇觚庼诗集　卷下

壬　子

题《邓州舍利塔》拓本后
即呈邃翰方伯叔彦太史

　　十鼓陈仓纵不如，石中名笔是苍舒。道场何似栖岩本，官廨还同镇库书。石在大梁藩库。六道转轮资般若，千金韫椟肯沽诸。中州得见真隋刻，始信人间有墨猪。都门厂肆见摹本，痴肥无复神采。

　　夷门为我语侯生，海宇蝴蟑与沸羹。世出世间弘济度，人非人等烈燔坑。溪堂墨癖新收得，沙界金涂错铸成。三十州今无净土，好携石友共归耕。

四月十一日王淑人忌辰
化去二年矣叠前韵感赋

　　芭蕉得似我心如，一度凄风一卷舒。亡国涕洟挥已尽，闲家婉娩馨难书。三乘早悟权兼实，六饮能名滥即诸。逮下如君心慨慰，有符且莫问龙猪。

　　净土君今得往生，三年偕隐共纯羹。旧游回首兰舟渡，群盗如毛豆子坑。松桧九京先化去，芰荷初服赖缝成。灵岩月色还如昨，忍向槃薖说耦耕。自陇上归，即卜居于淏上之遂初园，兰舟渡在其东。

沈存中《梦溪笔谈》元大德刊为
《津逮》祖本芸巢前辈以两本见借
得参校一过赋谢二律再叠前韵

九鼎中原敝屣如，熙丰新法设荆舒。权门不讳山公启，市舶先求海客书。斫市相迎惟阿若，入宫窃发即专诸。草《玄》寂寞云亭里，博奕犹贤况牧猪。

华州已失两狂生，谈古何堪骨董羹。津逮本如杜陵厦，海通前有石油坑。汤修年刻《笔谈》以养士，《津逮秘书》本即从之出，毛子晋跋引王琪吴庠刻《杜诗》为比。延州石油见《笔谈》，存中精研物学、考工、畴人之术，言之甚详。今陕北所出煤油，即宋时旧坑也。《猗觉》《子略》先甄录，玉局方书共集成。谓《苏沈良方》。莫问春明坊畔宅，闭门抱瓮且躬耕。

再寄芸巢索和三叠前韵

百城南面彻侯如，古事终当问仲舒。劫后难言王命论，醉来重广绝交书。衣冠涂地将焉托，钟簴神京已忽诸。亦似儋崖沦谪客，但吟竹齁啖花猪。

可园忆集鲁诸生，道味纷纶饫大羹。礼器云雷藏石室，扁舟风雪话铜坑。校舍红梅十馀株，花时携尊相对，辄话铜坑之胜。狂澜欲挽滔滔去，同谷悲歌咄咄成。鸿鹄高翔非不早，试看陇上几人耕。

读易硕父观察《剪发诗》悲愤之词出以俳谐之体淋漓痛快如闻渔阳操挝陈伯严同年谓能令人笑亦令人哭欲哭则泪已尽戏缀短章聊效其体亦不足供捧腹也

魑魅罔两何世界，嬉笑怒骂皆文章。天地即闭贤人隐，文武不作大道亡。官府口目出脐乳，原野膏血交蹄迒。尔公尔侯氏相柳，非中非外生空桑。俟河可清岁不与，移山无术道且长。岂真子羽畏头责，泰华今日争毫芒。

芸巢园杏结实函来见饷四叠前韵赋谢

甘露明珠色相如，好从净土证龙舒。朱樱等是园官产，青李惭无内史书。桑椹浓时堪作藉，梅桃熟后共为诸。赠人莫谓非肝味，亦累先生一脔猪。

饭颗山头太瘦生，昨宵食指动鼋羹。脆于梨钉登谈座，净比莲华脱业坑。上苑未忘青琐梦，故园又见绿阴成。农时休共瞻蒲记，黛耜何年出省耕。

粲若表弟仲午同学各赠枇杷色白颗小
味甘如蜜真洞庭西山产也五叠前韵赋谢

闭户辋饥正愁如,清凉一剂病怀舒。石榴时节登嘉实,卢橘方言证故书。风味新尝呼便了,月华待上挹方诸。藐姑仙子肤如雪,却笑杨梅是媚猪。

家乡果是洞庭生,岂若莼为千里羹。白映汀沙堆茗椀,黄分崖蜜酿花坑。款冬岩下开花过,销夏湾头结实成。本是洞天栖隐地,仙人招手唤龙耕。

芸巢前辈两赐和章一字一珠
再接再厉籍湜走且僵矣辄不自量
再以两律呈教六叠前韵

日长闲似小年如,天为衰龄驻望舒。开径壶觞三益友,杜门姓字两同书。龙胡坠地难攀及,戊申国恤,小臣已归林下。鹑首凭天竟剪诸。灶下中郎何足异,海东官有马牛猪。

何以销忧有麴生,世途吹濢为惩羹。镫传黄蘗墙隅寺,君所居与宝积寺为邻。砚试青花水底坑。党籍甘陵皆孟博,经籯韦阀自元成。桃源即在人间世,不税书田付后耕。

闻都下旧雨风流云散俯仰今昔忾然成篇七叠前韵再呈芸巢前辈并怀佩鹤都护栩缘学使

茂陵风雨病相如，回首长安志未舒。椟有灵蓍因玩易，甑无储粟尚求书。郑乡亲到传《旁喜》，燕市相从语望诸。荧惑讹言今始验，月名在壮岁逢猪。武昌之变肇于去年辛亥八月。

傶然臣本一书生，箪豆粗知慎食羹。乐事无如游厂甸，穷途同寄缴家坑。甲午中日之战，尽室南归，于栩缘同寓暾家坑彭子嘉农部宅。黄钟蝉翼原无定，紫色蛙声讶竟成。金薤堆床签插架，石田坐拥不堪耕。

八叠前韵寄芸巢

字字编珠缀玉如，新诗瓶水本推舒。道乡学派尊先集，《文馆词林》补佚书。漆简冢中传不准，辒车海上访无诸。苦吟我已髭拈断，尧舜居然骑病猪。

岂独雄谈仗郦生，封侯大半起辒羹。天无赤伏真人谶，地有青磷战士坑。终是灌园家食吉，不图筑室道谋成。履霜集霰由来渐，鸩舌年年说并耕。

奉和再韩前辈元韵

杨子草《太玄》，自投天禄阁。庐陵传一行，老人有长乐。吁嗟命世英，今无王景略。厝火乃抱薪，讳疾犹忌药。中风走且狂，丑正言不怍。吴中山水区，云岩连崀峿。狮山一名崀峿山。文章掞春葩，凌霜不改萼。乃亦随六州，同铸天下错。高阳有才子，埙篪和林壑。筮《易》蛰龙蛇，歌《诗》啸鸾鹤。昔惟秦不仁，轵道衔璧缚。岂有唐虞朝，太阿柄旁落。不见元北狩，《和林碑》可拓。明祖不能臣，但有一扩廓。

彊村前辈征《苕溪集序》既报命蒙次如耕韵两章见贶又贻新出唐《何简志》打本天宝元年其妻陇西辛氏文妇人为夫志墓潘王《铭》《例》所未详也九叠前韵奉酬

石柱碑亭虽阙如，苕溪家学衍龙舒。行简先生幼即受知于从父龙舒守名握，见《韩元吉行状》。苍崖待续新称例，墨沼惊披未见书。文学妇人先德象，武功男子愧藏诸。武功男子藏诸《菖蒲涧记》，唐开成刻，见刘燕庭《三巴耇古志》。劫灰又际唐天宝，阿荦宫中有李猪。

轺车敬问六先生，鲑酱蚝油海峤羹。雪水凉波思故国，崖山遗恨说空坑。仙湖采药踪相左，余两至粤，皆在古公持节之前。客馆听枫句乍成。古公所寓听枫园，即吴氏二百兰亭斋遗址。同是贞元旧朝士，不言祠禄约躬耕。

张孟劬太守尔田寄示近作即次其韵二首

棘下先生欲问谁，谈瀛无救倒悬危。我身久似匏瓜系，人性昌言杞柳为。佳节未尝开口笑，残年难遣抚髀悲。龙蛇蛰地终须起，壁立鲵渊水倒垂。

八表同昏尚有谁，操心虑患益深危。微词表自共和讫，史公《三代世表序》"黄帝以来讫共和为世表"。变体诗从板荡为。烈士大招终不返，谓陆文节公父子。溺人虽笑有同悲。玉田小令挑镫读，河满尊前一泪垂。

再叠前韵示孟劬

青杨门巷索居谁，岂仅言危行亦危。毕竟怜夔惟蚿尔，始知驱爵是鹯为。逃禅林下寻支遁，将命门前拒孺悲。安得摩崖《次山颂》，姓名窃附涪翁垂。

日记四十一册托始戊辰迄今年壬子
四十五年矣排缵岁月标题起讫
不胜今昔之感怃然赋此

　　凌晨起引镜，皓然两鬓霜。惝怳宵梦觉，申旦忽已忘。我生况大寐，歌哭尤无常。眩人亦自讶，巧历安能详。开箧出掌录，堆案一尺强。蛇蚓不成字，鼠蠹还重装。当其弄笔时，涓涓导潢觞。盈科进以渐，赴壑流方长。高堂健无恙，弟妹森成行。初乐在庭户，继忧疲津梁。岂知岁月悠，一炊仅黄粱。四十有五载，如火如电光。报恩痛罔极，养志惭无方。我妇我儿女，相携赴北邙。即今天池下，宿草嗟已荒。踽凉吊形影，坚僻成膏肓。周衰况迹熄，孔没嗟道亡。筮《易》得蛊遁，色斯且高翔。鹿豕相人偶，熊罴非我祥。回视东海水，一度尘又扬。鄙事由少贱，耿节期晚香。先大夫避地归，得"晚香堂"额，以为安阳佳瑞，即悬之厅事，期不肖者甚厚。沍寒天地闭，潜曜龙蛇藏。譬如逆旅客，戒涂思故乡。归真返吾宅，悬解师蒙庄。

癸　　丑

自题《天发神谶碑》跋后 有序

　　前在都门为蒯礼卿前辈跋《天玺纪功碑》，旧稿藏箧中二十五年矣，今刘葱石参议得旧拓本，属移录于后。先有亡友福山王文敏公暨蒿隐农部两跋,两公逝矣。葱石属其后贤汉父观察、君九学部从删本转录。披文园之遗稿,墨本如新;际沧海之横流,青箱不坠。礼堂有后,愈于鄙人之生也。旐邱之戚,赢博之痛,悲来怅触,情不自禁。赘题长句于后,为蛇画足,幸葱石之谅我也。

梁甫恨逋并恨峻,八绝允推广陵郡。持向中原比梁鹄,吴魏森森抗笔阵。岩山石室天玺年,筹思亭后经再迁。此本即非崇宁前,毡椎不损戈铓全。校雠本为刘氏学,慈林葱石相后先。诸家图释析芒苁,考文可证《飞龙篇》。昔从删异度,荆州获借睹。人言苏建我朱育,新说在前各自护。同时作者墙东翁,说经硁硁援《考工》。墓草虽已宿,家有浑浚冲。父书能读并好写,纸上光气犹熊熊。嗟余童乌三叹息,酱瓿元文自收拾。摩挲老眼认旧题,恍惚非熊梦在侧。海上新春雨复晴,饤盘鳢鱼兼梅羹。太子屏风候已久,老来文字今渐平。碑末初不署姓名,《广川》《东观》论足征。文为华覈撰,书者皇休明。

挽陆文烈公

表里河山有伏戎,萧墙甲起晋阳宫。觳觫悬度空天险,板荡捐生信鬼雄。弓剑重来思召父,干戈能执轶汪童。一门奇节还当阐,周德虽衰运未终。公子亮臣太史同殉,予谥文节。

寒山无病已先呻,厝火中原叹积薪。公去吴之日,集郡士大夫饮于寒山寺,忧深外侮,犹以三晋非海疆自慰。岂知宗周之祸不在四邻交侵,而在萧墙之内也。岂料反戈皆悍卒,不因遗矢有强邻。茵冯未暖臣何罪,鼎镬如饴殁亦神。一柱擎天伦纪在,不惟为国为君亲。

挽托活洛尚书

不救睢阳奈贺兰，夔巫险过百重滩。楚氛匝地诚元恶，蜀道摩天本大难。鸽市魂归东郭宅，蛟宫涎染北滇澜。公京邸在东城大鹁鸽市，革匪之乱，皆由邪说蔓延军界，遂致不可收拾。伤心先轸归元日，碧血模糊遍体瘝。

家有吴兴墨妙亭，方跌圆碣裹毡青。腊丁欧亚之间字，孔甲盘盂以上铭。藏鼎大书枸邑伐，下车先访草堂灵。绨袍流涕平生谊，笛韵山阳不忍听。

题徐积馀观察《紫琅访碑图》
通州之狼山也，有杨吴天祚题名

忆上闻思高阁望，五狼山色隔江青。未知中有杨吴刻，不数《寻阳公主铭》。四十年前与张仁卿广文游虞山，访药龛上人，同登闻思阁，隔窗远眺，五狼青霭正在云帆烟树间。《寻阳公主墓志》在江都，亦天祚刻。

花蕊宫词骑省集，蜀都雕本出毋昭。薛题更得姚存迹，文物中原愧小朝。

龛赭烽烟接海门，江流尽处小桃源。洞天惭我无清禄，但到巢民水绘园。幼时避地如皋，与通州接壤，侨居三载，往返皆由马驮沙，未尝一登狼山也。

不解平津录访碑，过江无米莫为炊。孙氏《访碑录》通州三属无一刻。毡椎不似航头本，晚出何妨只一夔。

沪滨杂咏

国破家亡后，乘桴海上身。道因横议丧，运到索居屯。歌哭宵来梦，图书劫外尘。毗岚风拍碎，一掷诅陶轮。

因树申屠屋，依然近市嚚。刑天舞干戚，山鬼导駹狵。鸡犬皆翀举，鱼龙正怒号。海天空阔处，千里羡鸿翱。

安步当车出，途穷惘惘回。钩辀哗绝域，般乐过遄台。镫影圆笼月，车声隐起雷。爽鸠今在否，徒使后人哀。

不晓湘累怨，难言謇謇忠。浮埃常蔽日，空穴自来风。身到沧桑后，名高仕隐中。始知遗世乐，门外即蚕丛。

迢然东海客，席帽隐藜床。门泛鸥夷舸，庭悬犊鼻裈。据梧容膝地，封藓及肩墙。敢谓庚桑楚，所居畏垒穰。

深巷三间屋，危楼百叶窗。弃灰嗟网密，警枕数钟撞。歧路谁奔马，重关莫吠厖。归帆非不挂，江上有惊泷。

长安居不易，投劾事归耕。自到五洲市，还忧一豆羹。室如悬磬洗，地以布金成。何事青箱富，谋盐急治生。

亦有侨居乐，衣冠集永嘉。羊求非俗客，欧赵各专家。念乱忧成痏，论文喜嗜痂。一瓻同著录，相与辨麻沙。

香山投老后，皋庑赁春时。共校《然脂集》，为谋沽酒资。焚香添笃耨，捧砚拂留离。白发吾衰矣，风怀未有诗。

长此忧如疢，狂来发浩歌。河汾遗老在，津沪寄公多。晚节留松鞠，新亭泣黍禾。汗青何代史，且莫问荆驼。

恭拟隆裕皇太后挽词

史臣珥笔纂彤刬,嫘馆娀台圣德兼。元辅功虽侔负扆,中兴事可继垂帘。当知宗社安危计,难泥宫庭内外嫌。不见宣仁元祐日,亦从朱邸起龙潜。

两宫继体倘临朝,先后同符舜嗣尧。汉室讵更王氏腊,钱塘那有水云谣。纤儿撞坏方知痛,耆献留遗惜已凋。三后在天灵不远,神京风雨诉漂摇。

尧年前度鹤言寒,先帝金棺待奉安。冲子受遗冯玉几,仙人挥泪下铜盘。诏书大麓何曾禅,坏土长陵尚未干。麦饭清明今日节,小臣海上絷南冠。

四海三年遏密音,茫茫大陆际垂沉。式微窃等黎侯寄,丕显能歌挚氏任。卜世兴周王命论,配天祀夏圣慈心。几筵末命难言痛,臣靡何时起灌寻。

题徐积馀观察《小檀栾室勘词图》

建安以后得伟长,绣衣江左开文房。宋椠雕本竞流布,学者津逮始谟觞。即我亦蒙精椠赠,金薤琳琅持作朕。北朝《程荣造象》、通州狼山宋题名拓本,皆君所赠。喜从天水见留真,岂惟皖山能纪胜。君辑有《皖词纪胜》。乐府刊成《绝妙词》,妇人集可比《然脂》。宫中传诵犹花蕊,陌上催归是柳枝。溯自《花间》首著录,家自《编珠》人

《漱玉》。辑本虽标《林下》风,雅音难语《房中乐》。松江周铭《林下词选》十四卷,皆女子之作,《四库》附《存目》。巾箱惟是整签题,铿盏谁能谐柄曲。玉台自古在君家,又见《香奁》出韩偓。写韵宜题绿斐轩,著书最好青围屋。此君聊可伴丹铅,笑指亭前万竿竹。别裁伪体见真诠,《琴趣》何妨有外篇。海内论才推不栉,尊前索解到无弦。表微上援《元风雅》,梦内衣冠拜《秀野》。作者九京若有知,定有佩环来月下。劫后美人香草情,雨丝风片过清明。不堪海上逢佳节,独自楼头歌倚声。绝好《迦陵图》后事,一时佳话付虹亭。

赠秦佩鹤侍郎即题其诗稿后

束发论交鬓已丝,况从劫后把君诗。河山欲下遗民泪,海市难为巧妇炊。唱和常如临顿里,兴亡又到义熙时。即今避地犹安隐,无事车来载饼师。

回首承明著作庭,蜀庄今共叹沉冥。江亭莲社无消息,淮海苏门有典型。涂地衣冠《流寓志》,刑天干戚《大荒经》。墨云堂是词臣额,先后题诗在御屏。君所居墨云堂,为孙侍郎岳颁赐第。

澡　豆

翛然新沐起弹冠,更挹清泉注颒盘。读画为防寒具近,谈禅可作净名观。缁衣作客遑言痒,白璧逢人善索瘢。旧染新机聊自警,洁心容易洗心难。

牙　粉

太华峰头石室方，不虞羚角叩金刚。海上售者，品类至多，余所用
以金刚石为标识。戎来青海参盐味，仙去蓝桥剩玉浆。解秽岂惟能
辟蠹，补牢终莫救亡羊。可怜吮乳张丞相，瓠子空劳再设防。

兴化李审言明经详江以北学者也
介积馀观察过访投诗为赞即次原韵奉答

蚕凫高高五丁辟，谁举百钧惟贲获。挚虞《流别》论文章，诗到
张为图主客。其言粗可导谟觞，未必溯源自碣石。抱经昔闻卢弨
弓，今来海上逢李翁。论诗家有《文选》学，一字不苟崇贤同。胶言
旁证在桃列，萧楼作者何匆匆。惟君著书日仰屋，津逮百家到沪
渎。新诗赠我只馀事，不数马工与枚速。服膺不觉汗且僵，握手相
看鬓已秃。海市一廛非首阳，广陵自有履道坊。研经老人全盛日，
海内河岳星辰望。雷塘弟子广著录，鹤寿况有名山藏。人才不共
市朝变，君是题襟后来彦。郑堂容甫有典型，淮海英灵喜重见。赏
音昔已遇桓谭，传业今更得刘炫。君旧为蒯礼卿前辈客，今馆刘葱石参
议玉海堂，为课其子弟。玉海堂客皆羊求，巾车欲驾怅阻修。人间何
世且莫问，大者窃国小窃钩。不如共享千金帚，一扫茫茫万古愁。

警　笛

四面声来宛楚歌，小楼风雨奈愁何。陌头杨柳思家引，海上崔
苻混世魔。斫市傥逢杨阿若，微庐甫告莽何罗。霸陵欲出还相戒，
政恐亭前醉尉多。

警　钟

燎原何地视层楼，三界声闻在上头。设簴迥非凫氏制，徙薪先
切杞人忧。行军部勒严区域，传命流行速置邮。安得希声如太乐，
蒲牢寂寞海天秋。

刘葱石参议赠唐崔忻井阑拓本
用李审言诗韵赋谢

此石在金州旅顺海口黄金山阴，光绪乙未冬，前任山东登莱青
兵备道刘含芳作石亭覆之，其文曰"敕持节宣劳靺羯使鸿胪卿崔忻
井两口，□记验，开元二年五月十八日"。

敦煌石室喜新辟，上掩《裴岑》与《侯获》。阙特勤汗《和林
碑》，远自龙庭归典客。刘侯示我《井阑铭》，又见黄金山下石。轩
然使笔如使弓，善射突过猿臂翁。雕盘仿佛《鹤铭》势，字小难与摩

崖同。沙沉浪淘过千载，鲲渊岁月何匆匆。《封泰山铭》大于屋，《银简投龙》秩祀渎。想见开元全盛时，持节宣劳四牡速。岂若桴中汉使书，海上看羊节毛秃。博陵崔等卢范阳，宰相世系鸣珂坊。元宗初政有姚宋，万里凿空非博望。但宣国威绥东裔，毋不宾如丽王藏。此井虽智阑未变，海东石交剩二彦。其一《好大王》巨碑，欧赵平生皆未见。可怜珍比珣玗琪，碧眼贾胡不知炫。吁嗟乎，长蛇荐食先流求，藩篱一撤谁能修。骎骎猰貐渐及米，犹窥九鼎争射钩。摩挲片石三叹息，白山东望风云愁。

三叠前韵赠审言闻撰《海上流人录》正在征求事实此汝南月旦评也以俟后贤不亦可乎并以讽之

蒯侯燕谈过玉椑，一编胸中有《野获》。蒯礼卿前辈熟于咸、同以来朝野掌故，君客秦淮，馆其家最久，尝述礼卿自言胸中有一部《野获编》。山阳邻笛有同悲，况是郑公老宾客。避地相逢玉海堂，题名还忆钟山石。一字何如五石弓，传经世无渡仲翁。喜君媚学老未倦，嗜好与我酸咸同。六家异流源则一，为君更仆难匆匆。秦南仓畔枕江屋，家有颜井与孔渎。《雕龙》一注虽未成，君为礼卿注《文心雕龙》未就。倚马万言不期速。故书岂仅刊别淮，新说相从受元秃。长沙瑞安如孙阳，天骥腾跃飞龙坊。君受知于瑞安黄漱兰、长沙王益吾两学使。我如凡马噤不动，敢同袭美抗鲁望。神州陆沉风雅息，干莫出匣终然藏。梅子熟时晴雨变，海上酒楼集群彦。春饧饼师皆吾徒，同是流人镇常见。但当避俗如避仇，剑气珠光莫轻炫。洛下即非何伯求,刊章安必无牢修。侧身天地叹靡所,如鸟避缴鱼惊钩。鸡鸣风雨苦相忆,得见争如未见愁。

徐积馀观察招海上流寓诸君子同集酒罢放歌四叠前韵

建安文轸徐积馀刘葱石辟,折柬新亭辞不获。举杯且复中圣人,滥竽曷尝容俗客。裨海以外谈九州,大户当前饮一石。晬然长者陈仲弓,陈伯严同年三立。吾乡缪翁筱珊与李翁审言。侍御胡瘦唐侍御思敬。章疏挂人口,觥觥直节临川同。李梅庵观察瑞清。苏盦郑君孝胥。吾旧雨,别二十载何匆匆。螺浮后人张菊生参议元济。书满屋,家有涉园在盐渎。同是黍离麦秀悲,今日河山嗟太速。道旁观者惊酒狂,踊榙如窥跋眇秃。威凤一鸣在朝阳,青骢回首宣南坊。爰居避风鸿渐野,国门一出还北望。嘉遁岂必在岩壑,渺焉一粟沧海藏。白龙鱼服须臾变,憔悴承明旧时彦。黄冠皂帽共行吟,曲突徙薪有先见。江湖从此寄公多,楼阁方惊化人炫。悠悠苍天我何求,谷音月社皆前修。驱车驱车且归去,管弦十里珠帘钩。松江晚潮正呜咽,荡尽今愁与古愁。

五月十一日莪圃生日筱珊前辈招同王雪澂廉访张菊生参议徐积馀观察南浔张石铭刘翰怡携艺风堂藏书有莪翁题跋者开尊共酌即席赋长句一首五叠前韵

佞宋主人一廛辟，得书辄题快新获。姓名流略记必详，例援渊翁与槎客。孙梅隐平津馆、吴兔床拜经楼皆有《藏书题跋记》。瞥然散落如云烟，藏者摩挲共金石。人亡人得等楚弓，至今瓣香为复翁。艺风老人尤好事，一尊乐与群贤同。精钞名椠竞罗列，惜哉涉猎徒匆匆。肴蕙迨兮羞荷屋，配以长恩祭不渎。坠简可补盍兼收，误书细思无欲速。几尘风叶待校雠，愧我姜牙十指秃。家家羽陵与酉阳，千金市骏麻沙坊。况随估舶浮海去，神山缥缈烟波望。君家镇库独无恙，鳌峰更数兴公藏。是日积馀亦携士礼旧籍至。忆昔都门逢政变，甘陵党籍金闺彦。今有灵鹣阁内书，《侨吴》一集吾曾见。蝇头小字手自题，鸿爪重寻目为炫。艺风所藏郑玄祐《侨吴集》，江建霞太史旧物，戊戌在都门曾为题识。我如渔仲以八求，半囊清俸十铤修。铭心绝品觅不得，但从真迹留双钩。不图海上琅环乐，足慰南冠迟暮愁。

西圃师画兰十幅范卿水部所藏
出以见示敬赋三绝

莫道丹青染未深,画禅拈出有金针。外家文采偏同巷,容易家书赠杜林。

香草相从赋考槃,廿年前梦话长安。四梅盍访山中阁,好与松堂共岁寒。吾师有杨补之《四梅花卷》,宝若球璧,因在邓尉墓庐筑四梅阁以为退居之所。

娑罗花下一尊同,坐我光风霁月中。惭负披榛辛苦意,颠崖憔悴不成丛。昌识丙子举南闱,先师以一簋为赠,并赐以诗曰"辛苦披榛采,始知是国香",头白无成,愧何如矣。

题沈筱韵遗像

沈生沈生昔吾友,燕市来游岁辛丑。登堂贻我青琅玕,金薤灵文世希有。筱韵修士相见礼,以赵承旨所书《鲜于府君铭》为贽,旧拓孤本也。为言家富名山藏,阿翁嗜古等欧九。《熹平石经》有残字,纸墨奇古重尊卣。毡椎若论宋以下,更仆未遑数某某。子寻南归我西迈,子尚誉髦吾胡耇。何时津逮得谟觞,珍重归田十年后。岂知天道难可论,墓草便旋宿已久。披图鹤立尚精神,踽凉形骸剩老丑。三精雾塞九宇昏,涂有榛菅门有莠。颜夭跖寿岁几何,蝉蜕飘然谢氛垢。芙蓉城阙在何许?洪崖浮丘纷左右。吁嗟乎,大壑藏舟负而走，江岸沉碑在岘首。桑海贸迁屈申肘，世贱诗书如刍狗。惟有君家一经守，光怪充箱烛牛斗，魂归共享千金帚。

天真丸歌 有序。丸方见《古方选注》

陇上告归，岁饵天真丸，斲却疾。马齿虽增，聪强难老，但修合既艰，梅雨时收，藏尤不易。自辛亥以后，药笼遂无此物。前两年体大困，今兹未秋先病，徂冬始起，濒死者数矣。先医推为补方第一，洵不诬也。吾衰矣，何可一日无此君，诗以颂之。

海上禁方骛迂怪，神仙安得有栾大。何如经论出秦火，后来述者有《金匮》。《千金》《外台》今尚存，苏沈诸家此津逮。圣人治病治未病，义取养营与益卫。但使一暴非十寒，鹤发青瞳镇常在。此方得自绛雪园，作者先于叶薛辈。《古方选注》，大医王子接所辑，相传为吾宗天士先生之师。西昌国工有同论，谓喻嘉言。美意延年此为最。世传方书如束笋，家握灵蛇赠琼佩。不言仙授即鬼遗，谓可济生能拔萃。孟诜《食疗》已非古，晚出《医林》更自桧。嗟余蒲柳先秋零，每叹芳华及春薆。林皋何物可驻颜，惟此三年尝蓄艾。吾思"天真"二字义，先天无形至精粹。非以水火济坎离，劫剂更张二竖祟。从来选药如选兵，褒带从容可为帅。共药七味，苁蓉为君。参芪羊肉有同功，各以君臣佐使配。日计不足月有馀，功即未神罔有害。上古天真论第一，发挥旁通理无碍。人秉天地中以生，上寿不期皆百岁。自幼至壮壮且老，寒暑晦明风雨内。彭殇自昔论难齐，跗扁至今功是赖。谷神不死气海温，有如良苗资灌溉。本经格论在《灵兰》，先圣微言炳著蔡。何为《酒诰》等俄空，扬觯世未闻杜蒉。大声疾呼问世医,唯唯否否莫先对。此丸方书多著录,而尊古家皆以平淡无奇置之,世医能知者更鲜。

神州陆沉故庐无恙长至旧节肃衣冠而修祀事家国之痛交集于怀泫然赋此窃附《下泉》之后

午亥相传氾历枢,天门神听只须臾。《后汉书·郎颢传》:"《诗氾历枢》曰:'卯酉为革政,午亥为革命,神在天门,出入候听。'"今兹国变,适逢亥岁。黄冠未改臣初服,赤制终为帝演图。事异桐宫归太甲,气从葭室起中孚。寝园麦饭今谁荐,忍见王孙泣路隅。

书女笘

读书一种是心勤,膝下居然有左芬。熏德香如兰蕙染,寄生根岂茑萝分。老来键户惭鸠拙,幼解趋庭亦鲤闻。鹉舌野言须勘落,好从绛幬访宣文。

前以长至诗呈叔彦太史既承赓唱复以邃盦前辈前和章见贶鹡鸰之颂棠棣之碑不足喻也次原韵奉酬

老似流泉与户枢,苦吟但愧附颛臾。苏门兼著长公录,栗里如披《高士图》。丽藻连珠谐竞病，浮筠比玉作娑孚。鹤鸣夜半苟虞义，愿侍先生论坐隅。

再叠前韵奉酬邃盦前辈叔彦太史

落时正达北方枢，孰辨淄渑似易牙。《淮南子·氾论训》：“奚儿、易牙，淄渑之合者，尝一哈水而甘芳知之矣。”高诱注：“奚儿、易牙，皆齐之知味者。”闭户焉知蕢已改，燎原早恐蔓难图。但堪吏隐从梅福，安得郎潜起伍孚。松柏岁寒还自励，凭君晚节淬廉隅。

《后汉书·张纯传》建武三十年请封禅奏曰今摄提之岁苍龙甲寅德在东宫宜及嘉时遵唐帝之典继孝武之业明中兴勒功勋明年岁在阏逢摄提格孟陬之月万象更新贞下起元千载嘉会播之乐府宜有《崧高》《常武》之遗曲终奏雅匪仆所能聊以为颂云尔三叠前韵

木德东宫运斗枢，摄提岁首在须臾。龙蛇草泽销兵气，麟雁芝房献瑞图。终有遗臣绵夏祀，恭闻孺子作周孚。新春帖子中兴颂，无待占风到四隅。

祀　灶

多神与一神，无神说又一。谈天棘下生，中者淫风疾。异乎吾所闻，先秦有师说。灶为老妇祭，神在五祀列。享尝比先炊，尊瓿礼咸秩。火王古以夏，礼异邮表畷。今当息蜡时，风土有沿革。无如吴俗机，古意遂浸失。内省既自疚，流为媚奥术。谓神司善恶，赫然相在室。有如汉计吏，岁除课甲乙。荐以胶牙饧，供帐及刍秣。迎神与送神，宾筵歌既阕。云车风马驰，迢遥指绛阙。谓等明珠箱，况先醲酒设。既醉舞仙仙，欲言笑哑哑。此语出里巷，丹青流不实。我闻汉中兴，神为善人出。受庆管大夫，其后有阴识。佐命自椒涂，炎祚兴焉浡。龟紫继长罗，功高次新息。寒门本衰宗，非敢攀鳞翼。但愿春陵乡，氏姓有四七。带砺延山河，云台通尺籍。家荐一黄羊，报功亦崇德。书此达神听，嘉平廿四日。

甲　寅

人　日

明哲经纶四字见谢康乐《述祖德》诗，即以题门额。在见机，幡然六十五年非。蓬蒿深巷聊藏拙，薇蕨空山可疗饥。龙集遑知新历改，燕归还向旧巢依。自陇告归，以所居老屋让于十弟，遂归顾氏，缮完修葺，轮奂一新。阅三年，华阳忽弃而至沪。时余寓居渎上遂初园，闻之，倍蓰其值以赎归。祊田之复,于今三年矣。先春三日晴光丽,特地壶中驻夕晖。

仓龙木德际元辰,依旧桃符比屋新。岁在阏逢刚建甲,民初荒忽忆生寅。银幡粉荔神前供,白发青衫劫后身。记否建章千万户,九天阊阖贺颁春。

立　春

去年春作客,今值两头春。敬迓青皇驾,萧然白发人。莺啼知改序,龙蛰为藏身。岁岁鲜民痛,椒盘又荐新。

王蓬心山水歌为林屋沈立之题 有序

亡友沈子坚明经,有才子二,长曰习之,季字立之。习之从端忠愍幕,骥足方展而忠愍殉国难,习之又殇其爱子,去年遽以病殁。立之搜其遗箧,得王蓬心山水卷,其在京师所得也,装池征题。俯仰今昔,不胜泫然,率题长句以归之。

烟雨迷离云漠漠,写出千岩与万壑。长桥接岸钓舟横,老屋临窗考槃乐。飞溪百丈下悬崖,散作旋涡起忽落。是何灵境我未知,但见纸上元气喷薄何淋漓。作者谁?永州太守老画师。藏者谁?沈生习之弟立之。两生家住山水窟,森森伯霜与仲雪。好山好水情为移,难弟难兄才亦埒。苦叹应刘不永年,正是黄农嗟没日。滔滔兮逝水,兄不禄兮奈何。痛家国之不造兮,从箕尾于岷峨。谓匋斋尚书。天道宁可论,画箧空摩挲。摩挲忆畴昔,嗟余头已白。陇上归来君父兄，先后黄垆三太息。山中猿鹤话昔游，洞天如故市朝易。吁嗟乎，画里湖山劫后尘，问津难得耦耕人。从来流水高山窟，可寄天荒地老身。况君无限孔怀痛，开卷临风嗷然恸。一幅鹅溪惨淡痕，无声中有池塘梦。诀荡修门若下招，持此聊作楚些诵。

和叔彦太史韵

黍谷风回不觉尖，高怀肯染一尘纤。临池草色侵书带，绕屋荆华接画帘。学有净臣如圣证，心惟净业即楞严。谟觞同溯岷源下，江出为沱自汉潜。

卓立浮图已到尖，洪钟欲叩寸莛纤。道尊稷契频扬觯，体压齐梁况织帘。五纬殷天河岳配，六经坠地扞城严。赪鲂且莫歌如毁，会见多鱼颂在潜。

叔彦出其侄松乔所藏李苏邻先生遗札属题松乔为先生孙婿得之于其家也即用叔彦赠诗韵

斫轮神妙到毫尖，望辐能知掣尔纤。浑脱尊前疑舞剑，魋陬舆下忆搴帘。平津车厩空伤逝，下濑楼船未解严。咸丰庚申，先生避兵出都门，间关至鄂，寄孥长沙。始应胡文忠之招赴英山戎幕，文忠旋薨于军次，家忧国难，至撄目眚。此十纸中，流离荡析之状，言之甚详。世有桓谭搜酱瓿，岂惟冢秘与山潜。

夔巫回首万峰尖，郑重田园语至纤。幕府文书方秉烛，宫庭恩遇际垂帘。先生从军及登方面，皆在穆庙冲龄践祚、圣母临朝之日。云烟散落家书在，水月观空梵网严。先生晚年耽禅悦，自号香严居士。急就奇觚私淑艾，苏门我亦视文潜。先生介潘文勤师订忘年之契，以章草拓本一通见贻，寓书曰："世无知者矣。"余不能书，而先生期许之良厚。忽忽已老，十指如槌，良可慨已。

南浔张石铭孝廉介艺风居士以《适园书目》见示延至海上纂《藏书记》沧海横流典籍道熄不意晜陈之学犹有人问津也喜赋一律四叠前韵

翕然芥子契针尖，羔雁何须厥篚纤。津逮书林原有筏，楼居卜肆臂垂帘。宋廛窃愧非思适，皋庑相依有鄂严。得似小山堂上否，藏家重见赵东潜。

再和叔彦太史韵

可园松竹削青尖，碧草如茵苗地纤。劝学车旗开府节，谓陈伯平中丞。分斋弦诵讲堂帘。君恩顶踵酬宁惜，师道蹄远距必严。《孺子》《沧浪》歌不远，高明有造况沉潜。

双桨横塘刺浪尖，瓜皮艇子两头纤。停车问字春风座，燃烛雠书幕雨帘。山薮早深藏疾恙，藩篱犹冀设防严。沮陈又际尧初政，白日惊看罔两潜。

盎然道气溢眉尖，一贯兼通万汇纤。渊默雷声南郭几，空明月影北窗帘。鸢鱼静验无言表，鸿鹄高翔不恶严。谓答书却聘事。无限冬青故宫泪，梁蚌风谊过唐潜。

寒想诗肩耸益尖，挑灯细读雨廉纤。鹅膏锋试无留剑，蝉翼笺疏恰似帘。栖遁名从莲社逸，推敲律比杜陵严。逃禅我已游方外，坡颍之间有道潜。释道潜，宋诗僧，即参寥子。

邃盦前辈见与叔彦赠答诗亦以一章见示再赋两律奉酬仍叠前韵

长城踢倒一靴尖，洗尽铅华绮语纤。关陇毗连千里驿，晋秦分峙两重帘。君典关中试，山西亦借陕闱试士，内帘外场均以东西分界。是年鄙人方绾甘肃学篆，闱中酬唱之什流传至兰州，得先快睹。煎茶试院珠玑妙，聚米封疆锁钥严。鹑首岂知天已醉，拂衣林下志归潜。

河上宣防宿更尖，君使旋，即简放开归陈许道，摄藩篆。采风岂仅峒溪纤。君先与同郡汪兰楣太史同典粤西试。旌麾梁苑仍持节，觞咏繁台正卷帘。金鉴考求三策便，绣衣颁下六条严。白鸥浩荡知机早，奚事邠卿复壁潜。

题沈节母杨太君《湖山介寿图》沈幼卿太史之母也

漆室难忘恤纬劳，琼筵且莫醉蒲萄。闺中绛县称人瑞，湖上青山避世嚣。三日板舆为母寿，一枝藤杖伴儿曹。太君以百钱买藤杖一杖付太史，曰：“会见汝携此杖也。”毗岚不到金仙界，千朵莲华放白豪。

圣善循陔补逸篇，郎君诗以乘韦先。太史先自撰古诗百韵为寿。故乡角黍中天节，穹巘寒松太古年。仁者寿如无量佛，浩然归矣小游仙。褰衣直上韬光顶，犹有题名洞壁镌。太君登韬光绝顶，共七十级，健步如飞。

佩鹤前辈出示新诗并招近局敬赋两律奉酬次集中和耿伯齐农部韵

同里才名大小秦，后先鹰隼出风尘。我师愚叟居河曲，君痛难兄剩颍滨。长公芍舲大令去年归道山，君有《挽伯兄》四律，又有唱和诗。林下农书搜蔡癸，寰中战略问庄辛。冰霜且莫嗟迟暮，九九寒销渐到春。

织罽车茵自大秦，雕轮共驶陌头尘。结邻终俟还家日，避世依然率土滨。志在桑蓬同值酉，君与下走皆以己酉生。气投姜桂不嫌辛。白头各有司香侣，姊妹花开一室春。是夕君与如夫人同车莅止，余亦携刘姬赴约，隔室行觞，各为宾主。两姬皆出自东阳，犹昆弟也。

题方绥之小影

乔柯葆岁寒，凌霜有奇节。此真高士图，矧见徐黄迹。

筑室灵岩山下，村居何似城居。莫谓臣门近市，劫尘不到吾庐。君先卜宅于渎上灵岩山塘，迁居城内。壬子之警，乡闾风鹤，惟城居尚安堵。

安隐盘陀坐一卷，得言忘象意忘筌。十年一觉扬州梦，松下清斋作散仙。君久客广陵，以盐笑起家。

腊八粥再叠前韵

鹑首当年未赐秦，雍和宫事溯前尘。帝京风物祇园里，客馆情怀歇浦滨。饘鬻未堪忘薏苦，刘姬不食薏苡，故以此讽之。饤盘且共献椒辛。艰难犹在芜蒌日，建策何人继奉春。

嘉平望前二日傲装将发佩鹤前辈寄赍新诗二首既蒙赓和兼以赠别再次前韵奉酬

漆书汗简出先秦，手勘丹黄若扫尘。携杖行吟薇蕨野，登车待发菉葭滨。汉家火尽逢刚卯，燕市金多笑剧辛。只合旗亭拚醉倒，秌田新酿瓮头春。

哗世文章正剧秦，屏居肯逐庾公尘。隐囊绨帙东皋麓，皂帽藜床北海滨。老去诗篇斗邢尹，近来词客数姜辛。谓彊村、又莼诸君。梅花消息家山早，献岁前头已发春。

嘉平望后一日傲装回里
登车口号六叠前韵

越人肥瘠不关秦,涂炭衣冠颒洞尘。缩地轨联津浦路,极天水接淀湖滨。嚣声駊骳催旁午,杂事荒唐炫秘辛。何似轺车安隐出,鞭丝遥指玉关春。余度陇按部,两至肃州,汉之酒泉郡也。嘉峪关距城仅百馀里,西望玉门,千里而遥。

自海上归寄佩鹤都护七八叠前韵

一家愍楚暨游秦,同侍清光上苑尘。谓葵初昆仲。豹尾班随香案吏,龙髯泪洒鼎湖滨。车攻吉日思庚午,篚衍遗闻识癸辛。莫谓今年无甲子,江南江北一齐春。

海上相逢共避秦,朝衣犹带旧缁尘。鹡鸰句尚留斋壁;前年寓渎川时,邮筒唱和,用鸰字韵,赠什尚什袭笥中。鹡鸰谣终应水滨。桑扈待看耕出卯,桃虫还虑螫求辛。旗亭独有嘤鸣侣,鹦燕相随驾早春。君以拙稿有"姊妹花开"之句,戏演《本事诗》一律见答,以戏及之。

立春日九叠前韵寄佩鹤前辈

皇华驿路忆经秦,道轹年年扬曲尘。浮白饮从金谷后,踏青游俟石湖滨。瓶华寒勒催荸甲，鼎实香焚杂芷辛。想见建章千万户，桃符依旧换宜春。

乙　卯

佩鹤前辈和诗述都门旧事镐饮雒宴弘我汉京读之亦慨然有怀旧之思再呈一首十叠前韵

渭阳车乘不忘秦，珠履平津忆接尘。君为潘文勤师宅相，下走假馆潦喜斋时，过从甚密。秋禊江亭萧寺麓，春明坊宅玉河滨。选楼作赋群推甲，大考翰詹，君以一等第二名，峻擢侍讲学士。秀野编诗未断辛。顾侠君《元诗选》，世所有者自甲至辛八集，然目有壬、癸两集，但传本稀耳，君诗亦日新而未已也。细柳新蒲前日事，那堪重问帝城春。

新春感事十一二叠前韵

东西各自帝齐秦，百六飙回旧劫尘。帷剑登坛盟夹谷，楼船出海下横滨。风声草木疑藏甲，月象苞符际伏辛。虞仲翔《易纳甲图》："月十五日盈于甲，十六日退于辛。"正朔闰朝浑未定，两头春后岂无春。去岁正月、十二月皆有立春节，俗谓之"两头春"。

赠策何堪易视秦，辊车突起马头尘。纵横蛮触环球外，曼衍鱼龙碣石滨。一作"名山近接华不注，绝塞遥邻哈尔滨"。革政天门逢卯酉,《后汉书·郎颛传》引《诗氾历枢》曰:"卯酉为革政,午亥为革命。神在天门,出入候听。"偃兵武库祷庚辛。岁星且莫求多福,东后苍灵德在春。

和曹叔彦太史韵

不为良友弃,肯学次公狂。落日频晞发,临风欲断肠。闲居聊养拙,素位但安常。且喜梁高士,相庄有孟光。

逐世君无闷,横流国若狂。郑虞传易髓,夷惠淡诗肠。黹纬甄中候,清斋学太常。冥鸿几朝士,珍重数同光。

立春后三日客腊二十五积雪初霁午曦穿牖忽闻巨雷一声破空而起今年正月十二日又雷雨一昼夜非其时也世难未夷天变可畏作长歌以纪之

秋一物华即为异,春一物枯即为灾。异哉献岁首,钱腊先闻雷,而况飘风冻雨,先霰后雪,粉粉飖飖何喧豗。白战鏖作霹雳响,赤熛怒照琅玕堆。层冰峨峨积如阜,闪电烨烨天门开。檐瀑一尺下垂箸,晶莹化作青琼瑰。密云匼匝日争出,踆乌欲跃还徘徊。父老骇相告,我生婴婉今于思。雨旸时若寒暑节,天之生物栽者培。泠风浴甽土始拨,春阳百卉蕳根荄。曷为春行夏令更秋令,炎官白帝相追陪。卧者闭门闻失箸,互为泽腹融流杯。飔气方至消寒勒,曙色欲动终风霾。兹日何日,岁在乙卯,摄提贞斗魁。《鸿范》《五行》具占验,其理深远难可推。天心仁爱大示警,务令张皇耳目惊愚騃。风伯前驾,雨师后催,如霆如电,为飓为台。云旗下阊阖,霆鼓砰堆垓。四时之气浃辰集,百昌之汇崇朝摧。冯夷脚踏海波立,共工头触天柱颓。阴阳炉炭共一冶,化工炼出昆明灰。譬如熊山坶野振旅出,枹鼓一震铙吹回。廓清块圠万籁息,依然天清地宁无纤埃。呜呼太史观象今无台,但闻南河之南箕山之阴讴歌讼狱归乎来。寅亮天地皆贤才,岁书大有歌康哉。

沪行束装尚未箧日佩鹤前辈先以诗迓再和二律十三四叠前韵

乘韦十二早输秦,我似弦高拜下尘。先后拙稿就正亦适有十二首。结社更从桑海后,移家还住菊溪滨。卮言遑问儒兼墨,壶隐惟偕勒与辛。箧中有烟壶数事,赵益甫《勇卢闲诘》云:"烧料鼻烟壶,乾隆以来巧匠刻画千名百种,咸称曰皮,最著者曰辛家皮、勒家皮。"好待草堂人到日,新泉共试碧螺春。

同谷歌声直到秦,麻鞋相与指征尘。鲈鱼早日思林下,鸥鸟同时集海滨。太华削成齐太乙,高阳诞降嗣高辛。机云今见君门第,为报题诗乐正春。云间耿伯齐农部建二陆草堂,因病足,以乐正春自况,见《自题小象》诗。此次和韵,即其首唱也。

上元日祭影堂感赋十五叠前韵

底须五畤盛言秦,拂拭丹青隔岁尘。铁锁星桥元夜节,画船露
井旧时滨。先祖墓在紫石山,先大夫暨先叔奉政公袝,每岁扫墓,泊露井滨
登岸。家传礼学张曾子,室有宗彝好父辛。见《积古斋钟鼎款识》。三
字南阳阡乍表,先臣同戴泽如春。寒家郡望出南阳石湖,先墓援《汉书》
原氏之例,题曰"南阳阡"。

翊日收先影礼成再赋十六叠前韵

东西阡陌自开秦,五十圭田化作尘。斗粟皆输乡井税,铷芼但
采涧溪滨。寝门合讙悲辰巳,先大夫弃养在光绪七年辛巳。兆域藏形
筮乙辛。紫石山先墓卯山酉向,兼乙辛三分。差喜先畴还未坠,桐芭柳
稊故园春。

再和曹叔彦太史仍叠前韵

正法如龙象,狐禅孰敢狂。黄图开指掌,丹篆梦撑肠。俯仰心
无怍,飞潜道有常。再兴周汉日,明哲颂宣光。杜工部《北征》诗:"周
汉复再兴,宣光果明哲。"

滔滔嗟莫返,手障百川狂。竹箭圭璋器,梅花铁石肠。秦坑留

伏胜,蜀统正萧常。大道因文见,巾箱万丈光。

正月十三日皇上初旬万寿
叔彦太史有诗祝煆谨次其韵

自脱朝衫后,诗狂更酒狂。台莱冲子颂,葵藿野人肠。潜邸时遵晦,灵台法守常。如用新历,岁、月、日皆不同。自古帝王圣贤诞降之节,无可据依,何典礼之有。春灯今夜后,爝火息微光。

述怀再叠前韵呈叔彦

六龙嗟失驭,百犬吠声狂。降辱馀衰鬓,歌呼尚热肠。心空神不灭,道在学何常。大暮何时旦,高丘望曙光。

题邹建东醛尹嘉立小象

五羊仙人昔招我,烟波如画珠江舸。海天一雨便如秋,欲诣清谈惟君可。萧寺风幡淡荡摇,药洲云气氤氲锁。十年两度尉佗城,饱啖荔支三百颗。结客当时尚少年,白头有约待归田。一官不调金门隐,万里长歌陇上篇。陇上岭头不相见,梅花消息空传遍。丘园束帛忆飞来,悔未躬耕井田砚。张文襄在粤开广雅书局,搜罗海内方闻之士校刊群籍,其中有广厦九间,仿井田之制,昌炽娄辞嘉命,至今犹愧负公知。此时环海犹安流,君家阿兄微管侔。筹海文章光属国,立朝意气托同舟。窃幸林宗附元礼,常从长公问子由。世变沧桑难可量,瘴海归帆幸无恙。归来却扫各掩关,未登君堂见君象。劫后相逢事已非,修髯如雪神犹王。君兄海东作寓公,黄农一曲歌未终。二劳山畔风波恶,回雁天边果有峰。迢递重瀛浮一苇,嵚崎晚节傲双松。白发满头垂过耳,兄弟贞元旧朝士。此是商山园绮图,莫作寻常行看子。

观落梅有感和叔彦韵

　　故枝辞不返,风雨夜来狂。灭度真仙劫,离魂倩女肠。阴晴三日变,荣谢四时常。数点留天地,孤芳葆吉光。

　　未结骚人佩,花中一古狂。金丹思换骨,玉瀣合充肠。泡露形原幻,风尘迹岂常。孤山遗世早,晚节托随光。

去岁奇寒梅蕊不放叔彦赋诗志悼
次韵二首

　　春风吹不放,颠倒惜花狂。独抱凌寒骨,难谐附热肠。鸡谈同不睡,鹤警为非常。一样黄昏月,空悬玉宇光。

　　九九寒销未,枝头雪尚狂。病馀憔颈骨,望断辘轳肠。舒惨关天运,炎凉反物常。无亏昭质在,中有瑾瑜光。

仲春之朔束装赴沪留别邃翰前辈叔彦太史仍叠前韵

穷途且莫哭,转叹步兵狂。避地间关日,怀人缱绻肠。榛苓嗟国变,菽粟虑家常。风雨天如晦,荧荧炳烛光。

络绎如邮置,联吟兴欲狂。帚谈霏麈尾,剑气淬鱼肠。旧学知加密,新年祝胜常。伯通桥畔宅,松竹湛清光。

避地海滨与佩鹤前辈唱酬甚乐归后得书过自抑损作《志愧》诗见示夫惟大雅卓尔不群何有所谓愧者如下走之东涂西抹斯可愧矣再呈一律敬矢服膺十七叠前韵

西行无记愧三秦,沈约车前拜下尘。金马幸随词馆末,铜龙高筑墨池滨。君家有《铜龙馆集帖》,石尚存。愿从始一推终亥,何敢论甘蹈忌辛。边笥便便皆在腹,只须汲冢发师春。

到沪呈佩鹤前辈十八叠前韵

吕相空言诡绝秦，哗然徒益阛阓尘。中日有违言，到时适逢张园开会，议拒舶来诸品。龙丘只合逃岩穴，蜃市由来幻海滨。窗可横肱眠向午，野多被发谶征辛。门墙愿附童冠列，风浴从游近暮春。

佩鹤前辈仿松陵唱和之例取新旧诸稿汇编成帙又作诗历叙今昔情文相生读之益增友生之重敬和一律十九叠前韵

六国连鸡共入秦，开天遗事话蒙尘。荒邮同出沙河畔，净土还依法海滨。龙王庙在德胜门外，庚子秋同避地于此。敌忾无师歌弃甲，扈銮有店过长辛。陇皋闽海归来日，惨懔冰霜又到春。

松郡普照寺陆士衡故宅也耿伯齐农部即其中建二陆草堂征诗纪事为赋五言一首

吾党耿侠游，云间振奇士。自比乐正春，君因病足，以乐正子春自况。愧非安邱子，拂衣事躬耕，洁身桑海里。平生尚友心，眷怀在桑梓。五茸论文章，椎轮典午始。江东有陆生，天衢二龙驶。后来几社贤，陈夏皆踵起。所惜三世将，终乖道家恉。河桥功未收，一战鼓声死。姜菲孟玖诶，慷慨孙惠谋。至今两头屋，莫访洛阳市。惟兹古道场，昔为钓游里。陆沉嗟暗朝，香火依释氏。异代托神交，宗风参佛理。传芭歌招魂，搴苹荐明祀。近瞻鹤滩亭，远吊鹿苑垒。灵兮归去来，修门故乡是。

和曹邃庵前辈六十自寿诗韵

著作承明数孟坚，摩崖高处勒燕然。一峰独秀题名地，三辅分曹校士天。星渡萍津双节合，月移桂海一轮圆。君先奉使粤西，继典山西试，是年因拳匪之难，晋省停科，借秦闱同试。关中舆颂金城遍，回首西征共十年。君人关时，昌炽亦奉使在陇。

山色河声四境幽，宣房筑就况安流。君以词臣简授，开归郑许道。邹枚词赋开梁苑，巩洛讴歌绕庾楼。善政六条期尽举，荣光五老适来游。三公自可平阶进，王掾当时尚黑头。

筹笔无如国步艰，莼鲈且托季鹰还。机云家有东西屋，求点人称大小山。养性身同玄鹤寿，忘机意共白鸥闲。行仁即是延年法，何必金丹为驻颜。

因话今如问赵璘，成鸠泰上古逾新。寒松健质偏宜夏，常棣秾华正及春。藤杖偶携灵寿便，藜床不厌幼安贫。我来倘附香山后，九老中间著二真。

甲寅十一月吉日叔彦太史续娶礼成
作诗言志敬次原韵

鸡笼馆在最高峰，儒行诸生仰次宗。季女有齐偕采藻，宛童何幸适依松。韦平门第占鸣凤，管乐襟期得卧龙。想见小窗同读《易》，研朱点处露华浓。

鸡鸣回首寝门时，白发青灯忆课儿。礼服曲台辉佩璏，乐章孔壁奏金丝。银鱼应制文无忝，玉燕投怀梦有期。诗到清风是佳句，岂惟黄绢有新词。

荆布奚烦玉镜台，少君共挽鹿车来。韦家绛幔周官学，王氏青箱谢女才。洲上木奴焉用橘，山中仙侣恰宜梅。上头夫婿金闺彦，况自明光执戟回。

《班史》曾闻续父兄，讲堂车服配桓荣。鸾弦铿尔调曾瑟，凤酢依然返赵觥。为治苹蘩贤自辅，共尝薇蕨圣之清。一阳来复天心转，璇阁良辰庆礼成。

和刘雅宾师《七十述怀》诗韵

待诏承明尚少年，元成世业嗣韦贤。蓬莱藏室绌书地，筱簜封轺校艺天。夹袋英才乔岳秀，扶轮正学扞城坚。诏求奉职修身吏，所纪循良似马迁。师在词馆，一典陕西试，外简福建延平府。丁内艰起复，改放四川叙州，署绥定府。

武夷山色锦江波，两绶腰间鬓未皤。杨仆楼船铙吹迓，文翁石室诵弦多。棠阴澍雨连闽蜀，蔀屋宣风比郑阿。乐职中和歌未沫，但勤抚字省催科。

避地当年浩劫更，批矶百里渡江程。比邻学舍流莺宅，水绘园林射雉城。昌炽童时，侍先大夫避寇如皋，赁庑与师寓庐仅隔一墙，遂受业焉。席帽羁疏终上第，木瓢真率自长生。归田师弟皆无恙，白首青山共缔盟。同学邹咏春前辈亦逾周甲。

撰杖阶前风雪寒，长安花事后先看。十年不调金门隐，万里相闻蜀道难。师甲戌入词馆，丙戌、己丑昌炽与咏春继之。鲁殿灵光今共仰，商山高节晚逾完。行仁自有无疆寿，龚召从来政尚宽。

题顾南雅通政《胥江送别图》有序

通政与陈仲鱼、黄荛圃、夏方米三先生同上公车，所作画者钱东塾石桥也，铜井方伯藏此图。归道山后六载，哲嗣聪生同客沪上，携示属题。蒿隐同年先有七绝四首，追次其韵。

同是先朝执戟臣，白头海上作遗民。披图恍对樵阳籍，岂独吴羹是古人。在都门时，与铜井、巢隐两公暨蒿隐同年过从最密，今皆墓有宿草矣。

万里滇池持节去，青蛉水向叶榆流。吹君直上蓬山路，五两轻帆一叶舟。

何似仲鱼津逮舫，白公堤上访奇书。仲鱼先生自制一舟，颜曰"津逮舫"，见士礼居单行本《吴志》跋。羽陵姓字人间在，不等长卿赋子虚。

女墙临水柳依依，共祝春风及第归。今日长安花似梦，点头何处有朱衣。

题宋梦仙女史遗画

建霞之女弟子也,著有《天籁阁诗文稿》。归许幻园,早卒。

丹青慧业本天成,私淑何妨托子京。即指天籁阁。认取江郎一枝笔,门生门下女门生。

贺刘翰怡京卿新第落成

新巢燕子贺雕梁,海上今瞻履道坊。陂住凡亭樊氏宅,山围别墅谢公乡。门前列戟探金社,阶下眠琴置石床。我是羊求三径客,接䍦倒著愧疏狂。

校雠家学向歆承,镇库牙签富羽陵。别启一廛藏宋刻,略依四部录吴兴。梓桑残佚搜谈钥,君新刻宋谈钥《吴兴志》。梨枣精良过毕升。此是灵威真秘府,岂惟筑削颂登冯。

芸巢前辈有诗寄怀次韵奉答

稷下邹夫子,名高著作林。曹褒同学古,谓叔彦太史。曩在存古学堂,同主讲席。郑晓善言今。处士囊中颖,良材爨下琴。《沧浪歌》一曲,不负濯缨心。一作"风尘经拂拭,不负树人心"。

海内留殷献，无忧吾道孤。咏归狂士志，导引《列仙图》。精舍三长物，扁舟一钓徒。灵岩登眺未，香径有蘪芜。

芸巢忧生念乱憔悴致疾诗以广之仍次前韵

世事如棋局，清谈即语林。后人犹视昔，昨日岂知今。有酒便携锸，无弦仍抚琴。莫嗟双鬓改，最好是童心。

闻道长安客，嗟来等给孤。养生中散论，行乐《上河图》。自秉巢由节，焉知舜跖徒。瓿中犹有粟，可傲范莱芜。

题董小宛小象 改七芗画，先有郭频伽题二绝句，聪生藏

乐府无人续昉思，长生密誓阿谁知。寓言十九《感甄赋》，试读清凉赞佛诗。

桃叶当年打桨迎，梅盦影事不胜情。披图今见春风面，不信双成在玉京。

芸巢自祭文后又自题绝句一首即次其韵

寂寞为郎扬子云，剧秦尚有美新文。《西台记》与《河汾集》，珍重千秋视典坟。

意犹未尽再题二十八字

狐貉人间共一丘,本来生死等浮休。愿天不绝斯文种,安隐青门住故侯。

芸巢又用前韵寄贻二首仍次韵奉答

不为西州屈,中原有杜林。遗经常抱古,阙史窃伤今。单绞岑牟鼓,高山流水琴。岂惟栖遁志,悯世有深心。

群疑终莫释,载鬼笈睽孤。野有《归山操》,朝无《负扆图》。龙蛇方起陆,鹿豕可为徒。客至呼童扫,羊求径未芜。

三叠前韵和芸巢

退笔将成冢,谈诗共入林。黄农遥望古,杞宋足征今。高挹浮丘袖,偶弹梁父琴。井中他日史,耿耿所南心。

松为岁寒友,桐在峄阳孤。独寐槃薖乐,同游笠屐图。小山招隐士,古庙访司徒。病起观涛笔,峥嵘妙不芜。

芸巢寄赠《华严行愿品》石刻及甘泉乡人《暴书杂记》赋谢二律四叠前韵

《普贤行愿品》，法苑闶珠林。刻石珍逾昔，传镫续到今。四轮原梵网，百衲亦囊琴。可入《百衲帖》第三集。此是安心诀，空诸所有心。

六艺经秦火，流传本已孤。校雠今有略，《尔雅》古成图。《记》中有姚之麟绘《尔雅图》。屡守遗斯老，诊痴得我徒。深宁千载后，学圃扫榛芜。

挽邹咏春侍讲

同是沧桑劫后身，谷音月社两遗民。儿时镫昧当逢乱，童年避地如皋，与君同学。老去盘餐但率真。柱下辄从安国问，田间喜结道乡邻。濯缨未竟沧浪咏，三载皋比一刹尘。

忆共趋朝想玉珂，天人三策在鸾坡。巍科岂藉今为重，劲节还当晚不磨。东壁图书香案近，西江衣钵荩臣多。谓胡瘦唐侍御、李梅庵方伯皆君典试章门所取士。君恩犹绕江湖梦，梦到承明与驱娑。

裨海非无大九洲，怪逷初未述先邹。拜辞北阙还初服，独傍东皋系钓舟。高蹈最宜邻梵域，君所居邻宝积寺。明夷方待访梨洲。道销正值燔书后，又弱青门一故侯。

白云万笏倚巑岏，元和相国南旋，君共游天平，归病始笃。泣下新亭惨不欢。三后龙髯攀未远,一官鸡肋弃何难。诗成我亦思焚砚,论定君今已盖棺。闻道饰巾将去日,举头犹自望长安。

松江耿黄庵太守《身行万里图》亡于兵燹哲嗣伯齐农部从余游补绘征诗敬赋二律

汗漫云间一鹤翔,枋榆肯共莺鸠抢。书橱汲冢藏亲舍,画舫清河住婿乡。先生幼时尝随父卫辉公任,又入妇翁张温和公祥河幕。五岳归来皆培塿,九峰佳处足徜徉。遨游八极浑无睹,却笑长房缩地方。

山川厄塞尽周知,劫后丹青付画师。聚米恍闻新息论,吹笙更补广微诗。家风好畤传弓冶,世变神州叹奕棋。莫谓桑蓬无远志,鲤庭双鬓已如丝。

题耿伯齐小象

贳酒长安市上眠,扬尘三度见成田。镜中留得须眉在,六十平头又一年。

津帆湿雨陇云飞,拂袖归耕共息机。羡煞江乡风味好,鲈鱼作脍紫莼肥。

电石能传阿堵神,贞元朝士葛天民。云间本有先贤象,蕙带荷衣示后人。

郁律蛟螭墨海嬉,过庭《书谱》擅临池。白头师弟无馀习,但为论书一解颐。

扁舟欲挂五茸帆,钻纸枯蟫老尚馋。簨进牙签吾未见,烦君津逮积书岩。五都封氏藏书甚富,世鲜有知者。辑有《簨进斋书目》。

丙　辰

吴节母诗

节母夏氏,吴公茂勋之室,而翼亭先生之母也。翼亭孝于亲,有才谞,历佐州县幕,以能治剧闻,然诺不欺,卓然诚笃君子也。以乌程周君文凤所作启来征诗,敬赋四章。

嘉耦终天别,遗孤旷世才。德邻依殿直,所居在吴殿直巷。贤裔衍州来。画荻名终显,磨笄誓不回。宗周今陨矣,恫纬有同哀。

蹑履诸侯客,才堪了十人。敦槃相结纳,签牒亦经纶。理剧如无事,亭疑若有神。宗资惟画诺,肝胆照轮囷。

桑下曾三宿,盘溪十亩宫。荒庄犹溯陆,广厦夙依冯。君管理女普济堂,附锡类堂,在盘门新桥巷,旧为陆家花园,冯林一师主其事,并开郡志局其中。昌炽时甫及冠,即橐笔于此。亭池、花石宪宪然犹在目中。自林一师归道山,后来者非其人,四十馀年,丛为弊薮。君至而廓清之,君去而老妇讴思之。漏泽归慈氏,虚堂慰盖公。谓宗加弥大令。孝思原锡类,悱恻有深衷。

循陔皆母教,圣善播徽音。冬霰寒松操,春晖寸草心。牛眠阡待表,龙战陆方沉。留得纲常在,千秋《女史箴》。

曹太恭人寿宴诗 有序

丙辰四月二十二日，曹君直之母马太恭人八十正寿。昌炽辛亥以后闭门却扫，不预觞祝，但如太恭人徽猷懿媺，式昭管彤，夔一中翰禀承母教，但以雅言娱亲，敢援《下泉》忾叹之义，窃附中垒《颂图》之后。

繄余志学时，定交管操敉。为我谈扶风，师丹老未忘。受经南园翁，谓陈硕父先生太君之父远林，先生师也。从军北府将。溯自新息来，文武才兼长。吁嗟宝塔湾，不殊壶头瘴。一战歌《国殇》，裹革未归葬。闺中有大家，女宗凤所仰。刘氏营墨庄，《周官》述韦帐。有子渔仲才，校雠略手创。籯书承明庐，遍窥名山藏。佚礼搜曲台，晚书订大航。尽刊三豕讹，不辞一鸥访。神州嗟陆沉，世方丁板荡。拂衣出国门，归慰倚闾望。茸城近尺咫，兰台载兼两。枕葄积书岩，飘摇津逮舫。天步虽云艰，高堂喜无恙。舞彩逢令辰，恤纬抱微尚。郁郁春陵乡，炎精衰更旺。中兴傥可期，上寿亦无量。贞下起元时，老来复丁壮。忠孝家之肥，康畺寿者相。

梅隐词丈七十初度赋诗述怀依韵奉和

同住春明二十年，还山又结遂初缘。桃潭故宅三分水，薇省新词万选钱。削迹闲从莲社后，论交忆在竹林先。谓薇轩。祝延我亦如廉范，但少天龙一指禅。君在都下，高足锡山廉君惠卿曾绘无量寿佛象为君寿，其时君不过五旬，世尚承平。自今视之，不啻龙汉以前事。

劫馀重返钓游乡，袖手何嫌代斫伤。论著养生中散懒，诗呈祝嘏小奚忙。席间杖履笞新熟，天上觚棱饭不忘。朝士贞元今有几，巍然一老是同光。

题翁文恭师尺牍册后 共十六通，皆与汪郋亭师

林下师生甫及申，龙门天半望嶙峋。尚湖山色鲟溪水，不染昆明劫后尘。

前有平原后道州，槃筋郁律走蛟虬。未知海内谈碑客，犹有当年窊蠹不。内一通有云：“海内谈碑之客，惟窊与蠹。”“窊”谓窊斋中丞，“蠹”谓西蠹也。

好搜废篦拨寒灰，五色云迷故纸堆。独有玄亭沦落客，问奇难得赫蹄回。文恭师不轻与人翰牍，昌炽著录门墙逾十年，未尝被一笺之赐。又闻师每作一札，辄再三易稿，其子弟往往从破篦中拾而装池之。

潘太君六十寿宴诗

鹤庭同年之德配，早寡苦节。子承谋官内阁中书农工商部员外郎。

千里驱车向大梁，亲庭色笑道涂长。夷门广牍携初返，漆室寒灯痛未亡。辛芝年丈官彰卫怀道，鹤庭挈其妇从官，归而感疾殁。三径敢荒陶令宅，重闱况侍郑公乡。谓太年丈西圃先生尚在堂。摩笄四十年

前咏，今日莱衣庆举觞。

比邻巷绩近相从，同里欣闻有女宗。都下人才依广厦，河阳天姥仰高峰。新枝薇省方栖凤，老干松堂又化龙。三度蓬莱清浅后，娀台甲子一周逢。

题松陵金节母《风雨勤斯图》

节母汝南袁氏，归于金，遭家难，抚遗孤成立。孤祖泽号砚君追怀母德，绘图征题，而家庭骨肉之变有不能质言者，题曰"风雨勤斯"。漂摇毁室，有馀感焉。

三复《鸤鸮什》，哀哀共《蓼莪》。《泷冈》文士诔，《漆室》女贞歌。芳草还遗种，乔松不改柯。未堪家难述，拂纸泪痕多。

内讳《春秋》义，萧墙痛伏戎。报原恩罔极，思与孝无穷。劫火毗岚后，横流砥柱中。璇闺有婴臼，炜管照垂虹。

题天寥先生遗象

亳社值鼎迁，逸民各有史。委贽登其朝，上天下泽履。禹稷颜不殊，易地则皆是。先生食明禄，自为明处士。皋亭邓尉间，秋霜涅不滓。运会岂有常，五德递终始。当王者为贵，闰位尽蛙紫。迢迢三百年，追论种族耻。华戎但饰说，要非《春秋》旨。不见秦故侯，种瓜青门里。逢萌与薛方，新室征不起。彼此各一时，忠孝无歧轨。吾宗弁山来，旧德有名氏。复哉天寥翁，高怀迈园绮。一瓶与一笠,行脚随云水。终古在三义,流波激颓靡。

覃谿学士《四库全书提要》稿本歌
为刘翰怡京卿作

　　苏斋学士承明筵,校书经进日百篇。星精下烛夜不眠,闭门著录思覃研。亭疑学案平不偏,与两文达河间、仪征。相后先。溯昔盛时际雍乾,海内文物归陶埏。《天禄琳琅》《宛委》编,《崇文总目》体例沿。次者明钞上宋镌,缪篆诘屈摹印鲜。阁装叶叶回风旋,谒者陈农奉使还。访书归献圣主前,鸿都门下车阗咽。壤流谓可库山渊,《大典》传自永乐年。山潜冢秘恣渔畋,提其要亦钩其玄。条别篇目既井然,手雠目勘无乌焉。即今遗稿卷溢千,文字正定皆可传。沧桑劫火峤南天,过眼幸未嗟云烟。山阴书法嗣晋贤,盘珠错落簪花妍。蛟螭郁律筋脉联,国门一字千金悬。得一足夸珍珠船,而况二十四箧手迹皆完全。嘉业堂在浔溪边,手收百宋庋一廛。藏家不数毛与钱,子政流略开孟坚。贡父七经著小笺,君家墨庄在砚田。得此足征文字缘,名山之藏浮玉颠。非如瘗舟夜可迁,勒诸贞珉留真诠。兼有三绝如郑虔,双钩其字异廓填。袭以重绨拓以毡,石寿亦复如彭籛。

丁 巳

吴蔚若前辈属赋《壬戌雅集图》图凡十五人皆壬戌同谱是科殿撰为吴棣华先生即蔚若之祖也闻图中诸老各自有图图各不同此图从华阳卓文端公家借摹庚子拳匪之乱卓氏原图已佚

　　庼东昔见《五同图》,旧从蒿隐同年处见其先明王文恪公《五同图》。诸老须眉觉可呼。人望同舟如李郭,家传遗笏本崔卢。登朝到处施行马,瞻屋于今叹止乌。海上藜床喜无恙,从游我亦愿乘桴。

　　五朝遗事识宸垣,毕竟醴泉自有源。清静山居邻畏垒,升平朝士话贞元。东迁岂必无还辙,北梦相传剩琐言。莫谓岩阿可高卧,今天下溺待公援。

题张弁群宋拓四宝

　　弁群富于藏弆,此宋拓四本尤为铭心绝品。去冬至求恕斋携示属题,留笥中半载矣,文园消渴。今年闻其病浸笃,归浔溪,病中不忘结习,犹倦倦问讯,欲一见题字以暝目。闻之心恻,力疾各书二绝以慰之。

彼土胡桃种可生,异闻远寄锦官城。门池楼观今非昔,谁识秦时旧客卿。中一帖云"成都城池、门屋、楼观皆是秦时□□错所修","错"上字已泐,此必是司马错或是客卿字也。《史记·六国表》:"秦昭王六年,蜀反,司马错往诛蜀守辉。"错仕秦为客卿。"十八年,客卿错击魏,至轵",是也。

蜀事曾闻赋子云,多奇何似太冲文。讲堂盐井诸名迹,一一山川问使君。内八帖皆与益州刺史周撫论蜀事,中间阙"汉时讲堂"一段,冯鱼山云在全文一本之上。

右《十七帖》

漫持遗教比《黄庭》,妙楷台原有典型。但惜人间潭绛本,琵琶总是隔帘听。朱西崖跋云"陶贞白曰'逸少有名之迹,《黄庭》第一',重拓叠模,几乎隔帘听琵琶矣。见此,正所谓减墨迹一等者。右曾"。

一网均为秘阁收,苏斋语但锻舟求。山阴法乳谁传得,真本终须让越州。董文敏跋其后云"《黄庭经》惟越州石氏本致佳,此刻伯仲越州者"。又覃溪跋云"世所传《黄庭》,弇州谓皆秘阁本广行人间耳",此语最明白。又曰"越州石氏是不全本,其笔势、位置与秘阁本迥不相同,文敏乃谓此本与伯仲,何也? 石熙明家固多妙品,而其《黄庭》却非上乘,又在此本下矣"。按覃溪论书,皆归之山阴遗矩,不免为王侍书所欺,非笃论也。

右《黄庭经》

无上神品亦圣品,江左风流尽在兹。龚瑟人题云"无上神品圣品,千金之宝",又曰"江左风流,尽在兹矣"。一归定庵一容甫,豰材未许俗工知。汪容甫亦有一本,自为之赞,见《述学》。

不见中郎见虎贲,鲜于志可一家论。此帖自莎厅沈氏归于弇群,韵初之子筱韵及余门,以元拓赵承旨《鲜于府君墓志》为赞。此帖以珂罗版精

233

印,贻余一本,皆存箧中。但嫌落水王孙本,已带风沙塞上痕。余奉使在陇,霍州裴伯谦刺史出塞过兰州,出示藏帖,以赵子固落水《兰亭》真迹为甲,赵书十札次之。

右《禊帖》

颜书贵瘦欧贵肥,论碑先避墨猪讥。临川大字世多有,小字犹如星凤稀。《麻姑仙坛记》大字本,余所见宋拓三:姚凤生家不全本第一,惜寥寥无多叶;其次临川李氏本、彭子嘉农部藏本。

学佛何能遽乱真,蝇头虽小力千钧。新篁三跋流传旧,书舫清河尚有人。此帖自吴东发归于张叔未,今又归弁群,不独汉唐草圣与怀瓘《书估》、彦远《要录》,皆清河故实也。

右小字《麻姑仙坛记》

题朱五楼《归去来兮词意图》

余于五楼不相识,由翰怡为介,云五楼商于吴市,今辍业矣。自营生圹金盖山南,又筑精室于苕溪之上,颜其轩曰"归牧"。喜读渊明诗,节《归去来兮》词意,顾鹤逸为绘十二图,遍征同人题咏,分赋得二律。

归来寻壑又经丘,金盖山中事事幽。自占逸民如绮夏,偶邀侍客即羊求。恍从藓苙逢寒故,无待逍遥赋远游。缚帚呼童剃榛莽,小园大好作菟裘。

右"三径就荒松菊犹存"

黛色参天倚翠微,崭然劲节四无依。拂衣归后营生圹,解带量

时认旧围。高卧北窗堪寄傲，闲招南郭共忘机。十羊九牧人间世，
何似先生杖策归。

右"抚孤松而盘桓"

奇觚庼诗前集

丙　子

登幕府山

　　两崖惊一束,直下水朝东。浪接长天白,山因劫火红。归云迷远树,落日隐孤篷。欲问南朝事,沧桑忆谢公。

　　旧是行军地,登临发浩歌。草绿纤径密,花发乱山多。击鼓鱼登市,持竿豕渡河。乘风空有志,心事已蹉跎。

丹阳道中

　　落日荒城畔,轻舟下水忙。浅滩摇白苇,旧县问丹杨。地僻留萧寺,天阴泣战场。忠臣埋骨处,千载艳睢阳。

题吴子申《读画图》

　　触手签滕散古芬,循环不厌百回勤。若教写出云雷象,诠释应翻画说文。

淡然子墨学徐熙,不减衔杯诵楚词。更有辋川小山水,分明谱出画中诗。

千牌万缊共幽探,绕颊津流味亦甘。无耳闻声非口说,阿难妙谛静中参。

底须刮目用金篦,烟雨纵横境不迷。一卷摩挲经万遍,未曾口沫手先胝。

谢家品藻不嫌苛,诗品争如画品多。顾陆正经杨郑史,三冬清课足销磨。

压案何烦书镇加,琤玜赢得玉鸦叉。倘然误落吴宫笔,犹认蝇头细字斜。

题画赠道人李某

炼汞烧丹士,萧然野服宜。渊源尊藏室,香火奉伊耆。琼笈仙家诀,琳宫劫后基。平权坊畔过,相与话希夷。

丁　　丑

题陈培之户部《灯下填词图》

迦陵才调世间无,况有《填词》一幅图。注罢虫鱼按新谱,瓣香合炷小长芦。

君家诗学本毛苌,回首城南旧草堂。君为硕甫先生高足,先生住苏之蓺溪。泫长古文平水韵,一编更与析偏旁。君著有《今韵正义》。

鹅溪子墨淡于烟,燕市风尘已十年。为问画师吴道子,章江何处一帆悬。是图为吴感莼所画,时客江西。

潘孝妇诗 孝妇为麟生丈之尊姒

荥阳妇,系蒋氏,岁维乙亥,作嫔夫子。时生二十有三年,乡党尊行莫不啧啧新妇贤。结褵未十载,别鹄摧霜弦。妾心自信古井水,地下何难殉夫死。妾死不足惜,何以代夫供子职。上有白发姑,下有黄口之儿索哺啼呱呱。妾身为子兼为母,仰事俯育支一手。从兹长斋绣佛前,一灯漆室风穿牖。天何不良,父母姑嫜相继云亡。妇心兮滋戚,妇病兮益呕。哀哉,项折有声,妇之死生视姑为重轻。吁嗟乎,孝妇之孝兮,虽死犹荣,峨峨绰楔门前旌。请书中垒传,用示万古型。

吴烈妇诗

烈妇姓潘氏,麐生先生之姊,归于吴。无子,早孤守志。咸丰十年,粤匪陷苏州,妇投池死,一门同死者六人。麐丈为作传,征诗,并请于当事,得旌如例。

母能全孝女全贞,含笑相从下九京。千载常流鱼腹恨,一家竟共燕巢倾。天怜苦节同高愍,弟幸能文似屈平。不愧女嬃遗烈在,范家庄外暮涛声。

次韵和西圃师七十自寿诗

吴会富魁硕，群才辈辈出。匡鼎谈诗豪，枚皋作赋疾。我师开绛帷，校练宵继日。问字进生徒，传经兼子侄。论文贵根柢，词华在所黜。自维谢陋姿，步趋奉准率。窃比郑炅模，愿为孔曹恤。菲才尚不遗，可知士无失。

东阳颜氏子，不弱览与祥。流风被氓俗，其县名乌伤。具区有孝子，高义凌秋霜。我师哀其志，悱恻生诗肠。作歌表襮之，与世以周行。太湖采莼者李顺福事母至孝，师为作传及诗以表扬之，并征题咏，炽亦为七古一首。今孝子已死矣。浑河万里来，源远流自长。天方锡纯嘏，如陵复如冈。倪荡适天放，身世常相忘。

杜埒谢朝华，斯志在黄老。香山旧阁边，绕室莳花草。白香山有"梦到花桥水边"之句，师所居花桥巷，敝庐即在其西。侯芭容日来，孔融年独少。径兰发古香，窗蕉解文褓。临池鱼可亲，拂牖鸟亦好。堂前三株松，岁寒共相保。龙门幸咫尺，承学敢不早。春风一披拂，奚难振枯槁。

《周官》重荒政，在遂人委人。汉京太仓粟，粒粒皆红陈。义仓隋始创，遗法良足珍。奉行苟不善，实惠难及民。谁知天之天，一视而同仁。我师恻然念，自比稷契身。振散得其术，钩校如有神。吴郡丰备仓，师主其事。里鄜慕高义，瓣香当撰辰。

柴桑种菊翁，不为五斗仕。达节夐千载，闻风犹仰止。且为宗愍游，肯作谢安起。崦西有先宅，常羊适杖履。铜井与青芝，处处风物美。山梅笑相迎，湖莼香且旨。还寻柏因约，此心殊未已。愿从长者游,洗春荐春祉。先生赠诗有"准拟明年香雪里,万梅花下一尊同"之句。

瞻韩既接席,入楚方乘流。新吟鄂渚月,旧梦沧江沤。程工失其榘,习射谁为侯。愿招控鹤侣,更揖飞凫俦。登楼弄长笛,一曲行云酬。涤笔大江水,庶使俗虑瘳。再拜蕲麘寿,千里邮筒抽。会当返故乡,三径随羊求。

登黄鹤楼

长江古称天堑雄,其势曲折奔向东。千山万山夹江峙,谁其凿者神禹功。荆门以下势愈疾,汉水之沔流交通。召尧一楼切云表,高俯大别凌苍穹。凉秋八九月,绝顶来扶筇。天高叶脱气箾槭,举头万朵青芙蓉。风帆到门若平揖,钓竿欲拂扶桑红。鹊尾不可接,鹤去苍溟中。过江名士众于鲫,登楼老子气若虹。岑牟挝鼓为傲吏,短衣撅笛随仙翁。俯仰此间亦大乐,何必更上蓬莱峰。谪仙一去不复返,后有作者皆附庸。不如掷笔付流水,百觥且醉茱萸浓。我今到此百感集,纵览旧迹心忡忡。奔流自古限南北,上控全蜀通巴賨。孺子瑜,大弟蒙,紫髯霸业开吴宫。忽闻铁锁断巫峡,旋见青盖降金墉。祖生击楫志未已,陶侃运甓情亦同。晋宋齐梁拓跋氏,弱者为守强者攻。一朝北兵竟飞渡,叔宝请作长城公。可知天险不可恃,万里安得丸泥封。方今江波幸无恙,列郡互市通华戎。戈船长技虽云疾,峨峨海上来艨艟。荆襄门户恐难扼,夔巫厄塞将成空。下濑将军方肆武,习楼战士休归农。王公设险古所戒,愿叫阊阖陈愚衷。

九日武昌和石君即次其韵

才罢燕游作楚游,登高枨触不胜愁。萧骚脱叶亭皋下,惆怅飘蓬水国秋。作客郗生还入幕,感时王粲独登楼。江山满目归何处,且把茱萸插满头。

答石君原韵

少年才调压南州,击楫乘风万里流。名士江中挥白羽,君尝在长江水师营佐理营务。异军海外拥苍头。日本戕番之役,伟丈奉命渡台帮办军务,君随往,尝募数百人自为一军。新诗一卷推温李,旧梦三生证阮刘。君有《梦游天台记》,尝属余为序。今日诗坛同角逐,不知谁是管城侯。

和李篁西观察《见过琴湖官舫》原韵 代

好风入户牖,池水清且溶。一日几晴雨,百卉交丰茸。旧径辟榛莽,曲折流泉通。一亭与一石,点缀亦自工。开轩集嘉客,披豁襟怀同。逍遥契蒙叟,清净师盖公。登高纵双睇,落木凋霜容。凭阑指黄鹤,远举超云中。黄鹤楼有"远举云中"四字额,舫中适望见之。江流极浩荡,长啸开心胸。楚地固冲要,其俗非颛蒙。川原既明秀,佳气常葱珑。朱子《白鹿洞赋》:"山葱珑而绕舍。"远声杂鸿雁,近顾炊烟浓。平生忧乐志,夙仰希文风。君言实起予,敢尽区区衷。

黄鹄山曾公祠

赫然功业继云台,丞相祠堂古堞隈。绕郭涛声从峡下,背山楼阁面江开。天留一老支全局,地值三湘产异材。莫道东南今底定,诸公辛苦辟蒿莱

除夕新自楚归检点箧中得影宋本
《陶渊明集》三部寄赠芍舲同年昆仲
系以小诗

楚国归来雪满船,峭然诗思淡于烟。江声彭泽喧天外,山色匡庐落眼前。正值纪元光绪日,重雕佳本绍熙年。冯己苍。钱遵王。黄荛圃。顾涧苹。消磨后,佞宋何妨附昔贤。

编年甲子断何时,江左风流尽义熙。避世寓言轻魏晋,闲居清梦晤黄羲。邻家昨日方招饮,词客今宵例祭诗。委志琴书原不俗,泉明正合为君师。

戊　　寅

元旦书怀

不觉流光逝，萧疏鬓欲苍。江湖游食倦，岁月校书忙。爨下桐将烬，潬中芷不香。百川支一柱，终可障澜狂。

题叶铁琴节妇《猫蝶图》

节妇，秋屏先生之女，嫁同里周氏，早寡守节，能诗，工画。此图为其尊人祝寿，取耄耋之意。先生眷怀遗墨，遍征题咏，敬赋二绝以归之。

璇闺茹蘖奉君姑，留得清名满五湖。岂是画师工渲染，茴香花下《睡猫图》。

我亦渊源本石林，宗风瞻仰实堪钦。一篇史笔分明在，足当张华《女史箴》。

李心斋丈将有粤游出旧所绘《携琴访友图》嘱题即成五言两首并以送别

回首沧桑劫，键关隐薜萝。良朋随地合，名士过江多。画卷牛腰束，琴囊塞背驮。褐来吴市隐，山色占双峨。先生侨寓吾吴承天寺前,地有土阜二,《郡志》所谓"双峨"也。

莫作高山曲,且为流水音。成连今不见,海上刺舟寻。风雨羊城夜,怀人思倍深。归来诗满袖,不羡囊中金。

题潘硕庭藏《遂园禊饮图》和西圃师原韵

上巳湔裙歌采兰,韩诗欲索解人难。弟兄并擅龙文誉,宾主谁司牛耳坛。王谢一门容继轨,羊求三径许追欢。最怜传是楼中物,一样零缣劫已寒。

锦题玉躞未飘零,一瓣心香许乞灵。草木平泉寻旧迹,衣冠洛社识真形。传经自觉丹铅乐,展画常留姓字馨。今日斗山欣有属,侯芭居本近元亭。谓西圃师。

己　　卯

述怀两首

流光一刹那,俗尘寸寸积。寒灰不肯然,明珠分相掷。惘惘出门去,天地气象窄。不逢鬼揶揄,即为人指摘。良骥嗫不鸣,毛骨遭揣剔。追风会有时,排闼振六翮。

读书既善忘,翻思窥阃奥。章亥所未周,屐齿亦能到。汉唐诸老师,遥遥我先导。庶几宋元来,昏翳可尽扫。所虑众楚咻,俗儒以耳剽。不量蚍蜉身,欲撼树十抱。勖哉矢令名,一息百喙噪。

章觉夫先生殉难诗

列帅东南尽倒戈，死绥偏出硕儒多。一家父子完忠日，不愧文山《正气歌》。

簪云仙馆亦沧桑，智井霜寒玉甃荒。独有丹心终不灭，夜深剑气夺干将。先生所居簪云仙馆，在干将坊。

题　画 墨拓曼生壶中插一折枝佛手柑

祇树园中幻相，散花座上前身。不与壶公偕隐，即共陶家卜邻。

庚　辰

题瞿濬之丈《虹月归来图》

绛云一炬劫灰馀，珍重零编好护持。精椠断从天水代，旧钞争艳子云书。君家藏旧钞本以子云《太玄》为最古，犹宋人旧迹也。千金有值求良骥，一字无讹辨鲁鱼。廿卷解题经手定，皮藏家合等璠玙。

无端小劫幻沧桑，十乘瑶华捆载忙。芰舍敢忘佞宋癖，桃源欲觅避秦乡。天留江北家堪托，赭寇之乱，君尽以所藏善本十馀箧避地至海门。地异河东箧未亡。萍梗天涯飘泊定,归来重署赵家堂。是图取赵德父归来堂之意。

旧时鸿印未全销,烽火于今已寂寥。书卷间关离虎口,画图整束似牛腰。匣中剑气光犹烛,爨下琴声尾讵焦。君藏书处为铁琴铜剑楼。从此书仓重卜筑,琅嬛可到路非遥。

海虞本是积书岩,我睹奇书眼更馋。细检新签排甲乙,不随世味共酸咸。向歆《别录》原家学,陈晁诸公已发凡。窃恐金根翻误改,寻常一字不轻芟。

曩岁曾为橐笔游,归来宿草已山丘。千秋文献空吴会,一纸音书到鄂州。丁丑余游武昌,得蒂卿同年书,始知君归道山。镇库依然留宝笈,凿楹幸不坠遗谋。张月霄陈子准黄复翁顾涧苹飘零尽,无恙君家虹月舟。

乙　酉

思谡儿不置悼之以诗

何待长离到此时,出门挥泪已先知。匆匆堕甑休回顾,自叹心肠木石为。

堕地双瞳即半盲,爷娘面目不分明。夜台寂寞谁为伴,先尔长眠有阿兄。

戊　　子

题华篷秋《山水卷》代

　　荆蛮山人著书老,一丘一壑偶为之。礼堂自有千秋业,不共云林称画师。

　　披图令我豁双眸,万里烟云尺幅收。惆怅风流今已杳,有人洒泪向西州。

题潘硕庭《归研图》

　　吾郡袁氏五砚楼,清容一研为澄泥。述庵侍郎之所赠,绘图者谁钱唐奚。君家三松老人为作记,其文具在非无稽。今君亦得松堂研,绘图亦复来征题。此研传自古竺坞,紫云一片凝端溪。其形椭方背如砥,铭十六字字不迷。触石生云云生水,水云一色如玻璃。停云翰墨妙天下,想见落笔追羊稽。自归松堂已五叶,宝护不啻躬桓圭。燕台昔随行箧返,吴市又费兼金携。楚弓得失偶然耳,物寿亦若彭殇齐。转展不落驵侩辈,执呵疑有神灵兮。羡君研田犹世守,敬佩祖训如佩觿。厥田虽石石不确,如赤埴坟如青黎。譬若农夫是穮蓘,蓄畬经训删稗稊。君之方闻吾所畏,作诗往往超恒蹊。牙签金薤递罗列,斋中光怪干虹霓。我家与君望衡宇,一牛鸣地花桥西。登堂愿拓铭一纸,塍以《太玄》双甓如连鸡。我诗虽俚敢以请,不濡味将歌梁鹈。

题袁渭渔《寄蛣园》

人于天地间，浮生一如寄。鼎钟享大名，锥刀竞末利。及其同尽时，一一敝屣弃。游子归故乡，此理可罕譬。吾友汝南公，所寄与世异。其物名曰蛣，从蛣者借字。长寸广二分，腹有蟹附丽。《尔雅》所未详，其详见《班志》。不啻蜗角争，亦同蚊睫憩。又若蜤蠖偕，更类鹣鲽俪。盖于一微尘，旷然有天地。窃闻湖海间，觅食良非易。纵为升斗谋，当思网罗避。寥廓鸿冥翔，濠梁鯈鱼逝。俯仰天地宽，皆足适我意。何以君所栖，乃在幺麽细。我言幸勿嗔，聊与君相戏。

济舫观荷和黄子寿方伯韵
济舫在今藩署，为王文恪故宅

细草如茵万绿稠，阶前奇石间清流。诸生官阁联觞咏，介弟名园忆鬈舟。鬈舟园在洞庭东山，王文恪弟秉之所筑。翠盖轻翻鱼作滕，红阑斜倚鹭为俦。城西更有青瑶屿，亦复堂坳一水周。

皎然出水众香稠，此是花中第一流。浮叶浦中堪作镜，结茅岸上似牵舟。自非刘白谁同调，王文恪自题《怡老园》诗："为问午桥闲相国，自非刘白更谁亲。"曾有都杨此命俦。杨君谦循吉、都少卿穆，皆为文恪宾客。剩是爱莲遗说在，使君清节本同周。

水 车 行

赤云当空日卓午,农人尽道戽水苦。翻腾势既等转轮,呕哑声还类鸣橹。以机激水水转多,皎如匹练悬银河。高岸千仞逆而上,飞泉百道旋成瀑。朝戽水,夜戽水,一家尽赴西畴里。胝足病老翁,蓬头呼稚子。异时丰稔不可知,今日辛勤有如此。去年旸雨时,用力不多田已治。今年岁不熟,日日戽水水不足。吾言告农夫,慎勿叹且吁。吾吴古称泽国地,环以三江浸五湖。高原与下隰,一一赖灌输。虽旱犹可谋补救,不至颗粒仓箱无。君不见燕豫之郊水载途,监门方绘《流民图》。

和黄方伯济舫《课士》诗原韵

南州召徐稚,东阁延枚生。论文贡衿臆,采俗通舆情。我师健诗笔,五字逾长城。传笺示四座,递共筹觥更。时惟岁十月,小子将北征。缅维知己感,别思襟怀盈。匠门有樗栎,弃材累公明。悬知赴京阙,怅望江云横。自公至吴会,恺悌流政声。视民之疾苦,不啻林雍轻。偏灾偶以告,瘝寐哀鸿鸣。汉京重循吏,洛社推耆英。犉麦尚可播,乔松晚益荣。天方倚良牧,活此雕邸氓。此理自可必,毋问洛下闳。

游法源寺静涵上人出《虚心图》
属题成三绝

未证谓证辟支果，难语人天微妙音。谁识观空无上义，一言拈出是虚心。

山花木叶度真丹，应颂《契经》融会难。正是观河精进日，为师更竖一幡竿。师自记有"发愿阅三藏全经，百尺竿头再进一步"语。

平生石癖欧赵外，又到招提缔墨缘。一自开元一辽刻，藏经阁畔戒坛前。余嗜石墨，尤嗜经幢，所藏拓本逾五百通。寺中有唐开元十四年经幢，在藏经阁下，辽王思进书经幢在戒坛前。

己　　丑

宋椠《婚礼备用月老新书前集》十二卷《后
集》十二卷奇书也旧为延令季氏所藏后
归大兴刘氏君子砖馆吾师子寿先生为刘
宽夫先生之婿于刘氏得此以畀再同编修为
世守之宝己丑春正出以见示作长歌纪之

《士礼》十七篇，《昏礼》居其一。吾子有惠觊室某，媒氏导言幸毋拙。请醴敬以先人辞，问名谦言谁氏出。束帛五两既纳征，御轮三周斯迨吉。母兮门内为施鞶,赞者房中正设鼏。从兹相谓为婚姻,想见从行皆娣侄。义取日入三商时,期惟霜降九月节。或言仲春阴阳中,不逮初冬嫁娶毕。最宜秌李尽成双,过此摽梅将实七。《周官》《夏正》可互参,《毛传》《郑笺》各异说。岂非著代重贞恒,自是同牢贵述匹。君子将言附茑萝,诸生安可无茅葑。自宜通俗携巾箱,不独调人在曲糵。此书出自麻沙坊,其时适当天水末。姓名不署作者谁,梨枣但求利可乞。男家女家共主宾,《前集》《后集》分甲乙。篹图互注意相同,别类分门事无缺。考古粤稽戴氏书,征今先列文公笔。词章双璧供濡毫,《前集》第十二卷《□契双璧》凡五十馀联一百馀事,《婉淑双璧》凡七联一十四事。姓氏五音听吹律。自卷二至卷六皆姓氏源流,宫、商、角、徵、羽每卷为一类。函书制度尤绝奇,《后集》首列《函书制度》云:"函书三幅,皆以色笺写,连卷内于函中,其函以黄杨楠梓木为之,长一尺二寸,阔一寸二分,于中间锯作三道陷线处。盖上中心凿一方痕,深一分,入书后以五色线三条缠缚,于方痕处结定,以蜡填之,上书一'全'字。此乃本朝官亲及士大夫所行之礼,近世庶人之家从简,只以可漏子封之。"州县官位皆具列。帖式列有某州某县某官宅某官位。论财已赠五十田,帖式有奁田若干、房卧若干。闯候且周期岁月。十二月启多用"申词、肃词、□词、寅词、躬闯、闯候"等字,札子中亦用之,不知何义。小礼于归叙及时,圆封可漏知何物。可漏子见前。又论札子式云:"今日士大夫家只用聘启一幅,礼物状一幅,用两可漏子圆封。"所谓可漏子,不知何物也。神仙眷属凤兼麟,新聘书题《札子》,其第六札云:"某僭易端拜起居,清都碧落,驭麟鞭凤之眷。答云某再拜申问亲家安,人□五城十二楼之眷。"太史词章蜂采蜜。聘启中采孙尚书、王状元、洪舍人诸作。破镜有时更上堂,《后集》卷二有《再成通用联》,盖谓出妇复娶者也。披缁亦许歌宜室。《通用联》又有为僧尼道术设者,至云"桑门甚寂,虽云当继于宗风;蕙帐云空,何可不传于佛种"。又云"业缘未断,盍尝入于空门;爱网难逃,时敢忘于授室",

真堪喷饭。群贤之中著屠沽，编户以降至走卒。聘启无业不备，有印匠
答田家、木匠答田家、屠家娶鱼鲞铺、船梢娶牙人女、珠翠匠娶彩帛铺、窑户女
答彩帛铺，如此诸类，不可枚举。沟中流叶或为媒，道上倡条洵堪折。有
《娶倡》一门。大去何妨有戴妫，有大归衾具状式。相攸自谓皆韩姞。
伐山何苦不辞烦，求野终堪矫礼失。听琴微惜尾已焦，《后集》第十二
卷《致谢类》《祝文类》《致语类》已阙。插架还当指先屈。中权鱼尾认标
题，每一子目上皆有鱼尾，余所见宋时坊本多如此。小字蝇头未磨灭。凡
廿四卷至足珍，近一千年犹未佚。结绳月老称题眉，挥麈风流助谈
屑。尚无感悦奔不禁，亦若弹冠用可必。《弹冠必用》亦宋坊肆中陋书。
延令季与大兴刘，藏弆源流可追述。寰海应无第二书，馆砖知与成
双绝。刘氏有汉河间献王君子馆砖十。侧闻婿水得缣缃，更喜师门积
簪笏。从兹常为镇库珍，揭来容我披函阅。一诗聊当酒一瓻，呵冻
拈毫天欲雪。

题黄再同太史所藏宋刻《撰集百缘经》

布地黄金揖法坛，百缘从此缔旃檀。漫从估舶求唐写，杨新吾
广文在日本所得唐人写经卷子，皆用硬黄笺，余所见共三轴。且喜精蓝出
宋刊。福州等觉寺沙门普明收经板头钱印造。过去赤鱼千劫换，所存第
一品为《莲华王化赤鱼缘》。子遗丹凤一毛残。普明雕造五百馀函，此经亦
有十卷，今仅存十缘。墨光纸色分明认，插架遗闻纠考槃。余所见北宋
刻本皆笔画方劲，墨光如漆，与此相似。而屠隆《考槃馀事》论北宋本乃谓纸
坚刻软，又谓用墨稀薄，真妄言也。

琅函缇帙为庄严，一字还应值一缣。帖写《千文》犹智永，卷中
首尾皆有“泾”字，卷面有金书“泾”字，当是以《千字文》“浮渭据泾”编号。康

熙中所刻《大藏》，此经列一百三十八函"承"字号，其次不同。经翻三藏自支谦。吴月支优婆塞支谦译。因缘佛为有生说，岁月吾从无字拈。旧有题字三行，为装池所损。第三行"某年甲申五月日题"，"年"上一字末笔依稀可认为"七"字。考崇宁以后，惟宋宁宗嘉定十七年为甲申，则所损必是"嘉定"及"十"字耳，以前三行求之，其上适缺三字。《妙法莲华》开宝本，二难同傍邺侯签。再同又藏宋开宝六年性遇以金银字写《妙法莲华经》一册。

题周虎如广文《海棠亭》图卷

粤西横州学舍旧有海棠亭，以祀宋秦太虚，毁于兵燹。文亮卿刺史鸠工重建，虎如为绘图征诗。

横州古郁水，博士亦儒官。万里君归地，同来客里看。流风渺淮海，苦雨卧长安。龙隐岩前字，何时缔古欢。虎如许为拓龙隐上下岩及曾公岩题名。

万柳堂前柳，萧条犹昔时。京师万柳堂摇落尽矣，郑庵师欲为补万柳堂绘图征诗，实未尝补也。何如漳江上，争咏海棠诗。周密旧词客，蓝瑛名画师。图为蓝沚孙所绘。微云山抹句，写出为神移。

庚　　寅

题井阑拓本 姚公蒌、晋石厂藏

井阑箸录谁最先，句曲残字天监镌。此井晚出吴市廛，石质不损文粗全。父张母黄共舍钱，愿为亡女作功德泉。荐拔九幽升诸天，火宅十丈开青莲。重修岁月经屡迁，绍熙下讫宝祐年。谁欤道士为干缘，姓名剥蚀难考研。姚君媚古博且嵚，石癖不减欧赵贤。辇置此石来斋前，不教散落随云烟。示余打本翠墨鲜，泐字一证孙伯渊。末一面孙氏《访碑录》题"宝祐四年七月"，此拓四字已泐，下题"□元后□日"，据孙氏"七月"，则"元"上当是"中"字，亦不可辨矣。未及百年石已然，何论沧海为桑田。安得从君乞椎毡，荒崖古刻一一皆流传。

题翁亦泉《虞山感旧图》

亦泉，余旧交也，其长君印若茂才从余游，锐志好古，不徇于世俗之学。君归道山之三载，印若以此图属题。适余将于役京师，倚装作此。

犹忆垂髫日，虞东出走馀。健儿争弃梃，弱弟共牵裾。剪纸魂难续，乘桴计未疏。披图一回首，令我重欷歔。庚申之难，昌炽仅十二龄，侍先君子避地虞山。未三月，而江阴之贼东窜，仓皇奔避，屡濒于危。既由海道至如皋，始庆更生焉。

君亦更生者，当年别有家。负亲逃虎穴，举室委虫沙。痛定思良药，更阑忆梦华。不堪身世恨，欲说泪如麻。

天心原不爽，祖德况堪论。劫火销馀烬，诒谋裕后昆。葛藟根共庇，松菊径犹存。咫尺高斋畔，清谈共一尊。敝庐与君所居密迩。

一自临歧别，山川怅阻修。君随双鹤去，我作五羊游。君殁时，余客岭峤。旧侣黄垆杳，遗踪翠墨留。传经有贤子，勖尔服先畴。

题陆方山先生《润州论诗图》

论诗若到鲁孔氏,陈思入室称弟子。景阳潘陆坐廊庑,妙哉钟嵘说如是。元嘉以来溯五言,谢客为雄馀莫比。绮词谁与扫齐梁,健笔还当推杜李。此事亦若火传薪,先圣后贤百世俟。润州学舍倚江城,广文先生古博士。谈经馀事且谈诗,坐对宫墙尺有咫。牢膳谁当荐楅衡,鼓钟孰是陈悬簴。空言或堕野狐禅,伪体难追《风》《雅》旨。是犹孔墨拟弗伦,合等荀扬黜无祀。至今重读意苕诗,力辟榛芜追正始。太息流风不可攀,但展遗图深仰止。

题王子献昆季《发冢图》

松精为琥珀,月晕随珠玑。陵屯为陵舄,无非蛙蟆衣。吹万虽不同,触处皆生机。矧兹孝子发,至性世所希。蕃摛并祖括,瘗埋非祷祈。精气藏地下,上感三春晖。九光函窀发,一本重台肥。一枝挺然秀,皓如霜雪霏。一枝作深紫,跗注同韎韦。纯孝帝所锡,摇光神其依。宜有鸾凤集,莫任牛羊腓。遂令谢墅冢,不啻商山扉。蓼莪有馀痛,棣萼相争辉。触我鲜民感,披图重歔欷。欲为笙诗补,愧非束广微。所幸《白华》什,即兆金带围。长安十日雨,作歌送君归。我歌仅嘲哳,曾闵君庶几。

题法源寺僧静涵上人《虚心图》代

谈禅曾到赞公房，此是城南古道场。祇树津梁无上义，散花楼阁自然香。石幢松下扪残字，金氎箱中放宝光。究竟如来真见否，请拈拂子一登堂。

做哑装聋岁月深，忽闻狮子吼雷音。常从《经典》翻名义，便竖幡竿证道心。师自西来开鹿苑，我将东去访鸡林。倚装火速为题句，红杏青松共古今。

辛　卯

宫词三首

女萝为带薜为裳，淡薄红儿别有妆。高髻云鬟空复尔，春风不到杜韦娘。

妙药空劳獭髓医，羊车听到断肠时。自怜误读开天事，浪费桃花合画脂。

漫说承恩记画工，玉颜妒煞尹邢同。葳蕤门户千重锁，总有黄衫路未通。

癸　巳

送龙伯鸾南旋并寄梁星海前辈

我昔游海南，获交两年少。君与江夏生，谓黄季度孝廉。英英擅二妙。良玉出孚尹，鳃虑发潜曜。绝学溯晁陈，陶春海同年。梁节庵前辈。为先导。几尘与风叶，丹黄经手校。发屋续《传灯》，登坛先执珇。馀子如邾莒，一一列享俯。凉风起木末，析历鸣众窍。送子出国门，一觞为君醼。朱弦疏越音，终当贡清庙。

君过明圣湖，为我告节盦。故人在京邑，寂处同瞿昙。囚首对签帙，守口师瓶甔。河清亦可俟，世无彭与聃。客岁得侭装，临风展君函。为言嵇生懒，刺促非所堪。见机苦不早，自缚如春蚕。故山有松桂，念此徒怀惭。安得随征雁，直下江之南。扁舟横北固，同访瓜牛庵。

黄蔚亭征君《八旬自述》诗题后
先生精天算之术，著有《历学南针》《方平仪象》《两太交食捷算》《五纬捷算》等书。又尝绘浙省沿海舆图成《测地志要》

桄度常融本列仙，摄生妙旨契彭篯。豆觞粉社尊山斗，薪火梨洲奉墓田。借箸还闻筹海策，悬弧喜值杖朝年。乞言早下蒲轮诏，矧际重赓泮水篇。

漫从浑盖测天形，捷算先传《海岛经》。缩地山川同聚米，授时弦望协祥萤。涪陵真种留文字,洛社耆年见典型。著述等身先不朽,岂徒杞菊为延龄。

甲　午

题王止轩同年《墨蜕图》

霞西沈布衣文櫜。不作悲盒赵大令益甫。逝,大吉楼空一刹那。杜氏《越中金石录》。翠墨凭君留种子,新诗百首共摩娑。陶心篯同年有《绝句百首》,论南北书派。秘监遗文出劫灰,石幢新自戒珠来。君访得贺知章《龙瑞宫铭》及戒珠寺石幢拓本见贻。愿君更访王涓字,窣堵荒崖扫绿苔。戒珠寺尚有咸通三年王涓书,已久佚。

题费芝云兵部《山寺品泉图》

天风猎猎帆侧翅,送我直到江心寺。寺门窈窕藏修篁,绀宇临空下无地。岩畔摩挲《瘗鹤铭》,剑南题字莓苔青。名山已无守藏吏,谓阮太傅书藏散佚。上座尚有谈诗僧。且开丈室安锗脚,泉味中泠清可酌。细雨帆来瓜步舟,疏风钟出松寥阁。回首前游已廿年,披图今在长安边。昊天寺井不知处,城西惟有玉河泉。玉河泉水虽甘洌,九陌轻尘吹不灭。亦如寒具色沾油,纵有旗枪味殊劣。何苦江头百丈洪,银瓶下注冰蟾宫。阳羡磁瓯曼生制,松柴活火炊微红。况君菟裘在林屋,消夏湾头四围绿。园中橘柚足充租,池上芰荷可制服。何日青山许卜邻，山泉共煮碧螺春。不输扬子南零水，作记重追张又新。

题张孝达制军尺牍

同治辛未，张孝达制军与潘文勤师大会诸名士于龙树院，手札七通，治觞召客。文勤捐馆六年，其家携图书南下，残编啮翰流落毫芒，人皆奉为至宝。江阴夏闰枝太史得此，装潢成册，以昌炽平津旧客，出示征题。谨赋六绝，不胜今昔之感。

公车云集京师日，名士城南倒接䍦。顾及君厨随品目，袖中夹袋更遗谁。

相见蛾眉斗尹邢，经过赵李各娉婷。输攻墨守飞雄辨，客座新闻大可听。谓赵㧑叔大令、李越缦侍御。

一时宾主东南美，隔坐小冠尚两三。落落晨星今有几，孙黄以外数张谭。是集多浙东西人士，三十年来并登鬼箓，今所存者经学如孙仲容孝廉、黄元同学博，词章如张子虞前辈、谭仲修大令，亦皆成老宿矣。

未携供帐后车从，听到阇黎饭后钟。绝似东坡鼍字谜，清谈枵腹坐槐龙。潘文勤师尝为昌炽言，孝达前辈未携行厨，客至无馔，召馀庆堂咄嗟立（辨）〔辦〕，同人传为笑噱。

十卷人家继赵侯，卿云如盖覆归舟。一编曾见西斋目，思到平津话旧游。

百川海若赴归墟，万柳新阴补种馀。海内龙门更谁在，挂帆宜食武昌鱼。谓孝达先生。

张蓝南同年属题《孔退谷瓦当印文册子》

令适中唐渍藓斑,离宫骀荡驭娑间。觚棱想见栖金爵,试检黄图证马班。

不见臣斯臣去疾,寸当一字一明珠。留真何似飞鸿印,缩本空山金石图。

丁 酉

题旧拓《砖塔铭》残字

沈韵初孝廉所藏《砖塔铭》残字三种,一为翁叔均本,仅三十二字,其二皆补罗迦室本;一尚存全铭之半,有张叔未题字;一存七十馀字,丁龙泓题字于上方。前有赵次闲自绘《松谷流泉》小帧,并题七绝一首。韵初又属秀水陶锥庵绘《山阁》《论碑》两图,装于卷端,今归同年栩缘学使,为题二绝。

片碣终南出土局,花台像外见斯铭。郑庄亦是当时体,自信知言过钝丁。龙泓谓此铭趁姿不及《李文志》远甚,非持平之论也。唐人小品惟申屠液《杨将军花台铭》及郑庄《梁府君墓志》与此石可相伯仲。

瘦沈何如赵东武,谓赵扢叔大令。论碑精比谷林孙。奏刀世有巴生本,敝帚家家享虎贲。赵素门跋谓巴慰祖得足本钩刻,神采焕发。及将原本对勘,形似而非神似。余所见徐润之都转及同年费屺怀太史藏本,自称明拓未裂本,皆巴刻耳。

题沈绥若《江亭销暑弟二图》

来听清梵赞公房,小阁轩窗面女墙。车下负书逢瘦沈,筵前挥
麈说蒙庄。龙华十地参高会,鲙菜五湖忆故乡。钓褐寒春犹在否,
结邻未信陆庄荒。

且倒金樽雪藕丝,接䍦新脱拂衣缁。车尘欲障频挥扇,朝局休
谈比弈棋。待讯山资王给事,幸从驿递郑当时。招提自是清凉域,
门外杨朱泣路歧。

戊　戌

赴粉坊琉璃街别墅

鸿飞禅定入冥冥,偏使蛾眉避尹邢。桃叶方华看烂熳,藕丝有
孔遁珑玲。营巢旧燕如相识,退直疲骡许暂停。桑下莫忘三宿地,
扫除陋室制新铭。

莫嫌家具少于车,姜蒜屏风杂异书。丈室维摩堪养疾,空山畏
垒当逃虚。摩挲砚匣添螺黛,历乱妆奁走蠹鱼。勘破横陈原嚼蜡,
文园应笑病相如。

题《延陵吴氏两世孝子像赞》

大雅韦平述祖勤,延州来裔诵清芬。刲肱绰楔旌奇节,烊掌趋庭证异闻。舍菜舞干还八佾,安蒲加璧却三薰。高山仰止虽云渺,犹幸通家到纪群。彦钦先生。

举首衰然列学官,胸中广厦庇孤寒。鲁齐绝业原推郑,籍湜高文尽出韩。早辨航头稽古本,愿弹柱后惠文冠。平生期许今当慰,后起青云刷凤翰。菡青先生。

庚　子

襆被别墅夜微雪枕上口占

老去风怀异昔年,已登无色界诸天。暗藏春色输金屋,亟盼秋收奈石田。开阁未应嘲白傅,闭房始拟访彭笺。围炉何事消长夜,静写《金经·白鹆篇》。

距昌平十馀里之冬瓜村有教民七八十人义和团往荡尽之感赋七绝二首

雷雨昆阳战鼓催,赤熛飞焰隔城来。裈中虮虱犹跳荡,遑问鲸鱼跋浪开。

跳掷黔驴技已穷，捷书盼断大明宫。可怜亿万虫沙劫，荆棘铜
驼在眼中。

拳　民

蛮触居然习战争，苍头突起一军惊。诸于绣褕三军笑，濯鼎扛
车百戏呈。扬盾有同方相氏，跳刀本以拍张名。牟驼冈下兵将到，
火速缯符召郭京。

严更鱼钥九门开，夹道欢声哄若雷。香气浓薰通帝座，甘霖渥
沛淡民灾。桃符尽易迎神字，檀越争施奉佛财。不息咸阳三日火，
汉家方贺柏梁台。

不须为鹳与为鹅，伐鼓撞钟舞屡傞。荼火军容终饮恺，葱衡朝
服俨观傩。通侯朱邸争先拜，醉尉蓝田不敢呵。道左青骢齐辟易，
天门诀荡好经过。

厝火何知卧积薪，横磨十万剑随身。举幡慷慨思张楚，制梃仓
皇起挞秦。且祷神师驱邓艾，愿为厉鬼学张巡。棘门灞上原儿戏，
大纛高牙化作尘。

杀人如草复如麻，弹雨砰铿落炮车。禣裼空拳临虎穴，沧溟赤
手拔鲸牙。恶声到处啼妖鸟，勇气当年式怒蛙。究竟锄耰非利器，
小人自古化虫沙。

一鼓阗然气已衰，焦原跕足始知危。万家杞妇劳生祭，五尺汪
童痛死绥。推刃疾同翻手易，覆车悔莫噬脐追。二陵风雨骸尸在，
蔓草青磷千古悲。

龙　王　庙

　　一池功德涌芙蕖，花气疏帘浸玉蜍。般若禅林堪养寂，趯然空谷譬逃虚。故山未誓先人墓，流水先寻长老居。画壁人天诸变相，降龙伏虎竟何如。

　　城北来游选佛场，修罗藕孔遁何方。刑天干戚交衢舞，避地衣冠复壁藏。新窟山中营狡兔，歧途门外叹亡羊。自怜病榻维摩诘，妙偈先参药树王。

昌平道中

　　青河北去指沙河，回首宫庭怆黍禾。旷野凄凉悲兕虎，危梁崱屴架鼋鼍。村佣辞客频镬釜，津吏驱兵尚枕戈。薄笨小车泥潝潝，且随短蹇上坡陀。

　　疑鬼疑神十万兵，长平一夜付秦坑。绛冠无复游燕市，青盖微闻入洛城。匝地虫沙归浩劫，寥天鹤唳助军声。莫言壮士行何畏，前路萧萧正马鸣。

昌平寓舍

　　凄凉身世等悬匏，野衲闲云共打包。田舍停车相问讯，市门倾盖暂论交。频呼便了修僮约,且诵真如避客嘲。绕树惊乌啼不定,南飞何处觅归巢。

矮屋垂帘似短篷,循墙咄咄自书空。牵茅屋角更龙蜕,缚篆檐前扫马通。撑牖穹庐聊蔽日,闭门空穴惧来风。可能龙树江亭畔,再访山僧倒碧筒。

金茎露下泪如铅,东海扬尘又作田。弹指城荒龙汉劫,打头屋小鸟窠禅。瓦灯夜课听檐雨,土锉晨炊起突烟。床角雷声闻斗蚁,耳聋三日不成眠。

郁葱佳气十三陵,欲起支筇病未能。对策前贤嗟下第,运筹诸将缈中兴。讹言有虎惊投箸,禁旅如貔戏释挩。剪纸招魂前日事,夜来清梦绕觚棱。唐刘蕡,州人有庙祀之。

同舟吴越俨相忘,皋庑春声夜未央。宾主敢言金箭美,渔樵共话酒杯长。科头狂态疑中散,枵腹清斋学太常。江上峰青人不见,天方故事说钱郎。居停杨氏昆仲,回回教,食无肉者两月矣。襄阳钱仲仙孝廉亦大方人,故及之。

桃源何处避秦氛,湿水军都证旧闻。旧令尹须新令尹,谓裴访白、许东蕃两刺史。大秦君与小秦君。寄侯下邑悲中露,名士新亭话夕曛。桑下莫忘三宿地,入山麇鹿尚为群。

次韵答秦佩鹤前辈

斗粟难为赁庑粮,瀛洲况共墨池荒。饭心龙象栖禅窟,接翼鹓鸾下女床。余寓龙王庙半月,君继至,甫三日而寇氛逼矣。避地衣冠追栗里,论文声价重萍乡。甲午大考,君名在第二,萍乡文道希首列,出自斜封墨敕,时论为君屈之。芰荷何日还初服,依旧邻墙送酒忙。

蚕未成丝蜡未灰,鹍弦枨触有馀哀。新词淮海囊琴至,旧梦湘弦放棹回。君奉使湘中,适在悼亡之后,尝绘《湘弦旧梦图》以自解。萧寺清谈频剪烛,荒城佳节痛衔杯。春明宅子如天上,咫尺蓬山未许来。

景从多士昔赢粮,到此庄偏陆氏荒。书带近依高密里,幅巾同拜德公床。花桥老屋与君家仅隔一墙,先师西圃先生里第又在东头数武,尝与君同谒先生于卧榻,执经问难,宛如昨日。松陵结社犹前日,藤榭开门忆故乡。两鬓飘萧人海老,年年相约送穷忙。

毗岚风荡劫轮灰,又见王孙乞食哀。鹑首剪诸天尚醉,鼍头望断上之回。讲筵抗疏留金鉴,复壁传经闷玉杯。饭颗山头君莫问,赫蹄知是送诗来。

昌平寓舍即事叠前韵

弦歌垂绝在陈粮,艾席葭墙此遁荒。饭罢驱蝇开密牖,诗成扪虱啸胡床。避兵客至悲同谷,放学童归进互乡。慎莫回旋嫌地小,闭门且学灌园忙。

蕤宾律动应葭灰,厄闰黄杨信可哀。相传八月置闰有兵劫。行到穷途车辙尽,卧看旷宇斗杓回。隍中讼鹿方推枕,梁际惊蛇又堕杯。洗足燂汤相慰劳,家家辛苦贼中来。

叠 前 韵

瓜畴引蔓亩栖粮，满地干戈岁未荒。客座饤梨堆茗槚，邻家酿秫压筈床。王孙末路吹箫市，帝子前朝铸鼎乡。话到十三陵畔路，昌平山水卧游忙。行箧有顾亭林《昌平山水记》，可为济胜之具。

切云飞阁黯残灰，画鼓声流变徵哀。天子旌旗方大去，道人剑佩自名回。鼓楼瞰一城之中供吕仙像，岁久为风雨摧蚀，仅存颓垣残瓦矣。风来山堞遥闻角，雨过堂坳戏泛杯。遗爱栾公犹未泯，瓣香尸祝使君来。潘伟如年丈曾为昌平州牧，庚申淀园之变，修睦强邻，抚绥畎庶，一州晏然无恙，民到今称之。

再叠前韵

龙脯空谈未是粮，剡逢地老与天荒。茶铛折脚安泥灶，椊杖支颐话石床。屠狗频来居近市，闻鸡刚罢梦还乡。翠华闻说还西狩，父老留都望幸忙。

转尽柔肠寸寸灰，前尘未叹已先哀。甍甍院落蝇相吊，盼盼楼空燕未回。平视惊鸿还在笥，横陈嚼蜡只衔杯。瑶池倘许传消息，青鸟殷勤海上来。

三叠前韵

瓦檐鸟雀噪无粮，黯黯彤云惨八荒。积雨帘栊成泛艇，惊雷剑匣戛鸣床。忏除文字逃空谷，脱略衣冠近裸乡。桑海尚存东涧集，频挥老泪校雠忙。行箧无书，惟有牧翁《有学集》一部。

雪涕牛衣志未灰，唾壶敲缺放歌哀。寒衣开箧惊风起，残烛移灯钱月回。碧藤畦封浓似靛，紫茄篱落大于杯。上林莫访虞渊簿，犊鼻村居抱瓮来。

銮舆西狩将自大同移跸太原款议难成
还都无日怆然有作叠前韵

启行何有彻田粮，卜宅幽居未允荒。星散衣冠晨下殿，风驱草木夜移床。千屯豹尾中黄士，八达羊肠迭翠乡。冯尚云中方出守，悬知职纳橐馕忙。谓大同知府李子丹前辈。

雒阳铜狄泣沉灰，又自隐桓降定哀。汉厩飞龙还待发，宋都退鹢未飞回。空存宿将三遗矢，且劝长庚一举杯。李晟天生为社稷，万家免胄望公来。

挽王廉生前辈叠前韵

　　铭心绝品减葍粮,眄睐千金过色荒。仙仗花砖迎月辇,椉讴莲液荡冰床。石渠虎观论思地,锦里鸡坊守望乡。君以南书房翰林奉命办京师团练。朝罢归来书画舫,鉴藏不废治军忙。

　　先秦文字拨残灰,一旦元亭宿草哀。棘下谈天驹忌屈,蓉城拔宅曼卿回。麒麟郊埠空悬鼓,牺象沟泥已断杯。汲冢耕犁重出土,问奇何处访君来。

挽吉甫同年熙元叠前韵

　　朝阳竹实凤为粮,兰锜从龙起朔荒。傅粉羊车频入市,谈玄麈柄不离床。青箱无愧传家学,墨绖相从返帝乡。回首东华朝退日,人天永诀片言忙。尊甫寿山年丈以七月十二日殉于北仓,十三日赴史馆,遇君及廉生祭酒于东华门外,下车谈时事。时军报梗塞,尚盼捷书之至也。伤哉。

　　秦法由来重弃灰,念家山破不胜哀。君邸为俄人驻兵之界,焚掠甚惨,各国以俄为暴秦,有以夫。苫庐肯效牵羊辱,松漠新闻策马回。君奉命口外,赐奠回京未久。画筒烟云流楮叶,诗龛风月话箬杯。君善画、工诗,为八旗眉目,且长成均,故以法时帆祭酒为况。褒忠辉映更生传,共炳丹青照后来。前祭酒宗室伯希前辈盛昱有诏付史馆立传,君与廉生前辈合疏所请也。

感事叠前韵

弄兵但为寇赍粮,七日难开混沌荒。房琯陈陶嗟失律,华元楚垒怯登床。豕蛇荐食中原地,胜广沉吟大泽乡。三战已闻师及郢,临轩策遣太匆忙。

洪炉锻出陆沉灰,河曲移山亦大哀。弃甲惊闻千兕积,覆车如引万牛回。三经沧海三高岸,一卷《离骚》一酒杯。怊是神仙亦沦谪,罡风吹下上清来。

哭王伯唐同年<small>铁珊,英山人,官兵部</small>叠前韵

肯恋盐车苜蓿粮,长鸣天马出遐荒。三挝鼓吏登前席,千古诗人置下床。弱冠机云人海客,中峰灏霍火维乡。接䍦倒著还狂突,白眼看人拥彗忙。

儒冠长恸不然灰,蹈海沉沙志可哀。仙侣未忘张梦晋,<small>易实甫观察自称张梦晋后身,与君交最久。</small>鬼头如见贺方回。遗文客馆谁搜箧,美酒兵厨忆举杯。一个畸人今又弱,<small>余尝谓己丑同年生君与廖季平、李啸溪、周宸臣可为《四畸人传》,宸臣墓有宿草,今君又殉国难,幸而后死,异日当践斯言也。</small>乌衣门巷忍重来。

奇觚庼遗词

庆 清 朝 题王西室《半偈盦图》

图为文文水笔，翁尚书师旧藏也，许丈鹤巢识为尊甫凫舟先生故物。光绪庚辰，尚书典礼闱，许丈被放，遂以此图归之，并填词为赠，有云："投珠遗恨，略补前因。爱士盛心，可感也已。"韬甫前辈复属张雨生刺史对临此帧，出以征题，敬步卷中原韵。

青桂连蜷，一袈裟地，佛龛雕镂如新。百谷《与王元美书》云："燕山匠者，善造阿育王塔，雕镂若鬼工。携归树于半偈盦前青桂之下，一袈裟地。"白毫弹指，非非梦亦成尘。伯谷梦偈云："佛手指端放毫白光，如十匹练。"又云："若云非梦，即非非梦。"赢得后来好事，一图分作两家春。今犹昔，从来大隐，都住金门。　此日停云群从，论休承才调，数到君身。祖庭爱士，洇濡欲湿枯鳞。苦叹焦桐未遇，殷勤为拂爨馀痕。投珠恨，转成佳话，翻尽陈因。

叠 前 韵 赠巢隐丈

盘石留题，松窗半偈，温岐诗句翻新。"松窗半偈"，见温飞卿《盘石寺留别成公》诗。画图重展，犹留燕市缁尘。还我青毡故物，依稀寒谷忽生春。谁持赠，虞山夫子，当代龙门。　　忆否铜坑山谷，看梅花如雪，百亿分身。归来痛饮，湖边网得银鳞。曩日纪群小友，鬓霜已改镜中痕。归何日，山中老柏，共话前因。余至邓尉寻梅，辄主丈家，间宿柏因社。

再叠前韵 伯谷为汶南袁公客，再游燕市，袁公已捐馆舍。时相有修怨者，或劝伯谷自讳毋言袁公，伯谷谢不从。感其事，再赋一阕

燕市重来，袁公何在，一枰棋局更新。青骢巷陌，依然十斛香尘。惟有平津车厩，棠梨零落不成春。摇鞭过，燕刚辞垒，雀可罗门。　　我亦汶南旧客，笑犹携章甫，远适文身。酒杯浇尽，腹中兀自生鳞。太息桓谭逝矣，箧书黯淡旧题痕。摩挲久，怆然陨涕，不省何因。

琐 寒 窗 送蒿隐归榇出朝阳门，词以志哀

刮面惊沙，朝阳门外，素车南下。丹旐飘扬，桥畔萧萧鸣马。叹金门，十载郎潜，魂归谁与杯重把。但西风踟蹰，衣冠如雪，道旁送者。　　斯人今不作，念吾党何依，礼堂长夜。精亡脉极，都为虫鱼注《雅》。㓨茂陵，剩稿无多，盛年早共应刘谢。为料量，蟫翰残篇，清泪如铅泻。

前　　调 闻舅氏南山先生讣，次前韵

一昔人天，渭阳情重，怆然泪下。甥舅齐年，束发同骑竹马。到中年，哀乐偏多，养生桐梓忘拱把。最伤心母氏，同怀七子，遂无存者。　忆平头笼烛，每短巷相从，辄逾深夜。一麈聊寄，缝掖依然儒雅。何田家，一院荆华，临风俄见三株谢。信彭殇，自古难齐，水断为陵泻。

清　平　乐
八月十九日，内子暨儿辈北来，仍寓东铁匠胡同旧庐

城西地迥，门掩蓬蒿静。燕子归来巢乍定，犹忆旧时门径。　古碑金薤盈箱，乱书束笋堆床。试问几多家具，两三薄笨车装。

桐城姚氏，竹叶亭边地。翁尚书师云此地为姚伯昂先生旧宅。阅世生人人阅世，传舍古今如寄。　闭关聊学瞿昙，著书敢比桓谭。檐畔依然垂柳，俨然身在江南。

解　语　花
汪范卿主事新纳姬人，湘产而育于荥阳潘氏，明慧寡俦。
却扇之日，置酒觞客，因事未赴，词以贺之

银潢一角，析木津边，有小星飞渡。纤腰如许，前身是，管领章

华旧主。秋风江渚,试罗袜凌波微步。凭寋修,桂棹兰旌,来自潇湘浦。　犹忆花桥白傅,正家邻水阁,随侍蛮素。谓西圃师。绮筵今日,开金屋,平视从容挥麈。自呼负负,修不到,倾城一顾。千尺深,潭水桃花,持比君情愫。

摸　鱼　儿

何颂圻比部属题《西湖放棹图》,宋张梅渊有
《重过西湖》,此阕因次其韵

正清和,嫩晴天气,湖光山色如浣。烟波一舸重来处,回首旧游未远。莺燕唤,浑不似、断桥流水寒雅岸。市朝苦短,怅南渡沧桑,西泠烟柳,共此岁华换。　嗟今昔,狐貉一平声。丘相伴,贤愚同尽何限。滔滔谁作中流柱,金石波心不转。嵇阮懒,不过是、倘徉载酒江湖畔。乾坤尘满,且揽辔登车,鸣珂爆直,来适子之馆。

木兰花慢

费芝云兵部《感怀》词六首,悼其亡姬作也,出以见示,为赋此阕

彩云吹易散,渺天上,与人间。叹钿盒空留,香篝未冷,梦醒灯残。新诗郁伊善感,断么弦,凄绝不胜弹。已是舜华易萎,空教好梦征兰。　瑶台何处佩珊珊,不见有青鸾。忆碧玉初来,胥江一舸,共挂烟帆。长安十年如梦,芰荷衣,偕隐负青山。异日五湖深处,凌波罗袜重还。

沁 园 春 马缨花

车盖亭亭,斜日未西,浓遮屋黮。看织成茜黂,柔还似毵,吹将柳絮,撒不因盐。绛节珊珊,碧幢冉冉,销尽当空火伞炎。风幡引,有竿旌析羽,染以朱湛。湛即"渐"字。　倘教开傍妆奁,似荡漾流苏幂画檐。更绛纱系处,同心试绾,紫罗剪就,纤手轻拈。近看如无,深藏不见,隔著墙头春色添。空阶畔,剩蒙茸残雪,采亦盈襜。

蔽日迎风,早暮阴晴,天然羽幢。每朝霞初起,浓阴似盖,书帷月上,其卷昏黄。淡漾帘波,低围步障,又似屏风六角张。翩翩影,瞥秋千飞下,翠襟红裳。　回廊立尽斜阳,到今岁花时欲断肠。叹朝朝暮暮,凄凄切切,空言蠲忿,忧反难忘。花落花开,优昙一现,慧业灵根总渺茫。人间世,真电光石火,难遣彭殇。

壬　　寅

题戴文节《山水卷》
潘辛芝年丈旧藏，文孙翊仲内翰属题，置箧中久矣，今将赴陇，为题绝句二首归之

　　泼墨溪山倚短篷，鹿床清节画图中。丹青吴越流风在，各有传经付小同。

　　十年不到花桥阁，大好湖山忆故乡。今日陇云西去远，五千馀里到甘凉。

癸　　卯

五月二十日按部西宁出兰州北门

　　晓日旌旗闪紫骝，浑河如带巩金瓯。黄流直下三千里，铁索横连廿四舟。苍壁划开如隘巷，赤城突起有高楼。归家毕竟家何许，亦未平原十日留。

甲　辰

青家峡题壁叠前韵

迁乔总比旧巢安，弧矢平生志晬盘。三异已驯桑下雉，九苞会集竹间鸾。乌头马角难为尔，雨过天青也者般。晓起骊驹听唱别，聊将沦落慰方干。

李凝叔刺史寄贻家刻丛书并赐题拙著 《藏书纪事诗》敬和原韵二首奉谢

蜀中有三李，香严亡廿载。蜀中三李惟香严先生为忘年交，今墓有宿草矣。今见李刺史，朝宗如到海。匡坐揽九州，不觉庭户隘。出宰百里疆，视古如受采。邠郊古周原，远溯陶穴代。漆沮自西来，东与皇过汇。经术饰吏事，治谱有神解。藏书拥百城，皆出清俸买。缥紫纷骈罗，丹黄细雠改。著录五万卷，积算穷章亥。双凫闻量移，临潼又报最。想见旧棠阴，憩者歌勿拜。

我持陇上节，乃在壬寅载。迢迢出国门，回首别人海。恭闻龚召政，适介陇秦隘。瑶华作乘韦，简题发古采。媵以正始音，扶轮起六代。学津能讨原，汪洋百川汇。嗟余晚失学，流略仅粗解。窃惭豹管窥，惟恐鼠璞买。幸附敦槃盟，岁寒愿勿改。燔书笑嬴坑，一传仅胡亥。至今邺侯签，犹为晁陈最。开箧陈君书，敬共五经拜。

乙 巳

宿阿干镇

群峰齾缺若追蠡，夹岸人家尽枕溪。硕腹鸥夷惟近市，短腰犊鼻好冲泥。流泉蛰冻穿渠出，积雪摩空压屋低。寒气尚遒春已半，土膏脉坼待扶犁。

巩昌杂诗

何须弹铗叹无鱼，百里来迎使者车。二月洮河冰未泮，三间老屋雪中渔。苞苴讵免惭封鲊，芋栗从来善豢狙。江上银鳞盐豉美，为君乡味话南徐。巩昌府经历徐承需号晓川，宁远县典史周绍莲号爱堂，皆丹徒同乡。晓川兼权漳县丞，迂于首阳城，馈洮河鱼四尾。前任凌府经志瑚亦吾苏同乡也，方伯以晓川代之，此狙公朝三暮四之术。

方瞳鹤发地行仙，老去还耕首蓿田。经授闱中倅伏胜，史传柱下即彭篯。灯窗占哗犹前日，杖席聪强过少年。却笑同官才七十，仅堪阿买共随肩。陇西乡学训导魏续曾年九十二矣，精神矍铄，步履如常，无子，惟有一寡女。府学教授王楷才逾七十，老态支离，远愧是翁矣。

十日春阴锁不开，冻云如墨起崔嵬。披裘已近清明节，拔剑应多抑塞才。弩末只堪穿鲁缟，灯传谁与拨秦灰。自怜髀肉消磨尽，再向冰霜炼一回。到巩半月，同云积雪，气候俨似深冬，每日冲寒早起，点名彻晓，初不意老病之能支也。

　　使车谁望庚公尘,雪柳征途来往频。骯脏沿门还托钵,踟蹰当道敢埋轮。估人章甫空赍越,逐客赢縢值去秦。莫问骊驹何狗曲,晓寒踏雪出城闉。此次改章,生、童皆试两场,半月未毕。又当新令尹将至,主人不怿之意见于辞色。

　　空谷跫然有足音,自来敝帚值千金。无征原异航头本,不遇休嗟爨下琴。骏骨亦如求燕市,蛮笺从此重鸡林。衣冠朴遬村夫子,聊慰平生说士心。陇西恩贡生杨凌霄号让三,以所辑《陇西艺文集》呈阅,体裁虽未谨严,亦《吴都文粹》《中州文表》之支流也,给予“襄武耆献”额以奖厉之。

　　崇宁钟字出般倕,此外难寻一宋碑。牧马本非归典属,丽牲何处证当楣。粗工但画胡卢样,巧妇偏为无米炊。今日停骖扪石语,随身箧子有毡椎。前按部所至,每见古碑辄交臂失之,甚至以裱糊匠承乏,此次携一拓手随行,始拓得崇宁钟三通、元碑五通。

渡渭水登坡名未详官道旧在山麓
此次因水涨凿山通道雪后泥涂由羊肠
绝壁间猱升而下艰险万状旧路即有沮洳
尚在平地始知为导者所绐也

　　峡口山为门,壁立削千仞。渭水流其下,奔洪若雷迅。恐占过涉凶,乃忘冥升训。间介下无蹊,盘陀中有矗。未可轻部娄,本犹凿浑敦。蛰虫未启坏,熏鼠犹塞墐。隘道非置邮,灌栵自充牣。绳行悬度艰,褮属转般运。翩如载青旌,登峰作前引。崔巍百尺梯,自崖刚发轫。泥中没马蹄,雪后数鸿印。俨登颠轑阪,忽迷鱼复阵。莹然滑如笏,陡极锐于刃。惟恐梯绳攲,若蒸柱础润。鬵沦行潦旋,华离方罤絭。土膏溢为浆,冰凌泮成泛。炉灰濡不然,弓胶释犹韧。淋漓屐齿粘,蹢躅杖头顿。陷淖一尺掀,逾沟三刻徇。豕苙俨负涂,蜣丸频转粪。从骑相号谇,策马马不进。前仆后者继,进尺退逾寸。前驼屏哗嚣,小驷戒狡债。肩背相击摩,蹄远互蹂躏。俯窥窨井深,仰攀绝巇峻。熨斗柄下垂,割弧角斜奋。峻阪下弹丸,仄磴絓车靷。一落千丈强,侧足不容瞬。地小难回旋,天高徒怨恨。虽非摘埴昏,亦类负嵎困。痀偻滋益恭,鼓勇不忘慎。康庄舍弗由,捷径徒自窘。矧当积潦馀,亦未知津问。履险漫云夷,临深有馀晕。千金不垂堂,颠趾戒在艮。抚兹衰病躯,馀年生亦仅。临履先戒心,饮啄有定分。踬垤不踬山,岂尽不刊论。停车一回首,忧心尚如疢。

宁远道中雨雪寒甚口号

匝野重阴积翠微,山风猎猎雪霏霏。寒衣开箧无多事,不信春光竟不归。

瑟缩舆中痴冻蝇,重裘得似夹衣曾。八寒冰狱今初到,知在阿罗弟几层。

冒雪行三十里宿乐善镇

雪深不辨路纵横,但见峰峦玉琢成。火速简书原况瘁,水晶世界放光明。登山铎向车前语,到寺钟刚饭后鸣。闻道耕犁难下种,流鸿满目纪循声。

丈室虚窗坐不敖，湿云浓压屋山高。御寒安得黄棉袄，利市谁抛白纻袍。匦宇真疑天有漏，兼旬不觉地生毛。禁烟忽忆江南节，槐叶香清试冷淘。

三度宿伏羌赠锡三大令晋荣

十笏衙斋旧主宾，小园花木待逢春。青畴土脉今年晚，朱围山光历劫新。扫榻自迎前度客，赐环共说放归人。师侨同年，惠荣锡翁之弟也，以南宁府被劾遣戍，单骑至西安，升吉甫中丞为特疏昭雪，奉旨释归。琉璃河畔寒滩雪，正好披裘理钓纶。锡三昆仲所居在畿辅琉璃河。

自伏羌度岭亦朱围之支派也，甚高峻至关子镇高峰融雪一片汪洋泥行二十里升降重岩淖深没膝行役之艰无逾此矣

雪后昨登坡，危途极岩崒。策马频不前，谈虎有馀畏。劳者本善歌，嗟哉用告瘁。岂知行路难，所到辄遘碍。一之未为甚，泥涂今辱再。山巅千尺雪，宵寒冻如睡。朝旭升扶桑，虚空尽粉碎。飞潭下悬崖，瀑布溅如带。大泽潴汪洋，奔湍激澎湃。地险尚可升，天公信狡狯。需于沙于泥，流为沟为浍。但见赤埴坟，鱼烂而痈溃。阪田潯为池，岩石激成濑。已上层峰颠，如堕重围内。羝羊笑触藩，进退不能遂。前骑如鼋水，浅揭深则厉。豕涂陷重坑，鼠穴

出深隧。高下辙迹深,纵横曰科大。没屦将过襦,渐帷更及盖。犊鼻不障泥,马首犹击汰。前车虽已覆,未遑后车戒。健骡噤不鸣,脱辐轮亦坏。邪许集挥毚,恤勿兼拥篲。临渴掘井迟,筑室道谋败。安能系金椝,空言塞土篑。山行则乘桥,泥行则乘橇。未能备不虞,乃至箿有悔。不如舍而徒,要胜轮尔载。昔游樱桃斜,大雨时行会。道路绝行踪,驱车客襁褓。不谓涉陇阪,槐黄等逐队。委身轻鸿毛,螫吻甘乌喙。仆痡马亦瘏,主贤客敢怼。前途华林山,明日度华林山,闻泥涂更险。险逾殽黾塞。明发更踟蹰,宵梦可惊怪。俯仰感今昔,浩然发深喟。

伏羌杂诗

　　旧游未礼碧霞君,十字摩挲玉箸纹。杖底划开岩窦雪,袖中携得岱宗云。混茫鼎篆丹成合,缥缈钟声碧落闻。下界问谁能拔宅,太虚楼阁接青雯。过盘安镇二十里,山半有泰山庙,飞阁流丹,参差岩壑,望之如洞天清闳。

　　俯窥绝壑倚苍冥,高处桧巢若建瓴。三度未登大象寺,百年空到古当亭。蚕丛南去稀人迹,龙藏西来仗佛灵。满月诸天皆相好,小言直可等焦螟。大象山在城北三里,凿悬崖为佛象,巨阁数层,高不可以寻丈计,常山之龙藏寺、邠州之庆寿观、张掖之卧佛寺、山丹之大佛寺,皆瞠乎后矣。

　　未许功名继武侯,避谗姑作沓中谋。纵难炎鼎扶刚卯,究异降幡出石头。轻弃地形资邓艾,妄谈天命奈谯周。至今呜咽陇头水,犹恨桑榆绩未收。姜伯约故里。

长虹巉崒枕崇墉，遗爱难忘祀水庸。作力之而三厡勴，象形宛若一蜈蚣。访碑堤上还停骑，咒钵潭中有蛰龙。正是东风吹解冻，万山融雪下高峰。蜈蚣堤、左公堤、左介公堤三碑。

出秦州三十里铺行两山间
奥如旷如峰峦奇秀

一转峰腰便不同，蔚蓝欲滴石玲珑。市声渐远尘难到，岚霭初开雪未融。水碓濑崖如画里，山居结屋即隆中。流泉出峡清堪听，却笑筝琶尚俗工。

自长道镇沿漾水至石包城

雪后无登坡，坡高若盂仰。雪后无涉水，水深搏过颡。两山必有川，川上尺寸壤。奔湍下匹练，势若万马放。崖石当其冲，巨灵劈仙掌。正如滟滪堆，如牛复如象。万派赴朝宗，顷刻异消长。滂沱况兼旬，汪洋骤盈丈。樵径细入云，一发接莽苍。纵有一苇杭，临崖叹河广。左有当门矶，悬崖不可上。渡河从右旋，途穷亦迷惘。左之与右之，跬步即易向。马首瞻屡移，蚕丛未开朗。盘旋一水间，有如鹿卢纺。揭浅亦厉深，拔来更赴往。筑土为浮梁，两木架车辋。后退不挂跟，前行若扼吭。两杝已离桩，一拳宛在盎。俨如不系舟，中流失双桨。又如凌云台，绳空坐题榜。乱石缀四隅，难容屐五两。竚望徒回皇，飞行若跳荡。习流共搴裳，击汰聊借

杖。沉浮凫雁翔，高下鹜鸠抢。但闻淙洞声，闭目息冥想。悬度共
迤遭，诞登犹惝恍。即非困蒺藜，不啻越草莽。谁言蜀道难，坦途
尚荡荡。畏哉此简书，驱我两条簜。

大 川 坝

巨峰削出青芙蓉，下有百尺潜蛟洪。仙人浮杯不可渡，掷杖化
作长天虹。前度到此坦如砥，但听足下波涛汹。既无鳌足立四极，
略如鹍鹊填秋空。今年春水一夕发，万山积雪朝曒融。滔滔直下
注涧壑，眘然沦入波涛中。但见断木若牺象，沟中流叶相映红。千
金一壶那可得，临河无乃嗟途穷。瓜皮艇子小于叶，剜木制与太古
同。卬须但唤舟子涉，津吏未敢褰裳从。两岸长绳拽百丈，蜿蜒拂
水如游龙。人声水声相应和，千钧一发谁敢松。先从逆流溯洄上，
强台如欲攀高墉。循崖栗栗渐左折，鹢首回向如转蓬。倏从波心
顺流下，疾如箭激初离弓。乘高一泻数十丈，转丸若下千仞崇。稍
纵即逝易反掌，一呼吸顷无停踪。触石不难立糜碎，盘涡密迩冰螭
宫。况此枯槎已朽烂，昔闻漏舟今则逢。衣袽涓涓不可塞，欹器欲
侧难禁风。是犹贸然操白梃，力与强敌争雌雄。即使河伯退三舍，
奏凯天幸非肤公。严霜既降火朝觌，古者龙见而土功。徒杠先成
舆梁后，不害农隙时在冬。征人长途叹况瘁，使君高阁谈从容。作
歌聊当蒙瞍诵，下体幸勿遗菲葑。

阶州校士有感

山僻重来校士时,敢言陋俗等居夷。中朝变法期匡济,草昧论文愧转移。学术中西原共贯,病躯寒暑辄先知。堂皇挂笏看山色,终日晴宜雨更宜。

西固厅首某童年四十七矣阅其卷可喷饭瞻徇何以服多士拂拭再四而后舍旃为怃然者久之

抱璞空山苦未收,幸逢青眼列琳璆。模糊不惜儶三豕,恻怛真同爱一牛。学似蚕丛难邃辟,音如鴂舌出群咻。可怜舐鼎原非易,修到丹成已白头。

村舍梨桃各一枝烂漫盛开争妍竞冶戏作五言一首

梨花远望绿,桃花远望紫。绿萼化为烟,紫丛散霞绮。缥缈感倾城,凌波出洛水。我非公干狂,逡巡窃平视。嫣然红与白,识面自今始。深浅离合间,神光迷尺咫。空色色即空,皆从意识起。是名为树观,凡观作如是。始知造物妍,即可悟画理。花木有精神,不在颜色似。偏反若有知,临风笑莞尔。

平 乐 镇
自此至柳林太乙宫,十三首赴阶州途中作

直下一天门,十里到平乐。村市隐丛蔚,群山作郛郭。遥从阪下田,先登涧上阁。仿佛武陵源,青溪人寂寞。但闻出山泉,滔滔正到壑。沧浪清濯缨,泌水饥可疗。岸柳细垂条,岩花秾吐萼。林界亦山窝,田庐况交错。小庙栖神蒇,重关诘商橐。亦有击壤民,相与安耕凿。奉使今重来,气象讶非昨。十室九已空,虚檐噪饥雀。下泉忾苞稂,中户屦藜藿。所幸同巷绩,宵来伴绚索。少妇织流黄,机丝颇不恶。尺缣易斗升,皎如匹练薄。我闻树木计,不过十年获。《豳风》陈农桑,先民已有作。但使十亩间,墙下渐沃若。先教执懿筐,三眠蚕上箔。比屋听杼声,利源自不涸。庶几百室盈,咸愿一縻托。贤吏倘下车,尚其问民瘼。

吊 子 峪
上有阁道,吾乡张铸江大令心镜署阶州时所修

昔行两崖间,长驱出岩下。沙滩如广场,高峰凌太华。我乡张使君,五日车未驾。在官即言官,讵肯作传舍。道路是亦政,农隙逢息蜡。凿石通舆驮,顾山非论赦。岂如作露台,遽以百金罢。乍闻阁道修,俨如桧巢架。崔巍可攀梯,迤逦若悬树。断处跨石梁,一木支岩罅。今来果望洋,临河空叱咤。一苇不可杭,何来津吏

迈。幸此一线途,前通叶家坝。谷比褒斜通,道非虞虢假。伟哉版
筑功,想见弦歌化。愧无《析里碑》,小诗敢言谢。

望 子 关

望子已十载,度此镮辕艰。洞口隘如瓮,峻极难跻攀。上下梯
百级,石色青斑斓。绝顶地如掌,小小有阛阓。烟峦正当户,排闼
迎翠鬟。山厨通竹笕,流水鸣淙潺。岩险古间道,赍赆控百蛮。有
碑置前代,意在严诘奸。登高骋远眺,老泪流潸潸。不入胜母里,
乃登望子关。伤哉黄台瓜,抱蔓不忍还。有子颇好弄,作述窥一
斑。先我溘朝露,拂衣谢尘寰。彭殇本难齐,遑论跖与颜。惸然尚
于役,抚此霜鬓颁。钟鸣漏将歇,夜行不知屏。故乡在何所,但见
层峰环。庶几返初服,置田赢博间。一棺尚萧寺,伴我归青山。

叶 家 坝

溪流下一线,蜿蜒蛟龙趋。到此渐开旷,迅挟奔霆驱。冲风度
岩罅,清籁鸣笙竽。中流石不转,错落如盘盂。离立或在岸,拱揖
当路衢。亦如鬼狞丑,见客相揶揄。此溪若堂奥,两峡中田庐。入
峡复出峡,仄径何崎岖。崎岖虽云险,奇胜天下无。岩壑耐幽讨,
华实皆上腴。一丘更一壑,点缀如画图。红椒子如豆,碧柳高于
梧。水木喜明瑟,百卉皆藍敷。临流建飞阁,暗水穿堂涂。崖前高
下屋,门外耕钓徒。结邻在霞外,洞猿相招呼。似此好林墅,天造

非人摹。苟非列仙辈,安得居方壶。我宗石林子,著书宋元符。弁山有别墅,亦如乞镜湖。衰门等杞宋,於越迁句吴。孤寒起白屋,耆旧悲黄垆。数典已忘祖,几如觚不觚。矧乃礼堂本,付托无童乌。不知此土著,何世来武都。山川虽复远,派分源不殊。所冀共识字,不但耕田夫。家学绍堂构,国器成箟瑚。敬以告宗老,刍荛良非诬。

佛 如 崖 行馆在一废塾

山行渐平旷,林皋穿绵邈。村居三两家,炊烟断还续。奇峰切云表,新黛净如沐。隔岸结精蓝,当门挂檐瀑。老树长新瘿,夭桃媚墙角。乱石如狮象,波中互起伏。盘圆或杅方,大者高于屋。流泉出其中,珍琮若鸣玉。高蹈信仙乡,远来寄村塾。爰兹瞿相圃,适居山水曲。滥觞许津逮,积书在岩腹。似闻芄兰讥,将同茂草鞠。蓝缕虽未启,扶舆自清淑。化俗有弦歌,愿言告司牧。

燕 如 崖

前崖作禅定,面壁常坐忘。后崖若燕子,轻欲随风翔。绝壁自飞动,灵气中孕藏。有如振羽翮,上下相颉颃。乌衣有旧宅,藻井悬壁珰。呢喃共营垒,将雏已成行。此石太孤冷,乃在山水乡。消摇择林壑,寂寞辞轩廊。得无忧毁室,亦复警处堂。可怜覆巢下,只影徒仿徨。俯集餐岩秀,远睐涵溪光。山中自饮啄,不知几沧桑。长空有鸿雁,肃肃谋稻粱。绵蛮止岑蔚,色斯举山梁。万物各适性,静者安其常。终古此崖下,何必凌穹苍。

铁 峡

浮岚涌碧城,灵气闶芒芴。片云通往来,上有太古雪。峰转路欲迷,山深径难出。峭壁摩太虚,黝然两崖立。石液流天浆,铁花锈土屑。不著莓苔青,一峰如卓笔。遥望松杉中,绝顶开石室。结构下无地,凿空置梁棁。斜廊交四阿,量地仅十笏。欲上无阶梯,终古常锁钥。颇疑洪荒世,村民避水窟。至今悬崖间,履迹尚在穴。上者则为巢,橧栌细如缀。空中阁道悬,高处华表揭。山风飒然来,颇不忧杌陧。倘此一牛鸣,长斋许奉佛。木杪仙人栖,真与人世绝。三山有无间,可望不可即。

独石山庙

隔河望红墙,知有古梵宇。仿佛三神山,楼台出烟雨。屋后枕流泉,岩阿藏洞府。径曲不知津,峰高正当户。但闻寺钟声,日影已亭午。松栝青四围,苍皮色已古。涧湍落天绅,冈垄续堂斧。杳然苍霭中,觚棱略可睹。倘许留茅庵,更容筑环堵。拂衣从绮夏,长揖谢簪组。采药出衡皋,种蔬面场圃。道书契参同,华藏笺四部。闲招客逃禅,亦与樵牧伍。平生微管志,高吟托梁父。选石偶横琴,无弦亦可抚。长为识字农,山林亦邹鲁。洞居辟甗甄,潭记证钻鉧。匡庐第一峰，悠然指天姥。自来蜚遁区，未必邻韦杜。俯仰可自安，赁舂即梁庑。箕山与颍水，亦为尧舜土。考槃歌未迟，桑榆尚可补。

佛阳山

一溪如游龙，夭矫随峰走。面山水在前，背山水在后。邅回一径中，泉源常左右。至此如临歧，交臂失蘼芎。赫然渥如赭，溪尽见高阜。涧湍听渐遥，岩石望益丑。土皆赤埴坟，洞壑郁深黝。虽有一衣带，水宽不盈肘。自上为层梯，栗阶下虚受。渐摩可穿石，涓涓仅盈缶。两崖尽隒墙，断缺如腐朽。乱石忽破碎，高下积罂瓿。拾级难遽升，攀援恐脱手。虽无万丈潭，高亦扪参斗。莫云贾馀勇，蒲骚未可狃。凿山开鸿蒙，愚哉河曲叟。天下无坦途，蚕凫十有九。前行甫康庄，豁若开户牖。不见米仓山，崔巍又马首。

米仓山 相传为吴玠屯粮处

千里远馈粮，师旅不宿饱。何以峙刍茭，飞挽可不早。此山控陇南，上有古军堡。溯当宋偏安，邦家尚新造。延陵有将才，绝尘两要袅。驰驱陇蜀间，兄终弟乃绍。遗垒试循行，专阃寄招讨。神州尚陆沉，中原正涂脑。所恃岩险凭，三军足刍稾。在昔楚汉争，敖仓输甬道。营平十二宜，先上屯田表。始知古名将，成算胸了了。守险富积储，可待敌师老。韩彭尽功狗，酂侯功岂少。转饷出

关中，汉兴基已肇。山风谡然来，登高豁幽抱。松杉碧幢幢，恍若
见羽葆。想见筹笔时，军书旁午草。士马歌饱腾，讙声尚凫藻。

安　化　镇

　　江流下层嶂，逶迤经赤砂。洪化古壮县，土风犹清嘉。岩壑郁
松桧，井里喧桑麻。夭桃艳灼灼，犹是河阳花。葭墙倚绝涧，短矼
横枯查。奇石道旁立，新柳排为衙。村居自太古，使节惊皇华。髫
稚列车下，土音操呕哑。即此驻宾馆，落日方停车。访古叩邻刹，
箫鼓听传芭。两碑为宋敕，郁律蟠蛟蛇。笔势险且劲，风尚沿蔡
家。一碑上有羃，不啻云雾遮。晶莹未开镜，黯淡长笼纱。不知炼
何冶，抟土疑女娲。可望不可即，语石徒摩挲。随身有毡蜡，著录
今新加。持寄艺风子，敝帚千金夸。

梨　树　峡

　　钉坐孰云美，昔闻哀家梨。张公与大谷，一一名可稽。武都本
山瘠，厥土非涂泥。农田树宜木，樗柰李柿梸。香风出林巘，百草
抽新荑。山下结茅屋，屋后临清溪。门前数行树，密叶交枝低。琼
柯散瑶蕊，绰约如初笄。有如藐姑射，缟袂临风兮。冰雪为肌肤，
嫣然启瓠犀。想见月初上，一色含颇璨。灌圃须抱瓮，墙下横短
梯。未谙树艺学，终岁病夏畦。泛贾不可得，遑论圭与蠡。《南方
草木状》，作者空传嵇。虞渊上林簿，谁复知篇题。逾淮橘化枳，伐

檀先挈楎。物理难可论,土质亦易迷。世无郭橐驼,所见终醯鸡。蹲鸱纵沃野,弃之若粪坻。十亩粗自给,千里难远赍。但供游客赏,踯躅停马蹄。欲寻老农语,前村方扶犁。

柳林太乙宫

山骨露赪紫,上覆莓苔青。有如古尊卣,斑驳虎蜼形。土花发深黝,绝壑蒸龙腥。溪上有村寺,村外环畦町。我来正三月,弭节临郊垧。四面尽柳色,浓绿天为暝。长条密如织,鲜翠开锦屏。不啻汉宫里,掌上舞娉婷。春山献眉妩,宛与斗尹邢。可怜风中絮,化作波上萍。幸哉未摇落,及此征骖停。亦知岁寒节,难语松柏龄。婆娑尚生意,未遽悲秋零。郁郁蔚蓝色,上可干青冥。此中有洞府,拂藓寻碑铭。园绮旧栖托,位业图真灵。似言校书夜,然藜降列星。丹灶已寂寞,奇石还珑玲。道人但耕凿,不闻讽《黄庭》。惟有门外柳,依依短长亭。

阶州杂诗

溪流万壑下沧江,一线长堤束怒浤。如上岑楼临广漠,更移天汉泻虚窗。周围绝壁中开井,漂泊孤城下系艭。忽讶龙吟刚到枕,宵阑古寺晓钟撞。江流城上,以堤捍之,登堤俯视,不啻釜底。若溃,则一城皆鱼鳖矣。蚕丛昔自五丁开,邛杖赍钱次第来。陡谷向名蛇倒蜕,断崖时有雁飞回。袤延下辨河池道,直走瞿塘滟滪堆。历斗扪参非险绝,群山南去益崔嵬。

径从碧口下阴平,铁索桥联两岸横。倒泻江声还北走,赤沙、白龙两江会流之处,一向北,一向南。疾趋山势向西倾,奇兵间道风犹警,太古荒山雪未成。鱼贯裹毡成底事,乱峰不见蒋舒城。

突兀飞来果有峰,划然劈破翠芙蓉。泽宫宣榭炎炎及,沧海桑田小小逢。风起毗岚皆拍碎,地成流质甚初镕。莫言四极支鳌足,掉尾深潭等毒龙。阶州常患地震,前十馀年大震,城外山崩,一峰飞落城中,有樵子采薪其上,不觉与山俱堕,晕而复苏。学宫覆压,两广文殉焉。

佛宫窈窕出烟鬟,远在苍茫峦霭间。石屋树从云外绿,铜碑苔向雨馀斑。松杉结宇招园叟,萝箐封山阻洞蛮。虎迹如盘人不到,叩关有客问津还。云雾山离郡城数十里,高极云表,为人迹所不到。闻有古碑,命工携毡蜡往访,得一铜铸造象碑,无年月,文颇工,但非古刻。

红女祠前绰楔留,水帘高挂洞门秋。临流皋壤宜耕读,绕郭村庄可钓游。一路蚕丛桥道阁,半空猿梵刹竿楼。鹿门自是庞公宅,但少清溪月夜舟。红女祠距城约十里,在西岩之上,祀唐贞女。峰顶有水帘洞,瀑布飞流,林壑奇秀,为近郭游屐所萃。

虎渡江东宋均。或渡河,刘昆。从来善政使君多。豚鱼理可中孚格,鸾凤声如自在歌。其次貙刘宜服猛,亦如猎较与驱傩。摩挲贞石千秋在,不杀依然为止戈。访得《刺虎》两碑,皆宋淳熙中为太守田公作也。

猿狙同类可充肠,肥瘠当前任揣量。彀觫亦如民入阱,恣睢俨似吏登堂。御寒未必逾狐貉,贳醉惟堪抵鹔鹴。珍重绨袍持赠意,冰天光怪发巾箱。金线狨出武都山谷中,亦猴属,高如人。猴什伯为群,遇之慑伏不敢动,揣肥瘠而噬之。其毛灿烂作金色,腹下长毛下垂有至数尺者,制裘奇暖,前年窦殿珍大令曾以两袭见贻。

手携红帕候蓬门,但听车前笑语喧。村妇鸠盘携稚子,老翁犊鼻送诸孙。三年一见轺轩节，百里双亲褓褓恩。流涕不禁惭父老，童乌岁岁为招魂。自过小川镇，每至一村市，男女塞途，皆褓子而至，以红布幂儿首从舆下过，俗谓之过关，盖以"关""官"同音也。闻蜀中风气亦如此。

三年蓄艾七年期，斯疾斯人命可疑。茉苢刺诗终有作，荪兰昭质保无亏。抑搔亦似裈中虱，泙澼何来手不龟。麦麴穷呼还有否，溪风岚瘴苦嫌卑。文昌生、童皆病疮疥，有不能伏案者。据云其地在山谷中，水土卑湿，居处不洁，因以致疾。

陇上汉刻皆在流沙以西关内惟成县天井关有李翕《西狭颂》同官有以此为书帕之馈者赋七律一首

鸾翔鹤骞下苍冥，析里桥头古勒铭。笙磬音同周雅颂，衣冠制出汉丹青。八分自得天然妙，五瑞相传地效灵。甘露黄龙木连理，武梁祠画有先型。

泰石山 自此至《牡丹原》十二首阶州归途作

岩峣望峦壑，干霄峻无极。夹道塞盘陀，危冈上逼仄。我行陇山川，已遍车马迹。叩关登络盘，南过小川驿。两登泰石山，良可傲桑郦。势与嵩华齐，险亦孟门埒。离合半风雨，星辰手可摘。只以古职方，声教阻重译。图经付阙如，无征到游客。两崖通涧桥，十里度沙碛。初升尚逶迤，继进愈崱屴。巨石车轮旋，楸枰正布

弈。蹲若虎饮弦,裂如龟食墨。矮松卷如虬,涛声起岩壁。高下尽
梯田,地利已尽辟。村民太古风,索绹当农隙。一犁耕白云,油油
禾苗色。渐闻鸡犬声,绝顶有阡陌。欲下尚徘徊,不知几千尺。参
差乱峰间,盈盈一水隔。遥望不容刀,但须一苇席。岂知下向若,
望羊犹如昔。不见三台山,高高不可即。更在山上头,一峰标太
白。楼观出绿阴,陆离炫金碧。此殆化人城,或是阆风宅。安得御
泠风,凌虚生羽翼。

小 川 镇

　　大川至小川,中隔酸枣坡。上岭复下岭,沙石横嵯峨。梯田列
斜畛,陶穴安行窝。黍苗绿已秀,碧树交枝柯。山平渐见市,市也
方婆娑。于耜趾共举,击毂肩相摩。山中百亩地,四面峰峦多。仰
窥攀井干,攒列围冢嶓。南行当冲道,使传常经过。所嗟岁不熟,
奈此穷民何。老稚并菜色,积病如未瘥。攀号列车下,从者且莫
诃。蕞尔此小邑,历政闻虎苛。雨旸既不若,吏又严催科。水深火
益热,未闻齐烹阿。即使发仓廪,一勺难言波。移民与移粟,小惠
如两河。惟有与更始,礼教相切磋。耕夫不辍耒,织女无停梭。鸿
雁渐归复,牛羊群寝讹。约法惩游惰,驱恶如驱傩。庶几元气复,
岁丰人亦和。比户可自给,击壤康衢歌。

扁 头 上

前为石觜子，上有小庙供大士象，道旁有修路两碑，乱石飞湍，山水奇秀，倚树听泉，悠然神往

一线通往来，下涧上绝巘。倚壁势高悬，土音谓之扁。有如凌云台，署楣擘窠篆。斜下袤欲倾，前望细难辨。巨壑或谽谺，破崖况巉巏。绝处架飞梁，居然到梯栈。升附比猿猱，仄行逾蜓蝘。遥望隔溪峰，云中有鸡犬。筑寨俨如城，犁田亦成畎。苍霭有无中，凭崖指征伴。不啻避世民，得无列真馆。拔宅丹已成，仙眷尽刘阮。岂知易地观，两山固不断。同在最高峰，仙凡初不远。居者但作息，行者自缱绻。看山如读书，探讨益奇隽。溪声引潺湲，峦霭助睐眄。有石矗如矶，扫地即为墠。上有尺五龛，金容亦圆满。去住两无心，闲云等舒卷。愿闻我诗义，是旨孰深浅。菩萨意云何，请下一语转。

石 峡 关

山程六百里，自秦可达阶。蚕丛虽天险，山水亦致佳。此关为发轫，出峡皆层崖。潆洄溪涧合，窈窕峰峦排。水帘泻不断，石镜明如揩。巨声作鞿鞨，若闻钟鼓喈。环溪剪蓬藋，临水开荆柴。门垂绛桃绶，檐挂苍松钗。萧疏杨柳色，不似章台街。吾乡朱使君，自命桐乡侪。远来迓使者，晨夕欣暂偕。一言效忠告，幸勿同齐谐。青乌术自古,汉后传者皆。九宫方位别,千里毫厘差。可怜杨救贫,所见原井蛙。此乡俗尚古,葛天与无怀。惟此风水惑,往往穿芒鞋。亲死举委壑,但为营奠斋。蝇蚋痛姑嘬,间亦馁狐豹。岂无一抔土,亦足藏遗骸。桐棺三寸薄,日炙风雨霾。腥闻召疠疫,过者鹈鹕哇。治岐有仁政,掩骼皆亦埋。所愿长官贤,警此恶习乖。渴葬俗丕变,枳橘如逾淮。高蹈信灵宅,浩然梦羲娲。

页 水 河

　　山水最幽处,适逢岁洊饥。车马所不到,益觉人烟稀。岩石郁孤秀,溪水涵清辉。平生遂初愿,恒与青山违。到此万虑寂,憺焉欲忘归。青松出云表,下有峰崔巍。谽谺开巨户,其大逾十围。谁欤筑环堵,欲叩键双扉。莓苔印阶屐,薜荔生垣衣。钟乳滴悬窦,石梁架危矶。空山人不见,麋鹿皆忘机。得无采药去,惟恐临车旗。迢迢白云外,行歌在翠微。偶然问樵牧,所对乃大非。但言岁不熟,泽雁皆远飞。可怜首阳山,欲采无蕨薇。皇天尚苦雨,麦苗青不肥。不知何岁月,归来可庶几。闻言嗒然丧,宜为山神讥。但吟《招隐》什,未遑问民依。

青 羊 峡

　　山高不见日,驱马风萧萧。空翠荡岩窦,寒气生沉寥。前峰望咫尺,一发横山腰。穿云度迤逦,不觉行愈遥。石色自太古,郁郁

青琼瑶。茑附无寸土,峻极空嶕峣。流泉下匹练,混漾悬鲛绡。潺
湲去不返,清籁如竽箫。倘许结庐住,小筑栖鹪鹩。观瀑且挂笏,
酌涧聊挂瓢。箕颍愿斯足,一洗尘缨嚣。惜哉林壑美,不闻田园
饶。冬霜杀桃李,四野无青苗。乡井弃如屣,毁室伤飘摇。胜游且
勿喜,恻怛陈风谣。

西和漾原书院

《禹贡》志山川,导漾自嶓冢。东为汉沧浪,经言非凿空。此水
自渭西,其途通秦巩。源流信各殊,谟觞溯在陇。或与天水邻,岂
可地舆懜。迢递一鸥程,嵯峨百雉耸。古为上禄城,今亦绾毂总。
庐亩尚接连,峰峦但环拱。颇有猗郑徒,高资能坐拥。千亩营卮
茜,百里输秸稳。所虑壤犬牙,期会政繁冗。一官期一年,传舍太
倥偬。墨突尚未黔,毛檄又新捧。阅人我已多,癸卯至西和,徐绶卿署
县事。此次至阶州,则为高小邑。及返,陈云亭又接篆矣。不知谁作俑。
入境无弦歌,载道有桔拱。火速惟催科,罔知民为重。今兹况无
禾,流亡民接踵。老幼相提携,菜色微且尰。道殣已相望,疾苦仍
上壅。幸哉太丘长,掊克非桑孔。岂弟尚在怀,诘奸济鲕甬。下车
抚疮痏,秋来降嘉种。

石 包 城 <small>“包”字疑当作“苞”</small>

上禄三十里,有城曰石苞。颇疑晋仲容,治兵驻此郊。南皮起

持节,誉擅无双姣。筑垒谨斥候,虑无屯前茅。至今豳蜡籥,如奏凯旋铙。岘首羊叔子,怀古同嘐嘐。菑畬痛金谷,汤沐非石窌。绝顶有栋宇,高处悬桧巢。精蓝筑已古,剥落丹青淆。白云自来往,不见僧打包。在昔魏齐代,正篮玄黄爻。君臣共佞佛,不惜金钱抛。佛龛盛伊阙,风雨古二崤。其次宋临安,灵鹫与虎跑。凿石为巨像,宫殿开豁庨。莲台千百亿,涌现层岩坳。观音大势至,璎珞垂绀髾。清信佛弟子,里俗逮斗筲。磨崖纪岁月,笔力蟠螭蛟。致令欧赵辈,辑录相訾謷。此山像亦古,颇愿订石交。毡椎倘有字,口诵还手钞。岂知岁漫漶,没字碑同嘲。过者莫护惜,牧童尝火敲。几如偃师像,解散类革胶。屠门过大嚼,毕竟非充庖。山河大地幻,起灭成影泡。摩挲三太息,且归酌用匏。

长道镇

我从礼县来,停骖到上禄。今日宿盐官,长道当绾毂。又为礼版图,非复西和属。接壤若犬牙,牛羊各刍牧。蕞尔两弹丸,纷然一棋局。不知职方氏,履亩丈者孰。豆剖与瓜分,参差弧三角。方田倘乘除,皆成盈不足。仁政经界始,画井制夫屋。控驭贵居中,纲领先在握。有如泰豆御,轮皆三十辐。左之或右之,磬控在一轴。自来鞭虽长,安能及马腹。近在堂奥间,幽隐自洞烛。即如石峡关,旷然隔山谷。百里未至城,一村自为俗。县官但高拱,吏胥寄耳目。偶值水旱灾,或兴鼠雀狱。赴愬动需时,驿传难火速。越境可逋逃,蹊田难约束。歧路已亡羊,鸿沟犹逐鹿。即或得主名,往返劳案牍。伏莽果有戎,插花土谚谓之插花地。洵非福。华离等闲田,瓯脱置荒服。同为尧舜民,几如苗骦族。不见负郭田,今兹亦未熟。咫尺易转输,已闻发棠粟。

祁 山 堡

巍兹一拳石,迥非五丈原。将星沉何许,古庙空短垣。但见一溪水,南下通漾源。山花媚幽壑,木杪听啼猿。得无汨罗畔,楚累招湘沅。群峰虽高峙,此峰非至尊。田中一培塿,卑卑无足论。尚想佐汉业,羽扇挥曹袁。同时起益部,孝直与士元。江声下白帝,夔峡趋荆门。不出子午谷,六上祁山屯。风云八阵合,气已中原吞。进取退可守,奚止求图存。是必形胜地,摆磨动乾坤。金陵帝王宅,虎踞还龙蹲。降幡一朝出,尚资濬与浑。篱下斥鷃寄,岂足摩游鹍。夜郎倘自大,何异虱处裈。区区一隅地,枝叶非本根。岂有微管略,筹笔嗟吾惽。乃知出附会,中郎皆虎贲。亦如谢公墅,千古空争墩。可怜里父老,岁岁燔黍豚。三分说炎鼎,一勺携清樽。愿下丞相拜,如到南阳村。犹指庙前栢,黛色当年痕。

盐 官 镇

《汉书·地理志》,三十六盐官。河池下辨道,未闻列转般。颇疑隋以后,下逮唐贞观。凿井与煮碱,盐利始肇端。屹然为巨镇,南渡当临安。尚有《同谷记》,可征乾道刊。阅世近千祀,此井尚未湮。潆然四泉眼,有如在浚寒。甃石制已古,栅木为巨栏。沸潏涌地出，霜雪生飞湍。朝汲复莫汲，鹿卢在井干。据云水升斗，易钱可如干。青铜日千百，朝夕营豆箪。俯仰既一饱，国课还可完。天地自然利，不溢亦不干。戎盐味如饴，色比青琅玕。是为析支产，姜桂同登盘。又如花马池，南界近贺兰。蒙古游牧地，利亦归可汗。我从张掖郡，西行过删丹。驻马问前驿，已到盐池滩。皎然望一白，长风吹素澜。凡兹皆陇产，财力初未殚。苟用盐筴富，谨正良非难。郇瑕起猗顿，渠展资齐桓。海王与祈望，政令贵不奸。计臣司出纳，幸毋惭素餐。文学大夫议，聊用补桓宽。

牡 丹 原

三度到天水，牡丹皆盛开。绿阴高于屋，花大如覆杯。深藏到华屋，骈列为重台。翻阶白如雪，红亦逾玫瑰。南郭有古寺，杜老曾徘徊。看花婪尾日，士女倾城回。侧闻牡丹原，华林隔崔嵬。使者所驻节，正在山水隈。莫春三月节，奇花倘初胎。一石饮亦醉，大可倾金罍。岂知十亩间，一望皆蒿莱。长镵白木柄，曲植荆条枚。灌畦抱菜把，劚圃供芋魁。姚黄与魏紫，寂寞无人栽。停骖路旁刹，老屋三间颓。风窗塞藜藿，雨壁生莓苔。隐囊倚土锉，马矢还平堆。得无桑海变，几度经劫灰。石家金谷地，绿野午桥裁。万千红紫色，荡为飞烟埃。不然纵樵牧，斧作薪刍材。惜别意怊怅，莫漫骊驹催。洛阳全盛日，吾未名园来。

奉答厚庵前辈原韵 前青海大臣阔普通武

十二营平策,文经武纬全。化孚爱剑部,令下浩穹泉。玉树齐输款,金枹不警眠。葡萄荒服贡,筬簜使车旋。班喜鹓鸾接,衡惭燕雀悬。威仪瞻绛节,声价重青钱。忆自兰皋别,遥颁栗里编。隆中梁父咏,海上伯牙弦。勋伐从龙贵,词锋握麈圆。春明坊畔宅,宛委洞中天。宣室期前席,方壶本列仙。东山闻再起,霖雨岱宗颠。

秦州杂诗二十首用杜工部韵

一封轺传出,三度陇南游。渭水东流急,辽云北望愁。草堂同谷在,松径故山秋。且莫归程问,匆匆卒岁留。

卦台终古峙,尚有宓羲宫。高费京焦继,须句任宿空。权舆文字日,耕凿帝王风。后起皆孳乳,虫书笑活东。

杂处氏羌种,西通万里沙。殷阗原赤县,轻侠起朱家。水道青衣接,村装白帽斜。金城有老将,十二策堪夸。

何处隗嚣宅,荒原草长时。黍禾千古恨,狐貉一丘悲。函谷封还入,瓦亭塞已迟。河西归命早,五郡祝延之。

尚论袁宏赞,由来得士强。三分传祚短,八阵运谋长。割据争蛮触,腾骧见骐骥。武侯祠下柏,终古倚天苍。

我闻姜伯约,远志谢当归。母子嗟长别,君臣感式微。胆真如斗大,智奈挈瓶稀。万骑阴平入,江油未解围。

仇池世外山,远望出云间。辟地真如砥,摩天目有关。试寻坡老记,如访洞居还。十九泉何在,观河欲驻颜。

中原涂炭日,天步共遭回。邺下铜驼没,关中黑獭来。暂为杨氏宅,未到李花开。毕竟谁家屋,瞻乌讯可哀。

麦积登高处,何如末下亭。风尘双鬓白,烟雨一拳青。故国悲朝露,遗文焕列星。江南哀未罢,白马在周垌。庾开府《麦积崖铭》。

积石溯昆仑,唐家帝系繁。神尧开社稷,柱史托渊源。养马秦先邑,诛蛇汉故村。同为发祥地,有伉仰皋门。

开元全盛日,山郡万家低。牧马销烽火,耕犁泮雪泥。酒樽倾渭北,笳吹息洮西。老将如罴卧,何须问鼓鼙。

莫问骊山路,华清浴后泉。銮舆下殿走,羽檄刺闱传。南郭钟声里,东柯笠影边。诗人期送老,未许勒燕然。

保陇兼存蜀,岩疆属赵家。丰碑题《碧落》,断镞拾黄沙。南渡方传箭,东陵漫种瓜。一门皆将略,阃外有荆花。

玄教宗师敕,丹书下九天。至元留藻翰,太上续薪传。饭颗山头像,桃花洞口泉。草堂邻丈室,都在白云边。

胜国垂今日,生成两代间。牛羊循吏牧,鸟鼠古时山。纵有潢池弄,终封瀚海还。微臣今奉使,搔首二毛斑。

陇南三度至,冀北一空群。立马关山雪,听猿阁道云。沧桑今昔感,雪柳往来分。未可轻谈道,还防下士闻。

城隅水月寺,潭影对山光。古刹开宾馆,重闱隔女墙。通明陶氏筑,清静盖公堂。去年岁试郡僚,宴于水月寺。水阁临池,前制府陶勤肃公所筑。高屐长裙侣,是日同席者有王俊卿观察、谢宝林太守。临歧别意长。

莫漫骊驹唱，清游未忍归。桑麻太平象，花竹自然辉。天马流沙至，神鱼出穴飞。素书何处有，我欲访灵威。

比岁逢荒歉，催科政亦难。巡檐饥雀噪，伏案腐萤干。橡栩青山尽，樵苏白屋寒。万间无广厦，牛耳愧登坛。

因无民社责，疾苦得周知。卧治劳置吏，椎埋起市儿。流民安上驿，高会习家池。恻怛春陵咏，辎轩当竹枝。

平凉杂诗

侧闻仙仗下空同，访道轩辕尚有宫。巢鹤千年浈水窟，攀龙一去鼎湖弓。斗因戴极天原近，石到回心路未通。咫尺五台神已往，疏窗便阙自玲珑。伯南、黍馨两君游空同山，归言五台之胜。

花屿堆书选石床，诵弦尚未陆庄荒。开头地接长杨馆，陇上天开补柳堂。鼓箧升阶寒士笑，合符调水暖泉香。金门待诏寻常事，童子歌中有泛乡。城外有柳湖书院，魏午庄制军官平凉道时创建，碧柳千章，颇有林泉之胜。今改为陇东中学堂，中有暖泉，极甘洌，试院煎茶即取水于此。

路当秦陇往来津，细柳旌旗壁垒新。布地金光还煜爚，掞天石刻想沉沦。马嘶落日催刁斗，鸟避刚风下塔轮。此是祇园大界相，楼台弹指一微尘。城西有古刹，已鞠为茂草，遗址颇宏敞，防兵筑垒其上，一塔尚巍然未圮。

岁丰依旧劫灰多，井邑萧条可若何。惟有清平桥畔市，尚临呜咽陇头波。《徒戎论》在忧封豕，《诅楚文》成祀亚驼。东接回宫西略畔，由来安定跨朝那。郡城劫后元气未复，颓垣蔓草弥望荒芜。市廛皆在西门外清平桥西。

长安西望一开颜，又向灯前话故山。学《易》梁丘施孟外，谈天稷下衍髡间。狮筵花雨高升座，燕寝松风静掩关。同是陇头将倦翮，冥鸿何日得飞还。卢羲侣大令，吾吴同乡，平凉道王观察亦旧雨也，两君分设中小学堂以课士。观察著有《费氏易》，羲侣为南菁书院高材生，故诗及之。

循吏谁如何易于，今须一一听吹竽。敢言聚井星同次，且喜随车雨载涂。东去伯劳西燕子，主称湛露客骊驹。灞桥忆否三年别，尚有关前旧弃襦。吉甫制军以八闽调陕甘，甫入境，闻前驱已抵泾州，往来行馆，恐两贤之相厄也，为留一日，见于四十里铺。

庆阳试院仪门外有云亭宴集诗石刻
山谷老人笔也适有枨触次韵一首

坏饮兼陶穴，希声太古弦。主人真率会，克日咄嗟筵。俗本无怀古，城还不窟连。豢狙聊供帐，载鹤候归船。劫后诛茅地，农时刈麦天。炊难无米索，妆以不鞿妍。大雅斯文寄，中和乐职宣。乘轺今使者，揽镜已皤然。窃冀桑榆补，遑随枳橘迁。素餐方自愧，敢辱乘韦先。

校士叠前韵

陟巘幽斯馆，荒城闉诵弦。菫荼亶父宅，苜蓿冷官筵。豪杰空同起，才名弘德连。空同自编其弘治、正德两朝诗为《弘德集》。先河谁继轨,断港欲行船。竿篰相沿地,侏儒辄问天。里谣分雅郑,灶养论媸妍。窥牖蒙难击,谈瀛秘莫宣。蹄远纷错若,头目汗涔然。陶穴原荒陋,庑丘况播迁。斯文后来责,茅蕝必开先。

再叠前韵示诸生

垂老初持节,平生幸佩弦。庇寒惭广厦,抑戒诵宾筵。屋自周官发,山如夏易连。旧闻尊玉剑,新义获珠船。绝业千秋事,群儒一隙天。何关滕薛长,漫斗尹邢妍。学贵三隅反,经由六艺宣。晦潇风雨夜,彪炳日星然。流略窥臣向,波澜佐史迁。识涂非老马,暂著一鞭先。

访得宋景祐《道德经》幢三叠前韵

集古诸家录,成连海上弦。毡椎空有癖,俎豆已桃筵。宝盖珠幢启,金绳铁索连。忘筌河上注,享帚米家船。鹅洞通幽地,鱼山听梵天。经非波利译,书愧率更妍。夹漈文犹略,流沙化远宣。五千言炳若,百六劫巍然。插架资津逮,藏舟戒壑迁。陇东贞石刻,尚在涪州先。

苦热四叠前韵

幽土寒来早，霜郊士控弦。蛎窗常墐户，蝇拂讵挥筵。比岁移寒燠，炎途患蹇连。高原城在瓮，荒廨屋如船。苦忆江亭夜，同登水阁天。蒹葭城市隐，荷芰沼台妍。琴罢禅将定，觞行令乍宣。经文翻《般若》，诗境证陶然。一服清凉散，三年荏苒迁。五湖莼鲙意，更愧季鹰先。

感事五叠前韵

一片承平奏，雕弧更玉弦。岩疆来往节，空谷絷维筵。度陇瞻玄礼，居夷等少连。金张原列鼎，李郭愧同船。渭水河关地，光风霁月天。冲怀和圣介，正色郑公妍。玩世依方朔，争臣谢鲍宣。腹中鳞甲有，形外肺肝然。凤阙三年觐，鲲池六月迁。随阳看去雁，伯也执殳先。

前诗意有未尽六叠前韵

孰谓琴专壹，更张望改弦。小冠参末座，长袖笑当筵。封养沿无弋，循蜚溯大连。铸金聊作镤，刳木即成船。清静无为理，鸿蒙未凿天。然眉何遽急，椎髻有馀妍。不变强哉矫，斯原顺乃宣。萧

曹难靓若,牛李恐骚然。拭目新猷俟,关心异物迁。淮阳虽卧阁,
忧乐为民先。

阅邸抄重有感七叠前韵

不见巾箱物,樽盉与管弦。摩挲常在御,偃仰不离筵。近习相
依附,深根等结连。火明能炀灶,水涨适赀船。狡兔工营窟,群蜚
怒刺天。熏莸终古臭,桃李向阳妍。谬托呼君实,焉知避董宣。告
身杯酒耳,名器弁髦然。狗与貂相续,蝇随骥共迁。青云谁欲致,
发轫导余先。

试院大堂后老槐一株葱茏可爱
千馀年物也八叠前韵

峄峒今不作,已绝广陵弦。纵有音声树,谁登著作筵。托根千
载久,合抱十围连。活火新支鼎,惊涛若泛船。沉沉白战地,郁郁
碧参天。雾豹空中见,霜皮劫后妍。材原非楚产,植不忘韩宣。踏
到黄花未,张如翠盖然。荒城沿不窬,异苑例君迁。岁月豳风古,
农畴尚服先。

别庆阳九叠前韵雨后河流盛涨趁午晴即渡抵白马铺行馆又大雨使稍迟回则望洋兴叹矣

檐瓦玎琤雨，如闻塞上弦。催诗幽馆驿，张乐洞庭筵。鹅洞灵踪阒，郡僚约游鹅洞，未往。龙湫要册连。烟沉陶穴灶，风阻石尤船。去住无心际，阴晴不定天。萍从浮处转，柳向别时妍。行部惭何武，登楼感仲宣。卬须人涉否，尔浼我油然。本是巢螟寄，还占穴蚁迁。汪洋今夕涨，一著幸争先。

礼鼠十叠前韵其形与常鼠略同面微短似弧角而两目甚巨炯炯有光细毳浓厚作青黑色制裘当不减于氍毹足皆四爪甚分明据云惟此与常鼠特别驯扰可喜奴辈购一头畜之

谁共茅鸱赋，登歌乐正弦。郑笺《毛氏传》，鲁飨卫卿筵。拱立形如揖，潜行步或连。无仪惩覆辙，不溢鉴虚船。磬折升阶象，灯昏觑壁天。化非麟定广，辩异豹文妍。圹户仪初习，循墙命倘宣。《易》占黔喙属，《礼》本鞠躬然。盘辟颂虽具，贪饕性未迁。趾高心不固，识在莫敖先。

题秦文卿《上马杀贼下马作露布图》

横舍昔造士，文武本合并。终童傅介子，投笔皆书生。韎韦见君子，裘带临治兵。岂必弃逢掖，始足为干城。五洲大通道，学术输文明。侧闻宋向戌，谈笑弭战争。但习曼相射，且偃灵台旌。岂知豪杰士，志不忘请缨。有备斯无患，建威可销萌。天高朔风急，浩荡边关程。窃慕范孟博，揽辔思澄清。左眄抚长剑，倚天何峥嵘。右手磨盾鼻，顾盼飞书成。丈夫重意气，壮往期功名。即此尺幅内，气已吞八纮。借问谁氏子，锡山秦文卿。端敏之苗裔，家世传韦纂。雁里草堂畔，纳书尚在楹。应龙阶尺木，扶摇遂长征。起家自幕府，指挥小寰瀛。天涯喜相见，陇首飞云横。作歌志鸿爪，有如息壤盟。

丙　午

缪艺风前辈自白下过访并携新椠仿宋
精本见饷喜赋长句奉酬

山居寂无事，松扉昼高卧。忽闻剥啄声，兰陵缪生过。盥栉喜欲狂，笙磬凤相和。别子逾十年，服君仅一个。执手视须眉，等身出著作。赠我一珠船，肃拜五经座。铭心品足珍，悦目字更大。远仿士礼居，近夺遵义坐。谓黎莼斋星使。亟付箧衍藏，肯为油具涴。

公学溯典午，渊源袭与播。南面拥百城，史右图在左。先路实导余，如琢磨切磋。我譬易后师，公为梁丘贺。持节度陇皋，拂衣洗尘埲。归来燕营巢，转徙蚁旋磨。花径扫尚新，藜床坐未破。公来慰索居，清谈杂禅课。嶝然空谷音，彼哉当世佐。诗书行就枇，纨袴自不饿。佉卢易旁行，童髻佩猗那。安有解衣珠，舍得人咳唾。镇库自有本，番舶非奇货。

彝儿没十年矣朔日为其忌辰作诗追悼叠前韵

无阳十月卦阴纯，化去之前一日，筮牙牌数，得末一课。痛极忧昙示现身。净业唯心应证佛，雅言枕膝待娱亲。少成往往稀中寿，老去年年忌小春。端策何须商出处，白头无告一穷民。

十年前忆尔初昏，健妇相期共把门。瓜瓞空房怜抱蔓，葛藟连畛不同根。吴下叶氏皆莫厘分支，寒族迁自於越，谱牒不相通。蒲赢肖我谁家子，蕳臼凭人誉外孙。地下藏书何典记，玉楼此去问长恩。

太原两孙将就傅痛其母之不及也作诗哭之并勖两稚子仍叠前韵

礼冕于今已改纯，章缝非复秀才身。雅诗王降风将息，灯火儿时味始亲。竹马漫随群从戏，土牛为迓隔年春。吴俗，先一年立春谓之野年，童子忌开蒙。萤干蠹老吾堪戒，后起期为立宪民。

岁月如梭昼继昏，下帷攻苦贵专门。焚膏不足燎麻炬，画粥无忘咬菜根。共砚耦耕兄若弟，悬弧相继女生孙。一星曙后嗟何在，望尔成名报母恩。

村居即事六叠前韵

村居毕竟古风纯，衡泌消遥自在身。嵇阮疏狂堪结社，朱陈洽比每论亲。檐前乾鹊频占岁，郊外泥牛待打春。三十年来师友录，恍稽荒史望初民。

夕阳墟市爨烟昏，湖上风帆正到门。园叟课桑供菜把，山僧拾菌劚松根。舫斋鸥至如宾客，盆沼鱼潜长子孙。不见织帘老名士，道旁晚达说君恩。沈文悫故宅即在寓庐之西，门前旗竿石尚存。

武都山谷中产人参视上党为良杜仲与蜀产埒行箧携归寄赠康吉塍之以诗七叠前韵

选药何如选将纯，维摩曾现病中身。即今医术通为政，虞山徐直倅福礼，官白马关州判，精岐黄之术，杜仲即其所持赠。自昔儒门重事亲。台骀故墟潞子国，蹲鸱沃野锦官春。莫言枳橘难迁地，献曝来从陇上民。

鸟飞不到箐崖昏，间道阴平别有门。老树削肤流雪液，杜仲以白丝坚韧有光者为上品。灵苗宅甲蔓云根。活人大可师秦越，馈某何须拜季孙。去作郑公门下客，好居药笼待承恩。

长至日八叠前韵

村醪薄酌味还纯，过去光阴见在身。守黑杜门尝谢客，焚黄誓墓倍思亲。荐新初伏故乡腊，吹律难回寒谷春。五十八年前此日，无怀民与葛天民。

东辟中星正建昏，一阳地下动春门。长松翠干争高节，积黍黄钟悟借根。抑戒耄期惭卫武，嫚阿曲学笑公孙。山居撰述酬佳节，愿礼金仙答四恩。

缪筱珊前辈伻来赍函索陇刻并赠
《艺风堂金石目》寄贻七律两首敬次原韵

与燕东西怅伯劳，新亭一水隔江皋。叩门风雨催租急，插架云烟著录高。搜讨未容遗部廓，规随相继等萧曹。溪堂宝晋知充牣，麟凤聊堪裨一毛。

萧寺藏书忆日边，海王村畔共流连。南菁弦诵还初服，东武毡椎缔夙缘。君所得沈韵初孝廉家拓本，皆刘燕庭三巴旧物也。等是书淫兼墨癖，莫论卢后与王前。小欧集古庐陵福，学圃同耕不税田。

硕果堂中藏吴郡先贤撰述颇有人间未见本拟仿《武林掌故丛编》之例集赀付刊拈此以为喤引九叠前韵

学至荀扬始大纯,等闲敢说著书身。枣梨业待名山寿,桑梓情因故国亲。溯自夫差开《越绝》,怳从不准讨师春。八求精舍传衣钵,欲继毗陵付手民。浙省金华、绍兴、台、湖诸郡,皆有丛书,江苏惟常州一郡艺风为盛杳苏宫保刻之,他郡未闻。

鈌文剥蚀断缣昏,敝帚千金榜国门。抱守守残还抱缺,莞翁自号为"抱守老人"。深宁宁极复深根。图经待续卢公武,史例惭乖褚少孙。乡曲旧闻难放弃,敢忘践土食毛恩。

感时十叠前韵

何论霸杂与王纯,负笈归来海外身。耳食口剽仍不学,顶摩踵放致无亲。老庄误国嗟王导,仪衍干时逮景春。袖有东邻迻译本,好谈新政作新民。

秋雨江淮苦垫昏,流民图上郑监门。薪蒸爨下真无价,清江稻草每百斤值至一千八百文。兰芷滫中讵有根。盗弄潢池皆赤子,祠邻漂母泣王孙。都亭饘粥嗟来食,晋粟秦输为市恩。洋人李立德捐赀赴清江放赈,疆臣皆引为将伯。

卖饧篇

片帆昔经鼓浪屿,绿云千顷围蔗畦。龙尾转水上深井,麂眼编竹为疏篱。岛民煮糖如煮海,捣霜作屑琼为糜。封君千户利可埒,熬波不减青与齐。其次海南有新法,蔓菁绞汁枫树脂。登之盘错亦赝鼎,输入商肆皆漏卮。岂知作甘有正味,厥初稼穑有郘时。六经不见有饧字,饧箫笺在《猗那》诗。饧为正字糖俗字,黍膏亦可云餹餶。盐人饴盐但设喻,亦如堇荼言如饴。怡怡声鬻训和徽,醇醇味永类饮馆。吴下即今擅手制,如酿有经饼有师。积薪后来转居上,刻楮新样频出奇。长安红绫饼餤制,荆楚蜜勺饿饷词。尖如角黍裹箬叶,圆如粉实堆荔支。短如断葱截以寸,长如编管排成篪。柔如百炼可绕指,醇如九酝常黏髭。晶莹滑比囊底笏,磊落列若盘中棋。醍醐担来牧女乳,渗漉欧出蚕人丝。末下正可配盐豉,座中何必惭钉梨。著帽本同世俗吏,燠釜却笑豪家儿。鱼龙曼衍小游戏,鸡鹜饷啜馀糟醨。莫言腐齿且饱啖,藉以膏吻还突梯。松窗高卧日正午,茗瓯一枪间一旗。正听箫声墙外过,谁敢糕字筵前题。食罢搓手起扪腹,功资润肺能和脾。狂来欲唱糖多令,糖霜谱更搜阙遗。分甘既可作馀话,写付童子当佩觿。禁烟未到寒食节,岁除已近黄羊祠。登筵留待祭司命,剪彩更插青松枝。

《樊山集》中有《元文》一首云元文未就扬云老说著童乌即泪垂寄语老牛须割爱譬如犊子未生时为不佞作也追和其韵解嘲并志吾痛得四首

长吉呕肝痴似父,巧工啮指鉴于垂。育王欲造坚牢塔,当在未经雨粟时。

苦忆春明退朝日,好书癖似宋公垂。即今留得巾箱本,无复青镫共校时。

君山不作童乌死,未易空文望世垂。倘许非熊重入梦,爱河方到水干时。

不见前村横短笛,耳摩湿湿曼胡垂。老牛到处皆穿鼻,谁是鞭缰解脱时。

书《陶烈士传》后

名孝善,号继之,桂门先生之子,庚申骂贼不屈死

守土虽无责,敢忘报国心。从容临白刃,忠孝出青衿。句曲神仙裔,临川弟子林。彭咸遗则在,举室汨罗沉。君为李小湖学使所取士。

弹指沧桑劫,匆匆五十年。文翁棠社永,小阮竹林贤。谓念乔广文。浩气分光岳,纶音表墓阡。岁寒松鞠操,一勺荐寒泉。

腊 八 粥

作赋灯窗一小生，二毛斑矣别金城。余十八岁作《口数粥赋》，受知于冯校邠先生。还乡饱啖双弓米，阅世堪怜一豆羹。黄叶经霜挑晚菜，红莲沃雪煮香秔。分尝鸡犬还珍重，江上饥鸿正集鸣。

丁　　未

丁未元旦

拂拭衣缁陇上尘，山居喜见故园春。新开竹叶书椒颂，旧约梅花订柏因。入都以前每至光福寻梅，皆宿柏因社。蓬巷偶来投刺客，桃符重换执殳神。莫谈香案前头事，林下疏狂旧国民。

初三日雪

缟袂仙人下玉京，梅花消息报铜坑。立春十日刚辞腊，去冬十二月廿三日立春。献岁三朝未放晴。高兴天公小游戏，簇新世界大光明。耐寒准有尧年鹤，独守空山不世情。

阻雪呈铜井同年索和

名山分占草堂灵，咏雪今宵怅聚星。小户不嫌村酒薄，比邻亦苦巷泥泞。一双何意占鸂鶒，三百为君废鹡鸰。介弟康民同年新殁于京邸。且趁椒盘颂元日，接羅倒著暂忘形。

日下琴尊忆校场，君京寓在宣武门外教场头条胡同。归来不隔午桥庄。贞元以后馀朝士，伯仲之间见野王。渡海新诗如秀野，君在台湾多唱和之什。藏山大石有文房。铜官香雪深如海，好放扁舟饮渌光。

村居岁事

岁华村墅本无多，融雪街衢况似河。红纸吉祥春帖子，青山安乐小行窝。卖饧灶婢胶牙果，乞饵渔娃踏臂歌。乡村风俗，岁首五日，渔妇到门唱吉祥歌，乞粉糍。岁岁宣南今日里，横鞭赵李正经过。

叠前韵寄铜井

旧盟长揖谢山灵，处士垣中有一星。蛰似寒虫忘启户，塞如小驷避旋泞。香焚商鼎熏科斗，帖写唐碑颂脊令。唐明皇御书《脊鸰颂》，见赵明诚《金石录》。到此忏摩身意舌，有谁酬答影神形。

此是灵岩旧道场,尚书池馆剩荒庄。毕秋帆尚书灵岩山馆归蒋氏,今仅存遗址。赁春庑下惭充隐,卖饼家言斥寄王。善业泥供双佛塔,余藏有善业泥造象一龛,岁首顶礼。清斋水淡一僧房。苦吟非为耽诗癖,炳烛还须爱景光。

室人习北方风土南归后郁郁不乐
诗以讽之再叠前韵

画图未敢企真灵,十载长安作客星。兽炭烬馀熏欲醉,骡纲雨后碾成泞。貂狐不暖何青鼠,蚊蚋如雷更白鸰。白翎子无正字,都下皆书从羽,或书作"鸰",均无所本。今借从鸟义,或可通。忆否牛衣垂涕日,远山蹙损镜中形。

箫鼓登台有散场,达生主况悟蒙庄。未妨高隐偕桓孟,但愧才名后骆王。书可委怀追靖节,易将嘉遁簸京房。残年傥许桑榆补,共警虫飞日出光。

艺风函来讯山资并为筹子母三叠前韵戏答

年年空说送穷灵,磨蝎宫中几度星。垄断黎丘工似鬼,滆蹄勺水小于泞。《集韵》:"泞,小水也。"石交要久怜夔蚿,钱母飞来有鹡鸰。陆机云鹡鸰颈下黑如连钱,故杜阳人谓之连钱。《广韵》云:"又名钱母。"郊岛自惭寒瘦甚,面团难得富家形。

厂肆何如古榷场,消磨清俸几书庄。耻为牛后宁惟我,买得羊

叶昌炽集

来未是王。虚牝千金挥敝帚，等闲一孔溃宣房。即今留得生尘甑，粒米依然贵夜光。

风雪严寒悯淮上饥民之苦四叠前韵

莫谓桑田雨亦灵，滂沱离毕月从星。虽非泽水邻为壑，坐叹穷途辱在泞。鱼烂可虞防溃蚁，鸿流不定比摇鸰。《诗》毛传："脊令飞则鸣，行则摇。"江淮襁属诸侨户，憔顇风尘就食形。

海滨古是白驹场，茅屋秋风十亩庄。输粟舟中资敌国，英美教士运粮助赈。揭竿陇上岂真王。萍乡、醴陵、浏阳诸县皆有潢池之警。豮蛙雨过将沉灶，天驷星移弗集房。安得淮阳如汲黯，汉家吏治踵元光。

五叠前韵遣兴

泉石虚明瀹性灵，草堂雪霁带春星。池塘泛鸭三分水，村巷驱犍一尺泞。剩有丛残书半蠹，羌无故实韵搜鸰。诗龛斗大聊容膝，且莫《淮南》训《坠形》。

少年踔厉忆名场，襟带馀生寄老庄。木雁两忘师惠子，银螭十丈拓《蕲王》。《韩蕲王碑》在灵岩山麓。水深鱼乐堪为国，山近蜂多欲出房。天际片帆谁访戴，千峰残雪满湖光。

寓庐为吴竹屿舍人故宅乾嘉间诗人也《砚山堂集·园林》十五绝句所咏箖箊径西爽台今遗址尚可考感赋二律六叠前韵

重叩山房到九灵，诗坛寥落几晨星。修篁径畔深深宅，髡柳池边浅浅汀。拔宅已归华表鹤，阋墙所愧在原鸰。父老相传竹屿兄弟争产构讼，为乡里所讥。延陵三让空高节，难得荆枝连理形。

北眺支硎选佛场，白云下有范家庄。归愚叟在推宗匠，耐冷官宜托素王。竹屿与沈文悫为诗友，尝谒选得松滋教官。双燕故巢王氏第，一牛鸣地赞公房。《砚山堂集》多与诗僧石杉、念亭唱和之什。几家传舍无馀热，脱粟重炊共孟光。相传宅归洞庭葛氏，余幼时即闻葛园之称。自葛归徐，柳质翁又得之徐氏。

铜井和诗不至七叠韵促之

今无狂士似张灵，玩世东方孰岁星。呜咽陇头归壑水，险巇门外附涂汀。郁栖物理通鸲鹆，精列方言证鹡鸰。《尔雅》虫鱼非磊落，十年养到木鸡形。《释鸟》："鵙鸰，鵖渠。"《说文》："鵖鵋，一曰精列。"郝氏云："精列，鵙鸰声相转。"

郎当舞袖罢登场，从此沉冥比蜀庄。送酒东篱三径客，拥书南面百城王。织帘人去沈驎士，沈确士侍郎、沈文起广文，皆里中人。辟谷我从张子房。虹月沧江归未晚，砚山况亦傍英光。

八叠韵促铜井

曾到终南谒巨灵,高高太乙可扪星。制成芰服香为佩,沽得松醪浊似泞。云将愿闻还跃雀,雪姑生怕再啼鸰。《物类相感志》:“脊令,俗呼雪姑,其色苍白似雪,鸣则天大雪。”山中甲子忘新岁,久谢衣冠褦襶形。

开轩碌碡面耕场,公是公非有墨庄。《碑例》渊翁窥德父,谓赵明诚《金石录》。《诗笺》蒙叟待遵王。高谈谁是陈惊座,新学何知孔闭房。门外驰烟无客到,我非驿骑赵宧光。

前诗用赵宧光事寒山法螺寺即凡夫别业也距渎上不足十里赋诗吊之九叠前韵

乔叶贞蕤仗佛灵,诗人曙后一孤星。凡夫子灵均娶文文肃公女,名淑,字端容,工绘事,尝写《寒山草木禽鱼图》。“乔叶贞蕤”即其所用画印。殁后无子,仅一女。歌成黄竹堪偕隐,迹似青莲不染泞。高义园邻谁驻马,小宛堂在警题鸰。赵灵均小宛堂,取小宛诗人“题彼鹡鸰堂,无忝尔所生”之义。《说文》一代长笺稿,但识谐声昧象形。

本来隐士大排场,却异云间谓陈仲醇。郭窃《庄》。草篆蛟龙摹史籀,花奁蛱蝶写滕王。悬流如瀑雪千尺,驰烟驿、千尺雪,皆寒山胜处。叠石为山青一房。眷属神仙谁得似,子真佳婿慰严光。

徐俟斋先生涧上草堂在灵岩北三里
高风亮节非石隐比矣亦赋两律凭吊
十叠前韵

　　高山天作奈钟灵,松杏联珠聚五星。桑海沦胥千古泪,草堂洼绝一溪泞。祠堂为先生故宅,地极洼下,庭除终年积潦,青乌家相传为绝地。蘧然庄叟一胡蝶,尚矣首阳两鹡鸰。玉步虽移吾发在,衣冠安识晋时形。谓先生终身未尝雉发。

　　几家公子少年场,阳羡夷门水绘庄。独处荒山如老衲,再窥辱井痛孱王。名流似鲫过麋苑,国事如蟛自豹房。憔悴南都诸故老,小朝一出为弘光。

正月十一日为亡弟生日设祭
泫然赋此十一叠前韵

　　一恸凭棺傥有灵,廿年前忆夜奔星。子由生日涔涔泪,丁字沽前滑滑泞。丙戌长夏,闻弟噩耗,星夜出都。时值梅雨滂沱,自东便门达津沽,泥涂没辙。渡海人悲新断雁,鸣原我亦痛言鸰。出门无恙今长别,细认丹青易箦形。

　　比邻淮海盛词场,伯仲才名比谢庄。谓秦佩鹤侍郎昆季。耕砚未偕惭误弟,陶轮可转忏空王。九泉应记悬弧节,三世空怜恤纬房。等是若敖将馁魄,夕阳能得几多光。

春雪初霁观园中生物气象十二叠前韵

信矣人为万物灵，四时气候测中星。盆山穿窦鱼吞沫，杯水流
坳蚁渡泞。拨剌溪边时浴鹭，稽流沙上可巢鸰。《尔雅》郝氏《义疏》
云："鹡鸰巢于沙上，东齐谓之沙稽留。稽留，又鹡鸰之声转。"寒山想见调
丹粉，写遍虫鱼草木形。

百五春韶红紫场，娉婷作意带矜庄。支离老树应呼叟，压倒群
花始是王。细草软于绒作繻，丛篁锐比矢抽房。止观有相还无相，
一片琉璃水月光。

元日寄秦佩鹤侍郎十三叠前韵

忆从淮海见英灵，闽陇新归两使星。吴市重开元日酒，秦灰留
得劫馀泞。国当变政需骐骥，里有登科例鹡鸰。嘉定相国之后，廖座
主与其兄谷士中丞暨君昆仲科第皆在一门。未敢小园赋《招隐》，颠轱版
筑正图形。君续假满后即入都复命。

新开甲第岳颁场，亦似城南天赐庄。闻君新卜宅于孙岳颁场，相传
即平津赐第。衣钵松堂三相宅，君为西圃师外孙，尝集于三松堂。坞簏芸
馆两宾王。家邻临顿居皮陆，世际贞观待杜房。他日下车我戴笠，
送君香案觐清光。

十四叠前韵再呈佩翁

若问诗人陈古灵，惟将忍事敌灾星。司空表圣句。罗浮梅讯驰来驿，苍洱茶香沸似泞。日饮苍洱茶一瓯。西极呈材惭相马，东方修学愧飞鸰。东方朔《答客难》："此士所以日夜孜孜修学而不怠也，譬之鹡鸰，飞且鸣矣。"春镫本是人间谜，忍见鱼龙曼衍形。

商学方今作战场，先畴君有汗筠庄。宏词金马留三赋，名迹铜龙集二王。君先德刻有《汗筠斋丛书》《铜龙馆法帖》。避热官如僧退院，庇寒士等妾专房。小诗绝倒供喷饭，正值尊浮琥珀光。

铜井函约入山探梅因进城
后期奉答二首十五叠前韵

青鸟传来信息灵，两三花朵缀零星。翠屏开霁如新沐，蜡屐冲寒尚冻泞。纸帐销魂惟有鹤，连床投分即如鸰。岁寒四友空山里，突兀清奇石怪形。

金兰本是结交场，西崦耕渔旧有庄。铜井寓一仁堂，即徐良夫耕渔轩旧址也。良夫集投赠之什为《金兰集》，今尚有传本。卓锡僧谁来邓尉，采铜官早罢吴王。琴尊渺矣云亭宅，瓶钵萧然雪窦房。君到山中先问讯，画禅谁可证香光。许鹤巢丈暨悦岩上人皆作古久矣。悦岩师进城辄卓锡画禅寺。

春　饼

买肉真成小半斤,银刀缕切比丝梦。薄如片纸圆如月,叠似重绵卷似云。腹笥捎扯五杂俎,腰支宛转一长裙。春宵好听吴生说,皮里阳秋是此君。

油　馓

上元节物殿椒盘,屑豆为糜粉作团。清白饮来原不醉,屠苏酌后好加餐。油污无乃防寒具,渣滓偏宜进食单。始信铺糟有馀味,莫将鸡肋视粗官。

乡居衣冠久废进城料简行箧
赋此自嘲十六叠青阳韵

胡服相矜赵武灵,箕风毕雨好从星。章逢儒服诚悬赘,涂炭朝衣叹坐泞。缀羽为冠谁聚鹬,连钱制锦或如鸰。寒家长物青毡在,还我方巾粗翠形。

偶释鸡竿晒麦场,徜徉蓑笠住渔庄。科头久已忘宾主,槁项难言《应帝王》。开箧貂还留质库,处裈虱正念《阿房》。渐鸿即有弹冠想,片羽何尝等吉光。

十七八叠前韵答谢佩鹤前辈见和之作

忆从鼓瑟访湘灵，斗转杓回辅弼星。琼岛烟沾香案影，画堂云涌墨池渟。君新居为孙侍郎墨云堂赐第。漫天春色催鹠鹕，易地新诗换鹡鸰。我似东家效鞶女，苦吟聊作捧心形。

掉鞅相从角艺场，蚁封水曲有康庄。开堂小乘辟支佛，来诗有"经幢闲敞辟支房"之句。造塔恒沙阿育王。靖献封章传子政，逍遥仙友会公房。汉逍遥山唐公房《会仙友题字》石刻尚存。蛮笺得一珠船赠，篚衍宵来发异光。

太乙洞霄与景灵，参商今似晓昏星。前辈归隐皆领书院讲席，犹古之祠禄。冰霜仁换番风信，雷雨催开冻雪渟。连宵雷雨，过惊蛰才三日。行脚平生几两屐，化身俄顷百千鸰。亦如柳暗花明处，移步山川又换形。

三月华林马射场，濯龙重到淀园庄。朝廷侧席陈同甫，乡里联镳陆翼王。谓伯葵前辈陆元辅翼，王君之乡先哲。矿政林农千广厦，经筵南上两书房。求新惟器人求旧，国粹先于日重光。

十九叠前韵再呈佩鹤前辈

使来青鸟果通灵，参昴相望嘒彼星。词笔江郎花入梦，风情白傅絮沾渟。有本事。翩如作客新归燕，况也良朋永叹鸰。来诗有"风雨论交感鹡鸰"之句，盖伤介弟广平太守韶臣君也。痛绝我生成雹喻，明珠入手即无形。连日雨雹,故云。

浮世原知梦一场,风诗王降况桓庄。卧龙微尚歌《梁父》,乘马遗编用海王。绛节珠幡朝北阙,兑弓和矢集东房。中兴犹幸非南渡,优诏今闻起李光。

挽顾康民同年

公年少于我,今甫逾五旬。回翔跻九列,捭阖动四邻。起家典属国,为政柔远人。尺书自削牍,寸辖能制轮。译吏舌为笔,聋丞耳有神。公病重听,召对未尝忤旨。聪强照四裔,跬步视大秦。昔我计偕岁,同谱公为亲。阿兄官水部,谓铜井方伯。好客如陈遵。城南多古刹,载酒时讨春。尚论古贤相,所志在希文。亭林倡实学,在乡为先民。从公骏奔走,巾带来莘莘。聊以联桑梓,匪惟荐藻苹。苏太义园在正阳门外十里庄,祀范文正公,并祀顾亭林先生。公典祀事,春秋辄偕往。此境三十载,中更百六辰。祸始犨觳下,兵连渤海滂。间关永嘉寓,抢攘玄武军。叩关共握手,沸野方吹唇。临歧各珍重,送公涕沾巾。时艰思共济,才大谁出群。圣人起忧患,百度求维新。如公微管略,宜为前席珍。黑头跻卿贰,耕钓非隐沦。奈何过辰巳,公殁于去年丙午十二月。厄犹加郑君。溯自通籍后,历数筹边臣。曾侯为巨擘,其次洪经纶。谓文卿前辈。洪经纶,唐人,浚县建中元年《大伾山铭》,其所撰也。壮犹仅中寿,遗疏皆上闻。爰丝吾兄事,天道宁可论。谓爽秋太常。骑箕公继去,此岂关一身。严霜下贞干,天为纵斧斤。颜夭与跖寿,吾辄思文勤。当曾侯之殁,潘文勤师在朝堂告人曰"吾辈不死斯人死,天意可知",盖有所讽也。阿兄近偕隐,耦耕香溪滨。

巷春辍道左，邻笛凄夜分。生天我佛说，齐物蒙叟云。知人先论世，觊谓知公真。

挽刘子嘉前辈

昔我值东华，从公事馆职。驽骀敢争先，鹓鸾常接翼。六典仪式型，三长才学识。公左我右之，公先我后及。鲁鱼雠縑缃，羔羊歌总緎。公为会典馆提调，余充帮总纂。余为国史馆提调，公亦充纂修。同登上考章，流观中秘册。洎我一封轺，临公十室邑。骍节驻兰皋，访碑到麦积。绛纱韦逗帷，青琐王根宅。君家群从班，学官弟子籍。梼敊俪苍舒，封胡随羯末。插架等身书，隐囊高齿屐。公是与公非，二刘相接迹。谓远峰同年。即在郑公乡，在昔非子国。云飞陇首晨，月照屋梁夕。书来不及私，但言长相忆。形迹介亲疏，宪章告因革。闻公出监仓，公以礼部侍郎调补仓场侍郎。正我不暖席。校士有馀欣，用人庶几得。悬磬值疮痍，度支劳供亿。制置条例司，钩稽斗升则。粳稻足官储，苞苴屏私谒。帝庸刘晏才，士仰鄫侯食。方冀趋朝回，相与编《野获》。吏称渭源循，谈补潞河客。陇上循吏以渭源县梅君冶愚为首。天运有舛驰，人琴遽永隔。我践鸥鹭盟，公谶龙蛇厄。朝野叹骑箕，门墙视易箦。尚论平生交，难忘后死责。风义师巨卿，文章亦将伯。横流正滔滔，平津已寂寂。旧学不慭遗，新知谁莫逆。失此扞城资，痛为朝廷惜。理可齐彭殇，患谁距杨墨。愿言奠椒浆，长途不可即。修门觊可招，传芭附前驿。

佩鹤前辈闻邓尉之游贻诗张之以栖霞郝农部夫妇相况何敢当也二十叠青阳韵奉答并为照圆夫人解嘲

病妇求方到《素》《灵》，但期闲逸似人星。魏张渊《赋》"人星丽天以闲佚"，《石氏经》曰"人星优游，人乃安宁"。林间箬帽千峰雪，箬帽峰为穹窿山最高处。湖上篮舆一路泞。渔舍正宜侣鸥鹭，鸂渠谁与别雅鸰。《说文》无"鸰"字，《隹部》"雅，石鸟"，即《尔雅》之"鹡鸰"也。《诗笺》以鸂渠为水鸟，许、郑不同。兰皋我亦惭私淑，况在家常椎髻形。

岁晏幽农共涤场，赁春庑下愧相庄。投畚聊可称莱妇，颂帚惟知讽竺王。缟袂翩跹玄鹤帐，彤奁恻怆小鸾房。谓亡女。《彤奁续些》，《午梦堂集》之一种。湖山如旧登高阁，同登还元阁。三十年来感电光。

光福纪游诗

正月二十六日挈内子至光福探梅

山妻药裹身，病榻苦岑寂。春寒十日阴，辄问梅消息。山中我旧游，今与廿年别。千钱雇轻舠，一舸理游屐。初拟访铜坑，即便登石壁。奉使出国门，五年溯于役。大家赋西征，发轫常山驿。出京由火车，至真定府始乘传。遂逾四天门，直下五陵陌。温汤妃子泉，陶穴古公宅。蓝田鄠杜间，泾渭灞浐潏。往来皆同车，终南连太白。莫谓非壮游，山川颇能说。今兹百里间，春粮不逾夕。无事汗漫游，湖山在咫尺。天风吹我襟，长空荡虚碧。何处陇云飞，苍茫不可即。

由东崦出虎山桥泊舟耕渔轩旧址今为一仁堂。
夜昏如黑风雨雷电雹交下

逶迤三十里，扁舟出东崦。长虹卧波面，孤塔陵峰尖。湖山如画里，宿雾遮重帘。风来为先导，雨脚随廉纤。继以大雷电，戈甲鸣屋檐。篷窗坐摇兀，不得入黑甜。天公阻游兴，三尺波平添。得无尘俗状，尚为山灵嫌。下令大逐客，前驱抨飞廉。我闻起大笑，自惭非子瞻。一笠与一屐，奚足图画缣。枯管在何许，呼妇搜镜奁。作诗告津吏，火速传邮签。归棹亦大好，卧游意良厌。划然正长啸，霁色开层岩。

廿七日内子至巢隐先生故宅访香树
夫人话旧别逾十年矣

儒林有丈人，南阁许祭酒。饮人如醇醪，瑟彼在瓒卣。我年二十馀，事之介师友。长安不易居，薄俸仅升斗。故乡好湖山，弃之风尘走。辛苦寄一廛，榜庐日始有。丈只身官京师，十年始挈眷卜宅于斜街，自署其室曰“始有庐”。有子如纪群，同官尽姜柳。试披填词图，尚可指某某。时内阁诸老如端木子畴侍读及王幼霞侍御皆善倚声，凤池唱即殆无虚日。墓草今已宿,善人嗟无后。父子相继逝,曾靡一月久。天道难可论,慨然赋寡妇。两家虽异姓,闺中意良厚。同病怜蛄螆蟆,投桃报琼玖。今来叩云亭,揽涕共握手。话旧到京尘,不堪共回首。何以报故人,箧中有谈帚。丈之先德凫舟先生,博学有隐德,著有《东篱中正》一书,已刻。尚有《谈柄》一卷,旧时借录,今尚藏箧衍。田庐如往时,相期健妇守。

偕内子游司徒庙观清奇古怪四柏

往时玉川子,柏社题诗处。三十年前,偕蒿隐同年及王梦薇贰尹宿禅房,联句未脱稿,置案头出游。有客题其后云:"山房寂静无人到,悄读卢仝月蚀诗。"重来谒苍官,清奇古怪树。不啻采芝翁,终古商山住。伟然古衣冠,令人起敬慕。一株若蟉龙,满腹缠鳞蚹。雷斧劈其半,中风患沉痼。卧地虽已僵,郁郁犹盛怒。其馀三君子,苍髯并如故。干霄势攫挐,奇鬼森可怖。空山贞岁寒,百年一朝暮。岂等蒲柳姿,华发已改素。山僧贸然来,讶客非前度。同游两故人,宿草皆在墓。试问旧题诗,何处纱笼句。但见青莓苔,墙阴锁烟雾。

自柏社至圣恩寺登还元阁望太湖
遂上大宗堂礼开山汉月禅师塔

具区三万顷,正当高阁下。风帆点沙凫,匹练走奔马。群山列如屏,斜阳色青赭。径竹深藏门,檐松高过瓦。梅花如美人,肯与世争冶。缟袂试新妆,比似文君寡。我来为讨春,僧言请结夏。寺僧智如出迎客,言冯培之太守旧筑三楹尚在,可以诏暑。离席告丈人,此亦古兰若。当初悦岩师,古之有道者。其次为诺瞿,亦颇解风雅。悦岩为释祖观弟子,余方外交也。诺瞿,闻名未识面。高风不可作,赏音孰子野。我非靖节翁,敢言到莲社。且登汉师堂,扫塔礼松槚。壁间有贞珉,云是香光写。师当桑海交,独然法镫灺。白足受楗椎,青山开广厦。人中有龙象,林臂庶堪把。不然曲盝床,徒言振聋哑。

度峙崦岭至石壁十馀里梅花最盛处也
廿八日大雾狂风欲游不果废然而返

愿言徒石壁,摄衣登石楼。万峰台上望,一一数六浮。六浮阁址在万峰台顶,竹垞有记。岂知石尤恶,一雨常如秋。烟岚泼空翠,宿雾晨未收。登高试骋望,一白张云帱。自与岩壑别,奉使乘陇辀。故乡有春色,欲寄无远邮。乃今遂初服,仍未偿胜游。桑下仅三宿,华注未一周。陌上归缓缓,令我思越州。美人在何许,寄语凭蹇修。罗裳与缟袂,旷世真无俦。挥手一为别,欲别仍回头。香风三十里,淡荡随归舟。悬知今夜梦,翠羽惊啁啾。起视晓窗月,身在山中不。

闻樊山前辈罢官感赋

自言簪笏出兜鍪,睥睨关中第一流。杯酒未寒俄入瓮,弹章交上夗同舟。一阶卒未登开府,五斗原应拜督邮。毕竟奇章能爱士,樊川安稳住扬州。

莫弄清辉到夜分,采珠人即浣纱群。赏心只可谈风月,翻手从来有雨云。画饼久为名士病,良琴多付俗工焚。岑云阶制帅劾易实父观察,屡言名士如画饼,不可以充饥。疏狂一样招时忌,翠被无须笑鄂君。实甫罢官,君有诗慰之,且箴其好外宠化为童子。疑"雄杏"当作"山妻",亦牡荆,世所传诵者也。

题常熟孙丰谋太守画山水 山水三幅,附蔡君谟书册后。蔡书非真迹,画及吴竹桥太史题诗皆精绝,远胜蔡帖

宋四家书尚矣。孙芑溪太守画秀出尘表,尤为铭心绝品,自今观之,未知太守之画附前贤以传,抑前贤附后人也。芑溪为子潇先生之父,张子和之妇翁。子和名燮,乾隆癸丑进士,历官至宁绍台道。册中子潇、子和皆有跋。精鉴好古,家富藏书。别号菉友,黄绍甫赠诗所谓"琉璃厂里两书淫,菉友菉翁是素心"是矣。此册自孙氏转归张氏,南崖诸跋为芙川作,"芙川"即子和之孙,名蓉镜,其妇姚畹真自号芙初女史,亦才媛也。余在罟里瞿氏见宋椠《击壤集》,女史刺血书"南无阿弥陀佛"六字,有小印曰"一种心勤是读书"。又有"双芙阁印",则其夫妇收藏记也,珍惜护持之意流溢签縢,一门风雅不减赵吴兴之与管道升也。铜井同年在沪上得此册,归以见示,为略考其源流所自,而系以二绝。

芑溪山水湖田句,难得天生笔一枝。开卷即无《忠惠帖》,亦成三绝画书诗。

牙签珍重顾家厨，名迹流传自海虞。亦是小琅嬛福地，张氏藏
书处曰小琅嬛福地。好从香水话双芙。

寿陆申甫同年六十

岁维协洽月林钟，夛绣新纶下九重。吉日上尊开绿蚁，寿星左
角建苍龙。吴中文史声相应，洛下耆英会再逢。省识芰荷亭榭畔，
不雕惟有岁寒松。

绮岁研都与炼京，臣家宅子傍春明。东西分占机云屋，公京邸
在东城羊肉胡同，介弟天池同年与公同登己丑会榜。南北同称燕越生。公
与昌炽原籍皆绍兴府，故举燕越胡茨村为况。谈苑杨公师友录，研田徐氏
弟兄耕。试看拔帜登坛日，丹凤朝阳乍一鸣。夏子松先生为顺天学政
激赏，公举乙酉拔贡。

东南金箭盛当年，百斛鸿文万选钱。鼓箧五经游太学，攻车十
碣溯于田。门前行马王孙宅，宗室伯希前辈长成均时，设南学，招高材生
肄业其中，公昆季皆预焉。祭酒邸有意园，泉石幽胜，宾屐甚盛，亦为公读书之
地。稷下雕龙博士筵。兼谓福山王文敏公正孺。八顾三君皆妙选，意
园同瀹玉河泉。

天上瀛洲旧有亭，本来位业列真灵。道家藏室搜渊府，学士诗
龛缅典型。金带围开呈药圃，玉杯书好纂槐厅。景龙文馆储材地，
姓氏先看注御屏。公入翰林后，在清秘堂办事，记名简放。

绣衣使者富民侯，财赋苏松控下游。国计敖仓天府粟，家风廉
石郁林舟。海关不警民安枕，自日本商约告成，粮储道兼管苏关权务。
潞水能谈客借筹。秔稻云帆转输便，不须故道达邗沟。

一岁三迁突未黔，女陈时臬国恩深。开藩不远旬宣命，执法还存岂弟心。六计察廉先柏府，三章比事属棠阴。哀矜勿喜公其庶，座有崔骃《大理箴》。

忆陪授简到明光，麟木终童共对扬。十日平原留客饮，万家生佛活人方。玉皇案下原仙吏，泰伯城边是我乡。第一治平无量寿，恍闻畏垒祝庚桑。

若谷虚怀不自居，焚香却扫绝苞苴。公遵家训，生日谢客不称觞。于公阴德行仁者，徐幹《中论》有"王泽之寿，声闻之寿，行仁之寿"。吉甫清风颂穆如。五百里贤星聚井，八千岁寿月逢且。《释天》："月名，六月为且。"《音义》："子余切。"中和乐职诚无忝，愿贡辀轩使者车。

题孔也鲁先生遗象 先生自号淑庄老渔。图为袁子辛所绘，以竿荷笠，旁侍一童子，奉笒箸依肘下，即其长孙樛园姻丈

忆共阿兄谈艺，巍然无恙灵光。四十年犹弹指，严濑山高水长。

稚齿图中童子，知是祖庭凤雏。海上钓鳌未返，人天一昔黄垆。樛园于同馆为前辈，先叔父一女归其子宪乔，为太姻家。弱岁同学，又吾弟也。癸未先通籍入词林，散馆改刑部，以游历殁于伦敦。

滮谷公家礼部，后贤再到容台。好访奇书东去，道家藏室蓬莱。康侯姻丈榜下，分礼部进士馆，毕业将至东瀛游学，束装待发。

病后书怀

铄石流金十二时,即非老病亦支离。竹因劲节能强项,瓜可清心怕损脾。佳句易于僧拾得,清斋淡到馔来其。还乡翻觉他乡好,炎雨盲风总不宜。

亡儿生日感赋四叠前韵

忆尔从前堕地时,语言文字不相离。谁为纸笔皮兼骨,小设樽壶臟与脾。老悟优昙归般若,早通《尔雅》释佳其。果然如梦如泡幻,除却逃禅百不宜。

奇觚庼文集

《岁寒劲节图诗》序

拔地之柯，凌雪而不雕；当门之草，遇风而愈劲。烈妇周氏，吴君署翰之妻，淑令应图，韶仪禩采，闻机迫杼，徽华可昭。惟珩与璜，容止不堕。作嫔之年，君姑在堂，栉縰旦修，馈飻夕肄，一时里鄘，无闲言焉。庚申之劫，里门鱼烂。烈妇闻警，苍黄奔避。赵岐复壁，栾布柳车。摩笄而誓，呼青天为证；怀石而投，指碧水为乡。以梁高行之风，为楚灵均之续。呜呼，烈矣！吴君虎穴幸离，燕巢重返。过桃花之门巷，境已全非；吊蔓草之池塘，魂归无所。常羊水次，悄焉累欷。于是胪具事状，遍谒名笔，征谀阐光，绘图甄实。邦人大夫，更相题咏，积逾十年，都为一集，兹编之刻所由来也。

夫以玉台佳什，锦字新笺，缘情斯多，垂教卒鲜。西京中垒之传，东都蔚宗之书，虽亦掞扬徽猷，光播芬烈，然而所著非一家之言，所述非一人之事，国史家牒，体有攸殊。此篇写恨黄垆，摛华彤管，怀清之总汇，谀德之支流，投赠之正声，哀辑之变格。采风之史，宜所不遗，烈日之操，久而益著。嗟夫，荒烟古刹，唐子畏之旧乡；落日离亭，皋伯通之遗庑。英人杰士，斯焉接踵，烈妇之烈，足相辉映。过闾必式，清节耀于千秋；名山不刊，创体出于《七略》。光绪七年立夏后一日。

《愍孝录》序 代

　　会稽王孝子遗诗,宗湘文太守既付剞劂,其仲兄子献孝廉复具事状,征文于士大夫。歌咏铭诔之属,都若干首,裒为一集,题曰《愍孝录》。嗟夫,孝子不可及矣,如子献者,孔怀之谊,又何厚哉。王氏於越之士族,子献大父裴山先生及尊人教谕公并有名德。伯兄继本,苦学早殇,妇孙绝粒以殉,世所称王烈妇。吾友李恝伯,表其墓者也。其题词曰《银管录》,亦子献所缉,今复缉是编,可谓不负其兄若弟矣。虽然亦人传文耳,孝子之孝,岂以是为重轻哉? 孝子有祠在月湖,余既撰其碑,复泚笔而序之。

《延秋馆诗》跋 代

同年张君丹叔，吏于粤，有循声。案牍之暇，雅好觚翰，所作《延秋馆诗》四卷既刊之矣，丙子以后，又得诗若干首，邮以见示。风容色泽，格律声势，并臻其妙。君固不屑以诗鸣，即诗之工，亦岂风尘中所有哉？君自容台出宰剧邑，浖擢郡守，宦辙皆在两粤。粤中山水奇秀甲天下，丛岩靓壑，灵泉奇木，君之履綦皆及之，一发于诗。今奉简命观察惠、潮、嘉，潮阳韩公旧治，惠州又苏子瞻南迁地也，流风馀韵，千载未艾，丹叔勉乎哉，察吏而安民，一以二公为师，则君之鼎足前哲，独诗也欤哉！虽然，昌黎在潮，无可与语。至从浮屠大颠游，坡公作《十八罗汉颂》，其序云"海南荒陋，不类人世。久逃空谷，如见师友"，二公窜身瘴裔，蹢凉寡欢，可以想见。今逢天子右文，海壃通市，蛮烟蜑雨之乡，冠裳辐辏。官斯土者，得以其隙，从容酬唱。君之所遇，视二公为幸矣。吾郡贤刺史，唐时首韦、白，读郡斋诸咏，拳拳爱民之心，溢于言表。元道州《春陵行》，亦循吏之诗也。古之能为吏者，未有不能为诗，读君诗，其信矣夫。

《桂氏遗书》序 代

　　广南自阮文达公设学海堂课士以通经之学,于是方闻赡学之士后先辈出。林先生伯桐、侯先生康,其魁能也;继之者为陈兰甫先生。兰甫弟子著录甚众,桂君文灿尤知名。君尝为湖北郧县知县。光绪十一年,署两湖督臣卞公以公潜心经术,奏请宣付史馆,列入《儒林传》,得旨俞允。越二载,□□奉命来视粤学,牒校官邦之先哲遗书未刊者其以进,于是君之子坫上其父书,都若干种。余受而读之,实事而求是,博涉而多通,其于兰甫先生犹郑门之有临孝存矣。

　　君于群经无所不甄综,而尤精《易》《诗》《孝经》《孟子》。谓惠氏《易大义》,今只有《中庸》二卷;至《礼运》一卷,有目无书;江郑堂补《周易述》,而《大义》犹阙。于是本惠氏之例,为《易大义补》一卷。又谓说诗诸家详名物者多,详舆地者少,王伯厚《诗地理考》引而未申,于是博考《禹贡》《尔雅》《班志》《桑经》,条其异同,究其沿革,为《毛诗释地》四卷。又谓夫子行在《春秋》,志在《孝经》。《六艺论》云孔子恐道离散,后世莫知根源,故作《孝经》以总会之,大义微言往往而在,于是最录经传为《孝经集证》四卷。又谓《孟子》孙疏出自依托,未能发明赵注,其中节删章旨尤为乖剌。江都焦氏之书,虽依邵卿,不尽墨守,于是娉采古义,为《孟子赵注考证》

六卷。又谓《说文》五百馀文，统摄九千馀字，童蒙欲讽《说文》，必自部首始，于是取部首之文，即篇为章，因章分句，本《墨子衡读》之例，为《说文部首句读》一卷。又谓今文、古文各有条流，南学北学亦限畺域，唐宋以后，异说蜂起，不得其门，则是擿埴而索途也，于是本李氏《蒙求》、舒氏《六艺纲目》之例，辑四言韵文以饷学子，为《经学提要》二卷。又谓前哲话言，老师撰述，论世知人，所宜咨度，于是即所见闻，捋而聚之，命意略如《汉学师承记》，而旁摭琐言，兼陈逸事，是其创例，乃取许君博访通人之语，名之曰《经学博访录》，凡十二卷。其馀《经说》六卷，文集八卷，尚十馀万言，皆正定可传，可谓富矣、勤矣。以视月屏、君谟诸先辈，殆过之矣。

虽然，君之论撰犹不尽于此。余读君叙录之文，于《书》则有《禹贡川泽考》，于《春秋》则有《箴膏肓起废疾发墨守评》，于《论语》则有《重辑江氏集解》《皇疏考证》，于高密之学则有《诗笺礼注异义考》《朱子述郑录》。又采《中庸》《表记》《坊记》《缁衣》，为《子思子集解》。皆余所未及见也，其未成书耶？抑无定本耶？桂氏后贤倘能继述而论次之，以竟礼堂未竟之绪，是固君之志，而亦余之所厚望也夫。

《汉西域图考》序 代

《西域图经》，汉以前无闻。《隋书·经籍志》有《张骞出关志》一卷，疑好事者为之也。又有《西域图》三卷，裴矩撰。《新唐书·艺文志》有程士章《西域道里记》三卷。唐显庆中，高宗尝遣使康国、吐火罗，访其风俗物产，画图以闻，诏许敬宗等撰次为《西域国志》六十卷。其书皆不传，传者惟释法显《佛国记》、释辩机《西域记》，然皆出于缁流，其言不雅驯。元刘郁《西使记》详于道里远近，而方言、国俗、山川、城堡，犹阙如焉。国朝松文清公撰《新疆识略》，实出自徐星伯先生。星伯又撰《汉书西域传注》一卷、《西域水道记》十卷、《新疆赋》一卷，并称精审。

番禺李部郎恢垣，同治间官京曹，撰《汉西域图考》六卷，附录一卷。以汉诸国证以今之舆图，某国当今某地，前有图，后有表，了如秩如。其书精审与徐氏同，惟徐氏长于考古，而部郎则于考古之中寓征今之学，又不尽同也。至谓《水经注》牢兰海系南河，蒲昌海系北河，实只一水，以箴《禹贡锥指》之失。又谓古人所称昆仑东南至阿里，西南至克什米尔，东北至博洛尔，西北至八达克山，而不限于冈底斯一峰，深识卓论，更为徐氏所未及。徐氏之学与何愿船《朔方备乘》、张月斋《蒙古游牧记》鼎立为三，部郎此书虽与之并传可也。

　　洪惟我朝圣武桃被,自乾隆二十年讨准部,俘达瓦齐;明年,阿
睦尔撒纳诛;二十四年平霍集占。于是天山南北,辟地万里,版宇
之广,亘古未有。留心西事者苟欲周知置索,考览形势,则此书其
先务矣,而岂徒备职方之外纪、广凿空之奇闻已哉。惟部郎著书
时,西陲正用兵,今则关外敉平,改设行省,一如内地之制,书中所
述地名、官制,与今已不尽同,则又读此书者所宜知也。部郎尚有
《元遗山年谱》二卷,诗古文集都若干卷,皆足以传,而是书尤不刊。
陈兰甫京卿以为今世不可无之书,非谰言也,余故乐为序之。

《齐鲁近正录》序 代

国家广设庠校，兴化厉贤，海内学者怀瓠握椠，家炫十乘之珠，人享千金之帚。矧乃邹鲁为圣人之居，泰岱视上公之秩，其民被服大义，颛门授受。稷下谈士，驰辩乎雕龙；淹中大师，抗论而折角。巾车过巷，有儒林之丈人；鼓箧登堂，皆学官之弟子。□□奉天子命视学是邦，简书行部，周海澨而遥冠盖，宣房询河流之迹，采风郳子之国，释奠郑公之乡。阙里车服，泮宫旌旗，武梁祠堂，郭巨石室，于此景行先贤，瞻览遗象，流风所渐，斯文未坠。犹忆传签昼永，然烛宵分。献书一束，等于牛腰；列卷两行，排如雁翅。于以亭平优劣，钩析异同。痒庠佳士，不以束湿相绳；礼延通材，俾中采齐之节。龋背冻梨，先登耆宿；豹文艇鼠，不弃终童。往往一字怵心，宝于璆琳；一义刮目，传以毛羽。宾僚传观，佣吏缮写，岁月既积，箧衍斯充。爰乃捋而聚之，比而缉之，及兹学期，用示多士。

考之《周官》宾兴，必先三物；孔门著录，亦设四科。汉时通一艺者以充茂才异等，登三事者无非文学甲科，虽曰利禄之途，实亦魁能之选。自夫唐宋以后，专重词华，元明之儒，流为学究。坊肆麻沙之本恃以馈贫，乡塾虚造之谈转相师授。问《大传》之为谁，辨孟坚之非固，是犹芒刃批坚，胶舟济险，轨辙何以无歧，江河所由日下。岂知膏沃者光远，根茂者实昌，河千里而一曲，山九成而为台。

是以培风之翼，必六月而息；笯云之姿，以千里为程。试从表海之区，尚论名山之业。蒿庵《礼经》，首尊北海；兰皋《尔雅》，足掩南江。瀔谷插架，导海源之先河；簠斋《吉金》，掩庐陵之《集录》。安邱王氏、曲阜桂氏，述叔重之微；永年周君、玉吾马君，续更生之略。推之谈龙之录，与阮亭并驱；甄鸾之经，以禩轩称首。北方学者，于斯为盛，亦皆根柢六经，权舆百代。

伐柯之则不远，揠苗之助无由。今是编也，虽亦学子之羔雁，词科之支流。史游《急就》，异于构思十年；李陵空弮，不闻手持寸铁。然其至者，足以发明绝业，抗衡前贤。即其次者，亦复尔雅深厚，无忝作者。登之清庙，皆为峄阳之桐；颂于閟宫，是亦新甫之柏。辒轩之掌，庶有当焉。至于令甲之文，滥觞了义，士子束发习此者多，譬如游邓林者未可运斤，饫郇厨者难言尝鼎，今姑舍旃，俟诸异日。

《许学丛书》序

许氏之学,自汉以来,没于鸣沙礁石之中,不绝如缕。楚金兄弟,实承一线之传;亭林诸公,仅见《五音》之谱。国朝昌明绝学,魁儒辈出,金坛段氏最为大师。乌程严氏、曲阜桂氏、安丘王氏,亦皆撰述满家,洞究微恉。其馀明六书之一义,缀旧艺于千载,执圭而觐得视,诸男操戈相攻,亦称诤友,海内传书,不可枚缕。及门张子叔朋,覃研搜访,欲汇而刊之,以存洨长一家之学。先成三集,属弁一言。

余谓叔朋此举盖有四善。《隋志》所收,仅有《音隐》四卷;吕忱所撰,别为《字林》一书。庾俨默之所演,李阳冰之所传,旁及昆域,下逮吾邱,其目幸存,其书盖阙,良由篇简畸零,难以孤行,历世绵远,遂叹崩佚。今者搜辑未刊,表章已坠,大或等身,小亦盈握。譬之列宿之曜,附大明而常昭;肤寸之霖,归巨川而不竭。是曰存古,其善一也。

秦相不作,三苍皆所希闻;郑君同时,五经即有驳义。人非孟生之亲授,时异建光之初元,训诂则一字不下数万言,音韵则四声以逮十七部,非综众说无以折衷。无如汗牛难胜,窥豹不易。或怀饼就钞,或馈瓶乞假,犹以帐秘之矜,难为囊括之举。今者捋聚诸家,都凡一集。譬之亭平疑狱,两髜之辞具陈;和剂经方,五味之滋并蓄。是曰惠今,其善二也。

然而雅郑竞奏,听者易淆;嫫施并陈,观者大诧。寒山《长笺》,不啻垂绝之吒;温甫《字原》,亦为凿空之谈。近今作者,虽优前古,然而伏猎贵官,村塾学究,哆口"仓雅",藉树标帜。至有剽窃旧文,臆造新说,非为骈枝赘疣,即同涓流爝火。今者若斯之类,概从屏弃。譬之王谢之门,劣者犹云虎豹;唐虞之世,往哉罔非夔龙。是曰别裁,其善三也。

《百川学海》,《秘册汇函》,丛书之刻,斯为权舆。大都移易并省,非其旧第。至于坊肆贸利,场屋馈贫,统五百四十部绲为长篇,累数千百万言缩于短幅,将冠以配屦,移盾以就矛。哀梨卢橘,殽列钉盘;紫凤天吴,颠倒裋褐。迷谬后学,雅毕所诃。今者家自为书,书自为卷。譬之饮上池之水,洞见肺肝;望匡庐之峰,各肖面目。是曰存真,其善四也。

惟是重甗之山,以覆篑而竟成;谟觞之水,必盈科而渐进。兹役重大,未易卒业。隐湖毛氏、长塘鲍叟,皆以毕生之勤、累世之积,镵而不舍,蔚为大观。叔朋年力正富,锐于校雠。自今以后,行百里者毋辍于九十,婢一家者勿间以二三。则是书也,将为尉律之山渊,方名之都市,学僮之根棋,经师之钤键。召陵公乘以后,无忝功臣;周官保氏之遗,以教国子。经国大业,不朽盛事,叔朋其勉之矣。光绪十四年,岁在著雍困敦。

许鹤巢《城南拜石词》序

词之姜张,诗之李杜,仇山村谓玉田词意度超远,与白石老仙相鼓吹,旨哉言乎。至若观法于节奏,察度于句投,细字旁行,如披梵文,逸气长引,恍闻仙籁。亦或因宜适变,时营切拟,反商下征,每各异善。譬之商高积算,不差累黍;离朱辨色,能析秋毫。则"春水"一阕,未若《疏影》《暗香》之尤为绝唱也。巢隐词丈,玉局后身,金门大隐。束带夜直,起视明星,驱车晨游,来寻旧雨,往往跌宕清尊,流离濡翰。长笛精列,并约千岩;小冠浩歌,能倾四座。以为苏、辛郁伊,秦、柳纤淫,无当正始,徒益烦冤。遂以石帚之新词,为金荃之别集。偶操旧谱,不具母弦;间歌新声,如闻《子夜》。唐临晋帖,犹有永和遗风;苏和陶诗,足为泉明继武。共得若干首,题曰《城南拜石词》。援琴贡臆,借酒浇胸。翠羽千树,时来梦中;鸡肋一官,辄见言外。盖丈所居,在灵岩之西,五湖之畔,川壑靓秀,复绝尘躅。仆幸托忘年,偶同作客,冀遂买山之愿,互为开径之宾,相与挐舟西崦,访梅铜井。玉雪照映,吹香薄人。君起度曲,仆倚洞箫和之,其视□□商卿为何如也。

蔡明经《经窥》序 代

《经窥》十六卷,诸暨蔡明经所著。门下士陈太史遹群与明经习,持其书来质。明经之学,登郑许之堂而阄其奥,顾犹曰"窥"者,其谦词云尔。

案《说文·穴部》:"窥,小视也。从穴,规声。"《门部》又有阒字,"闪也"。经典二文,如《易》"阒观",《释文》:"阒,本作窥";《礼运》"皆可俯而窥也",《释文》"窥,本作阒",是"窥""阒"同义,颇疑许既有"窥"字,即不当更出"阒"字,不知"阒"字训"闪"。"闪"者,阒头门中也。"阒头",《字林》作"倾头",若易为"窥头",则不词矣。以是知二字之不同也。或疑许君于《见部》"觇"字下注云"觇觑,阒观也","觑"字下注云"阒视也",是本书已用"阒"字,不知"阒"为倾头门中,尚无视义,是以可足之云"阒观",云"阒视",若"窥"字已训小视,"观"字"视"字于义为重,此二字本当作"阒",非许君之疏也。《荀子·非十二子篇》"瞡瞡然",杨倞注云"小见之貌"。《集韵》引《埤仓》"瞡,眇视貌",此则实与"窥"字同,而与"阒"字亦别。经典"窥""阒"所以通用者,同声假借耳。

明经研精六书,其末一卷纠正叔重具有心得,因即"窥""阒"二字释其异同,质之明经,其有以益我也。

宋芸子检讨《说文部目订读》序 代

《说文》为六经之钤键。《说文》建首五百四十字，立一为耑，杂而不越，尤为一书之纲领。弦令书亡，最目盖阙，《玉篇》增为五百四十二部，而移易其次第，如"兄""弟"二目次于《身部》之下，《女部》之上，不知"兄"之本义训"长"不训"界"，"弟"之本义训"韦束次弟"，不训"叔季"。凡如此类，皆未达许君之恉者也。其后《类篇》又增为五百四十四部，元周伯琦《字原》增十七部，删十七部，又改"百"为"百"、改"箕"为"其"、改"危"为"厂"、改"雲"为"云"，凡四部，于是始一终亥之次序，益支离傎倒而不可穷诘。非有专书，曷明其义。顾唐以来，惟小徐《系传》于《通释》后别为《部叙》二卷，略仿《周易·序卦》之例，一一明其相受之义。然其说率多牵合。盖《说文》形书也，五百四十部大约以形相连，如八篇起《人部》，则全篇三十六部皆由人而及之，是其通例。间有以义相次，但十之一而已，是即后序所谓"据形系联"也。楚金必欲字为之说，岂许君意乎？

富顺宋芸子太史，覃研六书，取《说文》部目逐字诠释，为《订读》若干卷，乞余为序。余阅其书，提要钩玄，了如秩如，每下一义，疏通证明，如振裘者挈其领，而治丝者抽其绪也。由是以读《说文》，即五百四十字以求九千三百五十三字，一以贯之矣。夫《说文》之有部目,犹《诗》之有《序》,《周易》之有《序卦》,《周礼》之有《序官》也。《隋书·经籍志》经部有《周易释序义》三卷,《诗序》有雷次宗、阮珍之、孙畅之、梁武帝、刘炫、刘瓛六家,《周官》有《分职》四卷。郑康成为《论语弟子目录》,又有《三礼目录》,而陶隐居为之注。以是推之,《书》百篇之《序》,《春秋》之《五十凡》,当亦有撰述,而佚不传耳。《说文》为治经之总要,而谓其"建首",可无一书以发明之哉?余故于太史之书,乐为序之。

《古本易镜》序

汉初说《易》,施、孟、梁邱最著。三家皆本田何,自田何以上溯,商瞿子木亲受业于圣门,盖家法之来远矣。其后京房、焦赣一变而言灾异,郑君配以爻辰,虞仲翔又益以飞伏纳甲之说,《易》始稍稍破碎。至王辅嗣尽辟群言,空谈名理,唐以立于学官,而汉学殆绝。宋之言《易》者分为三:程子《易传》、朱子《本义》,务在阐明义理,尚近笃实;至刘天民、邵康节之《易》,则道家之《易》也;杨慈湖、王童溪之《易》,则释氏之《易》也。

铁岭何松亭观察,积十馀年之力,读《易》注百四十馀家,成《古本易镜》一书。余受而读之,其书探本于天地之中,以求伏羲、文王、周公、孔子四圣人之旨,举汉宋诸家《易》说,一扫而空之。余始而怖,继而疑,既复绅绎涵泳,而叹观察之言平近笃实,仍博采诸家之精而弃其糟醨,非有所矫同立异于其间也。其所云"包卦",即汉儒之"互体"也;"乘承比应",则郑、虞九家递传之秘也。《河图》《洛书》,"先天""后天",虽与邵子之说不尽同,而未尝离其宗也。至以"镜"为固有之阳明,则又慈湖之心学而归本一。中推言"五德",实与程、朱为近。盖《易》义广大,无所不包,仁者见仁,知者见知,非合诸家不可以言《易》,非合诸家而尽融诸家之迹亦不可以言《易》。自施、孟、梁邱以来,诸家各有一"镜",数千百年之后,尘封土化，不免翳如。观察特取而刮垢磨光，以还其本有之明，而非别有一"镜"也。学者即观察之"镜"，以求诸家之"镜"，《易》之道不豁然开朗也哉？

抑又考之，宋林光世著《水村易镜》一卷，以星配卦，谓天、泽、火、雷、风、水、山、地八宫之星，皆自然有六十四卦，穿凿附会，至为纰缪。而观察则不谓乾坤非天地，坎离非水火，震兑非雷泽，巽艮非风山，其言足以箴林氏膏肓。两《镜》相引，孰明孰晦，孰正孰伪，世有善读《易》者，当能辨之。

何松亭《守吾素斋诗》序 代

铁岭何松亭观察沉潜《易》学，著《易镜》一书，余尝为之序矣。顷观察之子端臣驾部，复以君遗诗乞为序。

余于君之治《易》，而知君之能诗也。夫絜静精微，《易》教也；温柔敦厚，《诗》教也。几谓《易》之旨与《诗》之旨，畦町迥别，而不知其殊途同归也。盖作诗者在于因宜适变，比物切情，六义之比兴，即六爻之取象。邵子之诗所以探天根、蹑月窟，而仍妙造自然者，深于《易》也。刘斯立诗至以《学易》名集，明郭青螺、曹石仓皆以诗人而有《易解》，则谓《易》无与于诗者，岂通论哉？君明于吉凶悔吝之机、进退存亡之道，抚时感事，一发之于咏歌，往往一篇之中，于君子小人之所以消长、国家之所以治乱，三致意焉。顾怀才不克大用，仅一试吏于齐鲁间，利兴弊除，百废具举。余于光绪壬午奉命视学山左，采风所至，犹闻父老讴歌君善政不忘，于是知君为循吏。今读君遗诗，又知君为诗人也。

盖君为杨简侯方伯之甥，方伯工诗善书，开藩吾吴有遗爱，君擩染其流风馀韵，故文章、政事卓然可观。读君集中与方伯倡和之作，可知其渊源所自矣。君又有制艺文如干首、试帖如干首，端臣合编于后。余谓君制艺质悫深厚，亦足名家。明茅鹿门《白华楼书目》，其孙元仪所编定也，九部十学之中，殿以世学。谓世学者，时王之制,吾先人之所以名世,不可忽也。国朝大儒如张惠言《茗柯文集》、严可均《铁桥漫稿》,皆附四书文数篇。近李筱湖前辈《好云楼集》,亦以帖括合刊。今端臣编录君遗书而都为一集,亦犹此意也夫。

陆存斋《仪顾堂题跋》序 代

晁、陈解题，欧、薛著录，各矜偏嗜，遂号专家。至若邯郸图籍，附以《书画》之志；夹漈《金石》，次于《校雠》之略。泗水潜夫、庆湖居士、金坛苏壁、庄肃蓼塘，虹月、鸥波之舫，墨林、青父之斋，虽亦塞屋充箱、连椟照轸，而部居仅分，流略不别。是犹庱县偶设，未必审音；牢膳杂陈，鲜能知味。惟我同年陆存斋观察，博物赡闻，深识宏览，四部七略，百宋千元，令适逸文，髻垦残字，莫不簿录精审，异佳有裁，裒然巨编，为世津逮。顷又辑刻《题跋》都十六卷，邮来问序。

夫其刊落野言，是正讹字，疑义牵连如瓜蔓之抄，精诣绝特有风叶之喻。推之京蜀、相台、抚建、公库、麻沙、书帕，等诸自桧；支那、足利，间亦用夷。板刻源流，收藏姓氏，析其异同，如指诸掌。夫潜研《跋尾》，但详古刻；简庄《跋文》，不出群经。桃溪篁里，虽亦兼综，其学其识，更非二家之比。观察此书撮举篇要，碑版名迹间亦附及，意惟思适居士庶几能之。然而居士猪肝为累，马尾空雠，平津江都，迭更府主。太仓之米五升，文馆之烛一把，往往写同给札，假迫还瓻。群玉之府，等于传舍；兼金之珍，坐叹居奇。转瞬即非，铭心安在。而观察则富拥百城，精传三馆，盖其宦迹常在闽峤。红雨小草，间有烬馀；江浙故家，畸零掇拾。岁月既积，蔚为大观。

譬如谟觞之水,百川灌输。涧苹复起,亦嗟向若;吴兴藏弆,具有端系。文章新集,在义熙之初;志雅杂抄,本善和之积。弁山宅子,不减春明;若水签题,半归秋壑。他若兰坡梅屋,前溪后林,练市新楼,蜀山别业,近逮疏雨瞑琴,蠡舟梦好。芳椒严氏与四录异宗,华荄范君亦八求粗识。飘风流电,荡为烟埃,而观察处圣明之世,守流通之约,墨缘书福,良非偶然。南望琅嬛,不禁神往也已。

孔绣山《韩斋文集》序 代

嗟夫，达生悬解，演旦宅之寓言；积劫微尘，悟恒河之妙旨。年运既往，大暮同瘗；文字所留，謦欬如接。此邺下所以论文，山阳所以感旧也。孔绣山年丈，阙里华胄，清江继踪。《蓼侯》十篇，远师《连丛》；《濩谷》一集，下窥《息影》。韩门著录，在私淑之列；魏阙服官，当盛明之时。与先仲父为故交，与先大夫亦同列，而仆亦以通家之末，托忘年之契。当斯时也，洛社尊宿，棘下大师，硕果间存，耆英为会。阮文达公巍然一老，为人士之海若；而定庵、默深、蕙西、石洲诸公，振奇接迹，起为后劲。敦槃互长，视齐楚之盟；丝桐迭奏，有牙、旷之契。往往联骑远郊，只鸡近局。而先生所至，倾襟相思，命驾倒屣以入，投辖而归。看花崇效之寺，释菜亭林之祠。浣裳修禊，游尺五之庄；挈榼登高，作重九之会。清飙徐来，揖以入座；白日欲坠，更呼继烛。飞爵四酺，转车子之歌声；捉麈一挥，皆杨公之谈苑。犹以授简征诗，绘图纪事。座中脱略，无主客之序；道左瞻叹，有神仙之目。岁月不居，此乐难再，先生旋归道山，而诸老亦相继殂谢。

今先生子庆筠以谒选入都，持遗文乞序。余受而读之，而不觉废书而歔也。夫自畴曩以逮今日，不过三十寒暑耳，乃展卷以观，邈如隔世。徐、陈、应、刘一时俱逝，数其姓名，不啻鬼录。陈留《耆旧》之传,应劭《人物》之志,仅资掌故,莫睹平生,黄垆之感,夫何可言。虽然,逝者不作,斯文在兹。庆笙犹能眷念先泽,楹书勿坠,则尚可慰先生于九京,而亦稍纾余怀旧之悲夫。

钱子欣《经畲堂诗剩》序 代

呜呼！此吾亡友钱君子欣之遗诗也。君世居城西浦庄，从父映江先生，邃于经学，著有《左札》及《钝研卮言》。君从问故，潜心汉唐义疏，露钞雪纂，终身无间，顾反不常为诗。光绪壬午，刘叔涛年丈视学两浙，继之者为瞿子玖前辈，皆延君襄校。浙中多佳山水，随辂所至，尽览龙湫、雁宕诸胜，始稍稍为之，积成一帙。君殁之五年，哲嗣调梅将刊其先世《餐霞阁集》，而以君诗附焉。君他所撰述尚多，释经之文积稿至盈数尺。调梅志在发箧而刊之，且欲推君之志以刊映江先生遗书。

呜呼！君虽不达，有子克家，则此集在君为绪馀，在调梅则嚆矢焉耳。余识君最早，当时同社诸子若周恂卿广文、孔赞唐大令，皆与君善。今诸君先后殂谢，而君之墓亦悲宿草矣，序君诗能无泫然怀旧之思哉？

邹咏春《青霞仙馆骈体文》序

仆以佩觿之岁，逢罹世纷，侍亲避地，溯江而北。维时永嘉流寓，冠裳鳞萃，咏春前辈亦以龀髫同来受廛。仆年十三，君又弱焉。执经赴塾，肆急就之觚；抽毫学吟，斗竞病之韵。斐然之志，此焉嚆矢。既而宙合清晏，三径无恙，相与谭艺里社，怀刺名场。日月不居，倏焉今日。君之豪气，跌宕犹昔。臣精销亡，已成瓠落，置身人海，寂若空谷。顾于文字，结习未忘，旧雨过从，辄相讨论。既窥全豹，属为弁言。

窃谓敬礼之文，待陈思而后定；彦和之书，必沈约而始重。仆何人，斯敢言撰述？惟是文章之事，贵相知心。仆之于君，不可谓不知也。回忆荒江之滨，咿嗄一塾，同学诸子半渝朽壤，今之窃禄禁近，诚为非分。然而一囊之粟，侏儒捧腹；三寸之锥，俳优等视。二毛斑矣，河清无日，虽欲拾渖，其可得耶？佛言微尘积劫，忽然记忆，皆是藏识变现，此阳里华子所以病忘而忌医也。读君之文，盖不胜怆然身世之感也。

潘笏盦词序

　　余所居花桥里,在临顿、皮墅之间,藤花一本,与画阁相掩映。乐天诗云"扬州驿里梦苏州,梦到花桥水阁头",觞咏之盛,自昔然已。潘子笏盦居桥之西偏,又西为淮海秦氏,又西则蜗居也,望衡接宇,仅一鸡飞地耳。然笏盦尝闭门习静,余又频岁饥驱,以是不数数见。客岁自都门南下,浮赤嵌,泛珠江,复航海归,晤笏盦于里门。出所著诗馀一编见示,清微婉约,丽而有则,玉田、草窗之流亚也。余不善倚声,顾于《尊前》《花间》诸集,尧章、希真所论列,赵闻礼、邵亨贞所辑选,亦尝窥其崖略。方欲从笏盦讨论,一证异同,而又将倛装北行矣。骊歌在门,辄为惘然。虽然,都下词人之所萃也,余所知如临桂王幼霞,江宁端木子畴,同里许鹤巢、曹紫泃两丈,皆喜填词。幼翁所刻宋元词人集甚夥,鹤丈《拜石词集》亦余为之序。今将以笏盦之词张于诸君,吾知诸君之倾倒当不知何如也。光绪壬辰三月倛装序。

孙师郑《荀子校释》序 代

　　战国诸子,孟、荀并称。顾《孟子》汉时即立学官,邠卿章句既称绝业,宣公音义间存旧文。孙卿一书,自唐以前无传习者。杨倞申抒,仅导椎轮;钟氏评点,等诸自郐。儒者以其性恶之说,悖于子舆,又以非、斯之狱,文致其师,竞相集矢,有如埻的。及门孙君师郑,振奇士也,治经之暇,旁涉诸子。以为孟子性善,导源之说也;荀子性恶,绝流之说也。立言虽殊,其归一揆。投阁拟经,释者数家,河汾遗书,犹烦阮逸,岂有先秦旧典,听其弁髦。于是博采师说,旁甄异文,撰《校释》八卷,其自序谓"孙卿著书,志在复礼,三十二篇,可升之经"。

　　余考二戴所传,若《乐记》《聘义》《劝学》诸篇,壹出《荀子》,则君所平反,良为信谳。不仅此也,汉初言古学者,《诗》毛氏,《春秋》则主左氏,其源皆出荀卿。申公、白公,本包邱之别传;铎氏、虞氏,衍盲史之微旨。是以云汉追琢,霜降亲迎,《诗》《传》所言,皆与荀合。贾谊为卿再传弟子,左氏之学以授贯公。然则君之此书,不第有功前哲,古学之兴亦其先导。至于刘向《叙录》,可付杀青。唐宋以下类书钞撮,二浙西蜀,旧本凡四,熙丰、国子,各有官刻。江西计台,附钱佃之校文;台州公库,留考亭之公案。麻沙坊刻,金泽库藏,莫不雠其异同,藉正文字。夫西河真传,异炙毂之謷言;东墅校本,为操觚所肄业。馀姚卢氏、栖霞郝氏,仅举涯略,引而未申。君此书出,而枸木檃栝之训,陶人埏埴之喻,伊古长夜,赫然复旦。将使兰陵遗典,并尊邹峄;阙里微言,远绍根牟。曾骞孝已,可以綦于礼义,而秦人不遽,绌于齐鲁之民也,章句之学云乎哉。

丁雨生中丞《百兰山馆诗》序 代

　　揭阳当庾岭之南，接韩江之麓，岩壑幽靓，川渎回互。落汉鸣泉，考亭磨崖之字；康衢击壤，庸庵却聘之书。年运而往，履綦未沫，则有宏伟振奇之士，謦咳千载，经纶八荒。畏佳之风，自广莫而怒号；肤寸之雨，不崇朝而遝集。声施炳然，国史可征。太上不朽，更在文字。余读丁雨生中丞诗而肃然兴叹曰："此吉甫清风之颂也。"公以儒官起家，作县曾未十年，开府吴会。王褒学童，歌中和之乐职；朱博掾史，上皇恐之罪言。猛志疾邪，豪猾屏息，吴之父老，讴思不忘。东里谁嗣，闻诸舆人之评；西门不欺，奉以神君之号。窃谓公之治吴，庶几睢阳侯官之亚，公诗亦西陂之嗣响也。

　　诗境递嬗，盖有三变。当其刖足名场，侧身戎幕。沧海一粟，浮南荒而远征；故居百兰，卧东山而未起。蓝田书庄，仙湖精舍，匡庐啸歌，管乐自许，穷巷剥啄，羊求偕来。往往抚琴动操，慨然遐想，抗怀古人，若与相接。一室之内，雄长敦槃；一饭之顷，不忘忠爱。是则拔剑起舞，王郎斫地之歌；驱车辄回，阮籍穷途之哭。此一时也。既而慷慨请缨，澄清揽辔。出宰百里，遂拥专城；相君九州，来朝京邑。荒邮灯炧，抽豪题壁；国门祖帐，驻鞭赠言。其间弭节吴下，褰帷闽峤，积牍晨披，推枕宵警，驰驱不遑，觞咏遂阙。然而衙参吏散，间判牒而哦诗；驿传宾过，亦衔樽而授简。害马之去，情见乎词;夔蚿相怜,未能免俗。是则濂滨漫士《舂陵》《示吏》之篇,香山老人《秦中》采风之什。又一时也。泪夫急棹中流,安舆晚景,汤坑之侧,有园一区,筑堂背郭,凿石疏泉。老猿作记,招青松以久要;倦鸟知还,返碧萝之初服。一廛既筑,并列宋元;三径未荒,何论魏晋。诏书到门,高卧不起,农夫尔汝,渔樵问答,园居观物,脱屣逆旅,发言振藻,增益标胜。是则鉴湖一曲,季真逸老之堂;别墅中条,表圣王官之谷。又一时也。

　余以甲子之岁识公沪上,后官京师,逖听风教,方谓林壑非高枕之时,沧海有横流之虑,期公再出,一壶共济。天不慭遗,名贤殄瘁。岁在丙戌,余奉命视学岭峤,方欲登公之堂,一商出处,而公已归道山矣。披览遗诗,怆然泣下。公真名世,犹留梁父之吟;世有知音,窃附桓谭之列。

丁氏《持静斋书目》序 代

前古藏书之家,若宋之南阳井公,明之叶文庄、祁忠敏,并以畺圻重臣,雅好古籍。波涛蠹缺,镇海节使之章;楮墨精良,建业文房之记。清俸买来,焚香细校;轻装归去,廉石同舟。柳氏升平之里,温公独乐之园,文简遂初之堂,公武昭德之第。盘咏之乐,无逾百城;名山所藏,是宜著录。此《持静斋书目》五卷,丰顺丁雨生中丞之所藏也。中丞捐馆,椷书无恙。公子叔雅茂才,笃志坟索,若黄明立之有俞邰,毛隐湖之有斧季。光绪丙申,赍书走都下请为序,灵威鸡次,望羊向若。中丞之书,皆得之吴中艺海楼顾氏、上海宜稼堂郁氏。又经何子贞、莫子偲两公为之鉴别,千元百宋,间分士礼之遗;《七略》九流,爰仿《中经》之簿。

窃谓著目之例,约可覼缕,撰人姓氏,当篇名义,撮其纲要,溯其流别。曾巩校上,援中垒之前例;贵与《通考》,视夹漈为专家。昔贤著述之义,藉以发明。晁氏《郡斋读书志》、陈氏《书录解题》,此其类也。网罗当代,仅列标题,虽出私家,义同柱下。筚簬蓝缕,为后史所取资;牛箧瑶台,就通人而博访。往往鸿都巨制,经世名笔,山潜冢秘,或从盖阙。焦氏《国史经籍志》、黄氏《千顷堂书目》,此其类也。至若甄录赀纬,专取精本,秘阁名钞,公库旧椠,汗牛之藏,衷集盈寸,亥豕所分,争功一字。梨枣在昔,虽覆瓿而可珍;篋笥所储,如敝帚之自享。毛氏《汲古阁秘书目》、徐氏《传是楼宋本目》,此其类也。又若一缃往还,赫蹄掌录;见闻所及,互记崖略。春明宅子,就宋氏而结邻;幸舍宾客,窥蔡家之帐秘。是则五侯之鲭,尝鼎一脔。云烟过眼,著弁阳之录;风雪打门,叩寒山之居。既饱眼福,亦资谈噱。邵亭《经眼录》,莪圃《所见录》,此其类也。

中丞此书,上者镇库,次亦贫粮。精庖登俎,不遗菽粟之味;钧韶在悬,亦奏陶匏之响。精鉴名印,最录跋尾;铭心绝品,间下签识。是则稽瑞陈氏、廉石孙氏两家之例最为近之。五岭之南,海气郁蒸,咸潮拍岸,杂以梅雨,群蟫上墙,忽焉滋蔓。金杯在箧,往往羽化,名迹损污,甚于寒具。椎毡既古,若经雪窖之啮;装池尚新,即有屋漏之痕。闻之毋卷脑、毋折角,随损随修,随开随掩,松雪藏书之训也;读必谨、锁必牢、收必审、阁必高,箓竹书厨之铭也。五岳真形之印,可御不祥;天一池石三题,传之无斁。叔雅苟博考高深父、孙庆增诸说,而善庋藏之,絜园签架,虽与天壤并存可也。

《奇觚庼百衲帖》自叙

史游云"急就奇觚与众异",曷言乎奇？不偶也。曷言乎觚？圆不中规,方不中矩也。《集韵》:"庼,屋侧也。"庼之为言倾也,杌陧不安之谓也。移的就箭,将丝综麻。竹头木屑,充溢巾箱;紫凤天吴,颠倒裋褐。古人以百衲名琴,又有百衲本《史记》。余窃取其义以名帖,是余之所寄也。何寄乎尔？生民之至艰,荼毒之极哀,天也,不可以言也,不得已而逃于书淫墨癖以自遣也。

余之好藏金石文字也,援孙伯渊之例,以宋元为断;又宗阮伯元之说,但收碑而不收帖。断断别裁,如禅和子戒律甚严;又如楚汉之师,不敢越鸿沟一步。然门摊厂肆,捆载而归,古刹荒岩,毡椎所寄,不能无明以后物;晋唐以来名迹,亦不能无辗转重摹之本。当其著录,舍旃舍旃,积之既久,与断烂之朝报、丛残之市券,委弃墙角;若灯檠扃疪篋衍,如缊絮蜡车障壁,良所不忍。家有敝帚,可享千金,爰取笔迹之精妙者,氏名之煊赫者,截长补短,哀多益寡,排纂装池,都为十集。上自王逸少、陶通明,下逮苏、米、赵、董诸家,州次部居,尺接寸附,方外妇人,材官巷伯,莫不毕登焉。是亦欧、赵之附庸,《潭》《绛》之变例,《法帖谱系》之所未详,《碑版广例》之所盖阙。后有作者,此为滥觞。光绪戊戌十月十七日。

《太原王氏家谱》序

　　王氏望二十一，北海、陈留，齐出也；高平、京兆，魏出也；其他如金城、广汉之属，莫详其所自出。惟东海与琅邪、太原，皆本姬姓，魏晋以后，东海无闻，太原、琅邪子姓蕃庶，衮冕海内。《隋书·经籍志》有《太原王氏家传》二十三卷，《王氏江左世家传》二十卷。梁沈约谓王筠曰：“自开辟以来，未有爵位蝉联、文才相继如王氏之盛也。”同郡王君润之，其弟之子，余女之夫也。余娶于王，余之女弟亦归于王，两家与润之同郡同姓，而各为一族，则王氏枝分叶布于此可见。润之以盐筴起家，自言系出太原。既置义田赡族，复重修家谱，邮寄都门，命为之序，且曰：“吾家之有谱也，自伯祖古愚公始，但叙溪上一支，而未尝牵附高华。”盖其慎也。

　　余惟家之有谱，犹国之有史，顾谱之例有二：一为统谱，若何氏《姓苑》、林氏《姓纂》、邵氏《姓解》之类是也；一为专谱，若京兆韦氏、北地傅氏诸谱是也。《隋志》又有《杨氏支分谱》，盖为今支谱之先河。自唐以后，此学弁髦，孝子慈孙水源木本之思，非不逮夫古之人也。盖古者聚族而处，别子为祖，继别为宗，异宫同财，相收相恤。自夫人轻去其乡，黎丘之寄侯，洛邑之迁民，咸阳之行贾，所至之地因而占籍。当其初也，言还言归，复我邦族，犹有黄鸟之思焉。年祀寝远，桑梓契阔，五属之亲，邈如秦越，此谱学之与宗法俱亡者一也。

古者官世其禄，家世其爵，凫桃钟栗至以命氏。管子所谓"工之子恒为工，商之子恒为商"，班固所云"士食旧德之名氏，农服先畴之畎亩"，四民如此，有位者可知已。流及后世，父为相而子负薪，搢绅之门夷为编户，楹书之不能读，又安能征文考献，以求先世之故实哉？盖以蓼、六之不祀，遂叹杞、宋之无征，此谱学之与世禄俱亡者一也。

古史所纪，莫先系本。司马迁立"世家"，班、范以后一家"家传"，父子昆弟连类而及，至欧阳公作《新唐书》，遂创《宗室》《宰相世系》两表，东眷西房，旁行斜上。自后之作史者，以为私家之事，无关载笔，自非荫袭，皆从盖阙。又旧史书法，例详郡望，后儒削而不载，遂并饩羊一线之遗而亦失之。史学不古，谱学安得而不亡？又其一也。

虽然由后溯前，本支百世，其远者无征不信，所见所闻所传闻，犹可援《公羊》三世之例而备录之。即论王氏一家，自今以溯典午远矣，自典午以溯缑岭，愈益远矣。今托始于昭穆之可考者以为滥觞，而后上出为槛，旁出为汃，穷源竟委，厘然秩然，庶几传信于将来，而不至欺其祖父，虽谓谱学至今存可也。

寒家出自浙西，迁于吴下，高、曾以来一线相承，百馀年矣。犹忆童时闻之先祖母言，旧籍子姓，犹有存者，兵燹谱佚，遂无可考。曩岁亡儿之变，欲为立后，而无昭穆相当之子可以承祧，设旧谱在，何至于此？然后知谱学关系为至重，而润之敬宗收族之心尤不可及也。读君此编，唏然伤已。

《上海县志札记》序

世传王义恪《姑苏志》，杨君谦开卷即拈"姑苏"二字，谓新志不当用古地名。然君谦撰《吴邑志》，明制称县不称邑，齐固失矣，楚亦未为得也。窃谓文章者，天下之公器，况夫方志之学，出于古史官，观政者将于此咨故实、揽风俗，作者非一手，成之非一时，本非一人一家之学，山川道里之远近，田赋则壤之高下，建置形势之大略，职官氏族之旧闻，关于民生之利病，礼经之举坠，差以毫厘，谬以千里。前贤草创之，后贤讨论而润色之，又从而阙者补之，讹者订之，庶几文献有征，而可以传信于将来，不其善欤？

上海之有志，自明洪武顾彧始。嘉庆间李林松农部书甫出，邑人陆太学庆循即撰《修例》一卷，以是正之。今邑明经秦君炳如复为《札记》若干卷，以纠同治新志之失。明经长次两子，皆及余门。其长君研诒中翰，又同官京师，出其稿见示，余受而读之，签识涂乙，句鉫字析，盖已三易稿矣。每发一疑，涣然冰释；每举一证，确然皆有所根据。论其荦荦大者，如以晋裴秀"绘图六法"，订古今县图之失，则与新化邹氏《宝庆疆里图》之说暗合；以户版宜详载，而讥李农部旧志以疏略为高简，则与会稽章氏之说暗合。明康对山《朝邑》《武功》两志，世称善本，然可也简。孔子曰："文献不足故也，足则吾能征之矣。"简云乎哉。章实斋、邹叔绩皆志学专家，闭门造车，出门合辙，则明经用心之勤，才学识之卓绝，其亦可知也已。

新志创修于应敏斋观察，书成，陈臬至苏，属亡友柳孝廉质卿、管明经操敓理董之，先师冯林一宫允实总其成。昌炽时与柳、管两君同寓校邠庐，师友商榷，陈书考索，至今轩轩然犹在心目。观明经此书，益知古人几尘风叶之喻为不诬，又知越境问俗不如桑梓之见闻为真切也。惜故人往矣，秦君之书具在，不能起九京而质之，窃不禁怀旧之感矣。光绪二十八岁在壬寅正月。

《共赏集》序

昌炽甫弱冠时，怀铅握椠，从诸老先生之后。导我先路，诗古文词则柳大令质卿，经术则潘明经邕侯，皆事之在师友之间。庚午以后，预修郡志，馆冯林一师香溪里第，与徐永之明经论画，又以诗就正于金山人子春。山人居尧峰之南天宫寺前，修眉疏髯，癯然鹤立，今之隐君子也。富有藏书，订交之始，以旧刻聂崇义《三礼图》及《笠泽丛书》为赠，至今犹藏箧衍。岁月不居，忽焉宿草。去年自陇上归，卜居于渎上之遂初园，井邑人民，恍如宿世。欲问童时旧游，而遗老尽矣。春寒积雪，杜门谢客，忽有排闼送诗者，发函读之，则钱乙生丈寄贻《共赏集》两编，其先德秋潭先生所辑朋旧之作也。前编皆道咸先辈，昌炽生晚，已不获抚尘接席；续编则永之丈与山人之诗皆在焉。

邕侯丈治左氏贾服之学，亲见其穷年矻矻，丹黄并下，顾未尝见其为诗。今此编所录有《跃龙歌》《南钱读书图》二首，荒村寒夜，剪镫摊卷校邻庐中，宪宪谈笑，须眉謦咳，犹槎枒侧出于纸上。而当日之小冠末座者，亦二毛斑矣。亡友蒿隐农部题词，以枚庵居士及吾家蜕翁为比，知言哉。自来采诗之役，以诗存人，以人存诗，其功在发潜阐幽，搜遗订坠。即如潘丈，槁项黄馘，著书以老，身后又楹书罔托，使非先生录存片羽，则蜡车障壁之馀，有不与委灰俱烬者乎？新说披昌，微言将绝，稷下游谈，视先民为长物。先生父子家世传《易》，褎然为大师都讲，而犹能惓惓于故旧赠言，珍重护持，罔使失坠，其亦足以风世也已。光绪戊申正月。

《语石》自序

　　余幼长萑衡，咫闻荒陋，见世之号能书者，其临池枘几，惟有晋唐法帖及《醴泉》《皇甫》《圣教》诸碑而已。尝闻亡友姚凤生明经之言曰"碑版至唐中叶后，可等诸自郐"，其诏学僮未尝以石刻，但以自书大小字贻之，为书舠之法程。比稍长，与王农部蒿隐、管明经操敉从事碑版之学，又习闻缪筱珊、魏稼孙两公之绪言，每得模糊之拓本，辄龂龂辨其跟肘，虽学徒亦腹腓而揶揄之。洎通籍居京师，与陆蔚庭、王廉生两前辈，梁杭叔同年、沈子培比部游，上下其议论，益浩然有望羊之叹。访求逾二十年，藏碑至八千馀通，朝夕摩挲，不自知其耄。及亡儿在日，每得石本，助予讨论。后进来学，亦间有乐予之乐，而苦于入门之无自，因辑为此编，以饷同志。上溯古初，下迄宋元，玄览中区，旁征岛索；制作之名义，标题之发凡，书学之升降，藏弆之源流，以逮摹拓装池，轶闻琐事，分门别类，不相杂厕。自首至尾可析可并，既非欧赵之目，亦非潘王之例，非考释，非辑录，但示津途，聊资谈圃。藏身人海，借瑣耗奇，若言纂述，则吾岂敢。自庚子三月创稿，中更国变，麻鞋出走，未携行箧。迨昌平避地归，室如悬罄，残缣朽氐，狼藉满地，此稿从墙角检得之。銮舆未返，豺虎塞途，键户无聊，尼言日出，至今年十月下旬始卒业，都四百八十六通，分为十卷，粗可写定。余不善书而好论书，甚撞蠡测,举古今书家进退而甲乙之,只见其不知量耳。虽然知者未必能,能者未必好,余固知之而好之者也。譬之良庖,日调五味,五侯之鲭,咄嗟可办,此能者之事也。而余则食前方丈,但知属厌而已。又譬之工师,凉台燠馆,栋宇靓深,神斤鬼斧,钩心斗角,此能者之事也。而余则载寝载兴,但如君子之攸芋而已。是书出,惧世之耳食者将以余为集矢之质的,而缣素剥肤也;习见余之恶札者,又将讶其言之不类也,故书此以解嘲云尔。光绪二十七年岁在辛丑十一月自序。

此书脱稿后越二月,即奉视学甘肃之命度陇,见闻略有增益。丙午归里,养疴渼川,再加厘订,去其复重,距辛丑写定又八年矣。海内故交,宦辙所至,已有今昔之殊。伏处山野,书问疏旷,其所不知,或未追改。老而健忘,纪述舛讹,亦所不免。仲午比部丛恩付梓,并力任校订之役,邮筒商榷,积书盈箧,自去年长夏至今始辍业。古谊通怀,感何能已。此外订疑勘误、相助为理者,上海秦介侯大令、青浦张亦锓中翰及同里张叔鹏孝廉也。宣统元年岁在己酉三月,昌炽又记。

朱怡云广文《遗集》序

陈墓在菉溪之南纬萧五十，濒湖为市，土风清嘉，皋壤肥沃。茅屋枕水，若雁将翔，潴陂为田，与鱼并蓄。饁耕自给，无催科之吏；弦歌相闻，有蠚逷之民。吾友朱怡云先生，卜居其地，世服先畴，老为儒官，引疾不出。昌炽逾冠，君年四十，环带甫投，研削共事。忘年缔交，扫蒋径以延宾；说义称师，游郑乡而著录。谈笑宪宪，犹在梦寐，岁月不居，忽焉晼晚，君归道山，而昌炽亦老且病，山村一廛，离群索居。哲嗣敛昉挐舟枉存，烟帆在门，陈书在箧，曰："此先人之遗文也，请为序。"余惟先生之文，可以一言赅之曰"淡思浓采"。

汉魏云季，歌颂滋繁，扬玉轪而并驰，总金羁而齐骛。萧梁锦带，流为记室之词；韩偓香奁，等于玉台之选。缉事比类，直为偶说；饰羽尚画，吴锦虚艳。是知尚褧则章，散朴非美，文章之外，固有事在。一字染神，惟淡是已。先生天怀高旷，栖神物表，守老氏知足之戒，缵仲长乐志之论。冷署灯檠，深庐签架，驼沙江上，以当考槃。苜蓿阑干，抱遗经而屡守；芰荷的皪，还初服于闲居。五斗不以折腰，一毡聊可拥膝，其淡于仕进也。十亩之田，三间之屋，范迁一去，湖光渺然。一舸将隐，焉用计然之书；万钟何有，敢以黔娄为病。指楹惟有墨庄，垂帘并无卜肆，其淡于居积也。后堂绛帐，并侑笙歌；别墅青山，不忘丝竹。先生则收视返听，据梧自槁，虽登群玉之府，间涉纷欣，享千金之帚，亦加珍惜。而云烟过眼，付诸太虚；泡幻观空，等于禅悦。岂惟玩物，乃为丧志。淡则弥旨，先生之元赏也。三君八顾，有名士之品题；六艺四科，仿圣门而标目。先生则沉默自好，不务标榜。道义之交，久要不忘，及夫握手，未尝翕訿。抱琴自鼓，期成连而不来；尊酒不空，叹文举之自放。罩然尚友，其惟古人，淡则可久，先生之善交也。是皆根柢至性，非可雕饰。标情务远，用志不纷，出其绪馀，发为机杼。散华落藻，烂焉溢目，譬犹止水不波，沦漪自秀，空山太古，丹翠相鲜。尊罍在列，钟虡在悬，抚翠羽之娑然，叩枸鳞而綷若。而不知九酝之酎，六莹之韶，至味希声，弗可尚已。撰德考行，宜谥冲素；砥名绩学，实师深宁。

昌炽归自陇皋，征尘甫濯，溯幼安于藜床，望冥鸿而神往。灵光无恙，褰裳庶几，百里而近，川途间之。悠悠此恨，愧负良友。云亭属草，俟桓谭而始知；敬礼为文，托陈思而后定。炽非其人，敢希前哲，俯仰今昔，追述旧游，剪烛论文，绪言未坠，即书之以为序，庶有征于斯文。时宣统二年，岁在庚戌元日。

《藏书纪事诗》自序

右《藏书纪事诗》七卷，原稿六卷，尚为未定之本，及门江建霞太史校士湘中，录副出都，遽锓诸木，今《灵鹣阁丛书》本是也。其间引书繁芜，举例踳驳，如郭延泽、杜大峰、程季长，皆生汴京盛时，不应附两宋之末；徐良夫、虞胜伯，皆尝仕明，不应入元末；归熙甫与沈以安同年，曹彬侯为席玉照之客，叙次先后，不应辽绝。写生移录，亥豕之讹，亦多沿而未削。客春刊《语石》既毕，遂取旧稿，手自厘订。旧例不录生存，断自蒋香生太守为止，今以续得九首移原稿附录诸诗，别编为一卷，都七卷。正史有传者据史为次，有科目者以释褐先后为次，无者以其同时人序跋赠答参稽而互订之。诗注亦小有增损，虽几尘风叶，未敢遂谓定本，粗可杀青。

昌炽弱冠即喜为流略之学，顾家贫不能得宋元椠，视藏家书目，辄有望洋之叹。因念古人爱书如命，山泽之癯，槁项黄馘，吾吴如孙道明、朱叔英、吴方山、沈与文，皆名不挂于通人之口，缥缃既散，蒿莱寂然，可为陨涕。顾涧苹先生尝欲举藏弆源流，汇所见闻述为一编，稍传文献之信。窃不自揆，肄业所及，自正史以逮稗乘、方志、官私簿录、古今文集，见有藏家故实，即哀而录之。光绪丙戌以后，度岭而南，暨客都门，见闻稍广，箧衍遂充。初欲人为一传，自维才识谫陋，丝麻菅蒯，始终条理之不易，乃援厉樊榭《南宋杂事诗》、施北研《金源纪事诗》之例，各为一诗，条举事实，详注其下。

稿成置笥中，初未敢示人。既而稍稍就正于有道，先师潘文勤公一见击赏，即欲付梓，奉命惕若。旋有龙蛇之厄，痛梁木之遽摧，抚牙弦而辍响。方谓兹编将与原文同置酱瓿，建霞固与闻侍坐之言者，越十年，卒取而传之，其可感也已。然自是不能自秘，承海内宏达君子，商榷疑义，纠正讹字，窃又自悔流传之太早。仲午比部怂恿重刻，谓是本出，理棼丝而披丰蔀，可为桑榆之补。炳烛馀光，逢罹忧患，校雠编辑，皆赖助我。敝帚虽不足自享，师友之谊不敢忘。刻既竣，爰书其颠末如此。宣统二年岁在庚戌，书于花桥老屋。

《二妙年谱》序

晋绛土厚水深，其民有先王遗教，君子深思，敦尚气节，开否济屯之交，怀忠履贞之士。自汉以下，闻郭林宗之风而起者，隋唐之际则有河汾之学，金元之际则有稷山段氏之学。处乱世，抱遗经，隐居著书，绝尘不反，其学同，其志同，即其桑海湛冥，龙门避地，遗佚又未尝不同。然王氏《中说》，儒林传习千有馀年，而遁庵、鞠轩两集，若存若亡，稷山师友皆不显。而龙门弟子若魏郑公、汾阴薛献公并起而为兴唐之佐命，显晦又似悬殊焉。

吾友孙益庵广文，振奇绩学，潜研乙、丙两部，而尤洽孰金源掌故，尝得海丰吴仲怡侍郎石莲庵所刊《二妙集》，慨吉光之仅存，惧遗文之放失，仿鲁訔《杜集》、洪兴祖《韩集》之例，辑《年谱》二卷。正史无征，则旁考河汾诸老集，又博采刘京叔、元遗山、虞道园诸家，钩稽岁月，丝联绳贯，生卒仕隐，颣然明白。论世知人，尚友千载，益庵之功盖不在杜淹、阮逸下。

夫王氏著书，自拟六经，尊之者至以绍洙泗之统，或跻于荀扬之列，而宋儒如洪容斋、晁公武，乃言其依托福郊、福畤之夸饰。传信传疑，犹待后人之考定，转不如《二妙》一帙不绝如缕，其为北方之学者，天兴之逸民，易世未尝有异议。益庵此书，发潜阐幽，虽孤证寥寥，如陈爱书，单辞用听，实足补完颜柱下之遗，导绛阳先河之路，虽谓稷山之学赖益庵以存可也。世有桓谭，愿以余言质之。宣统辛亥闰月。

刘行简先生《苕溪集》序

《易·系辞》曰："夬，决也，刚决柔也。君子道长，小人道忧也。"盖上下交而志同如泰之时，然后小人之道不行，夬以五君子临一小人，徒能使之忧而已，此苕溪刘行简先生之说，深宁论《易》尝取之。昌炽幼读《易》，即服膺其言，思得其遗文读之。考《宋史》本传，但有《类稿》五十卷，《直斋书录解题》暨马端临《经籍考》题曰《非有斋类稿》。

此《苕溪集》五十五卷，归安朱古微前辈从武林丁氏写本传录，云出自曝书亭本，视旧本溢出五卷，亦未知何时何人重定。又考之诸家书目，倦圃收宋元人集号最多，而《静惕堂目》无此书，惟《绛云楼目》著录，亦即五十五卷本，可知明以前流传之本已非非有旧稿，即此本亦希如星凤矣。简端有雪厂、逸叟题字，称为"元任胡先生著"。元任，宋胡仔之字，本绩溪人，晚居湖州，著有《苕溪渔隐丛话》，今诗林尚奉为鼓吹，非著此书者，雪厂以涉苕溪字偶误耳。

先生生政宣之季，其登朝也正当中原板荡、牧马临江之日，危言悚论，磨切朝著。今读其遗文，原本经术，通晓治方，尊攘之谟，绍述之辨，乐行忧违之志，惩前毖后，图易思艰，粹然有元祐诸贤之遗则。历六察，迁二史，主知不可谓不深。謇謇亮节，不见容于当路，屡起屡蹶，卒以祠禄去官，而宋亦遂终于南渡，其可悲也已。史称其制诰坦明有体,韩元吉状亦谓公在词掖数月,人争传诵。今观集中外制多至十七卷。

宋人制词,《安阳》《临川》《鸿庆》《简斋》诸集,皆盈编累帙,郑千之谓渡江以来,龙溪平园号为冠冕。深宁著《困学纪闻》,《评文》二卷次于《评诗》前后,其后一卷专论两制文字。盖当行朝初创,经纶草昧,考故府之宪章,作三军之袍襗,涣汗大号扬王庭而讫海表,此南宋馆阁巨公所以视为经国盛业,而先生亦以此体擅场也。

先生与吾家石林公居同郡,生稍后,集中有《访叶少蕴观文》二首,桑梓敬止,高山仰止之思,穆然流露于言表。石林遗文今所传惟《建康集》八卷,其总集百卷与《审是集》八卷,皆不传。而先生此书沉埋几及千载,若存若亡,不绝如线。世际燔坑,斯文道丧,而古微访求缮录,出诸蜡车障壁之馀,又谋诸沈君耀勋,捐赀付梓,其风义有大过人者。昌炽以忧患馀生,附名简末,既窃自幸,眷念楹书山潜终閟,等于杞宋之无征,又不禁泚然汗下已。壬子五月。

《邠州石室录》自序

邠州古新平郡，与泾接壤。距城西二十里有大佛寺，即唐之庆寿寺也。石室累累，皆唐宋元人题刻。同治间，吾乡吴窻斋中丞视学西陲，劫后有陇辄自许仙屏河帅始。中丞时关陇尚未分闱，横舍三年校士，两省仅一使者，例以一年驻兰州。邠为通道，行李往来皆憩息于此。中丞既以试事不遑启处，行囊又未携毡蜡，摩挲古刻，望羊兴叹，但择其字之清朗者手录之，顾以岩窦窈冥，苔封尘积，什不能得二三。其后十有馀年，至光绪丁亥，昌炽以游幕寓羊城，中丞亦自宁古塔移节而南，出箧中旧稿郑重相授。纸敝墨渝，又多讹夺，岁月姓字盖阙如也，无从考释而罢。

其后又五年，昌炽始通籍在词馆，同列先后出甘轺，贻书求物色，佥云邠州为陕畺邻封，安得而越俎？又十馀年，岁在壬寅，昌炽始被命度陇。既至邠，出西郭，逶迤循泾水十里为水帘洞。又十里，即此刹，登阁瞻礼。是日驿程在亭口尖，宿于长武县城。悠悠山川，前行尚远，周览未毕，而仆夫已催发矣。不得已谋诸寺僧，但唯唯。又四年，届两瓜期岁科按部，三至泾，而寺僧始以拓本来，越高原二百里重跰打包。不愆宿诺，游方之外吾见亦罕，即界以二十四金，未偿其劳也。今归里又将十年所，始出藏本著录，共得唐二十二通，宋六十四通，金一通，元十六通，都百有三通，排缵厘订，又一年而脱稿。岁月不居，岭海旧游回溯将逾三十载，寤寐思服，亲至《索靖碑》下，仅而得之。既移录之，又审释之，盖如是其嫥且久也。

惜中丞墓草已宿，不及商榷，俯仰黄垆，喟焉太息。其中如王尧臣、蔡延庆、李丕旦诸刻，皆于无文字处钩稽而出，不可谓非愚者之一得。然宋自政宣而后，辽亡金警，西事已鞭长莫及，柱下藏书，语焉弗详，偶获孤证，亦有杞宋无征之叹。宋人题字大都皆其郡大夫及从游幕僚，插架又无《邠州志》，课虚责有，非阙则讹，举烛为隐，贻讥方雅，徒以用力既勤，敝帚自享。日月逝矣，迈征未已，垂暮馀年，尚思刊其野言，补而正之。世有颛而好古如欧阳公，不以菅蒯见弃，筚簬蓝缕，愿为前马。岁在元默困敦十月二十五日，书于奇觚庼。

《吴兴先哲遗书》序

《周礼·职方氏》之"薮"，吴越之间曰"具区"。婺、歙诸山之水淳泓演蓄，汇为巨浸，而吴兴一郡适濒其东，川塈明秀，人物骏雄，自唐以前详于颜鲁公《石柱记》。吴兴才人沈下贤与宋之吴兴三沈，考其里贯，皆在传疑之列、苕霅之间。尚论学派先河后海之祭，厥惟吾家石林先生为不祧之宗，同时继起在昭穆之序者，龟溪沈氏、苕溪刘氏也。《苕溪集》，沈杏墅郎中刊于吴下，昌炽曾为序，今吾友刘京卿翰怡复刊《龟溪》一集，以次及董氏斯张《备志》、吴氏景旭《诗话》，将举一郡七属四部之撰述而流传之，缵旧闻而诏来学，不朽盛业于是乎在。

夫宋自南渡以后，永嘉之学为盛，吕东莱传新安之统，再传至元明之会，王忠文、黄晋卿、宋景濂诸公崛起，于是有金华之学。今其遗书，邦之人已先后刊布。金华又别为文萃，台之宋氏、越之徐氏亦各保存其乡之文献。武林嘉惠堂丁氏《掌故》二十六集，《往哲》两编，囊括无遗，尤为海内所珍。

浙以西如吴兴，亦泱泱大邦也，从前亡友姚公子公蓼暨陆存斋观察，皆尝有志于此。公蓼所刊仅十馀巾箱小本，皆簿录家言，不足以餍学者之望也，三十年来今且散为云烟矣。存斋论学，不无乡曲爱憎之见。嘉道间程安学者推二严先生无异词，而其所收《四录堂类稿》无片帙。经学如徐新田、严久能，史学如杨秋室、施北研，寥寥四五家，未卒业也。翰怡盛年嗜学，当横流之日，毅然以斯文为己任。海上书舶，悬金以待其至；通都故家之所藏，不胫而自出。又得艺风前辈、芷畦同年为之鉴别，校雠精审，正定可传。阮文达、张文襄皆喜劝人刻书，谓于人有功，于己有福。潘文勤师闻人流通古籍，辄称叹以为豪杰之士。如翰怡之虚怀翕受，实事求是，其庶几无愧斯言也已。

吾吴在昔先民有作，《四库》著录，已有望洋向若之叹。溯自通籍，陆沉金马十有馀年，搜罗乡故，亦颇有藏山未见之本，残编蠹翰，视高文典册尤难得。犹忆在厂肆偶获《方山先生遗诗》一册，以告平原太傅，竟不知家有是刻也。又尝得申文定、陈文庄全集，哀然巨帙，问其祠裔，亦皆无守祧之本。归田后谋剞劂，苦于有志者无其力，有力者非其人。今老矣，椷书罔托，饰巾待尽，区区此心，持以入地，诚无以下告先哲。附名简末，能无泚然汗下也哉。乙卯九秋。

《随盦丛书续编》序

板荡之世，经籍道熄，然必有蒙泉剥果一线之延，亶爰推挽于不敝。五季之乱，蜀相毋守素即于是时刻《文选》《初学记》《白氏六帖》，赉至中朝行世而长兴，国学亦遂以九经、诸史镂板。毛子晋值明社之屋，尽斥其产，刊布群籍，汲古之书走天下。无平不陂，无往不复，理固然也。

桑海以来，衣冠流寓集于海上，其贤者亦颇有如倦圃流通之约，节燕游玩好之资，为古人续命者。南陵徐积馀观察，尤其真知而笃好者也。积馀熟精簿录之学，二十年前见于京邸，商榷古书，即有志于名山之业。既刊国朝儒先撰述，汇为《积学斋》《鄦斋》两丛书，又访求宋元善本好写精雕，都十种为一编，续编成，持印本见贻。发函申纸，如逢寒故。积馀曰：“吾书借自海虞瞿氏，固子之所熟游也，盍序诸。”

瞿氏藏书自子雍先生始，传其子敬之、潚之，至孙良士三世矣。其所居在古里村江乡，百里一苇可航往，尝与管明经操觖、王农部蒿隐叩琅嬛而探册府。主人出《虹月归来图》见示，扫榻留宾，陈书发箧，缥囊绨帙，充箱溢架。夜阑秉烛，纵谈流略，南面百城之乐，至于忘返。今观积馀所刻，皆当时所手摩而心赏者也，回溯昔游，恍然如梦。幸羽陵之无恙，睹梨枣之重新，而操觖、蒿隐诸君皆已宿草，益叹人生岁月不可把玩，而惟文字为可久也。

昔为蒋香生太守校刻丛书，亦从瞿氏借本，先之以《文子》徐灵府注、《列子》张湛注，犹积馀之刻班固、应劭两书也；其次待刊即为《刘涓子鬼遗方》。会香生罢郡，余亦以饥驱游岭峤，荏苒遂辍，怅惘至今。此书传自宋龚庆宣，考《四库全书》，唐以前但有葛洪《肘后方》，而此书不著于录。宋时官书惟见于《崇文总目》，《直斋书录解题》有刘涓子《神仙遗论》十卷，但云"东蜀刺史李頔录"，篇第既析，名亦舛驰。初无别本校其同异，可见在南渡后传本已稀。江左六朝跗疛禁方尚有存者，今试观《千金》《外台》《圣惠》《和剂》诸方，旁及《太平御览》、杜台卿《玉烛宝典》、陈元靓《岁时广记》，采摭唐以前方书不为不富，而其目见于《隋书·经籍志》《唐书·艺文志》者寥寥无几，盖其散佚皆在唐宋之际。龚氏之书幸而存焉者也，积馀毅然与《玉函经》同传于世，为医林秘笈。

沧海之珠，经罔象之求而终显，旧时已散之云烟，惸独残年，汗青犹及。摩挲坠简，不禁老眼之愈明已。丙辰长夏书于海滨寓舍。

李审言《学制斋骈文》序

兴化李君审言论定其文,自题曰《学制斋集》,有旨哉! 李君之命其文也。虽然美锦不可以学制,非所论于文。五色繁会,其章施也;七襄报章,其流别也。一绚之丝,五丝为纑,纵横机杼之英,纷纶筐篚之实。司契为匠,斐然有述;纂华绅秘,朱蓝共研。是犹轮扁运斤,从心不逾;良乐引辁,两骖如舞。制则工矣,何谦言学。沈休文宫商之辨,谓士衡论文炳若缛锦,宁有濯色江波,其中复有一片是卫文之服,断章取义,斯文殆庶。

仆自归耕,盘薖独寐,比来海滨,稍出论交。南陵徐侯,实为旧雨,为言过江人士无过君者。三径延客,如来羊求;百家衷圣,间诘儒墨。笑言既申,永朝永夕。往往一尺之简,珍于凤麟;五言之章,持为羔雁。尚论古人,不在建安以下;邦之先哲,惟以江都为师。神州陆沉,大雅不作,饰羽尚画,蜂起舛驰。天吴紫凤,绽裋褐而横施;乳目脐口,缅规矩而改错。文之敝也,中于世道人心,而其祸遂及于家国。今观君之文,经纬分明,有典有则,天才绮练,江左莫逮。根柢六经,起八代之衰;迢遥一发,为千钧所寄。操觚率尔,仆诚自愧;尚䌹暗然,厥惟君子。世有桓谭,巾笥什袭之不暇,而顾以尹何自况也。君游于皖人士最久,礼公往矣,暮草既宿,伟长公干,联镳齐轶,各树坛坫,号为知言。试以鄙言质之,以为何如也。

愙斋《集古录》序

自秦兼天下，命李斯作小篆，罢其不与秦文合者，而古文始微。然汉时八体，大篆一体固具在，自学僮不课尉律。孝宣帝时张敞欲通《仓颉》读，至从齐人能正读者受之。章帝时获《史籀》九篇，王育为作解，所不通者十有二三，则其学之亡已久。王伯厚云古文难考，几于郢书燕说，况江左浮靡，北书伧狞。唐宋以后，六经三传，私家移写，公库雕板，皆以世俗通行之字，学者循诵习传，安知所谓古文者？郭氏《汗简》七十一家，其所录古文，旁及道书、石刻，而不皆鼎彝文字。惟薛尚功、王复斋，下逮国朝阮文达、吴荷屋诸家，衰辑古器，摹其名而释其义，始别为专门之学，仓、史旧文得存什一。

同郡吴愙斋中丞，自幼即笃嗜古文奇字，锋车所莅，地不爱宝，鼎卣尊盉之属，廉石归装，往往载之兼两。同时为此学者，潍县陈簠斋先生，收藏之富甲于海内。座主潘文勤公、福山王文敏公，藏器亦相埒。中丞既尽拓其文，手自摹勒而考释之，都若干卷，援欧阳公之例，命曰《集古录》。

中丞之言曰："《说文》之字，皆周末相沿，非孔子六经旧简，故求之《说文》而不可通者，往往于《经典释文》得之。如'徐'之古文'邻'，《周礼》雍氏注'征徐戎'，《释文》刘本作'邻'，举沇儿钟、鲁公伐邻鼎为证；又如'来'作'速'，'韯'通'邕'，《释文》所存异字多与古器名密合。"然昌炽不能无疑也。许君自序"称《易》孟氏，《书》孔氏，《诗》毛氏，《礼》周官，《春秋》左氏，《论语》《孝经》皆古文也"，是其所据确有师授，未可谓周末相沿之字也。元朗《音切》，惟《尚书》用古文，其条例曰"《尚书》之字，本为隶古"，既是隶写，不全古字。宋、齐旧本，徐、李等音，所存古字盖亦无几，安得谓许君未有之字元朗转得而存之？未可以一二孤证，遂桃许而祖陆也。

比客冬游海上，从张君鞠生得交于法人伯希和，君出示敦煌石室所得《释文》写本《虞书》残字，仅十一叶，云尚是初唐写本。以校《通志》《抱经》两刻，增字不啻倍蓰。其所称异文如"畴"之为"旹"，"怀"之为"裹"，"凤"之为"鳦"，"首"之为"𦣻"，"稽"之为"𥡴"，皆与小篆合。许君不言古文作某、籀文作某者，小篆即古籀也。"三"之为"弍"，"襄"之为"𰔉"，"播"之为"𢿥"，"禼"之为"𩂁"，"刚"之为"但"。古文"服"从"人"作"䑣"，古文"惠"从"卉"作"𢤱"，皆与许君所称古文合，此《说文》所有者也。至如"四表"之"表"古为"𧝁"，"于变"之"变"古为"彭"，"期月"之"期"古为"𣊫"，"绩用"之"用"古为"䢞"，"顽嚚"之"嚚"古为"𡈁"，"方割"之"割"古为"创"，《舜典序》"𢝆"为古文"使"，"嵝"为古文"诸"。如此等字，未可枚举，皆《说文》所无，亦不见于今本《释文》，而其字亡矣。然后知初唐旧本陆所存古字，实有溢出许君之外，而中丞之言为信而有征也。盖元朗之书，一厄于唐开元卫包改古文从今文，再厄于宋开宝郭忠恕、周惟简诸臣之修改，陆氏旧文刊削殆尽。使原本尚在山岩屋壁，早显于世，即中丞之说，引而申之，触类而长之，仓雅之学不几大昌明于今日，而惜乎仅存残帙，又叹中丞之不及见也。

今中丞墓草已宿，犹子讷士部郎出其遗稿，付诸石印，既属中丞门下士王胜之同年理董其事，又以昌炽同里后进，命缀一言于卷尾。犹忆客淯喜斋时，潘文勤师每得一器，辄拓其文，命门下士共释之。时中丞回翔置寄，已离都下，一字异同，邮筒商榷，昌炽亦得于侍坐时窃闻其绪论。今此乐不可复得，而昌炽亦老矣。丧乱以后，微言沦绝，慨哲人之云徂，悔服膺之不早，耄学荒落，有馀愧已。丁巳端午前三日。

克　鼎　释

　　右克鼎，文王命善夫克而追述其皇祖师华父。"善"，古"膳"字，盖其人名克而官膳夫。《周礼》膳夫掌王饮食之官，《左》庄十九年传，"王取蔿国之圃，边伯之宫，夺子禽、祝跪与詹父田，而收膳夫之秩。秋，五大夫奉子颓以伐王"。杜注："膳夫，石速，士也，故不在五大夫数。"据此，则膳夫之秩甚卑，似不当与册命之列。然《小雅》"仲允膳夫"与"冢宰""司徒"并称，则小臣得邀异数，亦所宜有。

　　"所锡之田，于野于湿，于康于匽，于博原，于塞山"，"湿"当为"隰"之假，"匽"即"偃"字。《左传》："规偃猪牧隰皋。"杜注："偃猪，下湿之地；隰皋，水岸下湿，为刍牧之地。""康"，《方言》云"空也"，其字从"康"，"康"有"虚""荒"二义，殆旷地之未耕治者欤。"博原"，广平之地，《尔雅·释地》："广平曰原。"李巡谓"土地宽博而平正名曰原"。"塞山"，当是依山有厄塞者。

　　"𢊠"，古"庐"字，"锡女井家庐田于畯"者，古者八家同井，中百亩为公田庐舍，《诗》所谓"中田有庐"是矣。"ᚹ"下"𠃌"非"乃"字，当为"飤"之省文，言有此田庐，所以飤臣妾也。"𡜐"当为古"奴"字，从女从荆，省从"屮屮"，象女子犯刑两手舂形。《说文》："奴婢皆古之罪人。"《周礼》曰："其奴男子入于罪隶，女子入于舂稾。"昔三叔之封，土田陪敦，备物典策之外，又皆分以殷民，此亦商奄之民之类矣。

他如"〔卩〕"，古"聪"字，其下一字"〔器〕"，疑为"窗"之异文。"琇于上下"，"琇"当为"祷"。古者祭神以玉，故字从玉。"敃"当训"忧"，曰"出敃"，曰"锡釐"，皆为颂词。"今余惟〔器器〕，乃命〔器器〕"，彝器文如此者多。"〔器器〕"二字，旧释"疃京"，未确。许印林释上一字为"缵"，窃谓下一字乃"续"字，"市"上一字仍当为"黼"，左从黹省，右从父也。"〔器卩〕"当为"黄璁"，"黄"古"衡"字，经传多言"璁衡"，此倒文耳。"〔器〕"为"命"之繁文，旧释"靁命"二字，殆非。

释 镫

《说文·豆部》："𤔲，礼器也。从𠬞，持肉在豆上。读若镫同。"《金部》："锭，镫也。""镫，锭也"，二徐释作膏灯。段君谓镫即礼器，而以豆部之"𤔲"为后人所增。此说非也。"镫"字果为礼器，何以不隶豆部？段知其不可通，释之曰瓦器，用于祭天。庙中之镫范，金为之，故其字从金。然则礼器范金如尊壶之属，何以不皆从金乎？

窃谓"𤔲"字自是许君旧文，《诗》"于豆于登"，《释器》"瓦豆谓之登"，其字皆当作"𤔲"，登者借字。《公食大夫礼》"太羹湇不和，实于镫"，《祭统》"夫人荐豆执校，执醴授之执镫"，其字并作"镫"者，亦假借字，不当以此废"𤔲"也。然膏之器所以名为"镫"者，以其形似礼器之豆，其始当亦借"𤔲"字用之。

"镫"字秦以后制，非古文也，顾古人用"烛"不用"镫"，何则？古人照夜用烛，其在地者为燎。《少仪》"主人执烛抱燋"，郑注："未蒸曰燋，但在地曰燎，执之云烛。"《诗·庭燎之光》，传云"庭燎大烛"，然考《燕礼》"甸人执大烛于庭"，庭燎不可执，今大烛言执，则非即庭燎可知。盖大烛即《周官·司烜》之"坟烛"，后郑释为"大烛"。杨氏大堉《补仪礼正义》云"坟烛，可执之烛也；庭燎，不可执之烛也"，此其辨也。其然之也以薪，亦或以麻者，司烜氏共蕡烛庭燎。古书"坟"为"蕡",郑司农云"蕡烛,麻烛也",贾疏云:"古者未有麻烛,庭燎以苇为中心,以布缠之,饴蜜灌之,若今蜡烛然。"考《说文》,"熜,然麻蒸也"。《楚词·七谏》"菎蕗杂于廲蒸兮",王逸注云:"枲翮曰廲。"《弟子职》"蒸间容蒸,然者处下",《说文》:"蒸,析麻中干也。"然则烛实有用麻者,先郑之说殆未可非也。古人用以照夜者,大略如此。

至于膏灯,始见于《楚词》,《招魂》曰"兰膏明烛,华镫错些",西京刘子骏、冯商皆有《镫赋》,其制盖肇于战国而盛于汉。至刘向《说苑·复恩篇》云"楚庄王赐群臣酒,日暮灯烛灭",此汉人述春秋事,便文及灯。当楚庄王时,固未有灯矣。

若夫镫、锭之分,玄应《众经音义》引《声类》,"有足曰锭,无足曰镫"。《广韵》"镫"字注引《声类》此文,而于上加"豆"字,此为"鐙""镫"不分之始。案《艺文类聚》引吕静《韵集》亦有此语,亦无"豆"字,则可见《广韵》"豆"字为陈彭年等所加,非孙愐之旧也。史游《急就篇》"锻铸铅锡镫锭鐎",颜师古注:"镫,所以盛膏夜然燎者也,其形若杆而中施缸,有柎者曰锭,无柎者曰镫",与李登同。今所传建昭雁足镫,据《两汉金石记》云"盘仰底覆,中承以胫,下卓三趾",是有柎矣,疑《声类》之说未必尽然,不知古人"镫""锭"二字对文则异,散文则通。观《广雅》"锭谓之镫",可见有足之锭亦可通称为镫。《祭统》"执镫",郑注云"镫,豆下柎也",此虽谓礼器之登,然今膏镫即古豆登遗制,郑以镫为豆下柎,则"无足曰镫"之说本未可信。古器传于后者,惟《博古图》以"烛锭"尚存锭名,自馀则不论有足无足皆曰镫矣。

同郡钱君冠瀛藏建昭雁足镫拓本,即苏斋所著录者也,出以属题。余不能诗,用作《释镫》一篇以贻之。

释　　幢

《说文》无“幢”字，徐铉《新附》“旌旗之属，从巾童声”，钱可庐、李鄦斋皆谓即冃部之肯字。按殳部“𣪊”从殳，肯声，凡檕、鼙、悫字皆从𣪊，声则肯，当为苦江切。幢，宅江切，非一字。考《周礼·巾车》，先郑注“容谓襜车，山东谓之常帷，或曰童容”。郑康成《诗·氓》笺“帷常，童容也”；《释名》“童容，施之车盖，童童然以隐蔽形容也”，又曰“幢，童也，其皃童童然也”。幢之本字当作童，急呼曰童，缓呼之则曰童容。《蜀先主传》，桑树高五丈，遥望童童如小车盖。今《文选·东京赋》“树羽幢幢”，加巾旁者，亦童之俗字也。

顾其字有二义。一为羽葆。《周礼·乡师》“及葬执纛”，“纛”即“翿”字，郑注：“羽葆幢也。”《尔雅》“翢，纛也。纛，翳也”，郭注：“今之羽葆幢。舞者所以自蔽翳。”《方言》“翿、幢，翳也。楚曰翿，关西关东皆曰幢”，是其义也。翢、纛、翿实一字，与童双声通用。《诗》“左执翿”，则舞者一手可执。而《汉书·高帝纪》“黄屋左纛”，李斐曰“纛，毛羽幢也”，蔡邕曰“以牦牛尾为之，如斗”。《南史》“齐后主有筋力，能担幢，白虎幢七丈五尺，齿上担之，折齿不倦”，则其制高出寻常，军中用之以为指麾与执以舞者不同。

一为帐极。《说文》“橦，帐极也”，“橦”亦“童”之后出字。极，栋也,横施于屋之最高处。帐幄四合象宫室,故亦得有极。其制可施于舟车。襜车帷常即车盖也,《〔后〕汉书·班固传》"抚鸿幢",章怀注:"即舟中之幢盖。"以幢在盖最高处,故亦得举以名全体。幢又有横、植二义。帐极之幢,其横义也。《西京赋》"都卢寻幢",其植义也,犹之《说文》训杠为床前横木。而丨部曰"邡,旌旗杠皃",此杠即为植义,与《尔雅》"素锦韬杠"同。凡从木之字,多有兼此二义者。释氏之幢亦取植义,其初当与幡盖等类同为佛前供养,以帛为之。

至六朝始有刻石为幢。周镌佛象,或六面或八面,盖即四面造象,而递增之,故只称为石柱。若魏元象元年《张敬谨造象》,齐天统三年《标义乡颂》,皆名石柱,不言幢也。魏兴和三年《李仲璇孔子庙碑阴》有"殄寇将军幢主卜神景"等,此幢谓军中之麾,北朝军职本有幢主之号,与后人刻经称经主、造象称象主、建幢称幢主者不同。至隋开皇五年泽州东淑村造象幢,始有"敬造龙幢"字。刻石名幢,莫先于此,然犹未刻经也。金轮建号崇信沙门波利取经西湖再译,开天以后天下精蓝八觚林立,遂无不刻经矣。邢氏《金石文字辨异》据孙伯渊说,谓《李仲璇碑》"幢"字作"憧",当是古字,并举唐许州曹彦憧、吴越天竺寺憧为证,其实非也。碑版从巾之字,若"帷幄"诸文,往往从心,当是操觚之士一时风气,未为典要。惟洪氏《隶续》载鲁峻石壁画象小史骑持㡧、小史㡧、矛㡧,皆作"㡧",此实为"幢"之假借字。辽金石刻间有从"石"作"㠉"者,盖以刻石为幢,故加"石"旁。凡此皆出于经生、裰子,非有意义,不尽释云。

跋趞尊拓本

　　此趞尊，周器也，"趞"为人名。古器如趞鼎、师趞鼎、师遥敦，名皆从"夨"。"趞"字见石鼓文"其来趞趞"。《说文》："趞，行声也，读若敕。一曰不行皃。"又"趞"下云"趋进趞如也"。段茂堂云"趞、趞本一字，如水部之溴、灢"，窃谓段君说是。盂鼎文"故天異临"，"異"即"翼"字，"翼"字可省作"異"，故从異从翼之字皆可通用欤。

跋石刻《无量寿佛经》

《无量寿佛经》一卷,唐纪王慎造,列衔为"邢州刺史"。按《唐书·太宗诸子传》,慎于贞观中为襄州刺史,文明初累迁太子太师、贝州刺史。武曌之祸,谪死巴州。不言刺邢州,赖此刻以补之。唐时邢、贝二州并隶河北道。此刻造于上元元年七月,下距文明改元十年,当是由邢州迁贝州耳。书法质厚古劲,极似《首山舍利塔碑》。后有"欧阳询书"四字,出自妄人羼刻。其时率更已卒,何从为之操翰乎?此本为郎亭先生所藏,光绪丁亥十月出以见示,谨缀数言以志眼福。

《内侍省造经幢》跋

此幢在长安县,元和六年二月己丑内侍省造,大中六年再立,分八面刻。第八面分两截,上截刻经,下截刻卫洎赞,为他幢所未有。赞中"具叶速朽","贝"误为"具"。"捲石至贞","捲"为"卷"之俗字。"元功不测"下夺四字未刻,《萃编》径接"铭曰",非也。第四面有数十字,与全文不类,与"大中六年"一行笔迹正同,当是重立时补刻。光绪丁亥十月,客羊城节廨,偕孙君凌民、袁君寄蜻出归德门,得此以归,越月付装池讫题。

跋《常府君墓志》

　　《隋常丑奴墓志》，旧在兴平县崇宁寺壁间，今石已佚。此本为沈韵初孝廉旧藏，今归恖斋先生。笔画精整，细如垂丝，劲如屈铁，希世珍也。翁学士跋二则，与《复初斋集》所收不同。此本跋云"昔在吴门见陆谨庭藏本，字字完好"，而集中文云"不甚泐"，又云"字画太浅细，则非完好之本"，可知盖又在陆本外，翁所见先后凡三本矣。诸七襄跋所称"曹司农"者，倦圃侍郎也；"衍斋马氏"者，华山马寒中也。光绪丁亥冬至日。

跋张思文《佛座记》

右《佛座记》，齐承光元年张思文造，青州诸城李氏藏石。"承光"为幼主纪元，其年周师破晋阳，齐主纬奔邺，禅位幼主，正月乙亥即皇帝位，改元承光。此石以己丑刻，相距仅十五日，齐主父子旋为周将尉迟纲获于青州南邓村。戎马在郊，犹媚佛以祈福，何其慎也。

魏元象元年《张敬造佛象幢》跋 二则

此石藏诸城王氏。六面,分三层刻,上佛象,中题名,下序赞,经幢之先河也。序云"通夫去地九尺","通夫",檃括之词,犹言都凡、提封。造象人为高密、东武、平昌三郡官吏,考《魏书·地形志》,三郡皆属胶州,东武、平昌先隶高密为县,后置郡。黔陬、夷安,亦皆高密县。贾还以州主簿带黔陬(戍)〔戌〕主,盖以文吏而领戍兵也。笔法精整,在北碑中殊有神韵。师郪室主自白下归,出此为赠,因欢喜赞叹而书其后。光绪十四年戊子重阳前二日记。

造象有四面刻者,盖连碑阴及两侧言之,或方平如柱非幢也。孙氏《访碑录》有洛阳白马寺造象幢,无年月,以为宇文周刻。又曲阜一幢,并无题字,以为隋刻,皆未可信。唯此六面周遭刻具幢形,又造自拓跋氏,不独为五百经幢馆所藏最古,诸家著录亦无前于此者矣。其时石幢犹未盛行,故序文但称"石柱"。至天统十年邑义张市宣等造义坟、义堂,石柱则真《广雅》所谓"楹谓之柱"。赵氏《续访碑录》转题为"幢",非其实矣。同日又记。

跋《唐下邳郡林氏夫人墓志》

《唐下邳郡林氏夫人墓志》，河南褚符撰。笔迹遒媚，酷肖登善。闽中唐刻，惟此与李阳冰《般若台题名》、刘镛《经幢》为最古。王德甫侍郎著录年月皆阙，据此本则夫人以大中七年十二月卒，年四十八岁，葬于九年五月，尚厘然可考。其馀补释尚数十字，是德甫所见本不逮此拓远矣。孙氏大中二年、九年一石两收，尤疏舛之甚者也。光绪辛卯三月。

跋古砖拓本

　　曾蜀章同年见示古砖拓本,方径二尺许。其文曰:"富贵昌,宜宫堂;意耳阳,宜弟兄;长相思,毋相忘;爵禄尊,寿万年。"或疑"年"字不协,释为"惠万邦"。然古文"邦"字从屮田,亦从丰;古"封"字,所谓"封邑为邦也",无有从土从半者。此砖"思"字、"忘"字下皆从心,不应"惠"字独异。古江韵皆入东冬钟韵,亦不与"堂""兄"等字协。"先"字虽入真谆臻韵,亦时有转入耕青清阳韵者,如《庄子》"可以保身,可以全生,可以养亲,可以延年","年"字与"生"字韵是其例也。《易·乾》文言"潜龙勿用,阳气潜藏韵;见龙在田韵,天下文明韵"。《坤》彖传"至哉坤元,万物资生韵,乃顺承天韵;坤厚载物,德合无疆",所用韵例亦与此同,是释为"年"字,转可相协。蜀章博雅好古,敢质所闻,以为何如。壬辰重阳前一日。

《天发神谶碑》跋 删礼卿藏本

此碑前人著录皆谓华覈文、皇象书，惟宋周晖、明卢公武定谓苏建，盖以《禅国山碑》后署"建书"，与此碑同时立也。然《国山》严整，此碑险峻，以书势论，未为一家。"建业"之"建"左旁从"廴"，《国山碑》"建"字从"辵"。此碑"东"字中画微断，不合小篆，而《国山碑》不然，是未可遽定为建书也。

案《吴志·虞翻传》裴注引《会稽典录》，孙亮时，山阴朱育少好奇字，依体象类，作异字千名以上。《隋书·经籍志》："《异字》二卷，朱育撰。"《汗简》屡引朱育集字，或云"集奇字"，或云"集古字"。碑云遣建忠中郎将会稽陈治解十三字，治与育同郡，意者传朱氏之学者乎？又案《骆统传》以功曹出为建忠中郎将，则此官在吴时为外秩。朱育仕至东观令，与碑末结衔合。其初仕为郡门下书佐，古人书佐一职必择名翰，汉《华山碑》察书之郭香即书佐也，隋《栖岩道场碑》亦为书佐贺德仁书也。颇疑此碑即为育笔，顾自董广川、黄伯思以来无言之者。图经沉寥，孤证仅在，质诸礼卿前辈，得毋笑其凿空邪！光绪甲午上元日。

《高延福墓志》跋

《旧唐书·宦官传》:"高力士,潘州人。本姓冯,内官高延福收为假子。"此即延福埋幽之文也。志云:"以开元十一年十二月廿五日终于来廷里之私第。"按《旧书》本传,力士于来庭坊造宝寿佛寺钟成,举朝毕至,凡击钟者一击百千。又按《长安志》,翊善坊保寿寺本高力士宅,天宝九年舍为寺。又云丹凤门街东来庭坊,内侍高延福宅。来庭即翊善所分,当是其第跨有两坊之地,非父子各占一宅也。延福卒于开元中,尚未舍为寺。撰文者为丽正殿修撰学士孙翌,当时朝臣若宇文融、李林甫辈,皆因力士弋取高位,翌觍颜谀墓。而考其仕履,止于左拾遗集贤院直学士。集贤即丽正所改,然则撰此文后未尝迁一阶也,亦何益哉。

《杜秀墓志》跋 五月廿八日

　　石微椭,首如圭,额四行十一字横列。圭首"秀,字侯英,恒州□邑人","邑"上泐一字。按《旧唐书·地理志》,镇州历代为常山郡,义旗初置恒州,领真定、石邑、行唐、九门、滋阳五县,天宝元年改常山郡。以此证之,所泐当为"石"字。秀卒于贞观十年,葬于调露元年,其时尚未改常山,故石邑仍隶恒州也。

　　《志》又云:"与夫人冯氏合葬高迁村北,西临洨水。"按《说文》:"洨水出常山石邑井陉,东南入于泜。"《汉书·地理志》:"石邑下曰井陉,山在西,洨水所出。"《志》所言与之合。

　　文字颇好奇,如云"标赞望于尧图","赞"为"赞"之驳文。《说文》:"赞,分别也。"赞望,犹言族望之所别耳。又云"声翍满席","翍"字见《玉篇》,云"群鸟弄翅也"。《广韵》"翍翍,飞声",盖弟以代飞字。虹户篠驂,不自宋人始矣。

《孙真人祠华表医方》跋 五则

光绪庚寅，游厂肆得此刻。纸渝墨敝，不可触手，镝置行箧者六年矣。今春儿子病瘅，检点经方，命工装之。按齐武平六年《龙门道兴治疾方》，王氏《萃编》云碑内诸方又见耀州石刻，大小三碑，存字、阙文与此悉同，无标题年月。今以此拓证之皆合，则此为耀州石刻无疑矣。明马理《千金方序》谓耀州碑是孙子之徒刻于华表。此刻四纸，适当华表四面，惟兰泉所见云三碑，若以一碑当一面，只有三面，今本四面。而以校《道兴方》，转缺疗疟、疗卒狂言鬼语、疗噎、疗反胃、疗发背五方，不可解也。王氏据碑"千金秘方"四字，谓"千金"之名不始于孙思邈。按《隋书·经籍志》有徐世英《千金方》三卷，亦六朝人也。丙申四月记。

《龙门治疾方》，余亦有拓本，两刻之外，尚有临桂刘仙岩《养气方》，宋宣和四年晋江吕渭刻。张丹叔中丞自粤西入觐，以临桂诸山石刻遍贻京朝官，余亦得之。若谢氏《待访目》所录，宣化厅壁《疗病方》佚不传矣。

此刻多古字，兰泉所举"干""溲""醪""留"等字是矣。《疗生疱方》"黍米一合净洮"，按"洮"即"淘"之古字。《尔雅·释训》"溞溞，淅也"，郭注"洮米声"。《一切经音义》卷七引《通俗文》"淅米，谓之洮汰"。《书·顾命》"洮颒水"，马注"洮，洮发也"。然则古"淘"字皆作"洮"。《广雅·释训》"淘淘，流也"，"淘"乃"滔"之异文耳。又《疗疮肿风入方》"酢淀"，"酢"即醋，"淀"即靛。《尔雅·释草》"葴，马蓝"，邢疏"今之所谓淀也"，即此"淀"字。《说文·黑部》"䍐谓之垩。垩，滓也"，又《水部》"淀，滓垩也。滓，淀也"。然则"淀""䍐"同字，但"淀"之本义为染缯之涅。《释名》"缁，滓也，泥之黑者曰滓"，是其义也。小徐《系传》云："今之青淀，澄淀所出，则蓝所出者，亦得借用淀字。今作靛乃俗字也。"又《疗恶刺方》"消胶和洄沙涂"，"洄"字《本草》作"硇"，《集韵》"女交切，或作礅"。按《说文》"洄水出汝南新郪，入颍。稣计切"，与"硇"字音义迥别。窃谓硇沙味咸，出北庭斥卤之地，其字本当作"卤"，后或加水作"洄"，又误为"洄"。至从石之字更后出。其他如"樊石"之"樊"，即今"矾"字。"齐内"之"齐"，即今"脐"字。余见日本所刻唐卷子本《医心方》，正与此同，惟"樊"字从火作燓，乃其驳文耳。

　　猪牙皂角及生姜，西国升麻蜀地黄。木律旱莲槐角子，细辛荷叶要相当。青盐等分同烧煅，研细将来使最良。揩齿固牙髭鬓黑，谁知世上有仙方。此江少虞《类苑》所记西岳莲花峰断碑《齿药方》也，见焦竑《笔乘》，亦石刻之佚者。

　　《安阳金石录》引《邺乘》云："孙登石室在县西南四十八里，熙宁中尝有人得小碑于洞中，刻药方数十通。"此亦佚方之一也。又案《读书敏求记》："《千金宝要》八卷，宣和六年河阳郭思买巨石镌之立于华州公廨。"吾家藏墨刻旧本，字画完整，遵王此本不知流落何所，兰泉、渊如诸公皆未著于录，访之关中打碑人，亦无有知之者。古刻日稀，安得好事者访而出之。丁酉上元后八日，幡瓠叟记。

《张通妻陶贵墓志》跋

《张通妻陶贵墓志》,世所传皆重开本。此石旧为甘泉岑建功所藏,今归南陵徐积馀太守,拓以见贻。遒劲婉约,锋颖如生,庶几庐山真面。余考韦述《两京新记》,东门北慧日寺,本富商张通宅,开皇六年舍而立寺。通妻陶氏常于西市鬻,饭精而价贱,时人呼为"陶寺"。今此志亦载慧日寺,与述所言吻合。夫通夫妇不过贩脂洒削之侪,而以佞佛之功附名地记,千馀年后幽宫片石又复出而印证,好古者摩挲钩考得以详其姓氏,不可谓非幸也。

通结衔题"大将军昌乐公府司士行参军",案《隋书·韩擒虎传》"擒虎弟僧寿,周时从韦孝宽平尉迥有功,授大将军昌乐公",即其人也。僧寿入隋进爵广陵郡公,改封江都郡公,炀帝即位又改封新蔡郡公。陶之卒在开皇十七年,而通之府主犹追书周爵者。案《铭》云"名重义妻,行高节妇",则通实先卒,是时僧寿犹未改封也。进爵广陵,史无其年,开皇指宅,通尚无恙,其在六年后乎?《隋·百官志》王公府属有法、田、水、铠、士等曹行参军,柱国无水曹,上大将军、大将军无田曹、铠曹,上开府又无法曹、士曹。僧寿位大将军,故犹得有士曹。司士即士曹也。通为富民,而亦策名府属,或以幸舍而进身,或以高赀而鬻爵,未可知也。《志》又称陶"丹杨,丹杨人",案隋大业初始置丹杨郡,所属仅江宁、当涂、溧水三县,无丹杨县。且开皇初尚未置郡,则《志》所称尚系晋宋旧县,其族望也。观《铭》中"作牧九州,垂门五柳",亦引士行靖节为重可见。丙申中秋前三日。

《梁师暕墓志》跋

　　《唐梁府君墓志》，垂拱四年朱宾撰文，郑庄书。与《王居士砖塔铭》同出终南山楩梓谷，书法遒丽亦在伯仲间。朱宾署"四品孙"，庄"五品孙"。考《旧唐书·职官志》，以门资入仕者有品，子勋官之属，自一品至从五品荫官有差，三品以上荫曾孙。五品以上荫孙。三品以下五品以上适合荫孙之例，故自署如此。宋王禹偁诗云"有客忽投刺，自称一品孙"，则宋时尚沿此称也。师暕终于泽王府主簿。泽王者，高宗弟三子上金也，载初元年死金轮之难，时师暕已前卒，不至株连如汉龚遂、王式，幸矣夫！夫人晋昌唐氏，魏唐契七叶孙。《魏书》契无传，惟《唐和传》云凉州李暠为沮渠蒙逊所灭，和与兄契避难伊吾，臣于蠕蠕。后来降，为蠕蠕所逼，战殁。子玄达始与叔父和归阙，拜安西将军、华州刺史。契及身实未尝仕，《魏志》所云骠骑将军，本郡守，或遥授，或追赠，故史不书。此本为南汇沈肖韵茂才家传至宝，椎拓精妙，平生所见三本，以此为甲。光绪丁酉九月，肖韵南归，倓装将发，爰题数语归之。

　　越月得天宝九载石弥勒像赞，后有五品孙孟令瑰姓名，益信唐时门荫皆以结衔，可为此铭之证。缘裂再记。

跋东坡石刻

艺风前辈有侍史田某，定州人，通书翰，工椎拓。艺风行滕所至，辄携毡蜡以从。荒崖古刹，穿碑断碣，裹粮访拓，不惮幽险，以是艺风藏碑甲天下。艺风解组南下，田亦归定州，以坡公《雪浪石铭》及题名一通装巨帧乞题。题名共十二字，曰"苏轼、李之仪、孙敏行同访象老"。

东坡出帅中山日，有《次韵滕大夫雪浪石》诗，云"画师争摹雪浪势，天工不见雷斧痕。离堆四面绕江水，坐无蜀士谁与论"，又一首云"且凭造物开山骨，已见天吴出浪头"，皆咏此盆也。滕大夫字兴公，与曾仲锡同为定州倅。李之仪字端叔，孙敏行字子发，是时同在幕府，端叔辟掌机宜文字，公馀唱酬，相得甚欢。公至定州在元祐八年十二月二十三日，明年即改惠州安置，则《访象老》一刻，当亦在绍圣初元也。光绪己亥中秋前五日。

《淳于俭墓志铭》跋

《淳于俭墓志铭》，出山左某县，师许以拓本见示。高一尺九寸四分，广一尺一寸八分，无盖。"淳于俭墓志铭"六字，即横列上方，大径寸许。文十三行，行廿一字。《志》云："君讳俭，字德素，冀州清河人也。"清河郡，北魏属司州，隋属冀州。俭卒于魏，当云司州，而云冀州，葬在开皇八年，从后追书之耳。

又云："出身为魏广阳王开府记室，永安元年加殄寇将军。"考《魏书》列传，广阳王建间薨，谥曰简王；子石侯袭，薨谥哀王；子遗兴袭，薨谥定王，无子，以石侯弟嘉绍封。嘉薨，子深袭爵，肃宗初拜肆州刺史，后为葛荣所害。子湛，庄帝初袭封。庄帝元年初称建义，旋改永安。俭为记室，既在永安以前，则是深之记室矣。庄帝初立，追赠深司徒公，谥忠武，故俭亦进爵也，殄寇将军阶第八品，见《官氏志》。

其卒年六十三，与妻武威孟氏合葬于磐阳城西南黄山东北孝水里。按《魏书·地形志》齐郡有盘阳，《隋书·地理志》北海郡临朐，注云"旧曰昌国，开皇六年改为逢山，又置般阳县，大业初改曰临朐，并废般阳入焉"。此在开皇八年般阳既置未废之时，正与史合，惟字当从《隋书》作"般"。《魏书》作"盘"，此作"磐"，皆异文耳。前溯受姓有云"高门待封，果容驷马之车；炙辣无厌，受拜万乘之主"，一用汉于公事，一用齐赘婿事。按《广韵·十虞》"于"字注云"周武王子邘叔以国为氏，后去邑为于"，此于姓之始。《春秋·桓五年》"州公如曹"，《左传》作"淳于公"。杜注"淳于，州〔国〕所都，城阳淳于县也"，此"淳于"之始。溯厥源流，胖然有别，岂可合而一之？盖谱牒之学之不讲，不自今始矣。

赵刘葱石藏题宋石经

石经惟唐开成刻尚在西安府学，宋南渡后，榷场本不易得，士大夫贵蜀本。顾蜀石今已佚，樊榭、苏斋所见仅《毛诗》残字，虬龙片甲，几与汉《熹平残碑》并重。曩在都门值会典馆，先友王文敏公袖拓本一束见示。文敏故好诙谐，曰："此魏正始《三体石经》也。"山左新出土，一行古籀，一行小篆，一行隶书，其文象科斗形，皆上锐，与薛尚功、王复斋所摹彝器文字无以异也。当时黄仲燮、蒯礼卿诸公皆在座，但摩挲之而不言，此后收藏家亦未见著录。两宋石经为时差近，高庙御书，武林已廑有存者，汴石更久佚。吴山夫曾见《易》《书》《周礼》五碑，即阳湖孙氏访碑所录。《周官》一石在陈留，《易》《书》二经在祥符，孙氏《书例》但见拓本，只云某氏藏。此三经分系两地，当时残石尚在可知，但仅仅五版，今亦不知其存否。余从潀喜斋得《周官》纸，皆《天官》《冢宰》文，藏之箧衍，敝帚自享。今葱石参议得山阳丁氏六艺堂藏本，裒然四巨册，七经三百九十一纸，烟墨苍黝，如古璙佩，的是元以前拓本，海内藏二体石经者，此为海若矣，以之镇库，足傲竹垞、董浦所未见，可不宝诸。癸丑新春书于沪上瓠栖小筑，时年六十有五。

《刘猛进墓铭》跋

前陈《散骑侍郎刘府君墓铭》，广州新出土。辛亥国变，王雪澂廉访携以压海舶，载至沪。癸丑客次，出打本一通见饷。其石分两面刻，面各十六行，行三十一字，字小而遒密，与《宁赞碑》文字如出一家，但有夺字，并多省笔，聱牙难读。

按文云"猛进，彭城绥兴里人，楚元王文之后"。"文"字自为"交"之驳文。彭城虽通为郡望，然考《梁书》诸刘，刘孝绰、刘苞、刘慧斐诸传云"彭城人也"，而《刘孺传》则云"彭城安上里人"。此铭既书郡，又书里，书法正与《孺传》同，盖自其祖父宦辙由郢而越，遭世多难，乖首邱之愿，详书里贯，不忘先河之义也。

自起家以逮除授，备书年月日，此他志石所无者。"祖晓，以梁天监二年癸未七月廿五日除通直散骑常侍、宁远将军、桂阳太守"，其下云"遂经九载，值辰作祅，集菀于桂阳之任"，以甲子推之，梁武帝天监十一年岁在壬辰，其卒年也。桂阳为隋之郴州，考之《隋书·地理志》，桂阳郡，平陈，置郴州，大业初复置郡。《梁书·武帝纪》，帝即位，追封弟融为桂阳郡王；又《桂阳嗣王象传》，叔父融无子，天监元年以象为嗣袭封。晓守郡即在其后一年，如《志》所言在任九年，不为不久，民安其政，去而见思，录其循良，良非溢美。而姚察不登于良吏，非有此石，曷补史阙？

六朝军号，犹唐宋之有散阶，统施于文武。按《隋书·百官志》梁初"奏置一百二十五号将军"，共二十四班，以班多为贵。此铭宁远、宣远、洪烈、武毅共四号，宁远为十三班，武毅为六班。初无宣远，其后更加刊正。大通三年移宁远别为一班，遂增宣远、振远等号，武毅亦列为十武之一号，威武、猛壮等号，号有十字，各为一班。均非旧制矣，惟无洪烈。梁、陈之间，江表鼎沸，置君置官皆如弈棋，朝令者夕或改，宜史之不详也。"父仕□"，"仕"下一字泐。"以太清元年七月十六日除邵陵王常侍、正阶县令"，邵陵王，武帝子纶也。正阶，隋之始兴县，《隋书·地理志》"始兴"下注云"齐曰正阶，梁改名焉"。以据此志，正阶之名，梁沿齐旧，太清之前初未尝改。大宝以后，救亡不暇，《隋志》所言，殆未可信。《铭》又云承圣三年甲戌八月十七日除始昌县令，永定二年戊寅十月廿五日除归善县令。承圣尚在梁末，永定已入陈初。始昌，隋并入四会。归善、带龙川郡，均见《地理志》。即今惠州也。

　　猛进以太建四年壬辰十月廿七日除散骑侍郎，综厥生平，"龀逢梁季，孩遇分崩"，台城、江陵之难也。"岁丑之灾"，当谓欧阳纥之叛。隋初韦洸度岭即在陈亡之岁，是岁值己酉，非丑也。萧毅、萧勃两次兵祸，考其时更参差不合。按《陈书·欧阳传》，颉子纥，都督交广等十九州诸军事、广州刺史，久在南服。高宗太建元年，下诏征纥，纥惧举兵，战败伏诛。又按《废帝纪》慈训太后诏书数帝罪有云，"别敕欧阳纥等攻逼衡州，岭表纷纭"，光大之末，太建初元，正当子丑之际，岭外兵兴，越民涂炭，非其时乎？此《志》所谓灾也。其殁在"大荒之岁，建酉之月"。《释天》"大岁在巳曰大荒落"，隋高祖开皇五年值乙巳，其时尚未平陈，岭外州郡非隋有，《志》文不当称"大隋"，自当为十七年丁巳八月，无可疑者。梁、陈皆书纪元，而于隋年独变文书甲子,陈亡未久,乔木世家,犹有故君故国之思。既曰"决命家园,不欣冠冕",言乎其不为隋臣也。又曰"开路邈遐,弥纶所觊",言乎其尚非隋土也。篇中虽曰"大隋",标题特书前陈,其义尤微而可见。不先不后,出于桑海之交,千载之下,摩挲贞石,有同感焉。陈祚不永,又严碑禁,海内石刻,稀见著录。此石在《宁赞碑》前,虽为隋刻,未忘陈志,巍然片碣,不与《光大定界碑》同为瑰宝也哉?

又按:其文比物连类,固是当时风气,然有难于索解者,即如"雁门牛哀",未为僻典,而其意则不可得详也。"刟骅之刃,用枌鹢雏",自是牛刀割鸡之义。然猛进实未尝从政,"甲士丙位,中丙当第其高下",言位不副才也。"望幡取吸","幡",俗"幡"字;"吸",当为首级之"级",此用关侯白马斩颜良事,《传》所谓"望见良麾盖,策马刺良于万众之中"是也。"非人非勇","人""仁"同字,《论语》"仁者必有勇",反文以见义。"屈莝"之"莝",或是"茎"。此四句述降生之祥,然则"屈茎"犹言"屈轶","嘉禾"增艸,"紫茺"去艸,皆俗字。"祺诵"与"欢讴"对文,或以同音借"祺"为"祈"。此类非一,略举其隅,其所未详,不敢曲说。

香泉寺经幢跋

《尊胜陀罗尼经》，先序后经，经中间咒，唐初刻皆如此。其后稍简而无序，至开元以后遂有但镌咒者，谓之"真言幢"。此幢在□□县香泉寺，唐开元十六年比邱法明造，六面刻，一、三、六面面十五行，二、四、五面面十六行，行皆四十四字。前无序，后有记，他幢即无记，皆纪年月姓名，为纪事之文，此记附经而行，□□梵笑不同。南阳张承福奉禧述。虽非完本，然余藏唐幢多至百馀通，从无经后有记者。会稽顾君鼎梅访碑兰若，亲至幢下摹拓，不远千里邮筒见贻。桑海馀生，见所未见，喜可知已。

据记述，张在长安逢百济僧，赠此经，受持。如意二年三月廿三日，脚气冲心，死，在冥途见故怀州刺史韦太真，得释还。张、韦两《唐书》皆无传，此记出于浮屠氏，自神其教，事之有无，人之显晦，不足论。然考《郎官题名石柱》，户部郎中有韦泰贞，在刘国□之下，卢德师、薛克构之上。又考《新书·循吏传》，薛克构为薛大鼎之子，高宗永隆初任郎官，永隆元年下距如意改元不过十年，韦在薛前，其殁盖未久也。"泰""太"同字，唐时郎官外转即为刺史，此纪所称韦太真即其人，当可信。不书"郎中"，当是终于怀州刺史之任，户曹其所历官也。

又百济僧自述"行至西州赤亭碛，边贼剽劫，寻至庭州"云云，考《元和郡县志》，唐之西州、庭州皆属陇右道，本汉车师高昌壁也。贞观十四年诏侯君集讨破麴文泰父子，以其地为西州。由庭州至西州五百里，此僧自东而西，为其归国经行之路。文泰虽平，馀孽未殄，伏戎于莽荒残道路，固宜有警。《元和志·庭州下》亦云"为贼攻掠，萧条荒废"，知僧言为不诬矣。

自唐开元至今，千有馀载，文字完整，芒刃不顿，有如新发于硎。年月下有书手，即写经人也，惜下字已剥蚀，姓名阙如，不得与邬肜、胡季良辈分经生一席，岂身后之名亦有数奇邪？

宋拓张长史《郎官石柱记》跋

王敬美一本今归王子展观察，以此本对勘，碑首多"唐"字及"不朽者也"，"也"字作"矣"。此外又得两字，"大总其纲"，王本"纲"作"网"；"以祜生人"，王本"祜"作"祐"。"网"字、"祐"字同为驳文，但王本束带矜庄，此本如公孙舞剑，神光离合，生气远出，正与草圣源流合。湘舲先生订其异同，举"河南屈集臣镌"六字，以《少林寺同光塔铭》为证，定为西安真本，精鉴不磨。唐时镌工传世如万文韶、史子华之类，所镌皆非一碑，余所见《大证禅师碑》亦屈集臣镌。又《徐季海碑》刻字，"河南屈"下一字泐。《徐碑》贞元十五年建，后此石五十馀年，河南屈氏殆以"镌"字世其家，与宋关中安氏正同。撰人陈九言姓名，并见《御史台精舍题名记》。杨慎馀，《记》作"慎"，《题名》作"昚"，古今字。慎馀兄弟三人，一曰慎名，一曰慎矜，新旧《唐书》皆书作"慎"。"杨慎矜"，《御史台题名》凡四见，其字亦皆作"慎"。此其自书，犹分、隶、草之不拘也。长夏在子展斋得见王本，今此本又置寓斋匝月，摩挲展对，积薪居上，可以傲苏斋已。丙辰九秋。

《听雨楼藏帖》跋

　　《听雨楼藏帖》，嵋峨周立崖侍御所刻，继归同郡顾南雅通政，沈先生济之复得之于顾氏。今先生归道山十馀年矣，哲嗣子良孝廉以拓本见贻，且曰《蒲褐山房诗话》称侍御取褚、颜、苏、黄、米、蔡先勒于石。今此帖有赵承旨一家，其续刻耶？抑兰泉侍郎之言有未审邪？余喜藏古刻，所到以毡蜡自随，独不喜《二王帖》《太清》、《大观》诸本，转展钩摹，已非真迹，何论《潭》、《绛》以下。侍御此帖断自登善，举世所称《黄庭》《乐毅》，皆从盖阙，其识远出《鸿堂》《渤海》上，宜先生之宝之也。犹忆弱冠时见先生于校邠夫子座，盅然粹然，古君子也。流电飘风，顿悲宿草，俯仰畴昔，况也永叹。时光绪十六年六月记于宣武城南。

跋松江府学本《急就篇》

“急就奇觚与众异”，魏晋以来斯道殆绝。隋碑有两派。其一方严精劲，上承北周《赵芬》《贺若谊》诸碑是也。若曹子建《章仇禹生造象》，沉著之中兼带飘忽，结体虽平，波磔飞动有似倒薤。此派上承北齐，从小篆出而参以章草之笔者也。唐碑唯武曌《升仙太子碑》尚有伯度遗法，世之论书者以其煽处，不甚重之。此外唯明初宋仲温号擅场。继之者上海顾研山从义，允推后劲。曩在里中，中江李香岩丈以此帖精拓一本见贻，惟恐明珠之暗投也，媵以一字曰“此所谓章草也，世无有知之而好之者矣”。及余为溯其流别，乃大喜订忘年之契焉。今香岩墓草已宿，广陵一曲无复人间，而伯齐同学能知之而好之，且善学之，是亦今之仲温也。使香岩而尚在，得不把臂入林邪？光绪庚子腊月四日。

跋耆介春摹刻《澄清堂残帖》

南唐后主雅好翰墨,建业文房及澄心堂皆其藏书册府,马令、陆游诸书具在,无所谓澄清堂也。自董香光、孙退谷误读《东观馀论》,以"澄心"为"澄清",以伯思所见《十七帖》为此帖,李代桃僵,此帖遂超出《升元》之上,王损庵《郁冈斋笔麈》辨之甚详。此本为伯齐同学所藏,从退谷本出,与香光摹于《戏鸿堂帖》者微有不同,体势飞动,仍不失醇古之意,其祖本自是宋时佳刻,即此本亦不失为虎贲中郎。覃溪至诋为坊贾所刻,又谓不及《肃府帖》,恐非定评。香光、退谷皆精于鉴别,覃溪书法亦自命山阴嫡乳,其立论不同已如此。甚矣鉴古之难也。

题汪星台家藏《经训堂法帖》跋

此帖为毕氏初拓足本,晓山编目,又经胡君孟云校订,如治棼丝,条理颧若,今人能于故纸堆中自出手眼,精心钻砺,吾见亦罕。然原目脱讹尚不尽于此,又拈出若干条以补孟云之遗,韦斋其为我质诸孟云以为何如也。

第三册

《朱文公城南二十咏》,谢在枚跋。"枚"误释,当作"杭"。谢肇淛,字在杭,福建长乐人,明万历壬辰进士。著《小草斋集》。此跋下正有"小草斋印"。

宋黄晋卿《城南斋记》,"宋"字误。黄文献,元人。宋之王晋卿,名诜,见《东坡集》,非江夏之黄也。

第四册

《白真人札》,下脱箕尾叟一跋。箕尾叟,老铁也,亦自署"东维叟"。观下押"李黼榜第二甲进士""廉夫"二印可见。

第五册

元赵文敏《太湖石赞》,此下尚有《萧子真赞》《题董元溪岸图》《题洗马图》,目皆阙。

第六册

赵文敏书《归去来辞》,宋元禧跋。"禧"误释,当作"僖"。所题为七绝一首,亦非跋也。

《康里子山札》,札后五律一首失载。

饶介之《蕉池积雪诗》,此非介诗也。张伯雨原唱一首,刘师鲁和二首,皆刻在前。后一跋乃饶介作,此但据最后题款著录,未读全篇,致有此误。

第八册

虞雍公《诛蚊赋》,作者雍公,书者道园,其六世孙也。目未能分析。

鲁叔重跋。此跋后署"和林鲁威叔重父",钤"和林鲁威氏"方印,当是元之色目人,鲁威其氏,非姓鲁名威也。

郑明德《诛蚊赋刻石疏》,此文亦为道园书而作,当附四跋之下,不必另起为一目。

沙门大佑《七宝泉行实》,此为慧顺和上作,原题曰《七宝泉顺庵主行实》。"七宝泉"三字可节,"顺庵主"不可节,下《姚少师七宝泉塔铭》同。

第九册

《唐六如词二十四首》,"词"当作"曲"。亦无廿四首,误以换调为一首也。

第十册

明陈鲁南《南朝古寺诗》。首二句云"旷野南朝寺,崇因古法坛",后自题"同东桥中丞"。此与顾华玉游崇因寺诗也,不可杜撰题目,或但题《陈鲁南诗》,转无不合。

王雅宜《五噫歌》。"噫"误释,当作"忆",涉梁鸿《五噫》而讹。

宣统元年立秋日几希野叟。

士礼居《咸宜女郎诗册》跋 代

《咸宜女郎诗》一卷，荛圃先生与《朱庆馀集》同得于兰陵缪氏，惊为奇秘。先生遗书尽归汪氏艺芸书舍，艺芸散后，尽为聊城杨氏所得，常熟瞿氏得其畸零。今《朱庆馀集》在瞿氏，而《咸宜诗》则已入聊城矣。曩余奉命视学山左，屡欲登海源阁一寻宋廛之鸿爪，而简书促迫，竟未获探其宝藏。今观先生此册，益增余怅惘云。光绪戊子六月。

又 自作

荛圃先生每得一秘椠，必绘图征诗，有《得书图》《续得书图》《再续得书图》，皆十馀帙，每图标四字为题，如《三径就荒》图，得蒋篁亭所藏《三谢诗》而作也；《襄阳月夜》图，得《孟浩然诗》而作也；《蜗庐松竹图》，得《北山小集》而作也。此图题曰《玄机诗》，思当亦为《得书图》之一。余及门江生建霞编《荛翁年谱》已脱稿矣，以余粗知士礼居旧迹，屡来问《得书图》，欲尽知其名，而余愧无以应也。今其图尚有存者乎？先生藏书题跋，郑盦尚书辑刻六卷，余友缪筱珊太史续辑得数十首，余亦得二十馀首。闻先生自著有《所见古书录》，今尚有遗稿乎？倘得汇而刻之，以成黄氏一家之学，则宋廛之书虽亡如未亡也，岂非大快事哉。光绪戊子六月望后一日。

影宋本《六帖补》跋

贵阳罗质庵主事、黄再同太史，闻益文堂书估自关中归，颇有旧籍，约联舆往观。发箧陈书，攫其尤者，再同得赵寒山校《说文五音韵谱》，明人辑杨文靖《还山遗稿》，及此杨伯嵒《六帖补》，皆秘笈也。余谓伯嵒书自淳祐甲辰刊于衢州郡庠，世无别本，尤为可宝。《四库全书·小学类》有《九经补韵》一卷，亦伯嵒撰，而此书未著录。此书自题"代郡杨伯嵒彦瞻集"，而《提要》称"杨字彦思"，周密《云烟过眼录》又作"彦德"，当以此书自署为正。

其书多采小说及词赋家言，汉以前书绝少，然间有称引者，殊较今本为胜。如卷一引《淮南·览冥训》"朝发榑桑，暮入落棠"，此言日所出入，今本"暮"作"日"。案"朝"与"暮"对文，则"暮"为是矣。又引《汉书·天文志》"晕适背穴，抱珥蚕蜺"，孟康曰"适，日之将食，先有黑气之变也"，今本"黑"下夺"气"字。如淳曰"凡气在日上，为冠为带"，今本作"气食日上"，不可通。"带"作"戴"则为俗字，皆当以此本正之。又引《说文》"霰，早霜也，竹入反"。案今本《说文》："霰，寒也，从雨执声。"或曰早霜，读若《春秋传》墊厄，都念切。两读不同，窃谓"霰"既执声，则自以读竹入反为长，彦瞻所用盖旧音也。又卷三引何平叔《景福殿赋》"夏无炎暉"，今本"暉"作"燀"；卷八引《庄子》"黄帝之所听莹也"，今本"莹"作

"荧",亦不同。卷十一引《山海经》,尤多可据。其云"凤凰首文曰德,翼文曰顺,背文曰义,膺文曰仁,腹文曰信",今本作"翼文曰义,背文曰礼"。"碇山有鸟名曰挚钩",今本作"挈钩";"䃌次之山有鸟曰橐䖙,食之不畏雷",今本"食"作"服",尚未可定其优劣。至如今本"独山末涂之水出焉,其中多倏蟂,其状如黄蛇,鱼翼,出入有光",此本"翼"作"翲"。夫鱼何得有翼?则作"翲"者是矣。"钦山有兽,其状如豚而有牙,名曰当康",此本"牙"作"介","康"作"庚","庚""康"古今字,"介"即"甲"字,言形似豚而背有甲。若作"牙",则豚自有牙。既似豚矣,何必更言有牙,不可通矣。此所谓一字千金者也。

　　每半叶七行,行大小皆十四字。卷中有"沈颢朗倩"及"朱卧庵藏印"。沈,明季吾郡人,工画,曾为僧,返初服,见《读画录》。卧庵,新安人,彭躬庵为其母撰墓志,称卧庵学问渊雅,能通天文术数。余见其所藏书甚多,此书"老卧正气堂印""在家道人"诸朱记,皆其所钤也。光绪戊子十一月廿三日。

元刻《新编排韵增广事类氏族大全》跋

右书不署撰人名。"赵"字下但云"虞伯益之后。十三代至造父,周穆王赐以赵城,由此为赵氏",而于耶律称大辽,完颜称大金,"叶"姓下云"叶梦鼎,宋末与江古心同在相位",则似元初人所为。元起朔漠,是以尊辽金而黜天水。然书中遇宋讳如"匡"字,嫌名如"眶"字,又皆阙笔,疑不能明。意者此书宋时坊肆通行,流传至北,金时已有翻刻,即加改窜,至元复递有增益乎?每卷以十干分集,今仅存自己至癸五集,癸集复亡其半,然所采宋时士大夫嘉言懿行甚备,残圭断璧,殊可宝也。光绪己丑正月十二日。

钞本《任川独学甲午杂咏》跋

光绪己丑正月，黄再同太史得于厂肆。每册有"金侃亦陶"印，初疑侃之遗稿。既阅中有《画梅诗自叙》云"先贞孝所画墨梅，超古绝今。仲父继之，正似友仁之于元章"，又自署其名为"曾"。案《苏州府志》"金俊明字孝章，长子逡字祖生，少子侃字亦陶"，《静志居诗话》："孝章既卒，门人私谥贞孝先生。平生好录异书，靡间寒暑。子侃继之。矮屋数椽，藏书满楼，皆父子手钞本。"作者称侃为仲父，以元章、友仁为比，自是贞孝之孙，逡之子。汪苕文作《贞孝墓志铭》，称"有孙三人"，而不著其名。此序虽出一"曾"字，而"曾"上下有字与否，不可考矣。

集中有七律十首，其前题云"东坡"，有"白发苍颜五十三"之句。"余生癸卯，届乙未之岁，适当其年"，则知其生在康熙二年癸卯。又有《生辰写怀》云"我生三月之几望"，则知其览揆之辰为三月十四日。又《放歌章》其首句亦云"吾年五十复有三"，是其诗确为乙未岁作，而名其集曰《甲午》，殊失其实。又有《忆洞庭》诗云"谚云东洞庭，此莫厘峰耳，吾往来其间三十年"，于此则知其尝居洞庭东山。又云"迩来据小楼，八榻置书史。树色接吾目，矮窗面虎阜"。又有《山塘馆楼》诗，则知其时家虎丘，贞孝先生春草闲房旧在郡城双林巷，观此两诗则早易姓矣。集中有《恭谒先祠感悼藏书散失》诗又有句云"书经散尽犹三箧",又云"散尽藏书始是贫",则非惟老屋不能保,并藏书亦荡为烟埃矣,其言之怫郁而不平也宜哉。

旧钞本《后村居士集》跋

　　顺德梁君伯鸾以所藏旧钞本《后村集》属为审定。前有跋语一叶，称得之海盐友人家椒升处。椒升姓黄氏，名锡蕃，吾郡黄绍甫先生尝从得古籍，以同姓每称为家椒升，又有余友顾抱冲及华阳顾氏云云。抱冲为涧苹堂兄，华阳主人名珊，号听玉，皆富藏弆，而与莪翁友，其书先后皆归黄氏，则此跋之出莪翁无可疑也。

　　莪翁又述椒升言，此集为吕无党手钞。无党名葆中，吕留良之子，余所见吕氏钞本遇"留"字皆缺笔，此集卷二《挽陈湖州》诗"留"字正缺末笔。版心又有"讲习堂"字，其为无党手钞又无可疑也。

　　卷端有"思赞""寒中""衍斋"诸印，"梼咏川"朱记，知此集先归插花山马氏，由马氏转入乌夜村张氏。其入张古馀太守家，则在士礼居后矣。藏弆源流，历然可考，伯鸾其宝藏之。

元刊《分门琐碎录》跋 残本六卷

此书陈直斋著录,居家必用之类也。同宗焕彬吏部据陈日华自序,谓与温革所撰别为一书,良是。然卷首木图记云"是编削去重复,与元本不同",则并非陈氏之旧矣。东涧翁有此书,绛云一炬,种子断绝。此本来自海舶,虽断珪残璧,弥可宝贵,宜子梁观察奉为枕秘也。子梁嗜书如性命,仲夏歊暑,日与焕彬走厂肆,病内热几殆,有以好书为戒者。余为断章诵思适居士《复翁诗》云:"死生有命语则云,与书曷啻风马似。古人地下倘有灵,莫断书中真种子。果尔黄钟律乍调,见天地心霍然起。"

题王文恪《斯文赠言册》后

　　明宪、孝两朝,吾郡词坛最盛,王文恪、吴文定实为祭酒。三百年来文采风流,凋陨尽矣。卷中诸公,周原己本无后,文恪《哭原己》诗云"菊本无田宁有俸,杏虽有子总成殇",此可证也。其馀如徐仲山中丞、陈玉汝副宪、李贞伯太仆、马宗勉太常,云仍皆不可考。畸艇之后,虽有文毅,终亦阒如。惟莫厘王氏,世食旧德,渊雅父子,皆以文章著名于时。今茀卿前辈伟坊硕学,克绳祖武,将出文恪之业复见于今,岂仅如王方庆之藏右军书哉。展卷三复,肃然敬叹。光绪己丑长夏。

题张氏传家墨宝后

　　小林表兄出示其先世遗墨,一为愍源先生遗属,一为瀹斋先生谕帖。愍源公有六子,其长即瀹斋先生,讳孝时,小林之六世祖也。其季讳孝同,昌炽大母张太孺人所自出。昌炽垂髫时,每于岁首侍太母归谒影堂,见有胜朝衣冠者,大母一一指示曰此某公某官,清介世德,耳熟能详。今小林既为先世建祠修墓,又置祭田百亩,以为祭洒之费,年逾六十神明不衰,不独瀹斋公之门业可以复振,即孝同公一发之系,亦惟君是赖。孝友之风,无忝厥祖,如张氏者可以风矣。时光绪庚寅二月。

跋顾南雅李子仙墨迹合璧卷

吾郡书法滥觞竺坞文氏,当时若陆子传、彭孔嘉已称具体。递传至国朝赟研何氏,实为继别之宗子。顾、李两先生继何氏而起,一以秀劲胜,一以超逸胜,异曲同工,皆不失玉兰遗韵。若近世所推闻、陆诸公,则不免虎贲中郎之叹矣。余不能书,辄喜论书,观少游先生此卷,敢书所见质诸凤石前辈,并乞告我铜井以为何如也。

程念鞠《邓尉探梅图》跋 方兰坻绘

余搜访藏书故实,里中如陈苇汀、张学安、程念鞠,文献无征,皆从盖阙,仅知念鞠为涧苹之友,张白华之弟子。既读黄荛翁《宋刊鉴戒录跋》,知念鞠一字叔平,作宦江西,以转饷殁于江宁旅次,涧苹为经纪其身后,如是而已。栩缘同年出示此图,读其词,摩挲其印记,始知其名世铨,又号鞠裁,有别墅在西碛山中。余尝三至邓尉,顾未游其地,香雪园林,未知鞠为蒿莱否。《顾玉》一诗,笔法遒美。余尝见荛翁跋汪水云诗,称得自骑龙巷顾氏,主人名玉。今见此图,又知其字为于山。吾郡旧闻放失,十不存一,不意云烟尺幅之中,得以考前哲之源流,备羽陵之掌故,何其幸也。意所未宣,复题两绝:

潭渚东西接五湖,虎山桥畔塔模糊。群贤纵负山灵约,留得张为主客图。

印须我欲证枚庵,张白华名思孝,号南陔,长洲诸生。见吴枚庵《印须集》。枚庵又称其博学多闻,不愧为涧苹之师。师友渊源略可参。剗是故园山色好,马缨花下续苏谭。寓斋窗外马缨花,一树盛开,余与栩缘披图其下,辄清谈忘暑。

丁酉夏五为栩缘同年题,时同客京师。

汪小樵先生《延月读书图》序

光绪丙申四月,吾师郎亭夫子以一帧授昌炽,且命之曰:"此我先人《延月读书图》也。桑梓敬止,矧循陔之所遗;松楸蔚然,欲誓墓而未得。今吾将归筑鲊溪之上,优游发箧,纂《过庭》之录,子其序之。"昌炽再拜应教,肃然陈几。名贤图象,高山于焉景行;先正典型,匠门之所矩矱。修梧百尺,清飙飒然;丛篁四围,凉月流地。永叔方夜,听秋声之珑铮;延平危坐,得春气之和盎。展卷肃对,杖履如接,抑戒之勤,岂惟炳烛。自来桓生稽古,谢氏述先,柳批传家之训,孙奕示儿之篇,贻谋之藏,必资简谅。云东韩氏,吾师所自出也,旭亭先生亦以乡校耆彦,潜德未曜,而桂舲司寇遂崛起为名臣。是穋是蓘,必有丰年,故家世泽,比干乔木。今吾师领袖人伦,经纶帝载。青琐密勿,早窥延阁之书;白屋吹嘘,大启平津之馆。岱宗峨峨,众山所瞻;沧海汤汤,横流方亟。遐荒问讯,朝野倾瞩,叩司马之起居,祝东山之再出。然则镜湖一曲,尚非可乞之时;魏阙重还,宜蒙不次之用。莫为之先,虽美弗彰;显亲之大,在于移孝。是以韦孟诵芬,光启相业,悝鼎述祖,遂扬休命。延登之券,即在裘冶。若夫郑君礼堂所定,李氏书楼所贻,杯棬清芬,芰荷初服,青松久要,且俟异日。此则门墙维絷之私,亦吾夫子善承楹书之志也夫。

题张篁村《寒江共济图》卷

《寒江共济图》,吾吴张墨岑先生与同里盛青嵝、徐孝先、暨城周牧山自淮上同归,渡江舟次作。墨翁画法师黄尊古,纯以干墨皴擦,神气葱蔚,画苑皆推重之。牧山自号莫厘山人,亦善山水。青嵝名锦,字庭坚,家木渎镇,与沈文悫为诗友。孝先名坚,号友竹,别号绂园,吴之光福里人,元季耕渔山人徐良夫之裔也,许凫舟丈犹及师事之,尝手书刻其所著《烟墨著录》。是时与青嵝、墨岑、牧山同客淮上,青嵝所主者梦堂司马英廉,牧山所主则师意斋程氏也。篁村呼青嵝为甥,而《青嵝集》中有《题篁村舅氏庐墓图》诗,自是渭阳旧谊。然其《古松堂诗》《以小照乞墨岑补景》诗并字之,此亦古人脱略处。又有《岁暮自清江浦放舟渡江》诗十二首。

此图作于癸亥腊月,其时其地正同。其弟三首云"檥棹沽来淮市酒,一杯先酹故侯祠",与篁村"韩侯祠下放归舟"句亦合。然青嵝又云"书画船携白石翁,破裘对拥竹炉风",自注"时与姜子雪邨同舟",而不及张、徐二子。"青嵝客淮上,久岁晚务闲",扁舟归省或以为常,未敢遽定为一时作也。《烟墨著录》"绂园有《望云图》",即牧山所作,篁村、青嵝皆题诗于后。牧山又为绂园仿思翁画卷,作于乾隆辛酉。《望云图》作于壬戌,此图作于癸亥,先后不过此三年,当乾隆之六、七、八年也。名流聚首,更得江山之助,各以笔墨志一时鸿爪，先哲游踪，披图如见。今此卷为同里潘经士水部所得，以余虽不谙六法，粗知乡里故实，属考诸先辈之崖略，书于卷尾。时光绪辛丑二月同客都门。

书秦佩鹤学士《湘弦秋梦图》后

嗟乎！吹参差而不见，江上扬灵；睇窈窕以若来，帷中含笑。神山在望，风帆辄回；烟波渺然，婵媛何处。则有穗帷缄恨，锦瑟工吟。金斗沉香，淮海词人之句；紫坛玉镇，沅湘帝子之灵。薜荔山椒，芙蓉木末。明珰翠羽，魂珊珊兮来迟；粉盒珠奁，泪浪浪其如泻。皇华节去，霜寒策马之天；帝女花开，月落啼鹃之夜。绎烟骚于杳冥，托滂沱于豪素。此佩鹤前辈《湘弦秋梦图》所由作也。

盖君奉使之年，适赋悼亡之什。纶麻初降，天上朝回；锦簟空存，人间夜永。寒衣装箧，认压线之旧痕；遗挂当帏，洒临歧之别泪。麻衣如雪，稚子悲啼，骊驹在门，仆夫催发。宜君之欷歔雷叹不能自已也。而且棠梨萧寺，犹虚营奠之期；杨柳都亭，暂驻封轺之地。过汉皋而解佩，涉湘水而听砧。冷雁一绳，溯衡阳而共飞；征骖四骓，驰江滏而夕济。每当柂楼寒梦，悄然遐想，荒邮灯灺，抽毫题壁，辄复临觞不欢，冰弦独抚。茫茫碧落，抨巫阳使下招；历历青山，鼓湘灵而不见。以此言悲，悲可知矣。虽然忧能伤人，达者忘我。彭殇可齐，寻庄叟之寓言；色相都忘，拈优昙而微笑。自来作达之论，观空之典，等诸微尘刹土，如泡如电。岂必仙山楼阁，谓缥缈之可寻；弱水津梁，指汰澜而欲涉。海枯石烂，悠悠此恨；山高水长，泠泠谁诉。情之所钟，贵受以节。仆闻洞庭广乐，张帝所之钧韶;清庙朱弦,和神人而疏越。君其抱琴往乎？世有成连,其将操缦而从子矣。

题《南窗寄傲图》

孙君隘庵,博闻强识,婫攻诸子之学,又孰精金源掌故,今之樊榭、竹汀也。逢罹国变,蛰居著书,鹤逸顾子为绘《南窗寄傲图》,而隘庵自为文记之。绎其词若以傲为病,窃谓非病也,"傲""遨"皆孳乳字,古字只有"敖"。《诗》"嘉宾式燕以敖","右招我由敖",古训皆为"游",此"傲"字亦当释为"遨游"之"遨"。涪翁诗"坐窗不遨",词与靖节反,而义则同。《书》"毋若丹朱傲,惟慢游是好","游"字即承上"傲"字;下云"傲虐是作",始为怠傲之"傲"。吴斗南以上"傲"字为"桀",未必是。至谓"傲德",一言足矣,何必重文申明之,断章取义。其说良是。昨非今是,倦鸟知还,柴桑之归也,无志于游矣。无志于游而托言游,此所以为寄傲焉耳。颜子之坐忘,老氏之知止,南郭子綦之隐几,皆此志也。余既为隘庵子广其义,复系之以词曰:

天地一蘧庐,往来皆旅客。岂必汗漫游,山川在咫尺。苏门有隐君,烟霄矗鸾翮。长啸百泉台,脱屣千乘国。书鱼走藜床,鸣蛙隔葭席。黄农以上人,周秦诸子说。流略窥向歆,玄谈析支帛。六家旨异同,犁然若阡陌。钩沉出燔坑,甄微表邮畷。中州考文献,龙门相莫逆。岂惟河汾间,长留诸老集。论世友其人,同抱桑海戚。豺虎方塞途,龙蛇纷起蛰。桃源寓言耳,山樊即予宅。考槃有甲子,依然义熙历。勖哉崇令名,硕果誓不食。

　　壬子夏五题于花桥老屋。

题王桂樵先生遗墨册

　　我姻丈桂樵先生不以书名，而真草皆优，入能品，不坠山阴法乳。其季子康吉广文，余妹之夫也，搜箧衍得临池遗墨暨古今体诗，都三十首，装为三册，出以见示。上自虞、褚，下逮鸥波、香光诸家，心摹手追，惟妙惟肖。王氏自典午渡江而后，世擅书圣，宋时秘阁《潭》《绛》诸帖，暨《宣和书谱》，黄伯思、姜尧章所论书苑名迹，琅邪一族为多。《旧唐书·王方庆传》，金轮时，方庆进十一世祖导以下二十八人书，共十卷，则天御武成殿示群臣，令崔融撰《宝章集》以纪其事，翰墨之勋，侔于带砺。今康吉宝藏手泽，缉褫补整，一鳞片甲，护持维谨，寄杯棬之深思，与球锽而并重。吴骏公《万岁通天帖歌》云"王氏勋名自始兴，后人书法擅精能"，盖青箱家学至于今而未坠也，羲后有献，康吉优为之矣。法护僧弥，难兄难弟，是在后贤，愿吾诸甥其勉之。丙辰立夏前二日。

书《铜柱铭》拓本后

俄罗斯国,其先起于右哈萨部,亦曰罗刹,强于元,寖盛于明。至我朝康熙初屡用兵,旋即受款以额尔古讷河为界,会议七条,用满、汉、拉提诺、蒙古、俄罗斯五体字磨崖刻之。光绪纪元之十有二载,俄罗斯以疆埸之事叩关请勘,于是篸斋先生奉天子命驰赴珲春,厘定边界,宣布威德,俄人奉约束维谨。既蒇事,立铜柱为铭。还朝逾年,即拜广东巡抚之命。仆以客游羊城,得见拓本,于以知先生远猷硕画、受知黼扆为不虚也。虽古甫申蕃宣之绩、方召疆理之勋,何以加兹。

铜柱之制,莫先于汉新息侯,唐则马总也,五代则马希范也。新息铜柱一在今凭祥州,一在今钦州分茅岭。又于林邑北岸立三柱为海界,南立五柱为山界。前人引《林邑记》云"建武十九年援植两铜柱于象林,南与西屠国分汉之南疆,铭之曰'铜柱折,交趾灭'",是其柱尝有字矣。然考《水经注》云"林邑岸北,遗兵十馀家不反","交州以其流寓,号曰马流"。山川移易,铜柱今在海中,据此则林邑之柱在六朝时即已沦没波涛,凭祥、钦州二柱亦不可考。今分茅岭有二柱,即马总所立,史称总为安南都护,立二铜柱于汉故处,是其事也。《粤东金石略》云"柱当有唐刻字",又引《州志》谓"在州治之西贴浪都古森峒",明万历间有峒民亲见之。岭去铜柱半里许,交人年年以土培之。今高不满丈,字迹莫识,盖覃溪著录时深以不见此刻为憾。

　　窃谓新息所立,岁远莫考,希范其人不足道。且溪州二柱完好无恙,拓本流传,金石家犹可据以著录。今所存而未显者,惟分茅二柱而已。先生伟坊硕德,为国屏翰,敷政之暇,癖嗜三代吉金文字,下逮古匋石墨,皆登清秘。此柱沉埋荒徼,倘得访而拓之,俾钦州古刻《宁赞碑》后又增一种,岂不快哉。岁在丁亥。

书宋仁宗《洪范政鉴》后

《尚书大传》三卷,郑康成注。旧本已佚,诸家所辑有孙晴川本、卢雅雨本、孔丛伯本、陈恭甫本。四家之中,以陈氏本为善。其《洪范五行传》"五事""六沴",大要皆取诸《续汉书·五行志》,郑君注则取诸刘昭注。顾"五行之土""五事之思",刘昭注全阙。陈氏于"思心不容,是谓不圣"节,郑注以《文献通考》弥逢其阙;至"治宫室,饰台榭"一节,则无可掇拾矣。此书所引郑注"容然无思",其他异同可以补逸刊讹者,亦不可枚举。

今以陈氏本校之,惟"金沴木"注云"人心逆则怒,木、金、水、火、土气为之伤,伤则冲胜来乘沴之"。此书"沴"作"沴",案"沴"即《传》所谓"六沴",作"沴"者,形误耳。又"厥咎荼"注云"荼,缓也,君视不瞭,则荼缓矣"。此书"荼"皆作"舒",古今字,"君视不瞭"作"臣不瞭"。案郑于"厥咎狂"云"君臣不敬","厥咎僭"云"君臣不治","厥咎急"云"君臣不谋","厥咎霚"云"君臣不明",均以君臣并举,此处不当有异。此本作"臣不瞭"不误,但上夺"君"字耳。陈本夺"臣"字,而以"视"字足之,非其旧矣。又"是谓不圣",注云"圣者,包貌、言、视、听而载之以思心者,通以待之。君思心不通,则是非不能心明其事也",此书"通以待之"上重"思心"二字,"是"下无"非"字。又"厥罚常风",注云"风亦出内雨旸寒燠之微,皆所以殖万物之命者也",此书"命"上有"性"字,"微"作"证"。案作"证"者是也,此字盖本作"徵",宋人避讳,代以"证"字,作"微"则不可通矣。又"时则有脂夜之妖",此书有郑注云"夜读曰掖,脂膏所煎之物,思心实也,此谓变易八珍作新味者也",凡二十五字,陈阙。又"惟木、金、水、火沴土",注云"以为不宽容,亦皆为阴胜阳、臣强君之异",此书"亦"下有"近"字,绝句;"异"作"灾"。又"王之不极,是谓不建",郑注"王,君也",此书作"皇之不极",引郑注云"皇作王,君也",乃知《传》本作"皇",郑君易为"王"字,与"容"易为"睿"一例。陈竟改作"王",则《传》、注皆失其真矣。

又注"王象天,以性情覆成五事,为中和之政,王政不中,则是不能立其事也",此书"性情"二字倒,"不中"下有"和"字。又"厥极弱"注引《易》曰"贵而无位",此书作"《易》说'亢龙曰'"。又"或云懦,不毅也",此书"毅"作"恭"。案"毅"字刘注作"敬",是也。"恭"字避宋讳改,陈据他书改作"毅",非是。又"时则有射妖",注云"射,王度之极也",此书作"王极之度"。案注又云"射人将发矢,必先于此仪之;君将出政,亦先于朝廷度之",以"仪"释"度",此节本言"王极",则作"王极之度"于义为长。又"时则有下人伐上之痾",注云"阴阳之神曰精气",此书"气"作"神"。又"时则有日月乱行,星辰逆行",此书"乱"作"错","逆行"作"失次"。注"乱谓薄、食、斗并见,逆谓〔嬴〕缩、反明、经天守舍之类","乱"字"逆"字同,"守舍之类"下有"太公曰,人主好武事兵革,则日月薄蚀,太白失行",此郑君所引古书仅存于今者,陈阙。又"维五位复,建辟厥沴",注云"当明其吉凶变异",此书"吉凶"作"沴见"。又"八月九月,惟聪首司","聪"为"听"之误,各本皆然,此书独作"听"。注云"此月数,夏数也",此书作"此皆据夏数"。又"□五行相王之次","五"上一字,陈本空围,此书作"用"。又"引子骏曰",此作"刘向曰"。又"于四时之气,似近其类",此书"类"作"实"。又"传凡六沴之作,岁之中,月之中,日之中,则公卿受之",此书"公卿"作"正卿"。注"下侧至黄昏",此书则作"晡"。又"离逢非沴",注"言五行非能沴天者也",此书"非能"作"无能"。又"故天垂变异以示人也",此书"示"作"沴"。又"御貌于乔忿"及注"乔"字,此书并作"骄",亦古今字。注云"止貌之失者,在于乔忿",此书"乔"上有"去"字。案"乔忿"正为貌失,何得云"止"?则有"去"字者是矣。又"忿戾无期",此书作"无类"。又"御听于怵攸",注"谓若老夫灌灌,小子蹻蹻,诲尔諈諈",此书"灌"作"曜","蹻"作"嚍","諈"作"纯"。"曜""嚍"或为驳文,"諈諈"与"纯纯"必为三家旧文,尚未知其谁是也。又"御思心于有尤",注云"止思心之失者,在于去欲有所过,欲有所过者,是不容之刑",义不可通,此书无"有所过欲"四字,下"过"字作"欲"则涣然冰释矣。又"御王极于宗始",注云"则录延其受命之君",此作"延期",无"录"字。又"饮食不享",注"享,献也",此书下有"不如献礼也"五字,陈阙。又"轻百姓",注引《春秋传》曰"师出不正,反战不正胜也",此书无下"正"字。又"金不从革",注"金性从形",此书"形"作"刑"。凡此诸文,皆可订陈本之失。

　　至"治宫室,饰台榭"句下引郑康成曰"紫宫太微,宫室台榭之象,太微西南有灵台",又"内淫乱犯亲戚"句下引郑康成曰"太帝、太子、后妃、群妾同居紫宫内淫乱,犯亲戚之象",又"侮父兄"句下引郑康成曰"天文混为一体,北斗指使四方,太微五帝转相乘贬侮父兄之象",又"则稼穑不成"句下引郑康成曰"君行此五者,为违天中宫之政,中宫于地为土,性安静。春夏和炁,秋冬收闭,人所用殖五谷者,无故苗生消恶,或秀实不就,是谓稼穑不成,其他变异皆属沴风",郑注百馀字,皆传注所未采,陈氏欲补而末由者也。万古长夜,一旦豁然,岂不快哉。然亦有此书误而可据他书所引以纠正之者,如《传》"时则有华孽,为思心之孽",此书移于"王极"下。案王极自有龙蛇之孽,则此句实为错简。又"思心不容",郑注"容当为睿,通也",是《传》本作"容"字,郑改为"睿",今此书凡"容"字皆竟作"睿",则误矣。又"厥咎瞀",郑注"故子骏传曰'瞀,眊。眊,乱也。君臣不立,则上下乱矣",《字林》曰"目少精曰眊",《续汉书》刘昭注如此。今此书作"故曰眊,区霿也。君臣不立,则上下霿矣,目少精曰眊",案"霿"为思心之咎,"瞀"为王极之咎,其义虽同,而文则异。且目少精曰眊,是吕忱语,非郑君语。此书节去"《字林》曰"三字,而羼入之,误之甚矣。又遇宋讳如"敬"字皆代以"恭","恒"字皆代以"常","徵"字皆代以"证"。间有删节字句以避之者,亦未可据以改今本也。

　　此书世无传本,再同太史自明缉熙殿写本传录,出以见示,共十二卷,以《洪范五行传》为经,以诸文为纬,所引《尚书》马、郑注及《史记》《汉书》,皆与今本有异同,不及悉校,第即《洪范五行》一篇论之,已与覆釜坠甑同其珍秘矣。时光绪戊子十二月二十日。

顾亭林先生移祀苏太义园春祭题名书后

士大大官于京朝，祀其乡之先哲以为耆宗，礼也。若夫亭林先生之有祠，自何子贞、苗仙露诸公始，则非一乡之祀，而学先生之学者，尸而祝之，以附于私淑之徒者也。祠成于道光癸卯，在城西慈仁寺双松幢，幢毗卢阁畔，春秋舍菜，冠缨驳遝。先生族孙份以所藏遗象装池成卷，凡预于豆笾之列者，皆题名其后。道州使蜀，以此卷付陈颂南、何愿船两公。厥后曲阜孔绣山、长沙周荇农、歙县鲍子年、洪洞董研樵、吾乡端木子畴，递司存之。子畴先生既殁，祀事阙如者四载。壬辰十月，同郡许鹤巢比部复约同人补行秋祭，是日与祭者二十六人，皆吾乡人也。昌炽甫释褐，亦得从骏奔之后。今鹤丈墓草已宿，而先生之祠宇亦无下车修苹蘩之荐者。

《诗》曰"高山仰止，景行行止"，又曰"维桑与梓，必恭敬止"，先生之学，虽为海内学人所宗仰，而吾乡之人尤宜有先河之义。永定门外十里庄，吾吴义阡在焉，祀范文正于此。同年顾康民比部于役欧洲，洎归，以为如先生者宜与文正并祀。询谋于众，将移先生栗主敬奉飨堂庑下，每岁春秋祭文正日，别设一祭以妥以侑，以为乡之人矜式，甚盛举也。夫以文正光辅有宋，相业炳然，先生则丁明末造，栖栖桑沧之交，其遭际不同。然文正与胡安定阐明正学，濂洛之绪实始滥觞。先生博贯天人，讲求经世，遂开熙朝一代儒林之统,可不谓先后同揆哉。合而祀之,谁曰不宜。是日与祭者某某,昌炽病不克与祭。既成礼,康民书来,命昌炽为文书其后。时光绪戊戌□月□日。

《关陇金石志》凡例

一、编次先金后石,断自元朝为止;

一、彝器但摹其文,不绘全形;

一、关中为周秦故都,山川鼎彝往往间出,今所收者必藏其地,如蒲城杨氏、三原刘氏诸器是也。若已出关者,悉不著录;

一、《山左金石志》兼收莒刀、齐刀、即墨刀,因乎地也,今刀币之属悉不著录;

一、石刻高广用营造尺,金文用虑俿尺,吴氏《筠清馆》例也;

一、有年月者以年月为次,无年月者审定何朝之物,即附其朝之末;

一、石刻篆隶正书皆依原文,六朝以下世俗通行之字与今不同,亦宜悉照原碑,不容豪发有异,惟行草则参差不一,摹刻良难,不得不从楷写;

一、碑额篆隶皆照原文,志盖有正书者亦同;

一、著录之例:碑文前一行,先以小字双行低一格书碑高若干尺,广若干尺,几行几字,何体书。有额者先录其额,前一行记高、广、行字,书体与碑文同,此魏稼孙《绩语堂碑录》之例,较诸家为善;

一、碑阴、碑侧题名,亦记若干行若干字,并若干列。所记姓名依列横录，每录一列，低二格书右第几列。造像姓名同；

一、书、撰人原刻在前者，录于碑文之前，原刻在后者，即录于后，皆低格。建碑年月同；

一、镌刻姓名录于末行，以末一字距行末二字为率；

一、碑文铭词每句中间隔一二字不等，今亦悉照原文；

一、造象、题名间有左行者，势难照录，惟于前一行注明左行字样；

一、残碑如《安阳五种》之类，即以原石一行为一行，虽笔画残缺仅存半字者，亦必摹录，以存其真；

一、题名如《华阴岳庙》《邠州大佛寺》，多或百馀，少亦数十，若依年月杂厕各碑之中，未免失之琐碎，今依《金石萃编》例，以地相从，汇录为一；

一、石刻佛经，但书年月款识，不录经文；

一、女真、西夏皆有国书碑，兹依原文摹录，有释文者附书于后；

一、《开成石经》，国朝通儒具有考订专书，兹不著录；

一、前人金石之书不收法帖，毕中丞《记》如《兰亭序》《藏真帖》之类亦皆著录，未免体例不纯，今皆从略；

一、瓦当文字如《兰池》《宫当》《上林》《农官》之类，确在关中者，亦皆著录；

一、古碑已佚，经后人重刻者，亦皆著录，仍以原碑年月为次。至市贾翻本，妄人赝造，概所不取；

一、所录石刻有拓本者，皆据拓本，无拓本者，即据前人著录之本。若并此而无之，亦附其目于后，以俟好事者访拓焉；

一、石刻漫漶，审释不易，前人著录间有误夺，今有拓本可勘

者,列其异同于后;

一、新拓精本所存之字,尽有增于前者,亦为举出;

一、前人著录尚有全文,而今残泐已甚者,先录今拓本,旧文低一格附书于后。若稍剥蚀,则依《金石萃编》例,将旧有今无之字小字旁写;

一、今碑已泐,而撰人犹有文集流传,其全文尚在者,亦低一格附录于后;

一、金石古刻可证经典,即汉魏以下诸碑亦可纠史文之阙讹、刊地志之踳驳,今拟有可考者考之,无者盖阙,但记石在何地,或为何人所得;

一、考证低二格录前人之说,下注出某书以别之;

一、明以后虽不著录,如有看款、题跋即刻古碑之上者,亦附其碑之后。

古石轩读碑记

　　城西怡老园者,明王文恪公别墅也,国朝康熙元年改为布政使官廨。其地水木明瑟,轩宇疏敞。奇礓侧立,若蛟将翔,园墙俯窥,列雉皆见。乔木孤挺,郁然千尺;杂花竞秀,间以四时。韦夐之宅,人识其故居;郑公之乡,名成于旧德。今方伯贵筑黄公,贾孔大师,梼戠良弼,襜帷所至,辄缔古欢。簿领之馀,不忘雅训;雍凉之域,乐石所萃。商周鼎彝,汉唐碑碣,间出耕犁,亦藏梵刹。方伯先后得隋石二、唐石二、元石一,遂自秦中辇于吴下,构古石轩以为藏弆之地。土花剥落,无非郁林之装;金薤纷披,恍如羽琌之穴。岁在戊子,律中蕤宾之月,授简命士,飞觞集宾,甄绝业于淹中,继流风于邺下。昌炽湖海倦游,窭衡下走,行装甫脱,即预斯游。斯时也,梅雨浣衫,荷风拂幌。发椟惊叹,觉触手之古香;整衣欲拜,真铭心之绝品。

　　夫有隋书法,下启三唐,然自开皇以逮大业,传世所及不过三十馀年,著录诸家仅有二百馀种,孙氏《寰宇访碑录》、赵氏《续录》及缪筱珊太史所续,合计之隋碑不及三百种。而且赝刻滋伪,赵《录》所收《龙池寺舍利塔铭》《美人董氏墓志》,皆伪作也。重模失真。孙氏所收欧阳信本书《姚辩墓志》、李靖《上西岳文》,皆后来重刻。《常丑奴志》、李香岩、沈韵初两本皆有苏斋跋,皆曾见之。丁道护碑,丁道护《启法寺碑》,临川李氏藏

· 467 ·

拓本。硕果仅存，垂棘比贵。《元公》《姬氏》，断裂于风霜；常州陆氏藏太仆卿元公及夫人墓志皆佚，存一角。《李喜》《赵芬》，茫昧于云雾。莫不剩龙片甲，窥豹一斑。得打本一通，便矜敝帚；溢逸文数字，如拥专城。今公所藏《吴严》《李则》二志，篆盖无阙，制作可珍，文字贯穿，岁月清朗，海内藏家皆所未觏，洵希有之珍矣。至若《法澄塔铭》，彭王书撰，弆山尚书所著录，潜研老人所考稽。显圣残幢，经、咒兼列；《唐尊胜陀罗尼幢》，皆先刻序，次以经、咒，至宋元则单刻咒者居多，稍简陋矣。普救古刻，唐、梵并书，亦足补佉罗之逸文，资考订之实学。

昌炽才识驽钝，精力销亡，然而向、歆之《略》，夙所究心；欧赵之书，嗜之成癖。北游燕齐，南达粤楚，往往野田丛刹，块石独语，椎毡蓄于行囊，缟纻介以翠墨。所得经幢拓本约五百通，畿甸辽金元幢一百馀通，前贤未见，即新修《顺天府志》，亦多未收。窃谓此经传自文殊师利，译于罽宾沙门保定，权舆垂拱，润饰开宝，而后作者愈精，辽金以来，行之益广。自来通儒硕学，以其出自梵言，著录盖寡，《金石萃编》所收不及百种。不甚搜访。以故断础沉埋，灶觚□□，城旦著以治繇，牧竖从而敲火。亦有难登之阪，不到之寺，片石空山，千载寥寂，盖西北诸省郁而未显者不知其凡几也。妄欲专门辑录，汇为一编，作《金石》之附庸，广前贤所未见，而鸿宝日出，搜讨綦难。倘许一脔之分，以资尝鼎；百朋之锡，俾睹奇琛。公之赐也，非敢请也。

游邠州大佛寺记

邠、泾之间，高原巇嶪，右陇左秦，岩置锁钥。呜咽沟水，出巨峡而弹筝；颂洞边尘，挟流沙而入瓮。仆以壬寅初夏弭节西迈，自渭为梁，于幽斯馆。津吏马首，山川能说，置错犬牙，井邑相望。巍然高阁，郁觚棱而特起者，古之庆寿寺也。布金在地，出自东陵。故侯凿石为躯，逾于西域真象。一佛二尊者侠侍，其高八丈五尺，一体一堪，一堪一级，自顶至踵，浮屠五成。承溜中空，若穿屋漏，卫以楣楯，俯窥井干。双林趺坐，忽闻狮子吼声；两庑翼张，有如鸟数飞状。其地前临逵市，后倚巉岩，崖窦豁开，谽谺壁立。导者告余曰"此皆僧寮也"。盖以一布肘地，因山起刹，海众云集，无以安禅。凿坏而遁，本陶穴之古风；拾级可登，有榶巢之遗制。石肤欲雨，森若砭肌，径发如云，劣仅容趾。安石床而挂锡，密若蜂栖；攀铁绹以为梯，捷于猱附。始知一粒粟中，果有世界。但容蒲团，即能说法；藐兹藕孔，亦可藏身。周览石室，黝无日光，四壁题名，间以造象。当昼秉炬，扪苔藓而读之，般若梵文，断自金轮之岁；与可题字，证诸玉局之诗。

唐宋以来，千有馀祀，欧赵诸家，迄未著录。良以边郡僻左，椎拓既鲜，岩洞窈深，可蔽风雨，宝藏未泄。石寿能延，惜乎志乘无稽，简书可畏。宗门谈帚，但凭老衲临风；书苑谟觞，难比右军《快雪》。于是登高遐瞩，喟然舒啸，陟则在巘，逝者如川。其川泾沕，考职方之古训；自土沮漆，溯公刘之始基。广武高原，亦曰宜禄，蒿店后临，萧关前控。崔嵬如削，塞丸泥而可封；桥栳为圈，引车轮而欲转。昔唐太宗破薛举于浅水原，即其地也。荒烟断甓，废垒犹存；落日哀筇，碉楼尚峙。此一界相，即古战场，后有来者，视为传舍。伟哉，金仙氏之教也！

夫以鄂公材武，遭际英主。嚖喈宿将，既兵符之在握；驰驱暮年，犹横槊以为雄。而乃解鞔息机，皈心净土。蓝田罢猎，是故将军；绀宇檀施，为功德主。招提奉佛，近依黄竹为邻；导引游仙，托言赤松招我。岂惟回向，是真见几。至于泾原诸帅，筹笔临边，华州两生，弃繻出塞。笼纱在壁，曾听饭后钟声；捧砚登楼，更俟童隅烛跋。酒酣以后，墨渖横飞，年月姓名，大书深刻，即今三垂宴然，刹竿不坠。有客信宿，载石癖而俱来；我佛慈悲，屹金身而不坏。其西一室，扫地为墂，如马鸣王别开道场，一鸡飞地等于邻比。大巫小巫为喻，识者哂之；一佛千佛同归，适焉至此。望川途其尚悠，揖山灵而言别。黑水汤汤，方舟而济，苪鞠既即，亭口中顿。凭轼抽毫，书付小史。时维光绪二十八年四月十有四日也。

刘孝子征诗启

宣尼《孝经》,每章系以诗词;梁帝《孝传》,当首皆为序赞。良以孝者宙合之庸行,人伦之伟坊。苟非长言咏叹,巨笔表襮,曷由阐幽光、厉末俗。是以六篇既亡,遂有束皙之吟;《四库》所录,不遗林同之什。

我同年刘君海珊,世居武昌,其高祖二度先生,南州雅望,西域化身,至性蕴于婴(呪)〔婗〕,夙慧证于阿辱。过青峰之寺,生有自来;望白云之庐,殁而如在。盖甫成童之岁,即丁失怙之悲,事母严翼翼然敬也。裛鲊晨膳,则循陔以趋;窗鸡夕鸣,则刺闺而问。昊天不惠,癙忧浶臻。白日欲匿,痛长绳之难系;青霜既零,叹贞蕤之遽凋。先生痛深鲜民,悲逾鞠子。哀呼达旦,里巷闻而罢舂;绝嗌兼旬,朋旧忧其灭性。至于马鬣既封,鸡斯未改。负土郭外,柱楣不剪;垩室墦间,藜藿仅充。往往祥乌毕业,猛兽皆驯。寒风欲来,抚宰木而已拱;疾雷奔赴,披丛蒿而不辞。时或抢地长号,呼天追慕,林谷为之累歔,川原从而增怆。翠栝斑驳,亦染泪痕;白杨萧条,为助哀叹。呜呼,孝矣。今者岁月已徂,流风未歇。休声所播,与江水而俱长;盛德必昌,知门闾之将大。

海珊同年早通朝籍,即赋遂初,眷念祖芬,思垂不朽。窃谓郭巨食堂,感孝作颂;孙绰谅暗,表哀为诗。自来皋骞之行,托诸简策,则传世愈远;形为咏叹,则感人易深。海内君子,其有萧广济、师觉授其人乎！则请以通人之词,写孺子之慕。庶几《白华》后出,亦登太史辖轩;黄绢新词,不仅才人涉笔。既可景行先哲,抑亦风厉后来也。谨书小笺,以为喤引。

《航海迎师图》征诗启 代

呜呼，吕梁既济，思作楫之功；虞渊不沉，论挈戈之效。昔者赭寇变起，东南鱼烂。沿江赤紧，遂无坚城；列郡清嘉，几成瓯脱。惟上海危雉斗悬，瞻乌爰集。其地控吴越之交，为华夷所萃，岛氓互市，海客槃游。楼台百重，涌金银于天半；门户一线，通轮楫于地维。开府旌幢，寄侯冠盖，并以此为侨治之郡，进规之乡，抚绥流亡，支持残剩，江浙孑遗，归之如市。惟是强寇在郊，军书旁午，奉失律之帅以为扞城，驱无藉之民以当锋镝。制梃群哗，有似儿戏；积薪将爇，犹思晏眠。绅组嗟叹，儓休讪笑。

当斯时也，郡绅顾子山先生自楚夏归，具言曾文正公师干东讨，幕下黄头棹郎，白羽军督，凡所闲署，罔非将才，取其偏裨，足当大敌。于是冯公林一、潘公季玉，具牍当事，移书乞援。秦庭七日之哭，以责包胥；平原十人之从，谁为毛遂。共举太仓钱敏肃公及先大夫航海往，楼船十丈，赫蹄一丸，酾酒蛟宫，挺身虎穴，径越天堑，遂叩铃辕。曾文正公犹以上海僻在偏隅，难规全局，逆流仰攻，为兵家所忌，筑室聚讼，有幕府之言，将不得所请矣。先大夫及敏肃公陈说百端，继以流涕，文正公乃慨然动容曰"行矣，吾为子出师"，遂疏请于朝，以今爵相合肥李公统率劲旅来沪视师。李光弼之军容，旌旗尽变；程不识之师律，刁斗加严。竟以一隅之地，克收百战之功,闾井晏然,河山无恙。

先大夫由是以书生起家,洊膺荐剡,间关戎幕十有馀年,奉旨以道员发湖北候补。晚岁失明,移牒归里,未及倈装,遽以不起。呜呼,痛哉!窃念先大夫同时群公,遭际时会,建牙持节,锡书分茅,方召元臣,褒鄂上将,莫不图形麟阁,纪伐鸿都。而先大夫连蹇一官,赍志竟殁。平时奉身匔匔,谦若不及,海上之事,绝口不言。呜呼,痛哉!不孝绝域遄归,故山索处,感岁华之易谢,怆音徽之不留。用敢追溯庭闻,旁摭舆诵。写波涛于纸上,犹作军声;征翰墨于寰中,冀光家乘。尚蕲乡邦先达,横舍故交,儒林丈人,当代君子,锡之篇什,俾为世守。庶几附青云而上,碑诔同珍;赓白雪之词,楹书共弄。不孝等世世子孙感且不朽。

奇觚庼文集　卷下

沧州知州王公兰村墓志

沧州知州黄县王公以死勤事，越二十有八年，其第三子锡蕃以讲帷近臣出典闽学，邮事状至京师，曰："先公之葬也，志石未具，愿为文以追纳诸幽窆。"昌炽备员史馆，于学使为后进，不敢辞。谨案：

公讳文田，字心农，别号兰村。先世自直隶迁于黄，诰赠武略骑尉，讳克顺，公之曾祖也。诰赠昭武都尉，讳大龄，公之祖也。两世皆以习武为诸生。至公父，讳鸿中，嘉庆丙子举武科弟一，庚辰进士，花翎侍卫，诰授昭武都尉。祖父复以公贵，累赠朝议大夫。公龀髫聪颖，侍卫公以家世挽强，期公以通经致用。公秉承庭诰，籖灯下帷，鸡鸣未息，父老咨叹，声誉隆起。

年十九补学官弟子，先后奉父母讳。至道光己酉举顺天乡试，谒选得广西宜山县，援例升知州，分发直隶，权知永年、故城两县事。永年，畿辅剧邑，轺传旁午，县所辖临洺关，孔道也，南北用兵，践更过境者迭道。公内治文书，外办供帐、刍茭、糇粮之属，从容肆应，闾井晏然，若不知有兵者。其至故城也，县素瘠无城郭。捻酋张悉诸、宋景诗自彰卫北窜，百战枭寇视弹丸蕞如也。公知乡团可用，顾前此与官相龃龉，莫肯用命，乃驰入壁，拊循其豪桀，而部勒其子弟，勉以忠义。众皆感泣，请效死。贼屡至，辄却之。癸亥正月,贼麇聚南关庄,列炬烛天,实无备。公侦其可袭,夜率死士衔枚捣其巢,斩馘无算。捷闻,赏戴蓝翎,加运同衔,寻补沧州知州。故城吏士闻公之去,倾巷出祖郊坰,负弩者络绎数十里,皆守望之旌旗也。

　　沧州负海岩险,汉回杂处,公下车之始,捻氛方恶,张总愚纵横三辅,闻势鸥张。公募勇乘城,檄各乡坚壁清野,筑圩自守。贼窥知有备,不敢犯。当是时,毗连诸邑若盐山、南皮、庆云相继沦陷,而沧城巍然无恙。方事之棘,或讽以寄孥者,公慨然曰:"官者,民所属耳目也,而可先去以为民望乎?"公配张恭人,贤明知大义,亦曰:"吾夫归与城共存亡矣。"呜呼,军兴以来,守土之吏委而去者列城相望,公以一介书生,当千亿狂寇,缮完城隍,屏翰畿辅。当其投袂赴节,慷慨登埤,颜平原之流亚也。及夫输攻墨距,拨虋扫篲,则又田单、即墨之守也。中兴伊吕,崛起师干,公之方略,可相伯仲,岂仅仅百里之寄哉。先是,公以叠获巨憝,保升知府,赏换花翎。至是,录防河暨守城功,奉旨俟补知府后以道员用。乃命甫下,而公遽以积劳不起,时同治戊辰十一月二十三日也,距公之生嘉庆癸酉,年仅五十有六。官舍受含,所施未竟,悲夫!

　　公尤善折狱,故城有缢案,死者蝥也,公验十指有血痕,踪迹得主名,袒其胸,爪伤宛然,谳遂定。其他发奸摘伏,皆类此。然公雅不欲以得情自喜,堂皇淑问,哀矜溢于词色,故所至狱讼衰息。性廉介,去永年日至,斥其寝邱之产以治装。与弟曾田式好无间,病则各以身祷。两人者初不自言,既殁,诸孙发箧衍,得青词手稿,始泫然流涕曰:"吾先人有美而勿彰者多矣。"公在家孝友,在官忠勤,汲引士流,轸恤民隐。易箦之日,知与不知,同声叹息。

　　配张恭人,侧室钟宜人,皆先公卒,同治庚午合祔于邑城东逢家村之西南。

公以锡蕃贵，由中宪大夫晋赠中议大夫，赠张恭人为淑人，钟宜人亦貤赠淑人。子三，长锡纶，长芦补用盐大使；次锡锻，候选知县。皆钟宜人出。锡锻出后曾田，次即锡蕃，张恭人出，光绪丙子恩科进士，翰林院编修，今官左春坊左庶子，福建学政。女二人，赵汝骥、赵熊飞，其婿也。孙常昱、常达。铭曰：

名城屹然，畿置门户。赤丸夜啸，羽书蜂午。狂澜欲东，只手拄之。猰貐磨牙，伏而監之。为国扞城，为民砥柱。师贞丈人，里讴慈父。丹旐翩如，巷停相杵。劳臣遗爱，其风已古。黄睡海滨，逢村之坞。詹卜墨食，厥惟吉土。宰木郁森，崇封堂斧。神爽来依，国族是聚。继起振振，克绳祖武。我铭不刊，幽宫可补。

六合县学训导刘公静岩墓志铭

公讳某,字静岩。先世自吾郡迁宝应。曾祖岐龄,祖友尚。父廷器,国学生,以公长子岳云官,貤赠中宪大夫。妣雷,继妣胡,皆赠恭人。公,胡恭人出,笃于天性,六岁丧父,闻孺子啼者皆为流涕。道光丙午,胡恭人病且革,公刲臂肉以进,至诚感神,母病愈。竭诚色养,又二十三年而始殁。殁之后,岁时讳日,思其居处,思其笑语,未尝不泣下也。胡恭人之守节年逾三十矣,公曰:"吾母有陶婴、梁寡之高行,而不得邀旌闾之典,何以为人子。"援案申请,卒旌贤妇如例。

刘氏世有潜德,自端临先生父子以经学教授,子弟彬彬向学,公纂述言行为《刘氏先德录》二卷。平居擩染家学,生长食息,不离训典之内,顾屡不得志于有司,以廪贡生就职训导。尝一官邳州学正,再署六合训导。

其初至六合也,胡恭人已前殁,公捧檄哀号,悲不自胜,自以禄不逮养。与人子言孝,与弟言悌。六合某生不养其亲,公召而诘之。已而曰:"汝有母不事,吾欲事又无母。"言已噭然长恸。某大感动,叩头趋出,归为母子如初。邑民苦重征,围令廨,令匿公所,而以飞章上变,谓民且叛。公既以利害说其民使解散,又力为令言民非叛状。比大吏檄兵来,统领为吴壮武公长庆,吴公虽武人,雅重文士，惟公言是听，以故狱得不竟，终其事不戮一人云。故诸生某以寻亲未与岁试，已褫籍矣，公曰："是无以教孝也，长逝者之赍恨庸有穷乎？"为牍请于学使者还其衿。

居乡矜孤恤寡，存亡继绝。胡恭人家不祀忽诸，又无可承祧者，公访得疏族某举其匕鬯。族子某贫不能娶，公为授室。宗党贫者，往往待公举火。宝应地当孔道，驿马交午，主者没其饩牧马于运河西草薮中，蹊人之田。公白诸当事，勒碑严禁，自是马不得过河西牧，盖公矜立名节，猛志疾邪。然清而不刻，当官接物，多所矜恕，其天性然也。公虽三为校官，经国之志末由自见。岳云官农曹时，时贻书敦勉之。农部君与亡友王颂蔚、缪祐孙同乡同官，负三君八俊之望，皆公教也。

公旧有嗽上气疾，光绪甲午疾作捐馆，距生于道光某年某月某日，享年若干岁。子四人，长即岳云，光绪丙戌进士，户部主事；次熙云、际云；季毓云，县学生。

昌炽束发受《鲁论》，稍长习《春秋公羊传》，即服膺宝应刘氏之学。洎官京师，与农部君以古学相切劘，益孰闻公之行谊。农部君贻书京师曰"先人葬有日矣，愿为铭土之文"。昌炽闻诸孔文举曰："公者，仁德之正号，不必三事大夫。"敢援申公、毛公之例，书其墓石曰"刘公"，复系之铭曰：

畔官祭酒母高行，孝于惟孝施有政。泮林之桑鸮食葚，翻然不烦觿拚儆。江左传业比孔郑，家世乃以经术盛。巍然一老天不愁，人之云亡邦亦病。氎湖汤汤水如镜，若堂若坊松槚映。盖棺庶几可论定，汉《校官碑》共无竟。

候选同知沈君宽夫墓志铭

甫里古多隐君子，天随先生尚已。有明之季，若邢星父、许樗庵，并以躬耕高蹈有闻于时，然自洁其身而已。若夫羡期乐道、敦善行而不怠，崇尚风义、甄综掌故如沈君者，岂仅一乡之善士已哉。

君讳国琛，字宽夫。先世有为赘婿于浙之竹墩者，昌其宗，世称竹墩沈氏。越十传至兆岐，始迁于吴。兆岐第三子钟冕，卜居长洲之甫里。国朝雍正二年，析长洲为元和县，其后裔遂占元和籍。君之曾祖讳天璧，钟冕五世孙也，生锦成，锦成生万鹏，是为君之祖父，两世并以君官封奉政大夫。君之考又以孙官晋封资政大夫。妣赵夫人，生二子，君其长也。

天性孝友，任侠重然诺，有古朱家、季布之风。八岁而赠公殁，赵太君授之读，君不屑屑于章句之学。逢罹世纷，通知时变。赭寇之难，奉母避地村落间，挺身出治兵，锄耰棘矜，号召乡里，以其间定省无缺，故寇警在郊而太夫人晏然若不知有兵者。比母殁，君年已三十余矣，鸡斯柴立，悲动行路，终天之恫又三十年。家人于梦寐中，未尝不闻孺子啼也。君既辍儒业，以计然术起其家，然蓄而能散，慨然负经世之略。末由致用，则试之于一乡。金鸡湖者，值郡城之东南，与唐浦淀湖相灌输，悬流倾泻，浩瀁无际，空舆轻骑，滞碍弗前，老稚负担，临危枪砀。君怵然忧之。会己丑郡中大水，君建以工代振之策，筑两堤通往来。又以郡城自经兵燹，庐井邱墟，有如乘者，有如堵者，有如覆敦者，修之、平之、攘之、剔之以实堤，则固于淇园之楗，而旷地亦不至终沦为瓯脱。当事韪其议，凡畚锸之役壹以畀君，君日棹扁舟水次，星餐露宿，邪许之声与波涛相鞮鞳。堤成，行旅颂之。

里中旧有同仁堂，举行掩胳埋骴诸政，君曰："是嚆矢而已，宜有以扩充之。"于是癃而贫者，稚而蒙者，游惰而不率者，有教有养，目张纲举。立忠义祠以妥国殇，修节孝祠以推锡类。本《朱子家礼》以建祠，则继别为宗之谊也；仿范氏义田以赡族，则异宫同财之政也。尤好引掖后进，景行先贤。所居邻保圣寺，即天随故宅，相传有桂子轩、斗鸭池，年运而往，荡为寒烟。君凭吊兴怀，按《图经》而缔构，即于其中结诗社，茶租钓褐，晚弋寒春，松陵坛坫，于兹复振。甫里书院弦诵阒如者久矣，君捐田四百亩，为诸生膏火。博访通人，兼课经史、天算诸学，里中子弟幡然兴起，一变其空花臭腐之习。里乘自许尧心先生后未有踵而修者，君采摭故实，发凡起例，以属许息崌、杨薪圃两明经，未卒业而两君先后殁。又议立甫里名贤祠，以申祭社之义，亦未观厥成，而君遽不起。易箦之辰，引为深痛，盖君之惓惓于桑梓如此。

昌炽虽未识君，同年尤鼎孚内翰，君之姻家也；贞丰陶子春先生，君之老友也，皆尝为昌炽言君善行甚备。昌炽弱冠之年，从事《郡志》，即喜为征文考献之学。长游四方，泪宦京师，益事搜讨名山之藏，有志未逮如君者，庶几可引为他山之助，而亦长往矣。君以光绪壬辰九月一日卒，距生于道光庚寅六月二十三日，享年六十有三。子三：根源，优廪贡生，甘泉县训导，先君一年卒；瀣源，附贡生，援例为部主事加八级；福源，附生，君卒后六年丁酉举于乡。女一,适秀水拔贡生王大钧。孙三:长慰,根源出;长荫、长吉,濬源出。君初以筹饷功,议叙府同知,赏戴花翎,诰授奉政大夫。复以濬源官覃恩晋封资政大夫。岁在戊戌,福源试礼部,持状来请曰:"先大夫之卒也,以客岁丁酉之冬,卜葬于昆山县吕区十五图闲字圩荷花溇之新阡,未有铭,愿为文以补纳之幽窀。"昌炽既铨次其事实,复系以铭曰:

光明之阁白莲院,碧漪藻荇石梁畔。江湖散人自为传,鸿飞冥冥弋何篡。津梁欲济苦无岸,溺者沦胥待手援。以工谋食非画墁,广厦千间矢宏愿。隐居何必非兼善,乡人好之不云愿。献章雪钞并露纂,礼重先河祭则裸。我愧铭祠非黄绢,聊视建初买地券。

五品衔翰林院庶吉士殷君小谱
暨德配卓恭人墓志铭

吴江平望殷氏，自歙迁吴，世为右族。其先曜庭先生，绩学工诗，潜德未章。至其子兆镛，始以文学起其家，仕至礼部左侍郎。侍郎公娶于程，以道光戊戌生君，日者推其命曰"位至兼圻，寿跻大耋"。乃年未强仕，甫通朝籍，遽先侍郎而殁，悲已，时光绪纪元乙亥腊月二十二日也。越二十有三年，岁在戊戌七月朔日，君配卓恭人复以病殂于京邸，享年五十有九。昌炽以洽比之谊，束薪往吊，令子柯庭比部柏龄、菊延驾部杞龄，扶服帷次，哭且请曰："先大夫之葬也，未有铭。今将奉母柩南归，愿为隧石之文，启先大夫之兆域而合窆焉。"昌炽词馆后进，且辱与柯庭昆仲交谊，不当辞。先是，君之殁也，侍郎公为文以哭之甚哀，谨读而诠次之，曰：

君讳葆源，后省葆字，更名曰源，宿海其字。侍郎公复以式谷之义，命之曰小谱。生有异禀，岐嶷善读，兼综九流，旁精八法。九岁作擘窠大书，惊其长老。有客以画扇索题，君援笔书曰"芳草萋萋，鸟雀欢喜。明月一上，照见万里"，客大称叹，谓非常童也。稍长，侍侍郎公于澄怀园直庐，奉敕写进之件，恭代称旨，虽文宗显皇帝，亦知侍郎之有子也。既居京师，久熟闻中朝掌故，先达绪言。益自陈箧发愤，群经诸史及《文选》《困学纪闻》，皆有札记，蝇头细字,旁行斜上,夜分不少休。顾屡不得志于有司,俛得俛失,至癸酉、甲戌始联捷入词林。未散馆,赍志遽逝。时杨虒卿侍读、吴西川编修,同日无疾捐馆,都下士大夫相哗以玉楼故事。君妻卓恭人梦君至诀别,云车羽葆,仪从甚都。呜呼,其信然邪。

顾君虽文士,丰颧秀眉,天挺伟表,慷慨负志节,好奇重气,有经世之略。平居省亲,南北只身杖剑,裹粮徒步,出入萑苻之薮,如履坦途,逆旅驺卒,不知为贵公子也。尝从侍郎公北行,道出河间,鸣镝突起,君驰马掷数金叱之,监罗拜不敢犯。庚申之变,烽火达于淀园。君登土山望敌,慨皇舆之播迁,呼材官而不应,抚髀慨叹,誓清羯虏。座主崇文山尚书尝过侍郎公,曰:“郎君国之宝臣,非文士也。”

君虽遇事勇往无所畏缩,而天性宽厚,恂恂岂弟,事母程太夫人至孝。同治庚午,侍郎公督皖学,既受代矣,舟次西梁山,程太夫人病殁,君治丧途次,必诚必谨,擗踊长号,与波涛相应,江干榜人闻孺子啼者,莫不泣下。侍郎公校士严,君多所保全。觿挞之徼,往往得君一言立解,皖人士至今服侍郎之教,尤不忘君之惠也。自遭丧乱,沉潜学养,器识益粹,轻死生,齐得丧,壹似无意人间世者。殁之日,偏亲在堂,遗孤貌幼。今且岁星再周矣,兰锜巍然,弓裘不坠,微恭人之力不及此。

恭人华阳卓氏,故相国文端公之孙女,少宰鹤溪公之女也。侍郎公乙未乡举,出文端公门下,又与少宰同举进士,圭璋判合,二姓克谐。既嫔于殷,事程太夫人以孝闻。自君之殁,以妇代子,谒诚尽孝。又九年所,而侍郎公始以致仕薨于里第,以母代父。又十馀年,而柯庭昆仲相继释褐,皆以才行有闻于时。女子二人,长适太仓陆阁学宝忠,次适杭州程太守祖福,皆当世宏伟君子,则又恭人

知人之鉴,尤闺阃所难能也。诸孙绕膝,吉祥令终,乐善好施,纶音褒美。是当区明风烈,敬告司彤。铭曰:

谓君为不寿,则过颜夭之岁,已逾六期。谓君为未达,则尝排金门而觇玉堂,而非如李侯之数奇。英灵之气,上归尾箕。帝抨巫阳下告兮,指婿乡而徂西。惟西嶜野,下有蹲鸱。馘馘厥族,子姜宋齐。作嫔君子,柔嘉令仪。溯化石之旧宅,望夫君而靡笄。莺湖之水,清且涟漪。华表归来,鸭湾之麇。百年同穴,指皦日而矢之。谁诏天咫,其视此词。

内阁中书恩赏举人王君仙根墓志铭

君讳伟桢，字寄蟠，号仙根，晚年别号修闲居士。王氏浙西右族，世居秀水县新塍镇。高祖讳允震，始迁吴江盛泽镇；曾祖讳兆盛。两世皆赠通奉大夫。祖讳元松，二子：长朝佐，君之本生考也；次师晋，年四十无子，君以祖命出为后。两世皆赠资政大夫。妣李氏，本生妣孙氏，皆赠夫人。

君生而岐嶷，长身玉立，意豁如也。既长，受经于平湖顾征君广誉，又从吴江陈子松先生为词章之学，饫闻绪论，笃守师法。征君负理学重望，得杨园清献之传，东南人士奉为海若，顾独推君为高足弟子。君自言平生著力于《大学》之"戒欺"，曾子之"三省"，秉征君教也。会寇难起，公毁家输饷。大吏知君好学，非卜式赀郎之比，为请于朝，特旨赏君举人，一体会试，异数也。君既入都，援例为内阁中书，然淡于仕进，不乐就职。

庚申计车报罢，只身南下。时浙东西群盗如毛，甫入里门，即被劫至禾郡。酋露刃索饷且胁降，君挺立不屈，厉声叱之。吴某者，君家故所活罾桑饿夫也，亦陷贼中，营护得脱。避地沪上，流亡麇集，君设厂留养，全活无算。事平，侨寓吾苏，卜居于临顿、皮墅之间。寒家老屋距君寓舍一牛鸣地，其东为秦佩鹤士学士宅，学士之妇，君兄之子也，以是常登君之堂，接君言论丰采。窃谓君宅心宽厚，圣门之所谓善人也；造诣不言而躬行，汉世之所谓长者也。轻财好施，敦善行而不怠，齐、豫洊饥，与费芸舫宫允、谢绥之太守首创义赈。自后泛舟之粟，无役不与，吴中义声动天下，而不知君实为之职志也。寻诏嘉奖君之见义勇为，盖上达九重矣。

君家群从皆工书，君临池尤精绝，潜虬幽媚，姿态横生。昔唐王方庆裒其家先世晋司空导以下书为《宝章集》，山阴遗矩，不坠家学。然在君则为游艺之馀已耳，其闺阃庸行，尤为卓绝。母李太夫人病笃，家人潜治绞衾，君刺血缮疏，祷穹窿山求代。夜辟静室，结坛礼斗，煜然见明星三，光鉴毫发。是夕，刲臂肉和药以进，疾果瘳，人以为纯孝所感云。又阅一载始弃养，君绘《萱闱永慕图》，以志终天之痛。时太公尚在堂，既丧偶，牢落不自得。君于宅后辟小园以娱亲，凛秋暑退，熙春寒往，宴林禊汜，优游撰杖，太公顾而乐之，于是又绘《春随杖履图》以志喜。及太公病，刲肉求疗，一如母病时，两臂瘢痕劙然见骨。奇行卓卓，古未有也。自高、曾以下，仍世好善。旧有指困之会，里中笃癃无告者，按籍继粟，岁以二百石为率，奉行数十年弗怠。会岁饥歉籴，君曰："此先泽之及人者，不可以及吾而废盛泽。"旧有义宅义田，亦先世所置，仿高平范氏以赡族者，规模未备。君纂承先志，建宗祠于寓庐之东偏，岁时合族以笃行苇之谊。昌炽尝见太公所刊《怀新庄规》五十三则，宏纲细目，斠若画一，多君手定。《语》曰："是亦为政，奚其为为政？"观君之施于有政者如此，则知君虽脱屣臃仕，非冥情忘世者也。

平生自奉极约，而笃于昆季，推肥让瘠，有汉姜、赵之风。戊戌三月，君季弟子诜令山西，卒于官，讣至，适进晚餐，一恸辍箸，而君之疾遂不起矣。君生于道光庚子三月六日，卒于光绪戊戌五月十四日，年五十九岁。公美须髯，顾盼自喜。晚年与吴下士大夫结香山之社,趺宕觥政,神明不衰。又自知其寿为六十一岁,乃甫将耳顺,未称觥而遽殁,悲夫。配吴江殷氏,前署奉贤县训导讳兆铨长女。子四:祖锡,优行廪膳生,花翎分省同知;祖庆,附贡生,三品衔分部郎中;祖询,辛卯优贡,朝考一等,江西知县;祖馨,附生,中书科中书衔,君殁后五月以毁卒。君以子祖锡等官,诰封奉政大夫,晋赠资政大夫。女适吴县丙子举人内阁中书潘志案。孙大文、大镠、大朋、大霖,早殇,其存者大成、大同、大年、大森、大中。今年八月,祖锡等将葬君于吴县陶字圩九曲港先茔,邮状京师请铭。痛模哲之凋殒,叹后进其安仰,谨为铭曰:

江左冠冕,繁维王氏。沈约所论,传信惇史。在昔新塍,滥觞之始。聿来胥宇,松陵吴市。维桑与梓,必恭敬止。异宫同财,兄弟具迹。杜门色养,一惧一喜。在蛊之九,高尚弗仕。为家收子,为乡善士。吾吴寓贤,皮陆之比。谢湖九曲,佳城岿崺。先人所依,魂魄乐此。十室忠信,十步兰芷。我铭不诬,见闻尺咫。

江苏即用知县王君筱艎墓志铭

余按部陇南，发策试诸生，得秦安王生德模卷，拔第一。其弟守模复以童子入邑庠。既卒试，见其县大夫，始知为我同年王既生大令之子，窃喜两生能承家学，而王氏之青箱为未坠也。于是距君之殁三年矣。今年德模兄弟将以十月之吉卜葬于河家川祖茔，守模游学至省垣，持兄书函赍状泣请铭。

按状，君讳济，字筱艎，既生其号。先世自晋迁秦，遂世为秦安人。十有一传而至修己，君之曾祖也。祖塈，县学生。父锡奎，恩贡生，候选州判。姚□氏，生子二，君次居长，生而岐嶷，异常童，孝友顺祥，虚和善下，事亲怡怡色养，终其身若孺子。太宜人病痿痹，卧床十馀年，君庀治汤剂，刻香记晷不失分秒，厕牏浣濯，簟襦抑搔，未尝有倦色。幼承赠公之教，离经博习，焚膏烨掌。弱冠补博士弟子员，肄业陇南书院。时泰州任先生士言主讲席，学者翕然奉为大师。君于时考德问业，镞厉奋发，学日益进，光绪五年举于乡。越十年，大挑二等授教职。己丑成进士，以知县奉发江苏。时祖、父皆在堂，君念重闱春秋高，陇吴万里，倚闾望切，告近改四川。之官未久，先后遭内外忧，鸡斯奔号，席不暇暖。及庚子再起，照例归江苏原省，而君以积毁之馀，间关陇蜀。又适逢海上军兴，京师戒严，痛禄养之不逮，慨时事之日非，私忧窃叹，往往泣数行下，悲伤憔悴，竟以病卒。卒之日，适以奉檄便道假旋，简书未报，素车在门，未分百里之符，遽下巫阳之召。呜呼，其亦可悲也已。

君平生孝于亲，忠于君，当官揩事廉办肃给。今尚书定兴公督两川，驭吏严，独雅重君，盐厘、矿务诸要政，壹以畀之。君综理精密，利兴弊革。及尚书移节抚吾苏，而君亦以服阕归原省，始终倚之如左右手。方今朝廷锐意求贤，才谞奔辏，定兴公封疆宿望，入赞枢机，使君而尚在，则定兴之所以知君，与君之所以报国者，其设施当未有艾。而君已逝矣，嗟夫，此苏子之所以流涕于贾生，而世之惜君者，知与不知，莫不扼腕而太息也。《礼》曰"博闻强识，敦善行而不怠，谓之君子"，如君者，起自后门，奋迹边徼，其学其行，渟蓄演迤，可以绍关陇之薪传，为儒林之职志。其才可以经世变，匡宙合，不假以年，赍志长暝，岂非天哉。

君生于咸丰乙卯五月二十日，卒于光绪庚子十二月初二日，年仅四十有六。娶于蔡，生三子：德模其长，廪膳生；次即守模；其幼曰祖模。女二，孙女一。昌炽备位史官，区明风烈，式昭士范，又使者之责也。爰为铭曰：

谓天之厄此才兮，亦既离蔬释屩，而策名于当时，胡修途之未骋兮，遽回辔于崦嵫。天水逶迤兮，蜀山崔巍。敢谓远志兮，遂忘当归。箫台之下有亲舍兮，望白云其蔽亏。伐石刊铭兮，以当《白华》之诗。质诸幽窀兮，殆无愧辞。

前吏部右侍郎总理各国事务大臣邵亭汪公墓志铭

圣清统一寰宇第四甲子,同治初元,中兴盛际,冲圣践阼,亲贤在列,辟门开窗,登崇俊良,于时科第得人为盛。吾师汪公即以甲子、乙丑联捷,登春秋闱,列词馆,陟宫坊,启沃讲帷,回翔卿贰。海内仰望风采,如五纬在天,芒寒色正,士流归之如海若。解组十年,优游林壑,饰巾待逝,吉祥考终。其孤子伯春部郎,以昌炽早侍郑门,旧在史馆,饫闻高密之绪言,粗识平津之仕履,具事状来请铭。昌炽虽自知其不文,谊不当辞。于是考家乘、征国故,条举而件系之。

公讳鸣銮,号柳门,原籍安徽休宁县。先世以盐筴起家,商于浙,遂隶钱塘籍,吴门则其寄庐也。曾祖云栋,候选训导,山东候补通判。妣何氏。祖彦棠,山东候补通判,历署武定府海防同知、沂州府沂郯海赣通判。妣潘氏。父继昌,钱邑庠生。妣韩氏。三代皆以公贵,累赠如其官,妣皆封一品太夫人。公兄弟五人,次居长,韩太夫人孕十六月而生,幼有凤慧,七岁即能通小篆。外王父履卿先生,为桂舲尚书之介弟,富于藏弆,宝铁斋中金石图书充牣。韩太夫人携之归,靡不浏览,始有志于晁陈、欧赵之学。与吴窭斋中丞昆季为中表,申之以婚姻,踔厉名场,以文行相砥镞,先后通籍。

公以文字受知两朝,辎车奉使无虚岁,凡视学者四,典试者三,近世词臣无伦比。

初奉视学西陲之命,是时陕甘尚未分闱,学使者例以一瓜期周历两省。河湟乱亟,弦诵未遑,公先以条教下郡邑吏,兴学崇贤,投戈讲艺,陇士彬彬向风矣。以母忧去官,服除授司业。公平生论学宗旨,谓经义非训诂不明,训诂必求诸六书,《说文》其津逮也。又谓小篆生于大篆,成均十碣尚为岐阳遗迹,监视洗拓以飨学子,得者宝藏,逾于百年前旧拓。丙子出典河南试,过召陵公乘故里,遂以郎亭自号,以示宗仰。又援先河之义,疏请以汉儒许慎从祀文庙,士林韪之。己卯补右中允,出为江西乡试正考官,即留视学闱中,迭晋洗马侍讲。一岁之中,六膺策命,帝眷之隆,自此始矣。未几,遭赠公忧,再起补原官,转侍读,三迁而至内阁学士兼礼部侍郎衔,两任山东、广东学政。在粤进工部右侍郎。公所至,访求潜逸,造就寒畯。在山左教士以曲阜孔氏、桂氏、安丘王氏之学,在粤教士以番禺陈氏之学,后生隽民,通经汲古,习为风尚。其报考之疏有云"取士之法,根柢为先,才华为后;教士之方,培养为本,厘剔为末",昌炽窃叹以为知言。承乏陇右,即书师训于座右,拳拳服膺,幸无陨越,公之教也。

公奉使久,登朝日少,然在翰苑即以气节自励。晋、豫奇荒,州县冒赈,公抗疏论劾,章凡数上,下置臣查办如律,赈务始有起色。立朝务持大体,平居超然燕处若无与者,临事騞解烛照,才锋肆应,举而措之裕如也。自岭峤还,转左侍郎兼署刑部右侍郎。在工部六年,与尚书潘文勤公励精共济,利兴弊革,掾属各举其职。今制帅匋斋尚书、闽浙松鹤龄制府,皆在郎潜,为公所识拔者也。庚寅五月,奉命勘吉林之狱,同行者以置臣与巨室交哄,难于左右袒,咸逡巡托疾，朝旨凡三反，七月始与资斋相国敬信共衔命往，往则亭疑核实，举抹兑、包厘、占田诸弊，尽得其状，鞫实以闻，边甿大和。辛卯又出典山东试，朝廷知公可大用。

越三载甲午，遂与相国同日奉旨在总理衙门行走。被命之日，适值东边事棘，辽沈师熸。公讲信修睦，开诚布公，同洲阋墙，而西邻不至扬其波而助其焰者，未始非公表饵之术也。会息兵，议割台、澎以畀敌。公力争，谓海疆重地不可弃，敌师老矣，稍羁縻之可就款，以此中要津之忌。犹未发，调吏部右侍郎。吏部为六官之长，工部班在后，公越次得之，异数也。自登三事，倚畀益隆，虽值日、侍班、勘工、请训，天子见公姓名，辄侧席以待嘉谟入告，先后无虑数十次。同对者舒雁立丹墀，日移晷犹未退，皆相顾动色。公虽守温树之戒，小心翼翼，深自敛抑，而同列之忌滋益深，媒糵之益亟，而公亦不得不奉身以退矣。

当公向用时，潘文勤公与顺德李侍郎同在南斋，高阳李文正公与常熟翁相国同在政府，众正盈廷，推毂人才如恐不及。殿廷都试，网罗海内方闻硕学，置之夹袋，相与左推而右挽之。甲午礼闱门墙，桃李尤盛，是时岩穴之士莫不离蔬释屩而群集于阙下。洎文勤、文正两公薨，公与常熟又相继出国门，谁秉国成，以儒为诟，訿言为政可以无学，驯至讹言兴，异学炽，陵夷至于今日，经籍道熄甚于秦燔之劫，然后知公之去位，系乎国运之安危、人才之消长。天乎？人欤？吁可悲矣。公既归，惜公之去者知与不知，犹冀东山之再起。而公遽以光绪丁未七月初六日丑时薨于鲜溪新第，距生于道光己亥六月朔寅时，年六十九岁。

公两娶于吴，皆封一品夫人。前室吴夫人生女三：一字吴县潘怀谷，未嫁殇；一未字幼殇；一适常熟举人曾樸。继配吴夫人生子一,原成,殇,以弟之子原恂为嗣,即部郎也。孙一,贤立。孙女二。越明年八月二十四日,卜葬于花山之北黄雀墩祖茔。昌炽以文字辱公知,奖誉之不啻口出,易箦之前犹以身后为托。呜呼,哲人往矣,吾将安仰? 执简歉歔,谨为铭曰:

两汉公卿,首崇儒术,各通一经,并至九列。公起词垣,物望突兀。譬如稠林,直木先出。爰历清华,涉参密勿。重译敦煌,皇华幢节。帝鉴其诚,精白纯壹。朝斯夕斯,论思宣室。为国宝臣,为乡大耆。洞霄玉清,领祠吴越。珂里琴尊,舫斋签帙。金石图书,齐于宝铁。公身退矣,在三如一。古之劳臣,江湖魏阙。天池之阴,莲华万笏。堂斧峰如,佳城葱郁。九京来游,尚想风烈。是有道碑,敬告载笔。

江南淮扬海河务兵备道朱先生墓志铭

呜呼,世教沦胥,汤汤方割,官常国纪,荡无法守,世有强立不返之君子出,而搘危定倾,理棼济剧,胜任愉快,吏民交颂,此固不世出之才矣。若有岂弟乐只之君子出,而发蒙倾否,距诐息邪,登崇俊良,修明术艺,百世而下实攸赖之,岂仅三年蓄艾,十年树木已乎?世难未夷,哲人遽陨,旁皇救时之才,恻怆论学之简,盖于吾师竹石先生重有慨焉。

先生姓朱氏,讳之榛,字仲蕃,竹石其号。先世唐制茶院使瑰始居歙。高祖讳履端,本朝乾隆壬戌进士,由翰林改官兵部职方司郎中。本生高祖英,曾祖鸿猷,为悌弟,为孝子,两世至行,艰苦卓绝,积善焘后,卜世滋大,始迁浙,占平湖籍。祖为霖,摄江西赣县事。妣陆氏、蔡氏。父善张,江南淮徐扬海兵备道,以御贼功赠都察院右都御史。妣范氏。先生生妣赵氏。自职方以下皆以总宪公贵,封考妣如例。总宪公四子,先生其仲也,生聪颖有至性,少受业于秀水高先生伯平,读书观大略,不沾沾章句。上元梅伯言,山阳丁俭卿、鲁通甫,皆父执耆宿。世父建卿先生为菽堂侍郎子,精于苍雅、金石之学。先生小冠隅坐,质疑送难,诸先生惊叹以为非常童也。咸丰己未,寇警在郊,总宪公登陴誓守,命长子奉母归,先生泫然请留。诘之,则以童汪锜对。嗟乎,先生忘身为国以死勤事之志，固已定于此矣。

同治丁卯，以荫释褐，补苏州府总捕同知。叙海运劳，保以道员，遇缺题奏，赏二品顶戴。自是先生宦躅垂四十年不出吴下，先后权臬之命至十二下，两摄藩条，一视关庾。刚明廉肃，能勤其官，而尤以管苏沪厘务为最久。自中兴创厘捐以赡军食，东南底定，沿而未革，掊克则商病，侵蚀则国病；上下交征，奸商猾吏因缘为市，则国与民交病。先生整躬率属，精心稽核，清操亮节，吏畏而民怀之。己亥奉檄委清厘田赋，岁增米十五万石，丁银二十一万两，特旨赏头品顶戴，异数也。先生谓此皆敚中饱之橐，以还司农，非累吾民，遑恤劳怨。治赋以此，治厘亦以此。如皋濒江，邑地僻而民健，有讼妇弑夫者，县谳上，先生阅其词锻炼，檄下通州覆讯，得平反。尝谓人命至重，每下车虑囚诉牒，填委亭疑，阅实烛照，鱙解嘎啃，老吏莫敢舞文。曾忠襄公督两江时，条上保甲法，忠襄大惊服，示僚吏曰"此命世才也"。其后张文襄、刘忠诚皆严重先生，不视为属吏。而不逞之徒恶其害己，亦有摭拾流言以上闻者，文襄、忠诚先后疏辨，诏勿问。先生感激驰驱，益自濯厉。庚子海警，列城戒严，县囚谋脱械叛，内外钩结，旦夕蠢动。未发而先生知有变，亟白抚军，出情实者于市骈诛之，事大定。是役也，人谓操刀立断，间不容发，而不知先生不大声色，哀矜详慎，未尝妄戮一人也。政有兴革，事有缓急，大府筹策，未尝不造先生咨访，而先生雅不欲以吏才自见。论治务在正人心，培元气，慨国论之昌披，悼圣文之堙郁。会长沙中丞喟然兴学，谋于先生，仿湖北之制，建存古学堂以教士。先生手定条教，江南北高材生赢粮景从，彬彬邹鲁矣。客冬部视学莅苏，考校殿最，列上弟一。周览横舍，咨嗟称叹，太息而去，而先生已不及见矣。

先生中年以后即患目眚,安于义命。壮年服官,皓首始补淮扬海道,闻命慨然曰:"此先人旧治也,邦之父老犹有存者,庸敢弗勉。"未赴淮。以宣统元年己酉三月十四日卒于苏州官舍,距生于道光庚子,年七十。原配干,继配沈,皆封一品夫人。先生以干夫人未有子,抚兄子景行为嗣,先卒。其后崔淑人生子景迈,先生喜甚,字之曰象甫,志象贤也。女五。孙运启、运扬,景行出;运鹏、运守,景迈出,早殇。曾孙家玉、家德。

象甫奉灵榇将归葬于新阡,来谒铭。昌炽受知在举子时,顾自家居以至通籍,未尝一谒门墙。陇首奉使归,辱先生下交,始以士相见礼谒先生于讲堂,考德问业,未逾两稔,遽执简而铭先生之墓,能不悲夫。先生敦尚道义,笃于事亲、孝友、睦媚、任恤之谊,不可备书,谨论列其吁谟硕画,关于民生国计与夫绍先圣开来学、正谊明道之风烈,援据事状排缵书之。自先生捐馆,长沙、南皮两公先后薨逝。天不愁遗,镌砥柱而去之。抚衡流之方羊,惧斯文之安托,欷歔揽涕而为铭曰:

沧浪之清兮,水可濯缨。广厦峥嵘兮,巾卷在庭。前有乐圃,后有考亭。清献学统,乡邦典型。夫岂仅精强慈惠如唐之刘晏、阳城。美哉堂斧,公灵式凭。瞻松槚之郁郁,尚高山兮景行。精庐来学,其视此铭。

三品衔军机处行走户部湖广司郎中
王君蒿隐墓志铭

古人称昆弟之交,《范史》所书,前有雷、陈,后有廉、庆,若昌炽之于王君蒿隐,岂惟昆弟也哉。昌炽幼而食贫,与吾弟俯仰事畜,未尝一日共研削。吾弟不幸早殁,昌炽佣书京邸,闻病遄归,已不及视含敛。鸰原之痛,至今引为深疢。而蒿隐则自束发订交,稍长同学,同举于乡。冯林一先生修《郡志》,同侍郑乡者三载。又两至海虞瞿氏同勘书目,江乡百里,扁舟于役,出入未尝不偕也。庚辰君先达,又十年昌炽始释褐,追随词馆为后进,而君已改农部值枢垣。长安居不易,道义之相勖,忧患之相恤,风雨过存,兄弟无如也。君之殁也,其家以海警南下,惟留次子季同,召昌炽同在侧。属纩之日,枕其股而哭之。岁月不居,两周星纪,君之墓草载陈,而昌炽亦将七十老矣。桑海无徒,屏居削迹,欲得如君者共数晨夕,焉可得哉。

君讳颂蔚,号蒂卿,又别号蒿隐。其初名叔炳,江苏苏州府长洲县人。先世宋时自汴南渡,居郡之洞庭东山,至明文恪公鏊,族始大,迁郡城,君其十三世孙也。曾祖仲淇,祖朝华,父仁荣,世有声于横舍,皆以君官累封资政大夫,妣皆封夫人。君生有至性,岐嶷善读。赭寇之难,乡居避地,遭赠公丧,伯兄继殂,桴鼓在郊,绞衾在室,君年才十三岁。倚庐复壁,卒奉继祖母邹太夫人间关出险,人知非常童矣。寇平返故里,受知于合肥蒯子范先生,以县试第一补长洲县学生,丙子举于乡。庚辰成进士,由庶常散馆改户部,传补军机章京。壬辰试御史,衰然举首,君乐以言职自效,而枢臣以熟手奏留,非其志也。君所至事贤友仁,与海门周彦升明经共学最早。里门耆宿如潘咢侯、朱怡云,事之在师友之间。其馀文字交如袁瑰禹、管申季,同朝如李莼客、朱蓉生、沈子培、黄仲弢、梁星澥、安孝峰,皆当世闳伟君子,交重君无异词,而与桐庐袁忠节公过从尤密,申之以婚姻。禁廷退直,江亭龙树,迭为主宾,明镫张席,笑言晏晏然。第考德问业务,为实事求是之学,而不以标榜声气。时朝廷以国步日蹙,锐意图强,游谈之士倡为新周故宋之说,君视之蔑如也。及君殁,而邪说披昌,驯至非圣无法,沦胥不返,遂构陆沉之祸。《易》曰"履霜坚冰,至然后知",君之所虑远也。

君敦尚气节,吴县潘文勤师本葭莩戚,常熟翁文恭公则庚辰座主也,君非论学不轻造。殿廷考试,师门未尝通私谒,尝曰:"得失事小,廉耻事大,诡遇求进,吾不为也。"文勤龙门高峻,莫敢梯接,顾独雅重君。奉讳归里,昌炽函丈侍侧,辄曰:"吾家居读礼,度门却扫,蒿隐云何。"或得君书,则曰:"蒿隐规我矣。"其见严惮如此。治家啬于自奉,尝训诸子古人俭以养廉之说,其义最精,今之墨吏非必其天性无耻也,簠簋不饬,由于非盗泉之水,不足以自润也。充工程监督差,厂商苞苴,美其名曰节省银两。君毅然却之曰:"昔陈稽亭先生印给公项尚不受,况实为厂商之赇乎?"既入词馆,志在论思广内,著作承明。又谓京曹官惟居言路,衮职有阙,尚可抒其忠谠,吾浮湛郎署,于国无补,于学有损,不如归也。浩然有东皋之思。未几而中日衅起,耶山之役,王师失律,海东藩服,沦于戎索,君私忧窃叹，益郁郁不自得，竟于乙未七月朔染疫病不起，其可悲也。

所著《写礼庼诗集》、《文集》《读碑记》《古书经眼录》各一卷。尝以昭代朴学超越宋明，六经皆有义疏，《周礼》为历朝典章制度所由出，独无专书，尝诣昌炽商榷义类，发凡起例，先为长编，簿书填委，未遑辍简。在方略馆见殿板初印《明史》，上粘黄签，审为乾隆朝敕校未葳之本，君于故纸堆中拂拭而出之，删其芜冗，撮其精要，成《考证撷逸》四十二卷。君才力绝人，博闻强记，王伯申、钱晓征之流亚。天假之年，名山之业岂胜最录，而礼堂写定之本止此。君病且棘，犹执昌炽手曰"豹死留皮"，目炯炯视。呜呼，其尤可悲也。殁后三年，葬于吴县五都五图万青圩万乐山麓之栲栳弯。配谢夫人，生子五：长季烈，次即季同，次季鉴殇，次季点、季绪，皆宦学有闻。孙十二，存者守兑、守则、守炽、守竞、守泰、守鼎、守耻、守中。竞、耻随季同出，后于同族。季烈中光绪甲辰进士，分刑部，调学部。辛亥国变，拂衣出国门，耕海滨以自晦，君有子矣。客岁归，既梓君遗稿，又衷述事状，请追铭其墓，爰为之词曰：

癸甲之际火始然，积薪不徙遂燎原。哲人见幾非不先，辨奸抗论如老泉。惜哉听者规为瑱，履霜阴凝冰渐坚。不周山倾砥柱镌，君行掉头逾廿年。劫火不侵龙汉前，贞元朝士灵辀旋。栲栳之湾万乐阡，紫逻青嶂视玉延。抱琴欲弹还辍弦，吁嗟逝者如逝川。

太保东阁大学士赠太傅陆文端公墓志铭

同治之初，削平大憝，朝著清明，海宇康晏，士大夫如朝阳初升，洧槃晞发，莫不以气节、文章相镞砺。数十年来，考言观行，奏牍烂然，声施销歇，而卒之为庙社所式凭，宫府所寄托。天之方懠，屹然临大节而不可夺者，不在血气之勇，而在行有踪迹之士。《羔羊》之诗曰"自公退食，委蛇委蛇"，郑笺谓大臣有羔羊之节，"委蛇，委曲自得之貌"。此其时在周家忠厚，尊事黄耇之日，而其人则闳颠、史佚之俦也。元和陆公，当民劳板荡之时，而扶颠持危，巍然为一代宗臣之殿，则其事更难，而其心为益苦矣。

公以道光辛丑五月生于润州学舍，学有宋乾道二年《熊克凤石图赞》，故讳曰润庠，而以凤石为字，皆其祖方山先生所肇锡也。公天资高朗，茗发颖竖，四岁而辨四声，十岁九经皆卒业。同治癸酉以优贡知县举顺天乡试，甲戌联捷成进士，胪传第一，授修撰。先是，公祖侍讲公讳肯堂，康熙乙丑会、状联元，阅七世而绳其祖武。顾侍讲公未跻显仕，而公以词林登拜，蔚为帝师，世德作求，滋共益大。光绪八年二月，奉命直南斋。九年补左春坊左赞善，擢右中允，转司经局洗马，充日讲起居注官，递补翰林院侍讲、侍读。出视山东学政，丁本生父艰，服阕以原官擢右庶子，遂长成均。国学自宗室伯羲祭酒开精舍以养士，边隅英俊偕计车而来者，观光上国，弦诵相闻。公承其后，萧规曹随，壹以通今学古为教，南学得人为盛。时朝廷以畺圉日蹙，变法图强，公谓旧章未可骤更，新法宜防流弊。既蒿目时艰，又以太夫人年高，遂疏请终养归，奉讳三年而后出。公两遭降服忧皆如此，尝曰："期而禫，国家之制也，人子终天之恨庸有穷乎。"既免丧回京，补原官，逾年升内阁学士兼礼部侍郎衔，历署工部左、右侍郎。

　　公自通籍回翔坊局，循资平进，未尝以觥觥岳岳著闻。而其受两宫不次之知，延登授策，则在銮舆西狩、天步艰危之日。当是时，强邻责言，兵蹢畿甸，昌炽方守藏柱下，夜诣公筹进止，公毅然曰："君父方越在草莽，非臣子图全之日也。"翊旦驱车出国门，间关三千里，达行在，麻鞋诣阙，即疏陈救时十策，大旨在练兵、理财、取士、察吏，而其要归于祛繁文而核名实，抑新说而慎更张。嘉言谠议，纳约自牖，公之纯忠正学见于此矣。行朝草创，百官星散，扈跸而西，惟师武臣是赖。而求瘼采风、山川能说，非有文学侍从之臣，无以宣上德而通下情。公直南斋久，谙晓掌故，岳渎升禋，畺圻锡赉，代言应制，运笔如飞，往往朝受命夕进御，炉烟、宫漏如治朝时。朝廷鉴公忠勤，始知公可大受，而惜用公之已迟也。是年在陕，即升礼部右侍郎，充经筵讲官。辛丑九月，擢掌西台，奉命告祭中岳。登嵩高谒启母庙，拓汉三阙以归。回銮授工部尚书兼管顺天府事，逾年进吏部。

　　天笃降丧，国有大恤，德宗景皇帝、孝钦显皇后龙驭先后上宾，时南皮张文襄公在枢府，公在内廷，同心协赞，镇绥中外，冲主嗣服，裘杆晏然。今上枚卜，环顾廷臣，耆德、旧学无如公者，遂以吏部尚书协办大学士充翰林院掌院学士。既正揆席，由体仁阁大学士转东阁，充弼德院院长。皇上典学之初，奉旨在毓庆宫授读，与闽县陈伯璿侍郎并命讲帷启沃,惟以法圣崇王,遵养时晦,端基命之学。公休休有容,盈廷集议,不见崖岸。而大经大法,心所不可,亦未尝翕訿附和。江淮分省之议,公与同乡抗章力言其不便,下置臣议,事得寝。德宗升祔,礼官拘父子继世之恒,谓兄弟宜同昭穆,公援朱子祖庙议,请祀穆宗毅皇帝昭位,德宗景皇帝穆位,皆第五室,亦卒如公议。其馀如学说之邪正、币制之轻重,防微杜渐,洞若观火。而请停办新政一疏,灸病得穴,凿凿乎救时之要言,而医国之良剂也。惜其时海内土崩,虽有善者,亦无如天命人心何矣。三事大夫,昔之参化源而提政柄者,相率褰裳以去,而公循墙伛偻,朝夕论思,如平日王室之事,苦衷调护,宫府亦倚以为强。访予落止,有馀□焉。

公甫登第,即充湖南乡试副考官,典试关中者一、江右者一,分校会房者三。光绪壬寅顺天乡试,充副考官,明年充会试副总裁。自登卿贰,殿廷阅卷无役不从,以扈跸功赏穿黄马褂,赐紫禁城骑马。今上御极,赏穿戴媵貂褂。以《德宗景皇帝实录》稿本告成,授太保。又以题神主礼成,赏戴双眼花翎,晋太傅衔。遗疏闻,赠太傅,谥文端。公子宗振护公丧归,葬于吴兴骑龙山之祖茔。昌炽侍公最久,公十年以长。其始,同在正谊书院事校邠冯先生,文字劘切,公为都讲。暨公登第,昌炽亦以公车蹭蹬,往来辇下,游光扬声,得公之提汲为多。度陇之日,临歧赠策,昌炽奉以周旋,幸无陨越。迨报政归,里居不出,犹以手书相敦促。去年见公于海上,神观步履,矍铄如昔,夏之臣靡、商之甘盘,谓公庶几,而不意公骑箕之速也。公文章典雅,学者传诵,而不以学问名;三真六草,为天下宝,而不以书翰名。疾风劲草,晚节弥坚,而平居雅故往还,安详和易,未尝有訑訑之声音、岩岩之气象。人谓公自章逢登台衮,笑谈咳唾，数十年如一日，昌炽以躬所阅历者为征，而其言益信。

公为唐忠宣公三十六世孙，先世自吴兴双林镇迁于吴。侍讲公生赐书，康熙丙戌进士，历官川东兵备道按察使副使，历署甘肃、四川布政使。生山西应州知州，讳元鼎。应州公生企曾，早卒。妣韩氏，长洲文懿公之女孙也，苦节抚景曾子为后，讳文，公之曾祖也。祖讳嵩，镇江府学训导，即所谓方山先生也。父绍修。本生父懋修，恩贡生，候选直隶州州判。三世皆以公贵，追赠如公官。曾祖妣氏周，祖、父两世妣皆王氏，封一品夫人。配云间吴氏，世为仕族。子二：长家振，吴夫人出，有隽才，早逝。昌炽亦适有丧子之痛，执手相吊，未尝不流涕也。次宗振，庶出，实来征文。昌炽辱公久要，纳圹之石，息壤在彼，不敢以荒耄辞，决澜载笔，系以铭曰：

君子贵玉，为其廉而不刿，气如白虹，而其质则缜密以栗，温润而泽也。峄阳之桐，亭亭孤立，而其声则和平清越，而中琴瑟也。王臣蹇蹇，匪躬之节。委佩垂绅，不大声色。栋桡公揭，舟枻公塞。周辙虽迁，王纲未熄。郏鄏之鼎，犹逮公歾。邵村之原，其川有雪。松楸在兹，河山如昔。是犹膴膴之周原，翼翼之商邑。旧史刻辞，过者是式。

武进费氏墓阙铭

　　光绪二十有五年，岁在己亥，仲春之月，武进费屺怀同年为其先人幼亭先生卜葬于虞山桃源涧，伐石树阙。长洲叶昌炽为铭曰：

　　梁相仲虑，因妣为姓。播勋于前，孝友至行。九江太守，故鄣令君。银艾相亚，高纵令闻。福流后昆，笃生申甫。在公履法，绳其祖武。范滂揽辔，终军弃缥。杖策遐征，誓清海隅。今之怀来，昔之堂邑。著声三辅，仕更右职。皇舆西狩，强邻渝盟。肉食者鄙，乃遣郦生。飞书刺闺，赤嫖犯阙。一言安危，驷不及舌。公之胆略，折冲敦槃。诚孚回纥，气慑呼韩。露刃不惊，举觞尽醨。穹庐重译，从容谈笑。渠渠夏屋，一木所支。百川东下，一篑障之。树声之来，受知不次。分巡河渠，表率津卫。浩然出昼，色斯高翔。白云亲舍，悠悠故乡。诛茅新宅，种桃旧坞。伯通皋桥，赁舂有庑。膏壤千顷，广厦万间。澄江精舍，倾城诵弦。为国扞城，为乡祭酒。超然荣观，以昌厥后。里接交让，堂邻耦耕。若坊若斧，郁为佳城。汉有高颐，泊王稚子。伐石颂德，吏民所纪。后有石勋，公无愧词。千秋华表，鹤归来兮。

会稽王孝子祠堂碑记 代

　　余在都时，会稽李愸伯农部为言其乡王孝子湛身事甚烈。及读其《誓神疏》，未尝不愀然动容也，窃叹如孝子者，亟宜旌异之，以厉末俗。未几，楼给谏誉普请于朝，得旌如例。比余奉讳里居，孝子仲兄子献孝廉，介余弟祖颐书来，言曰："宁波之月湖，孝子归真地也，今太守宗君源瀚为建祠其侧，以风其部民，未有丽牲之文，敢以请。"余维古志节之士若彭咸、鲍焦、申徒狄，遭世屯邅，至于蹈海以死，奇矣。然推其意，不过愤世惛俗以自鸣其婞节，非有所甚不得已也。三闾大夫之忠，而《怀沙》诸篇痛皇舆之倾覆，扬厥凭而不俟，亦不无怼词焉。然则自殉一耳，孰有如孝子之死为得其所哉。英灵之气可以感天地，泣鬼神，千载而上，唯曹盱之女庶几近之。吾不意于越一隅，而卓荦奇伟之人乃相先后而不绝也。孝子之殁也，自题七字于湖亭之柱曰"漱六道人归真处"。又为书两通，一贻友某，一贻季弟子簠。太守并《誓神疏》镌于石，又刊其遗书，立碑述其事，凡所以表襮之者殆无不至。虽然，此岂孝子意哉。夫其言曰："尘世名利，固非本怀；身后毁誉，在所不计。"则孝子无待白于后人之心，可以共谅。吾恐孝子名愈甚，孝子之心滋益伤。是举也，发微而阐幽，贤有司固宜然，而于孝子要何所加损也哉。孝子名继谷，字子诒，绍兴府学附生。父英澜，鄞学教谕。随之官，父

殁,母继病,孝子誓以身代,遂于光绪六年四月初五日入月湖以去。爰为迎神之辞,俾湖滨之民歌以侑之。其词曰:

素车兮白马,神之降兮翩然而来下。荐明州之瑶月兮,折琼枝兮盈把。昔戢山之弟子兮,开证人之讲社。流风忽其阒寂兮,庶有待于来者。立懦而顽廉兮,微斯人其谁与归也。斯人亦非甬产兮,乃化行于其野。岂惟甬之人所宜矜式兮,凡为子者皆在冶。迎神。

神之去兮何乡,稽山亭岩兮唯梓与桑。双桐森其百尺兮,古婺州之库。埙篪之迭唱兮,相与揄襫而赛裳。是皆神之所相羊兮,宜惓惓而不忘。吾谓魂魄犹乐此兮,昔骑鲸之所翔。湖波兮湛湛,湖烟兮苍苍。季真之祠宇兮,景邱船场。夐武千古兮,山高而水长。送神。

重建资敬义庄碑记

吾郡之有义庄,自宋范文正公始,继之者明申文定、陈文庄。文定之绪至于今未坠,而陈忽诸,岂二公之贻谋有善有不善哉。莫为之后,虽有良法美意,亦等于弁髦而已矣。夫惟前人作之,后人述之,子子孙孙勿替引之,则君子之泽岂仅五世而已哉,虽十世可也。推而至于千百世,亦无不可也。

程氏系出新安之篁墩,一徙于菰溪,再徙于苏州。旧有义庄在胥门外日晖桥,国朝道光中,观察春林公之所经始,而其二子根义、桢义落成之,有赡族田千亩有奇,祭田亦如之。董琴涵太守为之记。越十五年,粤寇陷省垣,庄为墟。今承平二十馀年矣,桢义有才子曰基裕,出为根义后,能承二父之志,而惟恐陨其箕裘也。于是召其族之人谋曰:“我先人所置之田,册籍无恙也,即一切敬宗收族之规亦莫敢陨越也。然无会集之地,则曷以谨出纳,曷以妥馨香,岁时又何以合昭穆而饮焉。若作室家,我祖垣墉之,我父涂茨之,不幸而遇风雨之漂摇,绸缪补葺,非小子之责,谁之责哉。惟是旧地在胥江之滨,南与匠门塘接。其地烟户寂寥,闾阎间隔,典守之难其人也,出入骏奔之不时至也,皆不可以不虑。基裕有地一区,在护龙街砂皮巷当城之中,先人之所遗也。愿体先人之意,建庄于此。”众佥曰“可哉”。于是诹吉鸠工,其前为堂,堂东西序为夹

室,以次及宗祠、节孝祠,齐宿阅牲,以逮庖湢,莫不有所。工既葳,程君之族父亘之明经造予门,属为文镵诸石。余作而言曰:

文正义田,所以济宗法之穷也。三代以后,宗法一日不复,即义田一日不可废。世衰俗薄,有视期功之亲如秦越者矣,若程氏者,可不谓贤乎哉。不仅此也,宋程正叔之学出于胡安定,而安定之人太学也,文正公实举之。其后忠宣兄弟与正叔同朝,为宋名臣,然则正叔之心,文正之心也。程氏此举无愧于文正,即无愧于其先正叔,可不谓贤乎哉。文正初置田不过千亩,岁收八百馀斛。其后忠宣增之,至参议允临又增之。降及国朝雍正七年,大同知府瑶复置田一千亩,盖历千有馀年,而继起者且相先后不绝。语曰"积善之家,必有馀庆",程氏之先既为文正、为忠宣,吾知自今以后必有为参议、大同者,出遗泽之长,且未有艾。明经笃于行谊,尝继其父立三先生纂修支谱,是役也,亦其襄助之力为多。昌炽童时即请益于明经,兹承共命不敢辞,因记其缘起,以告程氏后之人,俾有所劝焉。光绪戊子六月。

太原王氏祠堂碑记

先舅氏有女嫔于王，驾六姻丈之子也，故于寒家为尊属，而其弟立勋又先为余婿，"婚姻孔云"，"钦闻堂构"。其先居陈墓镇，世有潜德。至其祖秋恬先生而族始大，迁于城。咸同之际，群盗如毛，曾文正公治师江表，先生以一布衣杖策渡江，谒公于军次。金陵合围，军食浩穰，文正与忠襄手书商榷，命先生运章贡之米以给军，飞刍挽粟，转般不绝，文正称叹，以为奇士。及金陵下，东南底定，善后百废待举，而鹾纲尤为刬敝，先生曰"民不可以淡食也"。手定章程如干条，上诸当事，利兴弊革，劫后之复淮盐，盖自先生始。又以焚荡之馀，公私扫地，仿《周官》质剂之法，平其息以贷民，民之铄釜待炊者得免豪强倍称之息。良法美意，苏、太穷黎至今赖之。

先生既殁，有三贤子：长平之君，讳治；次沆，字润之；次沂，字佑之。善继善述，承先生之志，营家庙于城东传芳巷。置田赡族，壹秉高平范氏旧规，世德作求，至于今三世，而先生之绪益昌。驾六丈为润之君之子，出后于伯父。佑之君一子，即立勋，兄弟同为其先人建祠，自祖逮父，岁时合食。

丙辰秋，功既毕，歌《斯干》之诗而落成焉，谒文为记。昌炽作而叹曰：是岂惟王氏一家之麻哉？《礼》云"法施于民，则祀"，"能御大灾、捍大患，则祀"，庚申赭祸，其为灾患也大矣，孑遗之民言旋言归,复我邦族,休养生息,迄于今五十载,亦既习而忘之矣。曾亦思涉波涛,冒锋镝,转江上之饷,而士马得以饱腾者,繄何人欤?通有无,济缓急,助县官之不足,而小民无挤于沟壑者,又谁之赐欤?帷幄之士,管库之吏,专阃兼圻之将帅,生膺楙赏,殁而报功之祠遍天下,而先生口不言功,翛然若无与于事者。于以知中兴之绩,众功者事,幕府之功状不胜上,而朝廷之玺书亦不胜褒也。矧自桑海贸更,井邑迁改,山川坛壝,夷于弁髦,泮(璧)〔辟〕鼓钟,鞠为茂草。游子产之校而欲杀,过商容之闾而不式。召伯之芰舍,朱邑之桐乡,或且歌侏离之乐,舞刑天之戚,以祀非族。祭法亡,而天理民彝几乎熄矣。王氏昆仲,独能于海滨避地,流离琐尾之馀,夙夜明发,永怀先德,骏奔走而妥笾豆,其可谓知所本矣。孝子慈孙,闻风兴起,庶几浇薄之俗革而岂弟仁让之心油然而生。是举也,亦岂第王氏一家之庥哉?虽然,先民有言"询于刍荛",不有闵马父之说乎?世之乱也,由于大人之不说学古者。宫室之制,家有庙,闾有塾。庙以享祖宗,塾以教子弟。宋初承五季之乱,天下无复学校,曹诚首先市书买田,延楚邱戚先生同文为学者师,濂、洛、关、闽之学所由蔚起也。江州陈氏、麟溪郑氏,累世同居,百日雍睦,亦皆于行苇合族之馀,开横舍以资弦诵。余尝见宋椠《国语》,有"虞山孙氏慈封堂丙舍图书记"。阳湖孙伯渊先生归田后,营家庙于虎邱,而庋群籍其中,今所传《孙氏祠堂书目》是也,诚能师其意。筑室聚书,自六经三传以逮百家之言,州次部居,日积月累,几筵樏桷之间,琅函缥帙,与球锽相晖映。先灵陟降,有不顾而乐之者乎。王氏子孙,岁时伏腊,登斯堂也,聪听祖考之彝训,服膺圣贤之绪论,口诵手摩,耳濡目染,束身轨物,无蹈匪彝。君子之泽,虽百世而犹未艾也。是为记。丙辰秋七月。

国史循吏宗源瀚传

宗源瀚,江苏上元人。由监生援筹饷例捐同知,累佐戎幕,洊保知府俟补缺,后以道员用,并赏戴花翎。漕运总督乔松年调补安徽巡抚,江宁将军富明阿治军江北,交章奏辟,皆不赴。同治四年,分发浙江候补。六年七月代办杭州府知府,七年八月委署衢州府知府。衢州文庙自宋靖康以后,圣裔南迁,秩祀跻于阙里。其后置五经博士,旧有祭田失其籍,源瀚拨闲田补之,并重修宋臣赵抃祠,祀典赖以不坠。九年六月,调署湖州府知府。湖郡蚕桑之利甲天下,新丝上市,商民云集,奸宄龙断牟利。郡城滨临太湖,为私枭出没之区,棚民错处,主客互哄,号难治。源瀚清查保甲,雇募巡船会营,水陆严缉,有犯必惩。严禁溺女、火葬诸恶习,推广育婴、恤嫠诸善举,弊革利兴,纲纪肃然。会奉旨补授严州府知府,十二年三月调署嘉兴府知府,十一月回严州任。在嘉兴仅八阅月,治绩烂然,不以传舍视其官。

平湖有儒臣陆陇其祠,后裔讼田,逾年不得直。源瀚为履勘经界,持平判断,讼始平。严州虽据浙上游,地瘠民贫,土著稀少,温、台客民以伐薪造纸,垦土受顾,粮莠蜂午,白昼攻剽,闾阎一昔数惊。源瀚廉得主名,召其渠喻以利害,皆受约束,愿解散,一日而归其乡者数千人。郡城处万山中,俯瞰新安江,春夏潜蛟起蛰,飞泉百道奔壑,城库坏不浸者三版。源瀚颁陈宏谋《伐蛟说》于四乡,悬赏购掘,蛟患以息。城外故有东西湖以资蓄泄,中为城河,自西湖湮而城河亦随塞,田益恶,山泽之气不通,水旱疫疠于焉大作。源瀚发卒穿渠,广袤凡百数十亩,溉田无算。又于其间务蚕桑,缮楼橹、社仓、义塾,百废具举。又以郡之得名本于汉严子陵,建子陵祠以崇报飨,与七里泷钓台并峙。先后在任五年,威惠著闻。

光绪三年大计,荐举卓异。正月再署湖州府知府,七月调补宁波府知府,四年正月到任。五年十二月以劝办山西赈捐,奉旨赏加三品衔。七年闰七月,又以直隶赈案奏保候补道员,后加二品衔。在任六年,两次考绩皆课最。宁郡负山傅海,五洲互市,豪猾窟穴把持,滋为奸利。自源瀚至,皆闻风敛迹。首创辨志精舍,分六斋课士,曰汉学,曰宋学,曰史学兼掌故,曰舆地,曰天文算学,曰词章,延方闻之士课之。由是诸生争自濯磨,始知讲求经世之学。劝谕城乡绅士建立社仓,积谷逾十万石。九年秋,沿海风灾,慈溪、镇海两县,沙田、场灶荡析无遗,源瀚一面劝捐筹款,一面拨动仓谷,核实散放,邻境饿殍载道,而慈、镇两县之民无一失所。其兴修水利,一如在严州时。开浚城河,制石楗三百馀以纳畚秽。工竣,复胪列病河七事,勒石永禁。又以镇海为浙洋门户,屡上条议,创设火药、水雷、军装诸局,并参酌美利坚《防海新论》,创海口沉船钉桩之议,风涛汹涌之中,扁舟相度,不辞劳瘁。又以防营废弛,创议化兵为勇,简练军实,以湘、淮营制部勒之,辟垒严整,一矫羸惰之习。法越之役,法船至口外游弋,知有备,不敢犯。会丁父忧,浙江巡抚刘秉璋以海防吃紧,该员办有条理,绅民爱戴,奏请留任,奉旨俞允。法人旋受款。源瀚禀请开缺回籍终制,十四年十一月服阕到省。十五年正月赴部引见,蒙召见一次。十一月回省,以道员候补。十八年四月,委署杭嘉湖道。

二十年十一月,委署温处道,甫下车,即整顿海防。温防饷械,旧由甬上转输,源瀚虑海道为梗,遂设局自制药弹。又以防勇散处沿海,无复纪律,筑营挖濠,以时训练。郡与台州接壤,匪徒出没,以永嘉之楠溪为窟宅,掳人勒赎,纵横无忌。源瀚添募亲军,广授将弁方略,巨匪王长人、张道地等皆以次就擒。徐定鳌者,教民也,族居枫林,强夺宗人,宇民聚而哄。源瀚擒治之,领事数请不应,腾危言挟制万端,源瀚不为动,卒申其法而后已。然于平阳焚堂之案及松阳教案,曲在民者,立即驰往解散,责成地方官实力保护,故中外无闲言。温土产以植茶为大宗,填崖弥谷,岁输海内外巨万。前此征敛急,商民交困,源瀚详访利病,蠲其烦苛之税。处州木捐、温州货捐,皆为承造金州战船而设,源瀚曰:"船厂停罢久矣,犹可以此厉民邪?"尽革除之。

二十三年七月卒,浙江巡抚刘树堂与闽浙总督许应骙合疏,奏称"前署温处道宗源瀚服官,所至以兴利除弊为己任,清厘庶狱,省释滞囚,裁革陋规,体恤商贾,整躬率属,吏畏民怀","兹据大挑教职陈寿宽等,以该故员历任遗爱在人,未任听其湮没。合无仰恳天恩,俯准将已故前浙江候补道署温处道宗源瀚生平政绩,宣付国史馆立传,以彰循绩而风有位"。奉旨"著照所请。钦此"。

程卧云家传

君姓程氏,讳廷桓,字卧云。其先自歙迁于吴,代有长德,至君之从兄庭桂,以名进士副台纲,族益大。君之曾祖瑚,祖元台,皆以庭桂官赠资政大夫都察院左副都御史,父澜亦貤封通奉大夫通政使司通政使加一级。君生而岐嶷善读,既长,就试,屡不得志于有司,遂弃举子业,治家人产。程氏本素封,君又精积著之理,务完物,无息币,家益赆。君用财务持大体,平居自奉菲恶,而州里役要、军国储峙,敝屣千金无吝色。当军兴时,苏常戒严,副宪公适在籍,奉命视团练,引君为助。是时需饷急,君念古人毁家纾难之义,捐资甚巨。洎会垣陷,避地至沪上,虽流离琐尾中,凡有供亿靡不与,先后计输银逾万。性尤好施,道光戊申、己酉间,吴中饥,流亡遍邑里,君助当事设局留养。光绪庚辰,北直水灾,君曰:“是虽非吾邑甿,朝廷视之皆赤子也,吾何忍畛域为?”遂请于前中丞谭公,捐银一万两。合肥相国为专折奏奖,君雅不欲得官,遂以予其诸子及两孙云。

程之先旧有资敬义庄以恤族之贫者,通奉公常患族大,异日蕃衍,岁入且不给,思有以扩充之,而赍志未逮也。君于是别建一庄,曰成训,凡置田二千四百馀亩。先是,资敬庄毁于兵,族人谋重建,君复出资助其役。又建二程子祠,以祀宋明道、伊川两先生。光绪壬午,成训庄落成,君奉先世主入祠告成功。其年六月二十四日遘疾,遽不起。卒之日,神明湛然,处分家事如平时。距生于嘉庆乙丑正月十六日,年七十八。以子官累封通奉大夫加四级,妻汪氏封恭人。侧室徐氏。子七人:长熙恩,吴县学附贡生,候选郎中;次、三殇;四炳忠,同知衔;五炳仁,知府衔候选同知;六炳熹、七炳惠,皆同知衔。女八人,殇其一。陆廷魁、陈礼璇、施宗良、杨学濂、冯绍塈、潘敦先、潘诵锟,其婿也。孙四人:增祥,知府衔;增瑞,花翎同知衔;增沅、增锟。曾孙一人,钟缙。

　　赞曰:《周礼》"以保息六养万民",振穷恤贫,继以安富。何则?盖有富民,而后保受葬救赒宾之政可得而行也。自世风不古,贫富不相恤,于是程郑、刁闲之属,为世诟病。如君之慷慨好施与,庶几一息此言也。呜呼,非所称君子富好行其德者耶?又非所称人富而仁义附者耶?

翁亦泉家传

君姓翁氏,讳荣义,字挹泉,苏州府震泽县平望镇人。曾祖孝思,祖焕章,父维鋆。君幼即出为伯父□□后,五岁遭嗣父丧,哀毁如成人。家贫甚,年十三赴郡城学贾,艰苦历二十年,家稍裕,遂卜居郡城。庚申之难,君奉母仅免。事平,经营族葬,先后埋百馀棺。建家祠,置祭田,立义庄,又出馀赀瞻戚党之不足,设助终会以备寒士遭丧之用,盖君生平务本好善类如此。初娶于孙,当寇至时,避地常熟,与其三子绶瑀、绶璜、绶琚皆殉,君尝绘《虞山感旧图》以志痛者也。继娶周氏、姚氏、蒋氏。周氏子一,曰绶琪;蒋氏二子,曰绶珩、绶琛。绶琪读书入邑庠,从予游,以行略来乞余作传。案史家例,常事不书,若为人作家传,安所得非常卓绝之行而书之。今用欧阳公志连处士、归熙甫志归府君法,叙次君事,俾列之家乘。君生于道光□年□月□日,殁于光绪□年□月□日,年六十。□□尝援例得□□衔,三代皆封赠如例。

论曰:平望翁氏本士族,海琛先生续学媚古,收藏金石甚富。君擩染其流风馀韵,以是虽行贾而好与文士交。绶琪尤恂恂儒者,不忘先世艰难之业,志在显亲扬名。吾益信善人之必有后,而叹翁氏之兴为未有艾也,君亦可无憾于九原矣。

蒋稚芗传 代

君讳德澄，字凤蔼，号稚芗，郡之元和人。吾郡娄关蒋氏，自明参议灿始显，累传至国朝彰德知府希宗，君之高祖也。曾祖玉生。祖葵阳，岁贡生，候选训导。训导君生二子寿祺、寿朋，君为寿祺次子，年十一仲父殁，以祖命出为后。君生有至性，先遭本生母吴忧，嗣父母继殁，皆擗踊尽礼。既长，敬蹈检括，和而有守。尝服膺元儒许鲁斋之言，读书不废治生。年二十七补县学生，明年即奉祖讳。寿祺公居倚庐，闻君丧事咸办，则曰"吾有子矣"，壹以家政畀君。迄君之身，逾四十年，食指数十，嫁娶殡敛无虚岁。君酌盈剂虚，虽中人产而布置常裕如。咸丰己未，寿祺公殁，时赭寇东下，烽火亘江南北，君策苏郡必不守，与其季德浚日夜负土山中营窀穸，未期年而省垣果陷，人皆服君有先识云。事平归里，谢举子业，晚年惟以莳花种竹自娱。性好施，而务持大体，设助终会，士有贫不能敛者密告，君以一纸入市，绞衾之属咸具，而人不知。又谓嫠者生民之至艰，荼毒之极哀，凡学官弟子殁，而妇在室，则月资之，又推及其母与孤。其章程周密，皆君所手定。晋豫奇灾，吴人士为泛舟之役，君募有田之家亩若干钱，得资无算。当是时，吴中义赈诸君子往往得大名，朝廷或破格奖之，而君绝不一言。呜呼，可风矣。

子四人，皆诸生。长肇熊、次肇鹤，先君卒。君殁甫一月，而季子肇麟又以毁殁，今惟肇达存。孙七人，殇其一。曾孙六人。

　　论曰：咸丰庚申，余与肇熊同补学官弟子，登堂谒太公，即闻君绪论。洎官京朝，君女夫顾比部厚煜尝为余言君轶事。呜呼，君位虽不达，言行絜度隐然为乡里矜式。典型沦谢，岂独君一家之痛哉。

刘竹屏封翁家传

君讳文林,字墨园,号竹屏。先世自宋南渡,占籍吴下。至明季,孝惠先生讳羽仪,字渐于,与徐昭法、杨维斗两先生以文章道义相切劘,深衣幅巾,隐居不仕,八传至君之考,讳韶镛,寄居海门江家镇。君自幼矜立名节,猛志疾邪。年十六,江行遇盗,同舟者首于官,获而诘之则弁也,其兄且专阃,官愕眙不敢竟其狱。君挺身出证之,卒按如律。里有窃为众所执,积薪将焚之。先是,民患肤箧之多也,得辄甘心焉,所歼者非一矣。君曰"是不可长",急偕二三父老往谕止之,俗遂革。既长,精积著之术,家日益饶。性慷慨好施与,尤笃于本支之谊。君故吾吴士族,先世茔兆在城西,旧有图,自明以来名贤题咏林列。庚申之难,君之从祖步韩先生间关护持,得无恙。先生为明廉使笔山之裔,廉使筮仕有循声,数传至先生仅一子,贫无以娶,君慨然曰:"清廉如笔山,孝友如步韩,两公而可不血食乎?"迎于海上,为之授室。里民某负责不能偿,以身殉,君首燔其券,且恤其后嗣。遇岁歉,振贷之役靡不从,所订查户平粜章程,皆精密可法。

余旧未识君,岁乙酉,君之长君启祥,读书光福山中,从余问故。洎余官京师,其季子启征公车在京,亦来受业,以故得谂君行谊甚详。窃谓君之强毅有为,可以愧世之媕婀者,使得一官自效,亦周昌、汲长孺之流也。乃未数月，启征闻讣遽归。越岁，其昆季邮事状至京，请为传。爰摭其实书之，俾家乘有考焉。君四子：启祥，邑庠生；次启基、启明；其幼启征，光绪己丑科举人。孙男五人。

论曰：吾吴桑海逸民，若徐、杨诸君子，其后皆不显，惟渐于先生之裔，越二百年世有贤者。君虽侨居海澨，而眷念先畴，岁时尝命诸子过吴省其先墓，与郡之士大夫游。《诗》曰"维桑与梓，必恭敬止"，燕人过其里之社，则喟然以叹，盖水源木本之思愈久而不能忘也。若君者，可谓不忘其本矣。善之所及，岂徒海上一隅已哉。

刘师母韩恭人家传

师母韩恭人,吾师刘永诗先生之德配也。先生父资政公,以大司成视学浙江,卒于官。当病棘,恭人吁天请代,刲臂肉以进,乡邮称叹,佥曰孝妇,是合旌法,是宜上之史官以备柱下之采。昌炽谨按刘子政《列女传》,首曰"贤明",皆言后妃之德,其次即继以孝义颂图,"赫然彤管,有炜君子",观于恭人之孝,而后知刘氏之风教远矣。我长洲韩氏,自前明中叶即为鼎族,至国朝文懿公,以文章名德重一时,条叶被泽,滋大益光,其闺门亦皆有林下风。恭人,文懿之七世孙也,濡染家学,绮岁即娴吟咏。其尊甫莲洲公钟爱之,尝曰"此吾家不栉进士也"。

年二十一,嫔于吾师,圭璋泮合。既馈交贺,恭人率诸娣承上字下,异粮宿肉,起敬起孝。佩觿管、操井春,鸣鸡夙夜,相吾师于读;甘齑盐、警铃索,佩鱼垂委,相吾师于官。光绪己丑,吾师罢春官第,合肥节相以礼罗之幕府,恭人自吴门奉姑航海而北。时韩太夫人亦在堂,依其婿蒋子云通守,由河间移寓,皆会于津门。恭人得以时定省,言告言归,喜可知也。顾通守亦廉吏,旨甘之奉不能无给于吾师,有不足,则恭人课织纴、质钗珥以佽助之。内外两亲,孝养如一。吾师先以陵工叙劳得知县,至是即留直省补行唐,调获鹿。两县皆畿辅,赤紧号难治。吾师下车问民疾苦,举凡都亭之馈粥、桃舍之膏火、行李往来之供给,恭人勤身锐思,廉办肃给,吾师以是无内顾忧。听政之暇,镜台唱和,缥囊翠管与簿书相鳞次。性尤喜莳花木,一枝一穗,罗列几案。尝自制九秋花事笺,闲为小诗以寄意。又尝语吾师曰:"灵岩之麓,有先人之墓庐在,它日遂初如鹿门之偕隐,愿斯足矣。"盖其宅心超旷,淡于荣利,天性然也。

会吾师政成考绩,以卓异引见入都,甫行而太师母病。太师母年虽高,精神强固,平时雅不信服饵。师母不获已,援尝药之义,假微疾召医。医至不察,误投峻剂,药下即瞑眩,未数日遽不起,时光绪戊戌冬十二月初六日也。吾师尚在京,家人秘不敢以闻。及归,距怛化之期逾半月矣,宜吾师之蠲然神伤,过时而不能释也。嗟乎,恭人本无病,即病,亦可以无药,以孝召医,以医致疾,知疗姑而不知适以身殉,与前之刲臂,迹虽异而心则同,皆烈丈夫所难也。标门惇俗,谥为女宗,谁曰不宜。

恭人以道光丁未生于莲洲公济南官舍,稍长,随父改官居洛下。暨归吾师,从游燕越,鱼轩象服,登高能赋,历七邑而观览,慕京师以窃叹,慨然有班惠姬东征之志焉。吾师手订其遗集诗词各一卷,将刻而付其子仁骏、仁稣、仁宣,俾世世宝藏之无斁。

门生叶昌炽曰:某年十三即从吾夫子游,今二毛斑矣,侍门墙最久,故习闻钟郝之礼法亦最详。吾吴故家玉台韵事,自赵灵均、文昭容以德门之好逑,主寒山之坛坫。近来王惕甫、徐山民夫妇亦鸥波之亚也,然其事止于剟风缉雅、嗣响然脂,未有闺门笃行比于曾闵,纯孝如恭人者也。范蔚宗有言曰"区明风烈,昭我管彤",昌炽不敏,忝为史官,谊当载笔,岂徒宣文之幔仰止景行而已哉。

章耘之广文家传

昌炽未弱冠，即纳交于同郡潘瘦羊、朱怡云两先生，暨青浦熊明经纯叔，三君皆儒林老宿，不以昌炽为不肖，小冠末座，侧闻绪论。今墓草宿矣，而昌炽亦颓然既耄，每叹世道横流，异说蜂起，模哲陨丧，后进安仰。窃欲仿《襄阳耆旧》《於越先贤》之例，辑录言行，以存先民之矩矱。云间章吏部觺盦，以其尊甫耘之先生《行述》踵门请为传，且曰"此先大夫之志也"。昌炽与先生无一日之雅，进而叩其说，则曰："先大夫闻之于潘、朱诸君子。语曰'不知其人，视其友'，子其无辞。"

按状，先生讳汝梅，以生而有文在手曰"耒"，遂更名耒，字韵之，晚年别署曰耘之，又号次柯。先世著籍娄县，曾祖讳廷煦，候补国子监典簿。祖焕、父倬皆邑诸生，劬躬茕后，潜德未曜，两世皆入祀孝弟祠。祖妣雷、妣姜，皆以节孝旌。姜□人生二子，长曰锦，后十六年先生始诞，诞周晬而兄殇。先生幼有至性，两执亲丧，哀毁柴瘠。秉承庭训，早通经史之学，旁及天文、算术、舆地、兵谋，下至医卜壬遁家言，广为甄综。年二十，补郡学弟子，越八年始食饩。同治癸酉，以拔萃贡成均，廷试报罢，就职教谕。初归部铨，继援例分发试用，先后学使者按试，辄哀然列高等。五荐省闱未售，怡然壹不以介意，益发愤力学。自见平湖贾征君敦艮，始斐然有志于撰述。古文义法，先民是程，识者谓得桐城方氏正轨。自娄东闻先生维堉司铎云间，以汤文正志学会相勖，遂潜研义理之学。自肄业上海龙门书院，从兴化刘融斋先生质疑问难，期年而学益昌，实事求是，不务标榜，尤廓除汉宋门户之见。归而筑汉学斋，为穷经之所。尝谓说经必先通古训，《说文解字》，六书之钤键也。于宋以后经师，服膺朱先生大韶；于理学，服膺张先生端文。皆其乡先哲也。以湘中唐确慎公《学案小识》为太简，欲仿梨洲、谢山《学案》之例为《国朝学略》，以续二家之书。以张先生遗书久佚，欲辑其绪言为《端文学略》。又以平生问学得力于刘先生为多，作《兴化学略》。家贫，以授徒自给，恂恂恺弟，得师之道。尝曰："今之教者，呻其占毕，施之也悖，而求之也弗诚"，有如《学记》所云者。故其诱掖后进，各视其材力之所能逮，束脩以上，未尝无诲，孤寒之士归之如水赴壑。尤留心掌故之学，讲帷所至，征文考献，馆张泽镇，辑《张泽诗文钞》若干卷。当事修郡邑志必以请，凡纂《娄县志》若干卷、《华亭县志》若干卷。又尝分纂《松江郡志》，刊正讹脱，条例精密，绍熙以后推善志焉。

馆谷有馀，悉以振贷孤穷，尤笃于本支之谊。章氏旧有祠以收族，先生设协善局以扩充之，族之孤嫠月有给，岁有养，略如高平范氏之制。抚其从子士贵、士伊、从孙之裁，皆成立。淞泖本水乡，兵燹以后，津梁废坏，行旅宵济临危枪砀，先生先后建清芬桥、王洞滨桥。又尝偕同志建宝善堂于漕泾镇，设保婴局于干巷。先是，应太守博润公之聘，纂修郡志，寓郡城育婴堂之延芳榭。堂中殇婴月数十，钩稽田籍，铢离不合，于是作《保婴八议》，冀有所厘正。而后来者迁其说不果行，先生愀然曰："吾为呱呱者请命耳，言之用不用，非所计也。"盖先生操行峻洁，家居礼法极严，而不忮不求，诵之终身,故人皆畏而爱之。位不副德,屈于儒官,所施仅见于一乡。捐馆之日,乡士大夫奔走会吊,相向哭失声,时光绪十二年丙戌九月十一日,距生于道光十二年壬辰,年五十有五。以子贵,赠中宪大夫吏部主事。两娶皆张氏,子四:士鸿、士昌、士桂皆殇;士荃次居弟三,以先生殁之后□年登进士第,观政吏部,改外务部,砥节立名,能世其家学。"积善之家,必昌其后",天道于是乎有征矣。

论曰:云间自明中叶陆文裕、董文敏皆以文章为职志,徐长谷、何柘湖、张王屋、孙汉阳坛埠相继,五峰三泖间彬彬盛矣。陈、夏诸公复以孤忠劲节搘拄于桑海之交,故其邦人士类能敦行多识,强立不返,以振起其乡贤之遗绪,比年以来,流风未陨。沈学子、姚春木犹能以古文名其家,若夫发明圣学,尊闻行知,传端文先生不传之业。微先生,其谁与归。《诗》曰"高山仰止,景行行止",昌炽虽不获撰杖履,仰止郑乡,有馀慕焉。

节母杭太君家传

昌炽年十二岁,侍先大夫避地泗塘,寄公侨客,衡宇相望,杭氏其一也。于时即闻太君贤,今五十年所矣,陵谷迁贸,平陂往复,而杭氏之后滋益昌大。太君雕轩翟茀,高朗令终,人知其为令妻、为寿母,而不知其劬躬煮后、揩拄门户,为世之劳人也。太君姓沈氏,诰封通奉大夫韵轩杭公之室,吾友筱轩部郎之母也。父讳晴宇,母张太夫人。孕太君适病痁,未弥月而诞,又未期年而断乳,人虑其不育,而自襁褓以逮笄字,康强无恙,盖乔松贞柏得于天者厚也。年二十,嫔于杭,时通奉公之祖南山公、父禄庭公皆在堂,门祚鼎盛。既馈交贺,太君上事重闱,服劳无间,里鄘翕然称贤妇。未几,南山公捐馆,配朱恭人亦相继殁。又未几,赭寇自秣陵南下,会垣戒严,通奉公奉父母避于乡,负郭三十里,而近即所谓泗塘泾也。大兵之后,继以疲疠,通奉公染疫遽不起。太君呼天号恸,誓以身代。家人忧其殉,太君曰:"上有尊章,下有黄口,吾死,事育谁任之者? 先夫命之矣,未亡人其敢负逝者于地下?"于是毁容撤瑱,椎髻操作,男钱女布,朝齑暮盐,虽在旄丘琐尾之馀,漆室寒灯之夜,旁皇涕泣,寤擗有摽,而寝门之内治其业,目张纲举,巨细靡遗,若不知寇垒之在郊者。禄庭公友于昆季,皓首同爨,一门食指三十馀口,亲友之自贼出走者,望门投止,于我食、于我衣,太君以一身任之。自乡迁沪，迄于事平，大憝清夷，邦土言复，虽漂摇耆定，而太君之心力瘁矣。当是时也，禄庭公循族世之所鬻，重理旧业。筱轩亦渐长，太君课之读，机丝灯影，肃若严君。平居不苟言笑，稠人广坐，严正之色溢于词表。然性和易，喜周人之急。都亭饘粥，台局和剂，漏泽之掩埋，隘巷之腓字，岁以为常。庚子泛舟之役，禄庭公以助赈赏二品封，太君先以节孝旌，又以五世同堂纶音褒勉，表厥宅里。天章赫然，彤管有炜，近古睹记所未有也。然太君深维履盈之戒，青裙弋绨，躬自率先，尝举先世以诏筱轩曰："吾家潜德不曜，积累至此，惟宽厚二字为传家之宝，汝其识之。"禄庭公享期颐之寿，其殁也，太君亦臻大耋矣，躬侍汤药犹七昼夜惟谨，黄发鲵齿，委缞就列，人称其纯孝，亦传为盛事云。自丧所天，长斋奉佛，不茹荤者十四年。属纩之辰，神观湛然，以巾拭面，口诵佛号，正定往生，年七十九岁。子二：长祖良，即部郎；次祖浩，殇。孙二：锡纶、锡绶。曾孙四，同熊、同铸存。

旧史氏曰：《传》有之："绢乡先事织纴。"吴地宜蚕，工勤于织，而商即以之转输于市，比户机鸣，阛廛溢郭，太史公所谓"文采千匹"者非邪。寒家自祖父以来，业此者三世矣，吾祖、吾父与筱轩之先世交相善也，比又重之以姻连，间尝与筱轩抗论商政、废著鬻财，洞若观火，窃叹以为知言。今观太君之教其子，诵先人之清芬，述艰难于在昔，又何其知本也。公父文伯之母曰"君子能劳，后世有继"，其信矣夫。宣统三年，岁在辛亥三月。

钱烈妇传

烈妇长洲朱氏,讳祖芬,世居浒墅镇,四品封职希贤之女,同邑附贡生钱文铭之妻也。宣统三年岁在辛亥,正月初六日殉夫,仰药卒。明白之节,颂图有炜,其乡士大夫既牒请于学使者表其闾,如梁高行,如贞孝女。宗又撰具事状,造昌炽谒文以传之。乡士大夫之言曰:"烈妇在室以孝闻,事父母养生送死,夙夜愍慎。"希贤公家素封,好施与,烈妇秉承庭训,散赡六姻不给,至鬻其簪珥无吝色。父殁,佐母黄恭人庀家政,织纴井臼、朝齑暮盐,不愆于素。一姊未嫁殇,兄弟五人,怡怡如也。年二十七,嫔于钱为继室。前室已有子矣,烈妇抚之逾所生,出入顾复,教养兼至。孝事君姑壹如其事父母,姑性严且笃老,烈妇委曲烦撋,无僭礼,无违言,里鄙称叹。前谓朱氏有女者,咸啧啧谓钱氏有妇。昊天不吊,巢骞在室,文铭病且亟,烈妇焚香吁天,刲左肱和药以进。卒不瘳,摩笄擗踊誓以身殉,其姑以大义喻之,未忍即引决,越九十日而卒殉。殉之日,文铭遗容在帷,端衽侠拜。家人启其箧,绞衾、明器咸备,始知其从容就义,视仓卒致命者为尤难也。昌炽奉命视陇学,五凉号边徼,然行部所至,校官弟子投牒以节孝上闻者,所在多有。"区明风烈,昭我管彤",然后知中国冠带之邦,圣朝声教之远。如烈妇者,奇节瑰行,近在里闬,不尤足以章阴教而风颓俗乎。昌炽旧史官也,退居牖下,虽无采风之责,犹乐得而书之。

先祖竹斋公事略

　　吾家自乾隆中叶，谱牒沦散。闻诸先大夫曰：尔高祖南发公昆弟三人，一讳南兴，一讳南表，其伯仲不可得详也。世居浙之绍兴府，亦不详其何邑也。南发公自越迁吴，遂占籍长洲县。同产两支，相传一留越，一侨蜀，亦不知其本末。老子云"至治之极，民各安其俗，乐其业，老死不相往来"，是以契阔疏略以至于此也。

　　高祖两子，长即曾祖卫泉公，讳永源。公生两子，长讳秀芝，号鹤峰，冲寂好道，弃绝人事。先祖其季也，讳秀荃，字长清，号竹斋。幼而沉寂，寡言笑，仪观伟如也。先曾祖商于鄂，丧其齐斧，不能归，曾祖妣李太孺人家居，无以资饘粥。时先祖年尚幼，遂辍读，仿贾思勰油豉法，货于市以养母。至晚年，犹陈烦攧诸器以示子孙曰："毋忘曩日也。"里有陈翁者，以造缯为业，悯先祖贫而孝，稍左右之。吴中缯帛之利甲天下，先祖遂亦以此起其家。年三十，先祖妣张太宜人始来归。太宜人贤明知大体，先祖既得内助，益发愤自励。维时曾祖父母已前卒，当曾祖之出游也，以先世影象寄戚友家，至是始行求，得之在破籯中，纸渝墨敝，不可揭视。先祖奉之泣，张太宜人亦泣，遂命工重绘而装池之，即今所庋藏者是也。所居在葛百户巷，昌炽于兵燹后曾过其地，颓墙灌莽，欲问当时钓游之迹，而父老尽矣。

道光中移居西白塔子里，里绅某以进士官赤峰令，罢归，横于乡，视先祖蔑如也。先祖营新第，木石瓴甋之属转输于水次，某龁之，摭琐事讼于官，不直，龁益甚。最后巷屡灾，借口形家言谓吾家垣墉高峻，不利同巷，遍告里人士将共堕之。时潘西圃先生乞假在里，独毅然曰："斯干考室，君子攸芋。洽比之谊，谓何而以为口实也？"众喙始息。时先生与先祖初非雅故，昌炽既长，谒先生于里第。询家世，初未知为德于吾家也，先祖自是恒郁郁不乐。及易箦，指昌炽兄弟谓先大夫曰："若曹长其善教之，庶几得一第，以慰吾地下。"

先祖性好施，赴人之急如不及。有戚某，父兄皆以贫死，遗幼子亦病卧粪秽中，两胫中寒不能起。先祖闻之，立往视，舁归，药而愈之，助之读，助之婚。其后为童子师于里中，尝语昌炽曰："微五兄，吾早填沟壑矣。"先祖兄姊有殇者，故亦行五也。李太孺人母家素封，当贫困时，颇秦越视。其后丰啬易地，操贾业者转移执事于吾家而为士者，先祖延以课先叔父，束脩之脡，必诚必腆。张太宜人父曰耕麓先生，豪迈有干局，先祖每事辄咨之。既耄，迎养终其身。子孙贫不能自振，先祖优待之如子弟，虽岁时鱼菽之祭，亦设于吾家。其他指困解衣之举，昌炽多不能尽知，尝见故箧质剂累累，皆不偿之券也。凡营什一之利者，征贵而鬻贱。先祖独好置寝邱之产，以是耗其资，人诘之，笑不答。洎庚申之难，阊门列肆尽付焚如，而吾家城东三宅皆巍然无恙，人始服其先见。今花桥老屋独得庇风雨而安歌啸，先畴之赐已及三世。

先祖之殁也，昌炽甫八龄，遗闻轶事十不得一，而追想音容，怆然如见。先祖至日昳时辄出厅事危坐，举先哲格言，口讲指画，先大夫以下皆列侍环厅，无敢跛倚。有亲友来见者无长幼，一接以礼。岁时祭扫,哀慕见于颜色。犹忆丁丑岁,昌炽游鄂归,道出玉峰,憩道旁馎饦肆,一老父问所自,则尝设肆于临顿里者也,犹及见先祖。谈次辄曰:"长者,长者。"今距先祖之殁适四十年,昌炽浮湛人海,二毛斑矣。瞻望松楸,怆怀先泽,谨述崖略,以当韦孟诵芬之义,以告我后人云。孙昌炽谨述,孙婿王有德填讳。

祭高东蠡文 代

维光绪七年岁在辛巳,孟冬之月,我陶堂夫子撤瑟旅次,门人□□等痛哲人之既殂,缅遗言于枕膝,相与位楹设吊,撰举规英,而为文以祭之曰:

呜呼,维华与嵩,亭亭岩岩。千古挺峙,郁为儒枭。嵩兮顿蹇,华兮若裂。昊天不愁,夺我模哲。维公竺生,为世伟坊。伯霜仲雪,后先继翔。石钟之阴,一庐我有。江声到门,山色平牖。公未释褐,键关著书。深湛之思,如游古初。颂声琅琅,作金石响。渴骥奔放,一时无两。弱冠之岁,遂擢乙科。剑气出匣,森然太阿。终童入关,陆生赴洛。魁儒长者,奉手请服。献赋未遇,归而学兵。背嵬五百,屹为长城。陈婴异军,谢艾名士。不杀贼还,有如此水。湘乡曾侯,皋江驻旆。杖挝径谒,一军皆惊。目无坚城,挺剑前敌。一鼓陵城,城则垂克。师克在和,不和无功。膏兰一熻,委身非忠。拂袖归来,天半翔鹄。燕市题襟,苏台判牍。公之干局,非百里才。枳鸾棘凤,游刃恢恢。清明古区,梵宫特起。粉榆社神,薜荔山鬼。巫髭百辈,夤缘为奸。曲室藏垢,广场敛钱。公稔其恶,曰责在我。桃梗土偶,以投炎火。五都豪雄,郭解朱家。一市有虎,见者尽哗。强为刀砧,惟弱是食。胠箧探丸,不畏白日。公缚其巨,立置典刑。粮莠不去,良苗曷生。具区万顷,东南之委。宣锷而后,治者有几。

宣之房之，惟公运筹。经流厮通，民歌有秋。白傅之诗，红阑三百。有虹而欹，有月而蚀。经之营之，惟公庀材。周梁爰艎，墨车不回。公之说士，其甘如蜜。衙斋款宾，止谈风月。儒珍席上，律魁山间。荃蕙一畦，独遗榛菅。公之校书，丹黄并勘。涑水遗编，以补宋椠。邵亭一老，能知古今。公与商榷，牙期鼓琴。孙榮《北里》，冯贽《南部》。禁者虽严，趋之若鹜。谁执牛耳，巨卿长官。驱其子弟，以事敖殷。公真健者，强项不屈。一刺到明，目曾不瞥。维舌有斧，斫破圭璋。非公之戚，而世不祥。投缨却繁，解组除冗。城南一楼，万卷坐拥。匡庐无恙，陶径就荒。公之梦寐，常萦故乡。

呜呼，公之烝孝，不啻曾闵。中裙厕牏，奉疾维谨。发肤虽重，重莫如亲。霜刃一挥，敢谓戕身。公于昆弟，序居其长。师友一门，教以兼养。季实不禄，先公讣临。公哭之恸，疾以不斟。公之议论，千夫辟易。断断是非，颈尽发赤。公之襟量，许身皋伊。一官肮脏，不竟设施。公之文章，高于北斗。贾董抗肩，樵湜敛手。公之篇什，渴骥奔泉。三唐而后，不蹑一言。公精隶书，秦碑汉碣。集古人言，如自己出。公淫秘笈，等于璆琳。《中经簿录》，渊源向歆。畴昔之辰，堂皇试士。公进学童，第其臧否。龙门巍峨，登者价增。暴颐而逝，犹曰公明。

呜呼，公之精神，宜享大耋。寿不随仁，命不副德。遽捐馆舍，将阏山邱。遗爱东里，流涕西州。景命不延，儒则安仰。知与不知，同深悼丧。况在小草，曾列门墙。佩公之德，山高水长。怀公郑乡，祝公栾社。灵之来兮，云车风驾。尚飨。

祭管君申季文

光绪丙戌之冬，昌炽与管君申季同客岭南。越岁正月，管君病归，归未浃月，而凶问至。昌炽于是为位而哭，痛逝者之不留，念平生之如昨，重怆累欷，不能自已，爰为文以祭之曰：

枚以材伐，膏以明煎。贾生不乐，损其天年。畴昔投分，君年卯角。余弱一秪，君以弟畜。高密讲舍，灵岩之隅。赵商张逸，孙皓炅模。耨砚茵冯，萜书钟叩。君渊且骞，余瞠焉后。君好沉思，出冥入冥。坠翼万旬，耸鳞层冰。苍雅古书，贾服大谊。为余导师，今犹拜赐。余初擩翰，向壁虚造。田肯云宵，摎毒变嫪。君曰瘤疾，是宜速攻。今略识字，扁卢之功。余初下帷，不分涂径。枵腹大谈，高心自命。君枙其辔，谓非康庄。实事求是，弦韦不忘。间一出敖，陶写岑寂。凉雪听泉，驰烟问驿。城西万笏，绝壁斗悬。君先贾勇，遂登厥颠。樵径顿迷，梵灯欲上。攀萝作绳，据梧为杖。时而猱附，亦或蛇纡。同游色死，君颜则愉。归为余嘻，是不可再。临深履高，前哲箸蔡。俯仰今昔，曾几何年。山川如昨，胜游息焉。余以饥驱，远游负米。君书切磋，千里尺咫。归未席暖，即来踵门。执手欢悦，互述见闻。荒崖古碑，幽宫怪牒。燃烛解菜，停觞搜箧。南越使者，与子故人。考槃求士，开馆延宾。君谓南荒，风炎雨瘴。幸与子偕，庶几无恙。浩然登舟，乘风以南。余与华子，及君而三。

题石剔藓,博物识萍。蛟窟千寻,鹭江一曲。鼓浪洞天,慈云石屋。
横海旧帅,通市岛民。遂溯韩江,亦登秦岭。舟语潮平,舆行山峻。
寺访虞昌,台登尉佗。蛟市宵哄,蜑烟昼摩。灾生剥肤,疾甚痏首。
勺浆不尝,曲穷无有。君思遄返,人谋佥同。谓如种橘,逾淮不丰。
理董签縢,料量药裹。送君临歧,一一帖妥。岂知归里,仅得首邱。
别君半月,恸君千秋。觚墨尚新,邮筒未达。如叶辞枝,若箭脱筈。
嗟乎天道,竟不可知。颜夭跖寿,终古如斯。片石望夫,高台思子。
知君耿耿,盖棺犹视。君之术业,不主一名。舞勺之岁,即号通经。
南园老师,《毛诗》著录。君之先人,是其高足。君于家学,为郑小
同。造微研极,说经不穷。既谓博依,尤当约守。濂洛绪言,确有
所受。彼以汉宋,门户枝梧。齐固失矣,楚岂得乎。亦习梵文,并
耽竺典。指月宗风,观河俊辨。游艺所及,研精冰斯。上追嵩室,
下视汉陂。近所竺嗜,金石文字。商周尊罍,汉魏碑志。一缣之
值,过于瑶琨。一字之获,荣于丝纶。《王先生碑》,篋中孤本。一
旦启厨,化龙不返。君言此帖,梦寐思之。今所藏者,自邻无讥。
君于撰述,无一字苟。不轻属毫,惟恐覆瓿。陆氏《释文》,家业所
传。惠臧段顾,丹黄灿然。欲捃一编,以竟先绪。起例发凡,并呼
邪许。赍志竟殁,遗书满家。茫茫此恨,何有津涯。余自束发,出
而驰逐。所见隽流,不可更仆。学为徽志,文以贸迁。额瞬□鸣,
骨蔺形妍。锱铢色惊,簪缨心折。初见肝胆,久乃秦越。以是思
返,求其故交。如二三子,庶几漆胶。不意九京,君先待我。剪烛
谁谈,悬榻谁坐。欲奠一觞,云山则遥。邮文述哀,聊当些招。
尚飨。

祭汪郎亭师文

维光绪三十有三年，岁在丁未，秋九月，谨以清酌庶羞之奠，致祭于我师郎亭夫子之灵曰：

呜呼，导河九曲，其源滥觞。笃生申甫，灵钟发祥。公之外家，文懿韩氏。于公高门，郑君故里。宛委之府，惟宝铁斋。欧赵《簿》《录》，《集古》梯阶。公起寒畯，崭然头角。北江纪闻，韩门缀学。六书义恉，谐声象形。所私淑者，菉友若膺。四部流略，河间为最。以此升堂，得所津逮。身通六艺，岂惟一经。终生射策，能辨豹鼮。遂擢甲科，兼领著作。清秘回翔，石渠延阁。公以文字，上结主知。宣室前席，往往晷移。自来宦途，文衡最重。公典陕学，未分秦陇。邹鲁圣域，河洛中原。汉宋学者，各有渊源。庐陵南丰，西江先哲。庾岭以南，地连百粤。駪駪征夫，皇华载途。席不暇暖，网无遗珠。公之教士，首崇经术。九经三传，折衷师说。学官弟子，白屋孤寒。凡所振拔，咸至大官。洎登三事，为世宗匠。科场风气，转移益上。公车待诏，发策三雍。帝曰咨女，靡役不从。夹袋所储，得士有录。厨俊顾及，如四八目。陪都东去，古为鸡林。虞芮之讼，上烦帝慝。驰一封轺，平两造狱。持斧埋轮，焚香削牍。奏上报可，直亭不阿。甘棠所舍，前怵后歌。今之邦交，莫强欧美。日为东邻，辅车唇齿。公贰选部，兼外交官。三表五饵，折冲敦槃。甲午之役，珠崖是弃。

公进谠言,如捐之议。噩事方棘,廷议相牵。郓讙龟阴,遂非鲁田。公善料事,洞若观火。绦镟在手,操纵自我。当为词臣,锥已见囊。六翮既具,扶摇遂翔。公之媚学,胡颠不倦。说经觥觥,熟精《文选》。召陵许君,与郑并尊。公持汴节,拜疏抗论。公之事君,如仲山甫。勤思密勿,衮阙是补。公之相士,如九方皋。不以皮相,傅之羽毛。忆岁丁丑,谒公京邸。乡邦后进,士相见礼。既幸御李,后遂依刘。从公岭峤,至自汕头。公曰子来,典司雠校。仙湖药洲,上有九曜。蚝油蟹胥,丹荔黄蕉。广雅丁厦,遗书久要。及公还京,炽亦通籍。爨下焦桐,过蒙拂拭。不材之木,惧累公明。辱公青眼,有逾生平。春明宅子,城南韦杜。拓地弓三,去天尺五。公自书京邸门联。三馆囊笔,十里驱车。每过柱下,登堂起居。日下旧闻,云亭奇字。间涉《虞初》,《客难》《宾戏》。客岁昌炽,陇皋使旋。公归林下,别逾十年。鲟溪之滨,卜筑精舍。召侯青门,裴公绿野。行滕甫脱,赩蹄乃来。羊求三径,为君特开。杖履重瞻,握手惊喜。导登书楼,周览图史。宋元旧椠,士礼艺芸。相视莫逆,镇库之珍。公年虽高,神观矍铄。谈笑宪宪,聪强如昨。毕召阅散,皆致大年。泰上一族,成鸠八千。望公再起,东山霖雨。国有老成,典型庶几。昊天不憖,岁厄龙蛇。骑箕不返,邦人叹嗟。呜呼昌黎,士归恐后。江汉朝宗,崆峒载斗。矧如昌炽,卅载平津。文勤而后,知己一人。哲人萎矣,吾将安仰。雷塘缵言,责在吾党。在昔儒行,祀于瞽宗。苹藻洞酌,敬告泽宫。呜呼哀哉,尚飨。

马贞烈女诔

贞筱陵霰，虽寸蘖而不凋；嘉禾当风，以童梁而愈秀。十室之邑，一亩之宫，冰炭同室，萧兰一畦。乃有奇节伟行，矫夭拔峦；致命闱阈，流声道涂。可不谓贞欤？烈欤？金匮马氏女者，依其从母，育于渭阳。北堂之亲，虽云逝矣；南国之女，不可求思。其中表某，佻达无行，藐彼茑萝，贻之芍药，投杼折齿，脱簪毁容。既而室有鸠媒，门无龙吠。排闼以入，不知狂童之狂；呼天而号，遂完烈女之烈。其舅爱深舐犊，巧甚营蝇，诬以中冓之私，设为上宫之约，将谓举袖可以障天，戴盆从兹入地。当斯时也，严霜暑飞，悲谷谢影；邻姥累欷，侲童变色。假使沉冤终古，九幽不曜，则灵禽衔石，徒伤精卫之魂；巨鳞吞舟，终漏豫且之网。九京赍恨，庸有已耶。幸而委灰复然，凝阴忽解。公论藉藉，不以盖棺为定；神鉴昭昭，有如桴鼓之鸣。卒使生者藁街，死者旌墓。天道不爽，淫人有殃。信夫！亭冤而恤滞，良有司之风也；发潜而阐幽，士大夫之责也。谨作诔曰：

阿谷处子，召南申女。守节持义，不朽千古。岂惟处顺，变亦有之。全身若璧，视死如饴。谁为祸始，母之犹子。室迩人遐，耽耽虎视。母之同怀，化狼为豺。以谍自贾，揖盗使来。皎皎白璧，不为威慑。华元登床，彭生拉胁。既戕厥生，又玷其名。羊肠九折,无斯不平。谓天梦梦,天网不纵。多鱼漏师,雀鼠兴讼。谁表贞筠,令君之仁。彰善瘅恶,一莸一熏。里老走告,荐绅相吊。灵而有知,其亦含笑。锡山之前,卜此牛眠。蓬蒿三尺,丰碑屹然。山高水秀,长留宇宙。彤管有炜,与之同寿。

刘孝女诔

壬辰季夏，与农部刘君佛青逭暑古寺，窣堵百尺，高切云表。坡陀广袤，上辟精舍。披襟当风，泠然善也。农部愀焉，转若不怡。异而请焉，则适有女弟之戚，且曰："某之宦学四方，不遑将母，晨瀡夕酏，季兰是赖，而今已矣。河阳亲舍，益增望云之思；明远客程，无复大雷之简。侧身南睇，怆何能已。"仆谓："君家中壸所纪，圣知贤明，辩通贞顺，彤管有炜，未可偻指。而惟珠崖、太仓两令君，息以孝行称甚矣。克谐之嫔，得之闺阃，为尤难也。下走不敏，敢援邯郸子礼之例以悦怿女美，以抒农部君之哀。"谨作诔曰：

猗欤孝女，鹓笄渊令。端操有轼，婉变其性。钟郝名族，世为大师。班能续史，谢亦明诗。火上高圣，言本黄老。洪沈著录，亦见堂诰。昔惠征君，引经作笺。以祈亲疾，亲为延年。女奉是篇，拳拳膺服。燃烛宵诵，闻钟晨觉。女之纯孝，通于神明。龀髫至性，长益蒸蒸。绛幔太君，青溪小妹。慈乌反哺，蔼然堂背。偶以礼出，敢劳倚闾。视日未晡，仓皇命舆。惟母善忧，骚骚屑屑。得女片言，涣若冰释。母之习劳，同于敬姜。女左右之，榛栗筐筥。中裙厕牏，拂发笄总。视母之疾，燂汤以奉。摄提之次，贞于孟陬。母病瞑眩，治且弗瘳。女偕其嫂，焚香露祷。庶女一呼，上泣苍昊。身体发肤，父母所赐。还以奉母，云何不宜。抽刀刲臂，臂血濡缕。

和药进之，我亲庶愈。岂伊愚孝，天鉴其衷。绯衣使者，来假梦中。
天实鉴之，而人则否。匪女自言，孰知代母。鲁嫠纬室，杞妇崩城。
千古以下，犹有令名。孝女之孝，其视诸此。卷施一寸，拔心不死。
彤史簪笔，里党累欷。金云女孝，曾闵庶几。京陵家范，本为世则。
况兹庸节，皭如日月。昔有孝女，盱江之浒。谁克继之，其视此文。

河南汝宁府知府陆蔚庭前辈诔

光绪三十有一年，岁在乙巳，冬十月十日，河南汝宁府知府平原公卒于官次。庶寮叹嗟，里民巷哭，佥谓公岂弟令闻，以死勤事，宜有述哀之文，表诸素旐，以告惇史，以风示有位。维时昌炽奉使陇皋，简书僻左，束刍临发，未遑载笔。岁月不居，忽焉三载。嘉树勿剪，逮没世而未忘；宿草已陈，虽过时而犹恸。追溯平生游处之雅，仰惟哲人话言之告，大雅不作，斯文焉寄，茹哽在膺，辄增於邑。夫九京之上，吊随会而来游；百世而下，期桓谭之可作。旷代相感，晞古遥集，而况生同并世，抚尘接席者乎。赠言在笈，瑶华烂然，逝者如斯，哀且无极。昔庾子山《思旧铭》为追悼萧永而作，亦颜延之、陶征士之亚，其实诔也。窃取其义，敬作诔曰：

繄昔典午，朱轓侠毂。嵺东嗣兴，蔚为华族。公之先德，褒衣讲学。射策高第，人重科目。绣衣使者，出巡衡岳。辰沅永靖，僻在南服。筚路蓝缕，以启殊俗。北海之碑，朱明之麓。三吾有铭，尚友斯邈。毡椎自携，甲乙著录。琴鹤一船，牙犀万轴。

公自荆楚，观光上京。送君南浦，侍父西清。曲台延阁，旁达承明。江汉之域，章贡所经。滕王高阁，鄂侯故城。两持使节，皇华纪程。虽居朝市，削迹公卿。焚香却扫，栖默寡营。蓬莱藏室，国史有成。十年不调，四考洊更。

公居史职，如服子慎。纪表志传，纲领不紊。金匮石室，图书充牣。冡秘山潜，酉阳汲郡。儒林一传，亭林发轫。下逮乾嘉，折衷经训。延访通儒，汲引后进。与共笔削，务取传信。据事直书，通怀下问。汗青有时，一麾秦分。

公之出守，先在汉中。奉檄色喜，啮指心忡。小臣有母，闻讳遂东。哀哀孺子，栾栾一翁。鲜民之痛，衔恤靡穷。汝宁再起，九邑提封。地控楚豫，上通洛潼。崔苻之警，杼柚告空。天子曰咨，询事考庸。治平第一，汝为吴公。

下车伊始，劳来绥集。发粟振饥，艺桑劝织。按治豪猾，闾右慑息。伏戎在莽，滋蔓将及。石言神降，为鬼为蜮。公曰嘉禾，岂容蓻腾。毋似束薪，操之太急。毋俾漏卮，涓涓不塞。远人乂安，民听不惑。曲突徙薪，道贵先识。

信阳西平，四达之衢。长芦车轨，自汉戒途。飙轮往来，千里须臾。难与经始，古称民愚。牛羊之目，但别方隅。公曰毋恐，各安尔居。拊循工役，约束吏胥。毋使失所，为渊驱鱼。公之善政，简不胜书。荦荦大者，此其一欤。

教士诵弦，问民疾苦。户视庚桑，邑成邹鲁。奉诏兴学，沟通今古。非圣诐邪，一息簧鼓。公本勤学，更以晚补。炳烛益明，流水不腐。金矢锵鸣，案牍旁午。辄以其闲，浏览四部。金石之目，如列图谱。永叔以还，惟赵德父。

昌炽不敏，订交在先。小冠隅坐，纪群之间。春明宅子，宣武门前。一缿往复，赫蹏小笺。蕉园掌故，上溯谈迁。从公研削，示我韦弦。自公出守，逮我陇旋。窃谓柱史，古有彭篯。万家之祝，椿灵八千。曷为捐馆，未臻大年。

金石之学，吾所师事。江阴缪子，暨公有二。公学尤邃，箕裘

两世。八琼室中，充箱溢笥。秦权汉当，晋砖唐志。上绍兰泉，部
居州次。《吴公保蜀》，陇南持寄。十丈丰碑，文逾万字。公来报
书，喜为巨制。手写一通，析其疑义。

　　公之绝业，即此不磨。公之惠政，比于郑阿。匪夷匪惠，介而
能和。趋庭有子，贤如迈过。文学政事，能嗣老坡。儒林祭酒，词
馆先河。我在班列，后公七科。先路之导，得公为多。哲人往矣，
我恸如何。敬告惇史，匪云挽歌。

陆韬庵诔

　　呜呼！屈子沉湘，寄悲楚之孤愤；鲁连蹈海，耻帝秦之訾言。天帝此醉，锡鹑首而剪诸；波臣与伍，从鸱夷而逝矣。自来贞人介士，离溷不迁；蝉蜕秽浊，超然遐举。况夫洪荒以来，遘会阳九，黄农没矣，汤禹久远。非圣著书，微管不作。逾流沙者万里，绝域遂通；环裨海以九州，夸谈斯验。沧海横流，夏声不竞，长此汶汶，悲哉终古。此陆子所以早夜呼暋，一往不返，从彭咸之遗则者也。惜之者以为狂，知之者以为烈。或曰陆子可以无死。夫陆子岂徒死哉？起痿痹，针膏肓，大声疾呼，至以身殉，所以救中国之亡也。中国不死，而陆子犹不死矣。身沉名飞，神遐道罳。抨巫阳使下招，临沧溟而凭吊。投文深渊，以嗣《怀沙》之赋。其辞曰：

　　宣统纪元，太岁建巳。凉秋肃霜，蓐收司纪。穆緟不仁，歼我贞士。贞士伊何，曰韬庵子。平原中丞，前乔后梓。家学青箱，高门兰锜。津门渤碣，汤汤如砥。湛身不返，炯炯犹视。夫岂鸿毛，忧国以死。立懦廉顽，百世兴起。西瞻欧洲，暨南北美。白种天骄，越国是鄙。亘古不通，沧瀛浩弥。轮帆往来，逾十万里。非古名豪，贯胸镂耳。亦有政教，工倕齗指。东瞻榑桑，谁弯羿矢。中山既屋，哲鲜不祀。夷为郡县，役如奴婢。混同之滨，白山峛崺。丰沛发祥，神京表里。封豕长蛇，荐食方始。罗刹载书，在职方氏。

铜柱穹然,畺界彼此。日蹙百里,由堂而戺。是无道秦,患犹未弭。藩服在南,汉为交趾。襟粤带滇,骍旄赐履。暹罗之象,越裳之雉。包茅不征,缩酒无以。矧兹卫藏,内连越巂。门户洞开,强邻密迩。饮鸩为甘,豢虎自喜。蹲鸱沃野,孰畺理之。横目蠢蠢,孰镇敉之。人寿百年,河清难俟。综览地球,上揆天咫。横流方亟,滔滔皆是。建威以兵,海师熸矣。司空运筹,仰屋而唏。通商惠工,什伯倍蓰。察及履豨,物不窳呰。今之阛阓,漏卮无底。刮毛龟背,其利有几。太常尉律,以教龀齿。今之教育,曰德智体。譬如禅堂,付拂如茅。律论教宗,闵默而已。国纪弁髦,圣言穅秕。上下之象,于《易》为否。四科不贬,六经可拟。井干单极,出于渐靡。是犹救焚,揖让以礼。风雨漏舟,鼓钟乐只。黄流之浊,寸胶莫止。不周将倾,一杵胡倚。长沙太息,新亭流涕。漆室夜啸,申旦抚髀。纪甗求成,榷场互市。岂惟有国,生民之耻。尝胆卧薪,古有种蠡。勖哉夫子,比死一洗。浩浩溟地,鲲鹏将徙。誓歼长鲸,有如此水。蹇裳从之,清流不滓。天吴捧巾,冰蠵为使。魂来林青,魂去澜紫。朝出修门,夕归蒙汜。譬诸太仓,身犹稊米。忠孝有人,以贻诸弟。父兮母兮,陟岵陟屺。儿死犹生,精在箕尾。长歌濯缨,浮生脱屣。呢呰栗斯,其颡有泚。非曰病狂,亦岂吊诡。匹夫有责,愿以死济。谁知廉真,视吾斯诔。以慰中丞,以訊惇史。

奇觚庼文外集

费幼亭廉访六十寿序 代

岁在著雍困敦，律中蕤宾之月，我幼亭廉访六十揽揆之辰，乡士大夫走书都下，征文为寿。

惟君茵冯门资，熏习庭诰。尊甫耕亭先生，儒林丈人，中州循吏。先公以贾生射策之年，预侯芭问奇之列。孔融半刺，合署通家；商瞿一经，犹怀旧学。枭君筮仕畿疆，策勋海徼，功在社稷，名达朝廷。某时备员京卿，饫闻魁烈。今国家东抚开极，西绥焘靡，南谐孙朴，北燮禹疆。沧海之波不扬，灵台之草已偃。吕梁既济，思作楫之功；虞渊不沉，论挈戈之效。可无一言以侑觞乎？盖君佩觿之年，即负请缨之略。耕亭先生报最洛阳，储粮闽峤。当封轺行部之时，正筹笔登楼之日。无何，星陨旄头，风哀铃角，寝邱廉吏无负郭之田，稷下名臣有凿楹之训。君奉讳杜门，食贫赁庑。沉冥下帷，藜床锐而将穿；孟晋发箧，糜蒸施而复续。金谓威凤绚日，千仞非遥；良骥籋云，九衢可骋。而乃幽兰不馨，垂棘非耀，虽上苏季之书，卒下刘蒉之第。

当斯时也，赤眉充路，白羽横江，缣缃裂为帷囊，梡豆夷于兵燹。君乘桴远出，复壁深藏，往往祭灶请邻，祀他乡之腊；论兵结客，笑筑室之谋。盖君于是知章句不可以匡时，弦缦不可以经世。曼胡韬纻，非宽博所狎；长戟钩铩，非委蛇所攻。遂乃投袂焚书，临觞抚剑，渡中流而击楫，临左辅以弹冠。起家百里，需次期年，即遭北堂之忧，重返东山之服。维时向忠武公蹑贼东下，驻师白门，当道非罴，临巢搏虎。君入幕运筹，泛舟输粟，短后从军之服，高前却敌之冠。鸣镝报警，则绝鞚宵驰；磨盾挥毫，则飞书昼发。既而大帅骑箕，竖儒握柄。宋义视师，但置酒而高会；殷浩束阁，且仰屋而书空。君喟然曰："是积薪而厝火也，是折苇以安巢也；危墙非知命所立，恶木非见机所栖。"于是脱屣胶舟，褰裳濡轨，顾以原官听鼓直省。咸丰九年，补怀来令。据席未暖，即奉简书；枕戈方殷，遑云簿领。盖君经文纬武之略，长驾远驭之才，飞箝抵巇之谋，搏力赢口之法，实显于此。

当海疆之棘也，彤鸧甫集，海水群飞，门关洞开，岩疆何险。列燧警于长杨，冲车屯于细柳。天子以列郡沸羹，生民涂炭，元戎长毂出而三驱，大农算轺竭于九府，虽有方召之臣、卫霍之将，皆以鞭长莫及、磬控难施。于是恕其吠尧之罪，许以归汉之诚，洒血将盟，磨牙又噬。两甄之鼓忽鸣，三军之士尽墨。或谓长鲸必剪，猘犬难驯，与其纵敌以养痈，曷若勒兵而决胜。维时恭亲王以天潢懿亲，总视师干，谓欲整我六师，必先通夫一介，求可以使绝域折强邻如古常惠、傅介子者，非君莫属。遂乃持节登车，摩旌叩垒。郑弦高之饵敌，藉用乘韦；晋赵武之莅盟，何忧衷甲。虽当交铍映雪，蛮蟧崩雷，鸠舌哄争，蛇涎巧蛊，而君神观不挠，词锋愈峻，怵以利害，晓以顺逆，折以曲直，示以恩威。从容杯酒之交，折冲尊俎之上，卒使归身请吏，厥角称臣，投戈而受约束，折箸以释猜嫌。凿凶门而出，一军皆惊；驰吉语而归，群酋亦拜。说者谓是役也，变出非常，攻当无备。棘门霸上，非无倾国之师；期门羽林，亦有良家之子。然而投鼠不免忌器，穴蚁足以溃堤，元臣束手，老将抚髀。而君以抗尘之吏，收砥柱之功，名声达于九重，勋伐照于四裔，狂澜不倒，磐石愈安，不其伟欤。从此洊受主知，叠膺民社。

辛酉补南皮令，浮瓜沉李，溯嘉会于朱炎；拔薤除稂，流循名于紫禁。遂以上考，移剧长安。同治元年九月，授天津府。书屏姓字，出自破格之恩；扶杖讴歌，重到立功之地。津郡地控黄图，壤邻碧澥，梯航互市，冠盖交冲。君襜帷所至，清风先翔，枹鼓虽平，馀威犹震。洵二千石之良，亦廿七最之首矣。癸亥调保定府，丁卯擢清河道。逾年，捻逆张总愚渡恶池而北，省城戒严，民无固心，士皆虚伍，驱羸卒以成行，望敌氛而甚恶。抑且露积皆空，冰棱如削，朔风卷旆，挟纩不温，霪雨载途，飞刍莫达。君谓枵腹不可登陴，空拳何能陷垒，遂移河东之粟，以济蓟北之军。唱月量沙，披星设械。严城列雉，恍来突起之军；空幕啼乌，早褫姽嫿之魄。事平论功，复膺懋赏。庚午署直隶按察使，六条察吏，三宥亭民，朝廷鉴其奇才，将畀疆寄。方谓屏翰之绩，比肩甫申；谟谐之勋，继踵梼戭。而君成功不居，盛德若谷。秋风江上，解组去官；春日堂前，吹笙奉母。

惟是薄宦廿年，清操两叶，不改悬鱼之素，并无旋马之居。赁庑皋亭，舞衣莱室。虞山之麓，先茔在焉。丹枫醉谷，列嶂为城；苍藓被崖，悬泉作界。破山古寺，诗人题壁之场；拂水荒岩，遗老藏书之窟。君欲筑屋买田，杜埒研陌，守疏广止足之戒，以乐馀年；师桓荣稽古之言，以劝后进。江阴南菁书院者，前学使瑞安黄公所创也，雷次宗之筑舍，胡安定之分斋，广厦庇寒，匠门翘秀。君谓鼓箧官学，难问米盐，脂车登途，岂无赍斧。苟非厚以饩粮，安能呻其占毕。遂乃分一勺之廉泉，割千钟之腴壤，将以作育人文，奋兴多士。盖君案牍贤劳，本好朴学，兵戈方亟，间事雅歌。

是以哲嗣屺怀世讲,发明绝业,刊落野言,以服、孔为先河,洞郑、王之流别。《四部》《七略》,伏案能通;《两京》《三都》,濡毫立就。莫非扬榷庭闻,胚胎家学。今者天镜澄文,地盘翕采,德日曜野,景风被和。昼锦名堂,康瓠溢户。行见傅岩良弼,再施霖雨之功;郦井延龄,共上卿云之颂。

刘太师母荆淑人七旬寿序

光绪二年,岁在丙子,昌炽与我夫子永诗先生同举于乡。越十有二年戊子,为我太师母荆太淑人七十上寿,同年生谋称觞为寿,金谓昌炽昔侍礼堂,备闻壶教,孟母断机之训得自子舆,莒女舒楠之箴传于中垒,盍为一言以薪绰绲乎。夫勒迹槐眉,斟泉鞠井。绮葱琅菜,行海上之筹;芬树荔华,奏房中之曲。窗窥朱鸟,星妃控月而来;辇驭斑麟,云母乘飙而至。此皆凿空之词,无当祝延之义,则请以德象之篇,为寿考之颂。

我太师母姞惟燕产,妫卜陈昌,当剪发而为羁,即善心之为窈。举凡五酝爅炮之品,九华纂组之功,慧解群经,精思独诵。其尊人梅伯先生,滇池廉吏,鄂渚寄公。神光夜见,祀徼外之碧鸡;津吏晨迎,溯江中之青翰。太师母万里从行,十年待字。既而梅伯先生之官吴下,慈惠称师,以晋管库之家,为汉循良之吏。案牍有暇,间事雅歌,车旗所临,辄访佳士。我太夫子严徐妙选,终贾盛年,官阁论文,婿乡委挚。当斯时也,朱门百两,于归宋子之家;绀幰三重,共说蒋侯之妹。鸣环习礼,织锦贻诗。北堂榛栗,缨佩偕陈;南涧苹蘩,筥筐用执。固已弋凫交警,雍雁和鸣矣。然而兰芷之馨,得劲风而始升;松柏之操,因集霰而逾茂。当夫桓车共挽,梁庑偕春。太夫子乞米疗贫,燃麻苦读,虽以君山之积学,不免臣朔之苦饥。

加以射镝频来，乘桴出走，秃管三寸，家具一车，避地雉水之滨，受廛毗机之上。往往日影穿牖，灶突未黔，风声在林，椎埋忽警。太师母属当流离之日，益矢黾勉之猷，烦捆苛郁，端操肃雍。故是时縑缃裂为帏囊，桜豆夷为兵燹，儒林丈人、学官弟子，或托杜根之佣保，或逐刁间之贸迁，而太夫子犹复家守青毡，里开绛帐，偕计车而上道，启复壁而藏书。永诗先生、雅宾先生并以永嘉流寓为高密大师，昌炽舞象之年奉手受教。刘瓛檀桥之馆，近在比邻；王通汾曲之堂，不逾数武。挟书就塾，载酒过墙，爰从撰杖之馀，得窥折蒌之教。窃叹昔人所称高行女宗，殆无以过也。既而国难削平，家祥浹至。自同治戊辰以逮甲戌，太夫子及雅宾先生先后入词林，永诗先生亦以丁卯优贡南闱报捷。承明著作之选，聚于一门；乡间贤能之书，必先六行。暨甲申岁太夫子特奉简命视学浙中，持节过家，封轺行部。太师母绣衣翚翟，荣于石窌之封；瑜珥瑶环，先慰璇闺之乐。国恩之舄奕，家庆之蝉焉，斯为盛矣，斯为美矣。而太师母持盈保泰，处贵遗荣。庭有悬缣，家靡垂珥。抑且朋簪谈艺，分贤母之盘飧；媵息铭恩，费太君之刀尺。百家待以举火，九族丐其馀波。其尤难者，梅伯先生暮年卒官，德配梁太孺人庚申之变避寇告殂，太师母鬵铏营葬，脱簪尽哀，至今皋光之间，佳城郁葱。螭头三尺，苔藓如新；马鬣一坏，松楸无恙。钟仪郝法，班诚张箴，以今方古，何多让焉。今者葭灰吹律，一线长赢；黄酒开尊，九畴皆备。卜延龄之弥永，信食报之方长。昌炽郑门著录，窃附炅模；许氏设科，幸随王吉。用敢以赤心之管，介黄发之觞。惟冀韦逞传经，早识宣文之学。奚斯作颂，请赓寿母之诗。

潘伯寅尚书六十寿序 代

谨案,《孙氏瑞应图》曰:"神鼎者,质文精也。"巫锦营旁之礼,其地如钩;留珪门内之光,天锡之瑞。枸邑旗鸾,康宫攸勒。鄮县所出,在于赤乌之年;章山所登,在于元嘉之世。郡国山川,贡此奇珍;朝廷郊祀,播为乐府。良以蒙历纪庸,恺能降旅。薪绾绰者德之征,蕤保燕者福之符。不有伟坊,曷膺嘉祉。惟我郑盦宫太保尚书,经纬冯生,铸镕邃古,梼戠挺生,禹皋寅亮。尧典舜典,有庙堂之述作;申侯甫侯,为嵩岳所生神。公以为父丁祖乙,立矢执旗;雷雨甲屮,远协羲爻。壶戈蛟虬,上承皇史,足以是正文字,辩章典经,箴斯邈之膏肓,作仓籀之羽翼。是以亨鬲庸器,远搜三代;佉罗贞珉,不限八荒。柏寝遗文,槐眉奇迹。毡椎纷集,金薤交披。颉密事君,钟惟邵伯之子;敬奋命汝,鼎为南公之孙。《夏承》汉碑,《徐勉》梁碣,并皆经世鸿宝,海内称诧。惟光绪十有五年,岁在己丑十月初七日,为公六十揽揆之辰。

先是,公适得周鼎一,铜花蚀腹,皆云雷之篆文;析木象形,比函黄之宗器。缵庸乃命,有取于重申;胡辇之伦,尽退而居乙。《师餘》《师旦》,《叔夜》《叔单》,戈枝各邻,陶陵好畤。远而薛赵所著录,近而阮刘所收藏,凡厥鬲彝,等诸自桧。是固希世之珍,足当延年之祝。盖是鼎也,克作善夫,王呼尹氏,出内厥命,一再言焉。

案:《艺文类聚》引《百官表》曰"尚书文章天府,总摄诸曹,出纳王命,敷奏万机",又引王昶《考课事》曰"尚书侍中,进视惟允,以掌谠言,出纳王命,以考赋政",又引汉扬雄《尚书箴》曰"龙惟纳言,是机是密,出入王命,王之喉舌。"稽之往牒则如彼,考之古器则如此,其为休嘉,夫何疑乎?则试扬榷铭词,搜张伟伐。公早践清华,一参机密,洊登九列,扬历三朝,密勿论思,翼为襄赞。启心沃心,商岩舟楫之材;礼典刑典,周官妣亮之任。每当国是安危,人材消长,尽言无隐,亭立不阿。岩岩之象,泰岱皆宗;侃侃而谈,朝廷动色。

鼎名有曰"龚保乃辟,龚王谏辟",惟公有焉。公校书东观,簪笔西清,佚任纂言,陟咸励学。虞廷庶绩,交庆夫明良;《卷阿》矢音,克谐夫雅颂。南斋地近蓬壶,天临华盖。高文宏达,群推大雅之才;讲幄深严,密迩延英之地。往往披衣晨直,起视明星,撤烛宵归,渥承湛露。宫廷蠨扁,非韦诞不能书;柱下方书,必张苍而可读。宣劳者三十馀载,应制者数百万言。

鼎名有曰"夙夜用事,勿法朕命",惟公有焉。京师首善之区,古称三辅,击毂通衢,探丸伏莽。今制设顺天府尹,欲以亲重大臣兼管尹事。公入参禁幄,出掌郊圻。周召方伯,实尊分陕之司;萧曹勋臣,亦以狱市为寄。每当暑雨怨咨,水旱昏垫,视民在宥,若已纳隍。饥溺廑后稷之怀,保釐亦毕公之职。

鼎文有曰"保辟周邦,畯及四方",惟公有焉。三代以前,君臣同契,呼史宣纶,命官作册。锡申伯者但有介圭,予晋侯者惟闻鬯带。奎章叠贲,异数便蕃,福寿平安,直良功顺。丹青拜赐,尽娥姎之徽猷;缥碧留题,亦夷夔之依永。范公石湖,史氏碧沚,千载隆遇,不啻过之。

鼎名有曰"对扬天子,丕显鲁休",惟公有焉。至经籀济美,缨组传家。冠盖清第,诗人资以立言;令仆世系,史家为之作表。此则"永宝用享"之常辞,"锡鳌无疆"之至意,公为馀事,非所以称娱已。夫馈馏小敦,愿至万年;莱薂常铏,必蕲三寿。钩有长生之号,壶以大吉为名。况乎凫栗遗模,虎蜼比物,不先不后,出于其时。是犹召伯虎之有敦,仲山甫之有鼎,岂不足用妥眉录,蕲丐唐虞乎?

　　某等横海屯兵,直沽练士,属以青龙之役,得随苍兕之官。剟牍滥膴,彩觞遥祝。金松绮柏,何取罄悦之词;乐石吉金,同上期颐之颂。

潘伯寅师六十寿序

粤稽六麟服路之代，五凤调元之年，郅化旁流，庶绩伊喜，必有恭肃将明之臣，以宏天保孔固之业。其在圣清，则有仪征阮文达公，冠冕人伦，经纬礼俗，名位文章，罕与畴比。惟我郑盦宫太保尚书夫子，早登东观，久直南斋，扬历三朝，浒膺九列。维申及甫，继周召之元勋；若禹皋陶，襄唐虞之盛业。今皇上龙飞十有五载十月初吉，为我夫子六十寿辰，门下士思所以侑觞者。昌炽窃惟我夫子阐明绝学，宏奖群彦，海内士流，奉为职志，宜与文达，后先辉映。用敢摭拾遗文，导扬盛美。云台先生而后，实绍斯文；雷塘弟子之书，庶几实录。文达中秘校书，上方赐食，《石渠宝笈》《秘殿珠林》，奉敕编摩，赓歌喜起，可谓儒臣之荣遇、词苑之雅谈。我夫子绅书懋勤之殿，校帖敬胜之斋，交泰钟声，重华茶宴。虎观坐论，绀烟袭衣；鸾御挥毫，华月升席。训词尔雅，枚马应制之篇；正定可传，歆向校雠之略。此其稽古之荣，同揆一也。

文达，嘉庆己未、道光癸巳两典礼闱，号称得士，闽陈寿祺、歙程祖洛、全椒吴鼒、嘉应宋湘、武进张惠言、德清许宗彦、高邮王文简公、归安姚文僖公，并以命世之才，筮汇征之吉。我夫子标颖拔萃，扬滞飞翘，中正九品，贡举四科，凡所简拔，必先朴学。胶庠贤能之贡，适者有功；场屋速化之习，幡然丕变。此其得士之盛，同揆一也。

文达儒林丈人,圣门宗子,性命古训,《易象》意音,《考工》车制之图,《大学》格物之说,上究天人,旁甄名物。自宋以来,野言曲说,廓清摧陷,比于武事。我夫子谓读书必先识字,为学在于通经。平生服膺,尤在高密。赵商、张逸、孙皓、炅模,比于郑门,宜为回赐。西京博士之业,能识条流;南阁祭酒之书,先明声义。此其尊古之学,同揆一也。

文达多识旧闻,练习掌故,国史儒林、畴人子弟,定香亭畔笔记能详,文楼巷中墨庄可考。我夫子家世鼎贵,宏览多闻,朝廷典章,里巷故实,莫不目识掌录,条贯靡遗。褒衣议礼,定叔孙之朝仪;广座清言,尽文公之谈苑。此其征今之学,同揆一也。

文达家有曹仓,楼储《萧选》,经雕十行之本,注校一字之讹。湖上书藏,诏四方以来观;郡斋《解题》,补七阁所未备。我夫子渔仲八求,孝绪《七录》,分廛百宋,移架千元。温公独乐之园,宋氏春明之第。上党仲子,不秘《隐秀》一篇;倦圃老人,惟以流通为意。此其书籍之癖,同揆一也。

文达隃麋之铆,媵置焦山;上阳之镈,嘉荐祐室。至若雍岐十碣,泰华双碑,或付重开,或矜孤本。商周铜器之识,积成三篇;皇清碑版之录,犹存一序。我夫子搜逸三古,攫奇八荒;南公一鼎,邵公十钟。汉魏碑版,隋唐造象,鉴别之精,远过张敞、郑众;弆藏之富,不数雷堂大临。此其金石之好,同揆一也。

文达渥膺异数,迭贲奎章。原教养心之文,亮功锡祐之额。冬朝述职,春帖纪恩,锡赉便蕃,形于歌咏。我夫子傝直内廷,拜嘉宸翰,直良功顺,福寿平安。律应钧天,句锡钟镛之奏;文承复旦,恩颁黼黻之华。此其拜天贶者,同揆一也。

文达于嘉庆七年浙西饥,疏请蠲豁平粜。二十一年总制湖广,建范家堤以苏水患。海塘临要,盐池□难,荆州窖金,硖川煮赈,至今人民犹歌遗爱。我夫子兼尹京畿,勤恤氓隐。逢尧汤之水旱,廑禹稷之焦劳,乞籴泛舟,指囷割俸。膏雨南国,民怀召伯之思;保釐东郊,史纪毕公之绩。此其恤民瘼者,同揆一也。

至于振奖寒素,汲引俊髦,降白屋以礼贤,呼苍昊以荐士。一言偶契,附以羽毛;千里虽遥,藏诸窭寠。州郡后进,岩谷畸人,瞻若泰山,归如流水。以视文达之得严、江、臧、顾诸贤,未为多让。

昌炽平津旧客,匠门弃材,辱以文字,得荷盼睐。辛彝癸卣,遍探积古之斋;玉躞金题,曾入琅嬛之馆。幸得文达并世以为之师,可无一言以祝三寿。谟猷襄赞,并居熙朝元辅之班;福寿日增,请诵当日圣人之祝。

王母陈太宜人七十寿序

乔木磥砢，凌寒霰而不凋；贞蕤郁芬，扇疾风而愈劲。自来炜管所书，闺阃之行，烦撊苛郁，遂箧甘节。黍谷之律，忽变奇温；雍门之琴，奚烦噍杀。然而方舟所弩，必溯谟舷；翟茀既膺，毋忘压线。则论祝延之义，或无取于肸饰之词乎？我同年王棚缘君，幼禀慈训，长益镞厉。既赋远游之篇，遂读中秘之籍。岁在辛卯季春之月，为其太君陈太宜人七十上寿。昌炽哀乐叠经，苦甘共喻，譬之闭门造车，出门合辙。燕雀交贺，为漂摇之已更；蘷蚿相怜，亦肖翘所同病。敬陈一言，庶非揣钥。

盖太宜人婉娈在室，端操有踪；经史大义，略能甄综。有妫著姓，本出虞宗；为姑相攸，莫如韩乐。年二十四，作嫔琅邪。我年丈鲁山先生，家世寒素，覃精儒业，上奉两亲，下怀同气。太宜人篝灯助读，脱珥营餐，襐饰精粲，一不自私。以故瀼东瀼西，虽无负郭之区；道南道北，犹把监河之润。庭闱怡怿，里郐称叹。既而揭竿骤惊，乘柵潜遁。绕树三匝，叹飞鹊之何依；伏莽四呼，方瞻乌而靡定。往往青阪霜吟，绀宫露宿。绳床土锉，逾细旃之安；巾卷囊琴，以怀璧为罪。菰芦奔窜，逢津吏而谁何；苜蓿阑干，呼牧童而进讲。海上一隅，寄公所萃。年丈奉母间关，先脱虎口，弱小留乡，以须后命。太宜人擘絮履霜，牵萝障雨。拾松作爨，斧以斯之；煮粃为粮，瓶之馨矣。然犹键户课子，不废占哔。登山望夫，时咏稿砧。迨夫毁室复完，荒径无恙，井闬言复，赁庑偕春，城阙不剌，登堂肆简。从游既众，与太宜人分而课之，弦诵之声，彻于梱外。《泰誓》《逸篇》，发自河内女子；宣文讲学，不愧儒林丈人。方谓佩觿何荣，寒毡可守，而庚午之岁，龙蛇遘兆。乙亥以后，长公铭之茂才，又以劬学失明。当斯时也，茕焉弱息，耄矣偏亲，太宜人母可为师，妇以代子。凿楹而视，发青箱之篇；循陔以养，继白华之职。遂使秋霜载濡，克懔先志；春晖将戾，得尽馀年。虽古中垒所称，何以加焉。

栩缘属当操缦之年，即有请缨之志。惟时梁溪李太守金镛，从同郡吴公大澂治师鸡林，贻书敦召。议者金以穿庐瓯脱，非人所居；朔漠苦寒，坚冰堕指。相顾咨且，无劝驾者。而太宜人独谓山川登眺，可备九能；绝域见闻，亦资掌录。欣然治装，载道神而遣之。明年复从吴公于宁古塔。医闾绝顶，言登望海之堂；息慎旧墟，遂历长城之窟。短童策马，健卒韝鹰，草幕下之笺，补柳边之略。及吴公移节海南，宣房河上，而栩缘亦以己丑成进士，入翰林。诸兄亦筹笔戎幕，策名荐剡，板舆迎养，称觞京邸。折葼之训既彰，茹檗之心斯慰。

昌炽龀髫之年，侍亲避地。牵衣拦道，或弟妹之相呼；煎纸燂汤，有友朋之来慰。回首畴曩，惕焉梦寐。则与栩缘所处之境，此一同也。长虽就傅，而掔衣晨诵，挑灯宵读，吾母实亲督之。束脩十铤，取给针黹；牝鸡百钱，持鬻故纸。其后负米四方，屡更府主；每一归省，席不暇暖。此与栩缘所处之境，又一同也。二毛斑矣，甫通朝籍，禄不逮养，惘惘幸存，则视栩缘有馀愧矣。今而知栩缘天伦之乐为不可及，而太宜人绰绾之祥亦未有艾也。爰即劳者之歌，以当寿人之曲。庶几京陵家内，常师东海仪型，岂仅安世房中，可续唐山雅奏。

吴愙斋中丞六十寿序 代

三代彝器,若张仲之簠;召虎之敦,仲山甫之鼎。虢叔岩翼以铸稽钟,曾伯悲圣乃铭旅簠。珝戈旂鸾,辨美阳之释文;中显攸勒,承穌门之分器。皆以论撰鸿烈,恢章全图,而其词不曰"降旅多福",即曰"眉寿无期";不曰"屯太康虔",即曰"通录永命"。盖惟唐虞之主,岳牧之辅,君明臣良,克缵永福。徐幹所谓"王泽鹑首""声闻之寿""仁者之寿",其得而兼之矣。惟岁在甲午,日躔鹑首为我表兄愙斋中丞六十揽揆之辰。君起家词馆,洊领畺圻,其间持节秦陇,泛舟畿辅。桃舍隽造,瞻马首而肃拜;都亭流亡,淡鲂尾而言旋。维时天子以东北三省,国之门户,圣世龙兴,强邻虎视,命公以楼船横海之师,为充国营田之策,弹压岩畺,驰驱朔徼。医闾绝顶,首登望海之堂;息慎故墟,周历长城之窟。桦船纳煦,来鱼皮之氓;铜柱镌铭,定犬牙之界。既而强理南纪,宣房东河,锋车所至,清风先翔;楗石既下,黄流顺轨。遭忧服除,遂拜湖南巡抚之命。惟君文摈武奋,庸勋棥昭,方且配踪元凯,为国硕辅。祝延之士,莫不摅公伟略,垂示将来。而某某龀髫之岁,即同就傅。重以肺腑,投分益密。

窃谓公之扬历,海内闻知。惟夫六书之学,精诣造极,上窥颉诵,俯揖籀斯。则元亭拟易,得桓谭而后知;涑水纂言,惟道原为能读。先大夫与赠公补堂先生为僚婿,外王父韩履卿先生宝铁斋尊彝图籍甲于吴下,君濡染绪论,夙有神解。通籍以后,宦辙所至,丰岐故都,京洛旧壤。汾阴宝鼎,发神爩之夜光;汧陇古碑,随耕犁而出土。轺轩奉使,毡椎自携,古寺空岩,褰帷周览。往往一字之获,等于珠船;一器之值,兼金无吝。并世通人,若吴县潘文勤师、潍县陈簠斋丈,皆以宏览博物,富于藏弆。片纸饷遗,不远千里;只义诘难,动辄万言。君为摹其图状,附以释文,云雷之纹,析若毫发,辨其瘢肘,辄至没字。畏龏威忌,补《周诰》之逸文;铱于鼓钲,详《考工》之遗范。于是撰《恒轩吉金录》若干卷。

君又谓孔壁残经,遭周季之变乱;许氏古籀,亦秦燔所孑遗。坛山《吉日》之文,汲冢《纪年》之策,非复保氏所掌。阙里之旧,至若《旁喜》《凡将》,更佚不传;吕、薛诸家,徒为目论。恕先《汗简》,英公隶以四声;《延陵》墓碑,萧定刊其十字。其形则虿尾悬针,其器则郏书燕说,向壁虚造,贻误来学。君乃集古器文字扂,许书部居,列围挈乳,繁简并存。旧释未碻,附庸并录。微子之鼎,证"寪""恪"之同文;安阳之币,释"釿""垸"为一字。"葡"为盛矢之器,"斤"为方銎之斧,凡所创获,信而有征。于是撰《说文古籀补》及《字说》若干卷。

君又谓古之玺节,今之印章。蔡邕《独断》,已通尊卑之称;刘熙《释名》,更详转徙之训。周礼玉节,判然不同;即墨古陶,亦为后出。甄丰征文,但详缪篆;吾邱学古,好言蝌扁。瑶田《通艺》所论,家玺椎轮之导,未畅厥恉。于是辑周秦以下官私诸印、泥封、拨蜡,朱文烂然。国邑大夫之名,可补群经;偏旁假借之例,亦关六义。为《古印录文》若干卷。

君又谓良玉孚尹,君子比德。玉人所记追琢之制,邸射剡出,素功无瑑。龙瓒杂色,轻重为差。璧孔肉好,用以起度。裸瓒如盘,有流前注。又若琮以章地,类车釭之中空;圭可祀天,惟终葵之为首。犹可见享频之上仪,证经传之旧说。而世之嗜者,徒辨采色,或赏雕镂裘佩等玩,无当大雅。君乃审其矩度,证以古谊。律琯积黍,适合郑君之言;葩瑶曲茎,可验张衡之赋。为《古玉图考》若干卷。君又谓雍凉旧域,乐石鳞萃。弇州著录,时阅百年。都君通道,更益李禹;《曹真》断碑,可媲《景完》。摩崖之字,题于百仞之上;幽窜之文,出于九回之渊。先后所得拓本不啻千通,方欲发凡起例,汇为一编。王事贤劳,未遑卒业。至于绢素点染,神与古会。衣纹树色,入姚最之《画品》;烟林墨竹,有杜甫之诗意。此又君游艺之馀,因寄所托者矣。

方今天镜澄文,地盘禽采,气调时祥,礼平政成。君以方召耆硕,弭节汉南,金薤列于燕寝,铜华发于雕函。楚公雷铸,累累连鼓之形;曾侯宗彝,隐隐能章之字。朱明洞天,访神禹之秘文;九真太守,搜谷朗之名翰。至若袁滋季康,唐㢠石刻,仅出有唐,皆等自郐。夫文字之寿,莫如金石,是以为此学者皆臻大耋。君之藏器,其文具在。颂庸藏历,几同《孔甲盘盂》;逢吉康强,更译《箕畴义训》。

曾母丁恭人八十寿序

国家绍统披元,扬灵飞绎,述宣阴化,训流闺闱。岁在甲午,恭逢慈禧皇太后六旬庆典,维时曾君表比部太君丁太恭人年八十矣,律中无射设帨之辰,同乡之官于京师者,愿得一言为寿。昌炽先辱与比部交,比部君有才子曰孟朴,论学投分,复订忘年之契,遂得闻比部君之善养志,与太恭人贻谋之远,足以焰耀槐眉,羽仪椒掖。夫周京式化,禀祁僮之上仪;虞汭观型,通姒义之善俗。自来太和之世,瑞气嘉生,壸政穆宣,徽音照古,必有合于《贤明》《仁智》《辩通》诸传若中垒所称,娴于《女师》《窈窕》《德象》诸篇若惠班所述。辅酳化于姽台,赞柔光于姒幄。明良之运,旁逮笄珈;绾绰之祥,征于彝鼎。论仁议福,海内盖鲜。

惟太恭人端操有踪,柔嘉维则。传将军之《易》,家本通经;肄女史之箴,少知习礼。其归我赠公□□先生也,佐悛縰笄之敬,饎田举案之恭,执蘩采藻之勤,赋茗颂椒之令,凡兹闲阃之行,操彤管者,孰不说而绎之。而昌炽以为君子能劳,后世善继,敬姜之训,百世以之。自来折萚示警,断杼肆勤,通儒蔚起,必资贤母。比部君终贾之年,即有远志。太恭人谓"山川登眺,可备九能;上国观光,足资闻见"。欣然治装,轪道神而遣之。

比部君遂与介弟君静中翰同至京师,巾车命驾,长者倒屣;成均鼓箧,诸生敛手。每当暄辰肃月,步屧相逐。抽毫授简,赋应、刘之妙词;揽环结佩,缔侨肸之雅契。用能盍簪辇毂,领袖敦槃,一纸之出,小胥竞写。高会十日,足继平原。太君无恙,问绛幔之起居;阿士能文,守青箱之家学。盖其荣亲也以令名。

既而比部君有西堂之痛,赋北山之诗。梁公亲舍,望白云而孤征;潘岳闲居,欣春日之载永。虞山当尚湖之滨,有岩壑之秀。红豆一树,访拂水之荒庄;苍松十围,藏破山之丛刹。板舆陟巇,如履坦途;轻帆御风,辄疑仙境。于以怡颜养志,节性延龄,讨菌桔以蠲痾,煮蘘荷以撰食。太恭人顾而乐之,未尝不怡然进一觞也。盖其娱亲也以胜境。

文字之寿,莫如金石,欧、赵以来,此学殆鲜。仪征太傅开府两浙,裒集拓本,汇为一编。吴、越邻壤,不宜盖阙,比部乃于定省之暇,发愤搜讨。萧寺篝火,梯百仞之复;幽窀耕犁,出九回之深。炎汉一石,断自《潘乾》;孙吴诸碑,作者皇象。句曲馆坛,访南朝之孤本;郁林观壁,扪东器之秘文。又若新渝诸阙,《总持》一碑,楚金鼎臣之篆,出土尚新,前贤未见,莫不最而录之,订其异同。桑梓文献,赖以不坠。盖其永亲也以不朽之业。

比部君又以南阮北阮,丰啬容殊;东裒西装,亲疏待给。仿高平会食之义,设希文赡族之田。行苇敦本,信宗法之未亡;明粢荐馨,溯祖功所自出。朝廷如礼官所请,有义门之旌,高行表梁母之闾,通德号郑公之里。《易》曰"积善之家,必有馀庆",《书》曰"资富能训,惟以永年",此仁人之利也,亦贤母之教也。盖其奉亲也以不匮之思。

夫翱翱色养,圣贤所难,孝乎惟孝,是亦为政。比部脱屣物表,撰杖家园。返芰荷之初服,莱彩承欢;树乔梓之芳型,韦纂绍业。

孟朴觿辰玉映,踔厉奋发。张堪弱岁,即号圣童;范宁学舍,咸推颜子。袁朗风教,衣冠顾瞩;桓郁章句,父子相传。圣善之贻,其来远矣。方今天子圣孝,宙合清晏,倪天称庆,率土胪欢。太恭人以钟郝之名家,际唐虞之嘉会,康强纯嘏,享世大年,寿寓同登,德门蔚起。谱房中之乐,律应钧韶;标林下之风,德昭图颂。寿为人瑞,福自天申。某等谊托维桑,饫闻徽懿。黄花晚节,愿倾益寿之觞;萱草春晖,敢上忘忧之祝。

王母李太宜人八十寿序

越郡汇钱江之流，枕鉴湖之曲，岩壑奇秀，士女昌丰。天姥一峰，与沃洲相并峙。洞天石扃，曜云霓之夜光；新昌县图，披烟霞之奇薮。其地上躔婺女之纪，后土富媪，三光昭明。是以闺帏名彦，令德寿岂，珥彤所纪，炳然著显。在昔朱育正旦之对下及贤女，柳朱崔李与车妪而并述。婆娑习舞，盱江《孝娥》之碑；憔悴作歌，戴山《思女》之什。并为词章之懿，累征典录。

吾友王君亦安，早秉慈诰，寄迹廛市。典午望族，承逸少之绪；於越先贤，读计然之书。光绪辛卯，相遇岭峤。昌炽旧本越产，乐溯先河。桑梓旧闻，述谢客之往迹；荔蕉钉座，操郗超之土音。清谈既倾，辄言母教。稽山之下，有亲舍焉。白云千里，邈然神往。盖其太君王老伯母李太宜人，婉娩诒谋，康强逢吉。公父文伯之母，能述义方；京陵郝氏之家，世称礼法。越岁甲午，为太君八十寿辰，虞顾名族，弦谭旧姻，剡溪路曲，扁舟挂席而来，会稽山阴，列坐流觞之次，相与鞠跽登堂，称述渊懿。而亦安以昌炽备员史馆，粗识中垒颂图之义，寓书都下，属为秕导。

夫圆曜丽空，禀如水之徽质；慈云沾野，犹在山之初心。太君在室之初，即禀斋夔之性。其母孺人沉疴在床，绵惙垂尽。太君旁皇束带，听三商之未终；涕泣焚香，呼九天以为证。霜刃一挥，臂血濡缕,和肉屑糜,以代汤匕。卒使颓景奄忽,回于鲁阳之戈;积诚感通,无俟秦缓之术。是谓天性之笃,宜详者一。

暨归我浩如先生也,重亲在堂,雍睦无间。刘殷一门之内,七业俱兴;张公五世之居,百忍为宝。郑君既及见小同,刘瓛亦夙称曾子。太君介兕思柔,奉鸠式敬。问昌歜之嗜,洗手而调羹;肄厕牏之勤,椎髻而操作。寝门初兴,祖庭环集,威姑导前,新妇拜后。杖屦之撰,见者以为神仙;尊盉之铭,宝之及于孙子。是谓人伦之美,宜详者一。

浩如先生弃儒服贾,负郭可耕。鲜千顷之田,筑台所直;仅百金之产,仰事俯畜。藉佽内助,太君米盐量鼓,综理微密。蓄鱼之欺,廉及池籞;刲羊之奠,谨兹辉庖。往往纺砖月落,机丝未阑,灶陉烟寒,舂粮待爨。束脩之脡,俾孺子以从师;薄笨之车,效少君而共挽。是谓中馈之勤,宜详者一。

太君家本儒素,父为大师,伏女传孔壁之经,韦母通《周官》之义。是以亦安昆季趋庭之暇,饫闻德象。虽居一哄之廛,不忘三迁之训。操行清粹,士流不逮。柳玭家范,搢绅所称;晏婴楹书,弓裘克绍。湖海之士,揽环结佩。鬻蔬留宾,识季伟之色养;束带伏阁,闻夏侯之家规。蓬巷自蔽,门多长者之车;苔岑可通,名挂通人之籍。是谓诒谋之善,宜详者一。

若夫温拯穷巷,泛滥甘泉。恤同巷之绩,则嫠纬可安;分异宫之财,则社觞毋犯。翳桑饿夫,拜橐饘之馀赐;桃娄瘠女,分禀粟之家财。割创漏泽以仿官塽,酌疏上池而调经剂。虽瓶罍之告空,犹钗鋔之娄斥。是谓任恤之谊,宜详者一。

西竺经典阐明往生之旨,南朝修士皈依止杀之文,刀砧在前,觳觫非悯,是以君子贵远庖厨。太君推爱人之心,以戕物为戒,往往梯水渡蚁,开窗放鹇。流水长者广养鱼之方,痀偻丈人弃承蜩之技。忘机之鸥,遵海渚而能驯;避色之雉,共山梁而欲集。是谓慈惠之师,宜详者一。

夫太和旁溢,即为五福之征;至德远骞,可召千人之祝。是以太君笄总之岁,清羸多病,今兹八秩,神明转强,鱼劳不赪,鸠扶益健。假寐炊许,神识便湛;危坐竟日,容止俨若。管子云"寡疾难老",荀卿云"美意延年",洵所谓区明风烈,昭我管彤者乎?今者施帅令辰,循陔上寿。凤胶麟脯,添海上之仙筹;鼍鼓龙丝,谱房中之乐职。昌炽远隔人海,末由奉觞。敢援奚斯之义,式颂闺徽;聊为庄舄之吟,庶光里乘。

刘母顾太恭人寿序

明季士大夫以气节相矜尚，吾邑文文肃公湛持暨宝应刘练江先生，皆东林之眉目也。范滂、张俭名在钩党，江左之士奉为职志。练江德配韩太君六十寿，文肃为撰祝嘏之词，越今将三百年矣。访青瑶之别墅，荡为荒烟；辑香草之遗书，已无长物。而刘氏裘杼之绪，巍然无恙。贞修之谥，论定于戢山；义迹之诗，宝藏乎蓼野。端临先生发明绝业，简策八寸，述张侯之微言；轺轩四方，刊扬雄之奇字。我山同年，练江君之九世孙，而端临先生之曾孙也。光绪丙申蕤宾之月，为我年伯母顾太恭人七十施帨之辰，先期来征文曰："文肃，子邑人也。吾母之系出自吴郡，子其为文，以继道南之休烈，以慰吾母新丰之思。"昌炽不敏，无当前贤，而太恭人炜彤之范，则不可无一言以介觞也。

自来周官世业，绛帷传经；吴下名宗，黄门著录。太恭人大父思亭先生，儒林耆硕，操尚复绝。献赋阙下，褎然举首。润州学舍，别开校官之碑；秀野草堂，继起诗人之坫。哲嗣苏人先生横舍承欢，过江流寓。朱肱著活人之书，逄萌列逸民之传。许慎之后有冲，班彪之女名惠。太恭人幼传宓学，长习张篆，《女师》《德象》之篇，《孝经》《闺门》之训，莫不简谅专精，祔堕洽熟。

其归我年丈□□先生也，井臼亲操，珩璜善下。举春庑下，则望若神仙;揽佩闺中,则等于师友。年丈偏亲在堂,夙婴沉痼。箧中蓄艾,期七年而已迟;枕畔飞蓬,经三旬而未沐。太恭人鸡鸣即起,三商未息,燂潘请靧,燂汤请洗。沐粱用栉,本修养之秘言;澡豆加盘,亦祓除之故事。又况灵兰之典,本乎世学。按摩有术,妙解乎折枝;亲听无形,遂工乎尝药。卒使瞑眩竟瘳,聪强逾昔。洴澼千金,是名妇人之方;粔籹寸匕,可补神农之录。厥后苏人先生击楫渡江,乘桴避地。沧桑小劫,指东海以扬尘;槁木形骸,等南郭之隐几。维时先生年八十,而太恭人亦且六十矣,匔匔色养,白头犹昔。中裙厕牏,视濯惟谨。茑萝同命,依然孺子之嬉;桑榆暮年,几忘半人之疾。人谓太恭人素质清羸,华颠烝孝,流水不腐,户枢不蠹。天鉴其孝,神实相之。

年丈早通朝籍,服官薇省,蛊上不事,翻然高蹈。淮南招隐,与青松以久要;何妥里居,指白杨而为号。颠涯自放,鸥鹭无猜;观听所倾,羔雁争集。太恭人并砚耦耕,褰裳偕隐。每当扁舟共泛,抚琴动操,辄举觞相属曰"青山可盟,以为息壤"。年丈由是贞期益劭,櫽咏弥振。松楸勿翦,誓墓田而可归;梨枣待镌,发楹书而流布。旌闾两世之典,过庭一家之言。遗书在箧,覆瓿是惧,束脡不足,华镪娄斥。至若桑海遗民,乾嘉旧学,茂陵藏山之业,享帚同珍;虞渊蹈海之徒,披函如见。虽复赫蹏小笺,兵燹蠹翰,一字之值,等于璆琳;累世所贻,奉为裘冶。是以我山同年擩染有资,摆除俗学。著书等身,藉以娱亲;人海键关,依然却扫。

年丈同产三人,负郭十亩,寝邱之产,橐馕才给。太恭人以为推肥让瘦,驯行为难;异宫同财,责在家督。是以掉罄无闻,吹埙式好,筑里服其惠心,戚邮高其行义。故闽抚,王文勤公姑之婿也,词臣建节,家门鼎贵。太恭人岁时馈问,饤盘互贻,形迹纤介,竿牍毋谒。我山同年龀髫之岁，即有隽誉。扬州孙韵武太守，其父执也，或讽以出试者。太恭人以为蒙泉鬵沸，盈科始进，良玉韫椟，待价而沽，援兼山先生事以相勖。而我山同年亦能服膺母教，粹掌自励，先后受知宏伟君子。东方郎潜，自承明而起家；西域典属，通棘寄之重译。乃知翀举之鹄，无假夫羽毛；绝尘之骥，自逢乎盼睐。我山有庶母弟曰奉璠，太恭人教之也，平均如壹。侧生旁挺，未闻异庙为嫌；大抓小宛，岂有偏弦之患。至于任昉孤儿，矜其葛峧；苏季穷士，资以春粮。鳌恤纬而相依，婢覆羹而辄恕。笫珈小善，难可缕缕。

今者俊风荡闺，庆云飈吕。凤胶麟脯，新添海屋之筹；鼍鼓龙丝，遥上华堂之祝。昌炽鞠跽登堂，侑觞末座。贞蕤乔叶，溯竺坞之前闻；桂窈荔芬，谱唐山之雅乐。窃谓中垒之传，长康之图，仁智贤明，宗风未坠。昌炽于此，将以考故家之文献，寻社事之始末，补容甫广陵之对，访退居怡性之篇。范史《党锢》与《列女》并存，临川《世说》虽贤媛亦录。如我太恭人者，盖无愧通德之家风、清流之世泽矣。敬告萱母，镂诸彤史。

陆春江先生六十寿序

古无生辰上寿,亦无循吏之目。《淑问》一章,见于《鲁颂》,而先之以"永锡难老"。"君子乐只",颂岂弟之令闻;"士女榖我",报坻京之介福。汉之龚遂、黄霸,并致高位享大年,诚以天视民视,天听民听。衢童之谣,质于华封之祝;田畯之庆,神于卷阿之音。筋豆之典,虽曰引年,亦风有位。盖馨宜者降福之符,不懈者保身之哲。国之番良,乡之耆俊,士之老师,民之慈父。岂非锡羡之嘉祥,祝延之盛轨欤。

岁在著雍,律中姑洗,为我春江夫子大人六十揽揆之辰。维时海市洞开,飞轮飙集,神仓储峙,绾榖为劳。我师于飞刍挽粟之馀,兼司典属;承厝火积薪之后,深切纡筹。东吴粳稻,循辽海而转输;西域梯航,叩重关而互市。补牢未晚,何虑乎亡羊;执棰不惊,先除夫害马。白屋孤寒,议于畔官。诵法周孔,毋荧异端。公之教士,如欧如韩。维鱼之众,谣于衢巷。百昌棣通,播兹嘉种。公之劝农,康年作颂。商歌于市,祝公鲵齿。青苗国息,维政之秕。公示大信,曒日可矢。吏逪于津,千帆云屯。黄头棹郎,太仓陈因。公之闾泽,投醪饮醇。于斯时也,宾从杂沓,簪裾充庭,吏民欢愉,巷辔空巷。昌炽受知匠门,自愧弃材,薄宦京邑,逖听嘉惠,窃闻下令流水之原,深维景行高山之义。

眷言东里慈惠之师，谨援南山台莱之例。夫登昆仑者，溯切云之崔巍；游蒙汜者，观出日之爛朗。我师朱幡占族，青领起家。当登深堂鼓箧之年，即避地乘栅之日。诛茅结屋，长者之驾频来；负米登门，游子之踪靡定。菰芦微服，憔悴而过江；松桧崇封，间关而负土。百六运回，湖山无恙。鸡笼绛帐，谒次宗之精庐；马矢缥囊，补宛委之坠典。每当湖上垫巾，油舫谈艺，阁中爇烛，公库校书。羔雁交辟，礼重夫三薰；骐骥上襄，名驰夫千里。都亭缟纻，尽君厨之胜流；横舍敦槃，登俊造之上选。

既擢甲科，出宰江左。夫盖世之略，兼济为难，往往清裁贵令，鸿术瞻闻。或坐啸如宗资，或卧治如汲黯。殷生以束阁见讥，谢客惟游山为乐。登场舞袖，遽叹郎当；易地铅刀，即形钝置。而我师则以子惠字甿，以公廉察吏，以哀矜折狱，以通变济时。

平生宦绩，江淮为最。一宰山阳，三临末下，偂从所至，威棱先翔。条教不苛，颗若画一。董令强项，贵游屏迹；邴相惠心，神明交称。豪右强宗，间左轻侠，咸奉三尺，莫敢首鼠。至于警探丸，惩感悦，萑蒲之薮，策骑校以先驱；菡芍之乡，缚鸠媒而待理。可谓宽猛兼资，经权互用者矣。而我师以为司空城旦，非致君之上猷；保障茧丝，仅当官之期会。

兴利要规之百世，折冲可制夫四夷。自夫景教流行，异族横噬，披发伊川之野，抵足卧榻之旁。岩岩岱宗，可假夫祊田；膴膴周原，竟参夫戎索。金陵报恩寺者，瓯脱之遗墟，招提之别馆，亦即流佣之寄廛也。彼族既视若闲田，奸民复倚为利薮。鹊巢方庆夫鸠居，虎威亦同乎狐假。封豕荐食，踞上座而气矜；市虎讹言，伏萧墙之祸巫。我师知安危之顷，间不容发。晓以大义，谓众志不啻成城；折以盟言，谓载书犹存息壤。设官所以庇民，喧宾岂能夺主。

卒使夜郎自大，俯受约束。海内袄祠，揭橥林立，滨江百里，不闻变夏。是则中流砥柱，障狂澜于既回；曲突徙薪，息燎原于未兆。

沪滨通商，号为难治。公之莅官，席未暇暖，然于指鹿之奸，教猱之讼，平情论断，执理抗争。苟跖犬之吠尧，必罪人之斯得，不因中外之歧，稍分左右之袒。《诗》不云乎"柔亦不茹，刚亦不吐"，我师有焉。

班郦释地，淡百川之沉灾；郑白通渠，开千顷之沃壤。南都奥区，群山外峙，渡江以北，大河前横。平原环拱，若高屋之建瓴；涓流灌输，犹中衢之设勺。或自利而邻可为壑，或不耕而里亦成墟，比岁不登，井闾荡析。我师闵其昏垫，广设方略。经纬上下，提水道之纲绳沐往来，乘山行之橇。疏泉凿窦，楗石城梁，赵昌置常稔之塘，傅祗造沉荥之堰。昔之硗确，弥望膏腴。泰州斜丰港者，当浊河之冲，以长堤自卫，蚁溃一孔，蛙沉万灶。我师召集流亡，鸠工畚锸。河上之役，适值乎宣房；道旁之谋，深戒乎筑室。登盂城而望，茇舍犹存；泄氄社之流，归墟尽奠。

若夫深究治原，铲除常格，轸恤民隐，宏奖士流，礼义以张国维，忠信以振敌忾，尤为正本清源之治，不徒奉行文法之为。宜乎誉重典城，勋高书殿。骥足遥骋，非百里之才；矛华洊膺，合六条之格。中兴硕辅，并世伟人，莫不倚若长城，资其幪局。借箸前筹，幕府何防长揖；登车揽辔，中原有待廓清。微管之略，志在匡时，剡牍交陈，超除不次。陈枭敬事，登皋苏之远猷；峙粮遄行，显甫申之良翰。

今者清风浴咖，庆云荡闺。绣衣乘幰，荩绩闻于禁中；彩服称觞，蕃禔迓于幕下。我师功成不居，德隅自抑。向敏中能耐官职，廑念时艰；魏其侯尽谢宾僚，超然燕处。然而文翁雅化，播乐职于中和;计相勋贤,登神明之上寿。自来述德,非仅祈年。昌炽等或京曹著籍,或民社滥竽,不舞羝羝,永言绰绉。生徒撰屦,幸随桃李之班;父老持轮,同被梓桑之荫。郑乡依通德之门,鲁殿仰灵光之宇。维祺寿考,喜占吉戊之年;于翰旬宣,适协生申之颂。

汪郎亭侍郎六十寿序

昌炽读《卷阿》之诗而疑焉，成王令辟，召康公贤臣也，而其言曰"伴奂尔游矣，优游尔休矣"。又读《烝民》之诗而疑焉，衮职有阙，惟仲山甫补之，而其言曰"既明且哲，以保其身"。夫以泰交之运，群贤汇征，明明在朝，穆穆布列。而顾托色斯之见几，忘匪躬之尽瘁，盖利器以盘错而益坚，大任必迟徊而后降。夫蠖屈者，龙见之征也；狼跋者，鸿飞之朕也。空谷遁思，即嘉客之縶维；草庐坐啸，有名世之经略。自来君臣之际，不以形迹。巍巍九重，貌合而神离；依依三宿，迹往而心系。鱼水之契，可相忘于江湖；鹤书之征，每再起于乡里。是以郐侯顾问，黄阁不必延登；谢傅围棋，青山岂终长往。硕果不食，与茅茹而共升；乔木犹存，为苞桑之所系。贞下会见起元，隆中适资养晦。如吾师郎亭夫子者，其殆国之耆良，乡之耆俊，逢掖之宗师，搢绅之职志乎？岁在戊戌，日躔鹑火之次，为吾师六十揽揆之辰。芰荷遂初之服，舞彩交辉；枌榆息蜡之筋，引年并重。自去国之日，数杖朝之年，世变蜩螗，清流虺虺。品题厨及，海内谥为至愚；绍述熙丰，朝右恣其新说。望门拥篲，后进之靡依；曲突徙薪，前言之尽验。而况昌平里郐，童冠从游；高密门墙，生徒著录。筱荡使节，陪骕征之后车；蓬莱道书，问鸡次之逸典。如昌炽等，幸传衣钵，久列车茵，可无一言以为喤引。

回忆北阙抽簪,东门祖帐。谯楼风紧,猎猎卷旆之声;萧寺日斜,黯黯笼纱之句。吾师莽苍适野,甫息劳薪,薄笨归装,惟存诗草。舻棱未远,瞻凤阙而徘徊;舫槛同来,送骡纲之驱遑。当斯时也,惓惓忧国之思,惘惘临歧之别。随会去秦,赠绕朝之策;仲尼适卫,执冉子之鞭。匪风之思,恻怛于中心;履霜之幾,踌躇于先事。以为波流弟靡,去滔滔而不还;泉竭自频,忧悄悄其何极。亡羊犹切于补牢,瞻乌莫知其止屋。由今思之,不过一弹指顷耳。

朝市沸羹,门户水火,典型弃如弁髦,政令纷如棋局。重臣旧学,冠端礼之巨碑;游士说林,参迓英之讲席。番番黄发,悠悠苍天。典籍之劫,远过于秦燔;藩篱之争,自辍其墨守。发愤者指东海以自明,失职者伤北门之终窭。乃知劝贤者国家之元气,名德者士类之归墟。江汉朝宗,崆峒戴斗,斯人不出,天下喁喁。而吾师方且徜徉林壑,流浪湖山。仲长乐志之论,孝标栖隐之文,季真逸老之堂,文元昭德之第。莳田别业,菱茨为粮;栗里新居,松菊无恙。南国红豆,亲移选佛之场;商山紫芝,从授谷神之诀。往往榑栗寻山,笭箵钓水。神宫晓霞,发金庭之秘文;荒坞香雪,结铜井之游侣。东涧诗坛,西泠画舫。飞泉泻红,攀拂水之藤;景漪荡翠,话断桥之柳。所谓塞翁失马,焉知非福。鸿飞冥冥,弋人何篡。蕉鹿之梦,已付之淡忘;菟裘之营,自娱其清福。夫以吾师早践清华,洊登密勿。皇华驿路,关吏争迎;舍菜宫墙,畔官戾止。周秦古器,续弇山之旧文;齐鲁诸生,甄郑乡之绝学。滕王高阁,先召赋才;尉佗荒城,远寻文轸。夹袋延揽,即为荐鹗之书;轺轩纪行,尽入骖鸾之录。至若陟宫坊,参讲幄,成均教胄,订首善之宏规;清秘述闻,备恩荣之异数。朝廷推燕许之文章,琐院视欧苏为风气。振拔孤寒,昌明古学。举凡帖经程义,深通贾服之书;作赋摩空,步骤班杨之列。莫不入其彀中，出之爨下。

自登九列，兼领三司。简书按簿，乘传而出都亭；樽俎折冲，筹笔而清边徼。宣室密陈，移日而未罢；官舍传置，浃岁而屡迁。天生李晟以为社稷，帝见汲黯有异公卿，可谓遭际稽古之荣，发抒匡时之略。知足不辱，循苦县之至言；询谋罔愆，俟蒲轮之优诏。方谓优游尧舜之世，往来吴越之间。德星之占，方聚于林下；皎日之志，可誓于墓前。不知天视民视，天听民听。沦胥之运，有待于手援；简在之诚，要可以心喻。大厦所贵于共支，名园未宜以独乐。《诗》曰"膂力方刚，经营四方"，《礼》曰"君命召，不俟驾"，敬为吾师诵之。然则树声以长世，训道以修龄。管子云"寡疾难老"，荀卿云"美意延年"，犹为黎收之例言，亲炙之私祝。夫吾师一身之进退，天步安危，人才显晦，莫不因之。则其单厚馨宜，即天保所由孔固；康强逢吉，即皇极所由训行。英贤间世，而一生功业百年而始定。唐虞之际，稷契尚矣。商之咸陟，周之方召，并享大年，佐成中兴之业。后之视昔，宜有同揆。高山景仰，窃附游夏之班；维岳降生，愿上甫申之颂。

王季烈跋

　　《奇觚庼文集》三卷,《外编》一卷,为同邑年丈叶鞠裳先生遗著。丈与先君子羁丱论交,谊同昆弟。盘溪修志,海虞校书,出共扁舟,入同砚席。既又同膺乡荐,同官京朝,道义切劘,奇疑赏析,数十年如一日,古所谓合志同方,营道同术者,庶几近是。先君子先丈卒二十馀年,而新周故宋诸邪说萌芽有年,当时纵论时事,若已逆料及之。故丈一视陇学,即称疾不出。国变以后,寄居海滨,不与人接。待清无日,赍恨长终,风节与王厚斋、胡身之相伯仲。著述甚多,所已刊行者以《藏书纪事诗》《语石》两种为巨。今潘仲午表叔又就遗稿中编成文笔四卷,付之剞劂,以烈自幼即奉教丈侧,属系一言。烈惟丈之学问,人所共知,无俟赘述。惟其植品之笃谨,持论之和平,励节之高洁,有非并世文人所得而比者,敢述其涯略以告读者,不自知其僭且妄也。岁在辛酉孟夏之月上浣,年家子王季烈跋。